深度对话茅奖作家

·1—11届·

舒晋瑜 —— 著

人民文学出版社

图书在版编目(CIP)数据

深度对话茅奖作家：1-11届/舒晋瑜著.--2版.--北京：人民文学出版社，2024
ISBN 978-7-02-018343-2

Ⅰ.①深… Ⅱ.①舒… Ⅲ.①作家—访问记—中国—现代 Ⅳ.①K825.6

中国国家版本馆 CIP 数据核字(2023)第 217914 号

责任编辑　陈彦瑾
装帧设计　黄云香
责任印制　张　娜

出版发行　人民文学出版社
社　　址　北京市朝内大街 166 号
邮政编码　100705

印　　刷　三河市鑫金马印装有限公司
经　　销　全国新华书店等

字　　数　461 千字
开　　本　890 毫米×1290 毫米　1/32
印　　张　19.75　插页 3
印　　数　1—5000
版　　次　2018 年 1 月北京第 1 版
　　　　　2024 年 1 月北京第 2 版
印　　次　2024 年 1 月第 1 次印刷

书　　号　978-7-02-018343-2
定　　价　79.00 元

如有印装质量问题，请与本社图书销售中心调换。电话：010-65233595

目 录

长篇崛起的一份"档案" ……………………………… 白　烨 1
一线舒晋瑜 ……………………………………………… 毕飞宇 5

第一届茅盾文学奖(1977—1981)

评奖委员会名单 / 获奖篇目 …………………………………… 2
获奖作家访谈
　　李国文：钻进故纸堆，也许是一个不坏的选择 …………… 3
评委访谈
　　谢永旺：首届奖评出了几位新人 ………………………… 15

第二届茅盾文学奖(1982—1984)

评奖委员会名单 / 获奖篇目 ………………………………… 20
获奖作家访谈
　　刘心武：我有能力厚重，但不刻意 ……………………… 21
评委访谈
　　顾骧：先锋派作品基本无法通过 ………………………… 38

第三届茅盾文学奖(1985—1988)

评奖委员会名单/获奖篇目 ······ 42
获奖作家访谈
　　凌力:写《少年天子》是我首次尝试把写人放在第一位······ 43
　　余小惠:《都市风流》是中国人崛起的伟大时代的缩影······ 55
　　霍达:从来没有奢望过经典 ······ 65
评委访谈
　　李星:有一件事曾让我很受伤 ······ 77

第四届茅盾文学奖(1989—1994)

评奖委员会名单/获奖篇目 ······ 82
获奖作家访谈
　　王火:我不是大师级的 ······ 83
　　陈忠实:我早就走出了《白鹿原》 ······ 91
　　刘斯奋:不拘一格　不守一隅 ······ 105
　　刘玉民:没有激情就没有文学和艺术 ······ 113
评委访谈
　　雷达:茅奖评选有四条需要坚持 ······ 121

第五届茅盾文学奖(1995—1998)

评奖委员会名单/获奖篇目 ······ 126
获奖作家访谈
　　张平:我要至死为老百姓写作 ······ 127

阿来:写作是一种高智商的游戏 ·················· *139*
　　王安忆:对这个世界的变化,我无法归纳成概念 ······· *153*
　　王旭烽:没有杭州就没有我这样的作家 ·············· *169*
评委访谈
　　朱向前:茅奖价值取向因势渐变 ··················· *178*

|第六届茅盾文学奖(1999—2002)|

评奖委员会名单/获奖篇目 ··························· *184*
获奖作家访谈
　　熊召政:我不是一个热闹的作家 ··················· *185*
　　徐贵祥:重返"徐怀中时代" ······················· *193*
　　柳建伟:我一直关注战争与和平 ··················· *207*
　　宗璞:即使像蚂蚁在爬,也要继续写下去 ··········· *221*
评委访谈
　　胡平:一定要了解中国才能成为大作家 ············· *234*

|第七届茅盾文学奖(2003—2006)|

评奖委员会名单/获奖篇目 ··························· *238*
获奖作家访谈
　　贾平凹:写小说,也是写我自己的恐惧和无奈 ········ *239*
　　迟子建:当作品染上岁月的风霜 ··················· *259*
　　周大新:我想写出让人感觉温暖和美的作品 ········· *273*
　　麦家:中国谍战走向世界 ·························· *289*
评委访谈
　　孟繁华:评奖是文学经典化的方式之一 ············· *298*

3

第八届茅盾文学奖(2007—2010)

评奖委员会名单 / 纪律监察组名单 / 评奖办公室名单 / 获奖篇目 …304
获奖作家访谈
  张炜：杰作不一定为文学史而写 …………………………305
  刘醒龙：书写是为小说的妙不可言 ………………………319
  莫言：作家的地位是由作品而非称号奠定的 ……………331
  毕飞宇：别相信自己的才华有多少 ………………………347
  刘震云：不断把自己归零 …………………………………363
评委访谈
  李掖平：只评作品不论人 …………………………………377

第九届茅盾文学奖(2011—2014)

评奖委员会名单 / 纪律监察组名单 / 评奖办公室名单 / 获奖篇目 …382
获奖作家访谈
  格非：一生只在写一部作品 ………………………………383
  王蒙：我从来都有几套笔墨 ………………………………399
  李佩甫：作品中的每一个人物，都是我的亲人 …………413
  金宇澄：低姿态的写作非常重要 …………………………427
  苏童：我一直在挽留事物的敏感 …………………………443
评委访谈
  王春林：实名制其实是一把双刃剑 ………………………459

目录

第十届茅盾文学奖(2015—2018)

评奖委员会名单/纪律监察组名单/评奖办公室名单/获奖篇目 …464
获奖作家访谈
　梁晓声:我从未怀疑过真善美 …………………………………465
　徐怀中:我希望创造出一番激越浩荡的生命气象 ……………479
　徐则臣:大运河对我来说是个私事 ……………………………493
　陈彦:现实主义需要面对日常的残酷 …………………………505
　李洱:敬重文学现实品格,期許知言行统一 …………………517
评委访谈
　何向阳:获奖作品是由"高原"到"高峰"的有力见证 ………531

第十一届茅盾文学奖(2019—2023)

评奖委员会名单/纪律监察组名单/评奖办公室名单/获奖篇目 …536
获奖作家访谈
　杨志军:用一生去膜拜雪山大地 ………………………………537
　乔叶:永远保持诚实的写作态度 ………………………………553
　刘亮程:书写有翅膀的文字 ……………………………………567
　孙甘露:把对上海的爱隐藏在小说里 …………………………583
　东西:向内写,发现丰富浩瀚的"回响" ………………………599
评委访谈
　阎晶明:中国文学未来可期 ……………………………………615

长篇崛起的一份"档案"

白 烨

于1982年开评的茅盾文学奖(以下简称茅奖),三十多年来已经评选了九届,先后有四十多位作家的作品摘得奖项,获得殊荣。尽管人们对茅奖不无微词,但平心而论,茅奖还是遴选出了不同时期好的和比较好的作品,基本上做到了选优拔萃。而整体来看,连绵而来的茅奖,实际上也构成了长篇崛起与繁荣的成果展示与实绩巡礼。

目前,茅奖越来越为文坛内外的人们所广泛关注,以茅奖为对象的研究著述也日渐增多,几乎成为当代文学研究中的热门话题。但毋庸讳言,有关茅奖的既有研究,还缺少有关作家的跟踪纪实与相关采访,也缺少有关史料的系统爬梳与基本建设。正是在这样的背景之下,舒晋瑜的这部《深度对话茅奖作家》,以其现场性兼具史料性,纪实性兼具研究性,具有了自己的独特价值。

从我的角度看,这部对话集,至少有着三方面的价值与意义。

首先,以茅奖作家为访谈对象,采用"对话"形式揭示作家的心曲,探悉作品的成因,在对茅奖的切近与观察中,突出了作家的角度,彰显了主体的功能。钱锺书先生曾经说过:"假如你吃了个鸡蛋觉得味道不错,又何必去认识那个下蛋的母鸡。"但既想吃"味道不错"的"鸡蛋",又想认识那个"下蛋"的"母鸡",却是阅读与接受中的人之常性、事之常理。而在当代文学研究领域,作家与作品,更是两个基本的观察点与重要的支撑点。而观察和研究茅奖,需要看作品,也需要看作家。而创作主体与作品客体的种种关联,显然关涉茅奖作品的成因与特色等个中隐秘。事实上,舒晋瑜的访谈,看起来是针对作家的访谈,其实也是着眼于作品的叩问。她围绕作品穷原竟委地设问,深入创作底里不厌其详地探询,实际上以探赜索隐的方式,由作家的文学意图和写作追求的角度,从构思到完成,从意蕴到形式,穷形尽相地解读了作家与作品的内在缘结,以及作品所以独到的内在密码。

其次,切近作家作品实际设置话题与问题,访谈与对话亲切自如又内在深入。文学访谈与作家对话,新闻性与文学性有机交融,具有较强的专业性,因此话题的设计、问题的追问,就显得更为重要。而这正是舒晋瑜的长项,她在文学知识的储备上丰富而扎实,对所访作家的了解也系统而深入,因此以专业的素养设计话题,以好奇的姿态循序追问,以一种内在的亲和力使访谈的对象敞开心扉,披心交谈。如《陈忠实:我早就走出了〈白鹿原〉》,先梳理陈忠实早期创作,进而谈到各种体式的改编,以及《白鹿原》之后作家的心态与状态。这里涉及的,既有陈忠实个人的文学道路,又有《白鹿原》的影响与改编,而且时间跨度达半个多世纪。这样一些话题的提出与探讨,显然需要对作家本人创作历程、代表作品及相关影响进行细致了解,甚至是长时间地跟踪阅读与积累。唯有如此,才能了然于胸,收放自如。

对话的内在与深入,还体现于访谈的纵深度与历史感。舒晋瑜所选取的访谈对象,均为创作上起步早、作品多、影响大的当代名家,如李国文、刘心武、莫言、贾平凹、张炜、王安忆等。几乎每个人都有三四十年的创作历史,各种文类均有涉及。要把他们一个个都了解清楚,着实要下一番功夫。即如莫言的访谈,话题是从长篇新作《蛙》说起,但却回溯到莫言早期的习作阶段,中期的创作爆发,后期的创作嬗变,视线在不断的拉伸之中,使访谈渐渐具有了历史的纵深感,这不仅在一个大的历史背景下揭悉了长篇新作《蛙》的来由与特色,而且也约略勾勒出莫言小说创作的整体性轮廓。从这个意义上看,舒晋瑜既是在以访谈新作的方式来解读作家的,也是以撰著作家论的方式来进行文学访谈的,这种认真而细致、专业和专注的背后,是她敬恭本职、敬重作家、敬崇文学的态度与精神。

第三,由"采访手记"表达作者感受,使对话平添了亲切感与现场感。对话中的"采访手记",是书中不可或缺的重要部分。这些手记置于文章开首,在轻松自然的文字里,负载着作者自己化理性为感性的精到感言。有的是形神兼备的作家素描,如说阿来,"有时候,他是个纯粹的诗人,他的诗歌寂静丰盈,没有半点杂质;有时候,他是个摄影爱好者,装备和作品不亚于专业摄影家;更多的时候,他是个写作者,只听从于内心的召唤,心无旁骛。"有的是画龙点睛的精要点评,如说迟子建,"三十年的创作实践,迟子建经历了新时期文学的种种潮流,但她又具有'不入流'的勇气,这种坚持恰恰给了她自由,给了她广阔的生长空间。"有的则是亦庄亦谐的印象传真,如说贾平凹,"他的方言很重,我需要尽力去聆听他说的每一个字;这种尽力没有阻碍交流,反而构成一种兴致。后来居然渐渐都能听懂了。交流时,被烟雾笼罩的贾平凹就频频点头,是的,是的……"这些精彩文字,单篇来看是有声有色的导语,连缀起来亦是有识有见的评论,使访谈别具意蕴,成为访者与被访者、读者与作者彼此敞开胸襟的深度对话。

如今,作者访谈一类的文章比比皆是,但像舒晋瑜这样以茅奖作家为对象,既有深度又有味道的,实属凤毛麟角。而且,在经典的作家作品不断被各种流行读物遮蔽的情况下,舒晋瑜的文学访谈,不断向人们报告着最新的文坛动向、重要的作家作品信息,其意义不可小觑。因此,说它是当下文学的活动"窗口",是极为恰当的,说它是长篇崛起的一份"档案",也是完全名副其实的。

2017年7月7日

一线舒晋瑜

毕飞宇

我在报社工作过六年,最可能干的当然是文学记者,我一直拒绝的也是文学记者。为什么?我无法承受文学记者的阅读量。当然了,不看书就去采访作家的记者也不是没有,我就遇到过一位。2005年,我刚刚出版《平原》,刚刚落座,一个年轻的记者就给我提出了一个合理化要求:"你先把故事梗概说一遍好吗?"

好的。现在想起来我真的很后悔,我应该告诉这个年轻人,我的《平原》即将在全世界五十二个国家出版,我还应当引用一下美国著名评论家托马斯和法国著名评论家普吕东的一句话:"毕飞宇是当今世界最成功的小说家。"我不用担心什么,一切都取决于我的胆量,当然,还有我的脸皮。我怎么说他就会怎么写。——如果年轻人需要证据,这个太好办了,我会让我的助手把西方媒体上商业图书的图书广告扔到他的微信里去,一边起身一边告诉他:"自己看去。这就是×国最为权威的文学评论!"

拜托,我已经走向世界。莫言与我情同手足。

但问题是,这个世界上阅读作品的记者还是大多数,懂外语的记者也越来越多。

舒晋瑜是《中华读书报》的记者,她留给我最深的印象就是文本阅读。

舒晋瑜采访我的时候桌面上通常很干净,就一个笔记本电脑,偶尔也做笔录。然后,她就和我聊起来了。她也不怎么发问,就是聊。她的话题往往是起始于文本内部的某个细节——这其实也是一个提示,你的文本我可是细读了。她老老实实地问,我也就老老实实地说。这样的采访是不是最有效的呢?我也不知道。我能够知道的只有一点,接受舒晋瑜的采访是一件很简单的事情,我也用不着正襟危坐,想到了哪里,我就说到哪里,很舒服。

事实上,在闲聊的时候,不像她在采访我,更像我在采访她。

毕:"总是看见你,你做记者不少年了吧?"

舒:"不少年了。"

毕:"哪一年开始的?"

舒:"1993年。"

毕:"天哪。——哪一年来的《中华读书报》?"

舒:"1999年。"

毕:"一直在?"

舒:"一直在。"

毕:"这么多年了,应该给你个主任干干。"——这是我多年来想改而没改成的老毛病,说着说着就拿自己当领导了,不仅职务不低,还惦记着别人的成长与进步。

说自己拿自己当领导当然是一个玩笑,我真正想说的其实还是另外的一件事。在中国,能够始终在一线做记者的其实不多,做到一定的年纪,各方面都成熟了,他(或者她)就被调走了。正是由于这个原因,我们的记者永远年轻。兄弟我在国外的时候,看到的情况却不是这样,那里的记者都偏于年长。这说明了一个问题,我们的一线记者待遇太低了。如果他们的待遇更好一些,他们何至于被调走呢?何至于等着领导去提拔呢?老实说,培养一个好记者,比培养一个主任艰难多了。我们江苏有一家媒体,他们的文学记者过几年就要换一茬,截止到现在,我已经开始陪伴他们的第六代记者了。我想说的是,做什么都需要积累,作家需要成长的空间,记者也一样需要。

今年,2017年,已经是舒晋瑜在《中华读书报》跑文学的第十八个年头了。她一直在一线。这殊为不易。就在今年的2月,利用我在北京宣传新书的机会,我特地请舒晋瑜喝了一杯咖啡。我们聊得更多的却不是书,而是孩子,准确地说,她的孩子和我的孩子。正是得益于这次闲聊,我第一次知道舒晋瑜是淄博人,不是山西的晋人。她对我说,希望我能够去一趟淄博文学大讲堂。我没有犹豫,我说,我去。

淄博是蒲松龄的故乡。蒲松龄,多么灿烂的一个名字,可是,我们的文学史从来也没有给予他应有的地位。在南京大学,在我讲《促织》的时候,我说,在我的心目中,蒲松龄和屈原、李白、杜甫是一个级别的作家。我清楚地记得同学们将信将疑的目光。他们以为我喝多了,我没有。我特地补充了一句:"我愿意发誓,我这样说是冷静而克制的。"我这样说有依据吗?有。是蒲松龄把中国的文言小说,尤其是文言短篇小说推到了最高峰。如果没有蒲松龄,在我们的古代文学史里,我们的短篇小说史将是一个怎样的局面?一个人,凭一己之力,把一个民族某个体例的文本推到了极致,如果他不是最好的作家,谁是?

兄弟我孤陋寡闻,可是,在我亲身经历过的国家里,几乎所有对中国文学有了解的学者都在我的面前摇头晃脑,他们讲的是同一个人:蒲松龄。

我们现在都知道了,一个中国作家要证明自己有多厉害,他一定会这样宣布：西方媒体说我很厉害。

　　好吧，西方人一直在说，蒲松龄是一流的大作家。我估计这句话他们会一直说下去。

　　舒晋瑜对故乡的付出令我动容。虽说人在北京，但是，舒晋瑜一直在为自己的故乡忙活，为了淄博文学大讲堂，她邀请这个，邀请那个，把淄博文学大讲堂办得有声有色的。有句话我不该说，但我还是说了——

　　因为有规定，现在，每一个地方请人去做讲座，讲课费都很有限。谁不知道这个呢？话又说回来了，哪一个作家会为了几个讲课费去做讲座的呢？余华和叶兆言去我的老家兴化，我可是一个子儿都没有给，他们高高兴兴的。舒晋瑜觉得淄博付给我的讲课费少了，自费买了一些礼物算是补偿。哎，亲爱的舒晋瑜，那个啥，你这是做什么嘛。

　　礼物我拿了，在此，我郑重地承诺舒晋瑜——

　　有机会我一定再来一次淄博，以文学的名义，以蒲松龄读者的名义。那个啥，闲话就不说了。

　　——舒晋瑜要出新书，我替她高兴，也不知道能说什么。就拿这篇不成样子的短文做个序吧，祝贺舒晋瑜！

2017年6月10日南京龙江

第一届茅盾文学奖
（1977—1981）

评奖委员会名单

主　任：巴　金
委　员（按姓氏笔画排列）：
　　　　丁　玲　韦君宜　孔罗荪　冯　至　　冯　牧
　　　　艾　青　刘白羽　沙　汀　张光年　陈企霞
　　　　陈荒煤　欧阳山　贺敬之　铁依甫江　谢永旺

获奖篇目

《许茂和他的女儿们》　周克芹　　百花文艺出版社
《东方》　　　　　　　魏　巍　　人民文学出版社
《将军吟》　　　　　　莫应丰　　人民文学出版社
《李自成》（第二卷）　　姚雪垠　　中国青年出版社
《芙蓉镇》　　　　　　古　华　　人民文学出版社
《冬天里的春天》　　　李国文　　人民文学出版社

获奖作家访谈

李国文:钻进故纸堆,也许是一个不坏的选择

李国文 1930年生于上海。念过戏剧学校,当过文工团员,去过朝鲜战场,做过文艺编辑。曾任《小说选刊》主编。著有长篇小说《冬天里的春天》《花园街五号》《危楼记事》和大量中短篇小说,并著有《骂人的艺术》《中国文人的非正常死亡》《中国文人的活法》等随笔集。其中,《冬天里的春天》获得第一届茅盾文学奖。

采访手记

李国文转向随笔创作已有二十余年。

"从封建社会、资本主义社会到当今，文人遭遇的大环境也没有太大差别。古代学而优则仕，把文人害苦了，攀附权力成为文人基本的情结。文人应该离官场远一点，过去是这样，现在也是这样。"李国文说。在2015年出版的《中国人的教训》中，李国文试图通过对一个个中国古人个体命运的历史发掘、哲学思考、文学再现，让读者在借鉴古代中国人生存智慧的同时，更多地感悟每个人今天的生活方法。

在中国古代，"一为文人，便无足观"。不可计数的中国文人中，既不乏流芳百世者，亦不乏庸碌无为者。这些饱读诗书满腹才情的文人，他们的生活状态如何，是仕途得意且名垂青史，还是壮志难酬？对于中国文人的观察与剖析，也许只有李国文才能做到如此的深刻幽默，如此的酣畅淋漓。《中国文人的非正常死亡》《中国文人的活法》《文人遭遇皇帝》……均以历史上有影响的人物的命运入笔，所写虽多为文人，却也是国人的一面镜子。

为什么他如此钟情于文人，一而再地将笔触深入文人的内心世界？这位曾经以小说见长，出版过《冬天里的春天》《花园街五号》《危楼记事》等作品并多次获奖的小说家，无意间打开了另一扇门，却引领读者发现了更为广阔、更富魅力的世界。

大约从20世纪90年代开始，熟悉李国文的读者发现，在完成《垃圾的故事》之后，他突然转向了随笔散文。《文学自由谈》《随笔》《当代》和《人民文学》均开过他的专栏，一发不可收。为什么不写小说了？李国文坦率地回答说："我觉得小说应该是更年轻作家的事情，写小说写不过人家就不要写了。我始终认为，写小说是文学的、形象的东西，不是靠思索的，年轻人想象力丰富，写得比老年人好一些，比如青年人写诗居多，一般情况，很多作家不像巴尔扎克、雨果那样越老越辉煌。"

上世纪50年代，李国文的处女作《改选》发表于《人民文学》杂志头条。自此，《改选》成为研究当代文学史的必选作品。

舒晋瑜：曾在南京国立戏剧专科学校攻读理论编剧专业，这一经历对您后来的创作有怎样的影响？

李国文：我在剧专的科班训练，开阔眼界，获益良多。但戏剧化，却是小说的死敌，这也是我后来文学作品中，难以摆脱的胎里带的弊端。

舒晋瑜：处女作《改选》的发表，是经谁手？

李国文：1957年的夏天，我将一组稿子寄到《人民文学》，随后，收到崔道怡先生的一封信，认为可用，并约我到东总布胡同的编辑部一谈，我去了。没想到，来了一屋子人。他们问这问那，似乎认为我还写过其他作品。于是，我写了《改选》寄去，很快，得到答复，说：原来的稿子撤下，先发这一篇，放在头条。当时，做梦也想不到，这一步竟决定了我的一生。

舒晋瑜：《改选》发表后又经历了怎样的波折？

李国文：老天的作弄，有时是很残酷的，成功与失败，只是须臾间事。随后，我被发配到太行山深处修新线铁路，开山劈石，实施高强度的劳动改造，以及一言难尽的屈辱和折磨。起初，我以为我活不下去，或者，即使活，大概也活不多久。后来，我不但活了下来，似乎还活得可以。

《改选》七八千字，获罪二十多年，所以没趴下、没死掉，正是

《改选》能够在《人民文学》头题发表,给我带来的创作自信,成了我必须活下去的动力。相信有一天,当我重新执笔,会写出一些东西,而且还是说得过去,成个样子的东西,是绝对可能的。因此,我特别相信那句名言:"人,是需要一点精神的。"物质变精神,精神变物质,因我深有体会,也是笃信不疑的。1999年,我应已故的丁聪先生约,为他画我的漫画,打油诗一首:"学画吟诗两不成,运交华盖皆为空,碰壁撞墙家常事,几度疑死恶狗村。'朋友'尚存我仍活,杏花白了桃花红,幸好留得骂人嘴,管他南北与西东。"其实正是这种内心反抗的写照。

《改选》一出,舆情大哗,最滑稽者,莫过于一位获得斯大林文学奖的前辈,带头发难。他在《文艺报》著文批判《改选》,认为我的文笔老辣,《改选》应该是一位成熟作家的化名之作,那也太抬举我了。紧跟着,那时还是一个鸦鸦乌的小角色,后来鼎鼎大名的姚文元,也在《中国青年报》长篇累牍对我口诛笔伐。对此,我一一笑纳,并依阿Q精神,借此证明我的写作能力,大概属于"出类拔萃"的一拨。否则,干吗那样咬牙切齿,恨不能食肉寝皮呢?诸如此类的批判,不但屁用不顶,反而增大我的文学信念,巩固我的创作信心,而且支撑着我,无论怎样艰难困苦,无论怎样拿你不当人,也要坚忍不拔地活下来。中国人习惯三十年为一代,而每一世代的更迭,都会随之发生一些或大或小的变化,这在我读过的那些史籍中是有据可查的。算一算账,试以二十加三十,难道我会熬不到五十多岁吗?

20世纪70年代,在李国文看来,中国进入了只有一个作家唱独角戏的年代。那时,他已年过半百,开始构思在"大地、人民、母亲"这样一个母题下,来写《冬天里的春天》这部长篇小说。

舒晋瑜：《冬天里的春天》的创作运用大量意识流、蒙太奇、象征等艺术手法，打乱了叙述节奏，穿插写作今昔之事，充满新意。写这部作品时，您是否觉得无论创作经验还是积累都已经比较充足？

李国文："新意"二字，也是我萌发重新执笔，回到文学以来的始终追求。在这个世界上，所有的手工劳动，都是永不停歇的或简单或复杂的无数次重复，独有文学创作，对同为手工业者的作家而言，最忌重复，重复别人不行，重复自己更不行。所以，我在写作《冬天里的春天》时，抱定主意，尝试变换长篇小说的传统写法，不是按照人物成长、故事进展的A、B、C、D时序，逐年逐月，一路写来，而是打乱顺序，时空交错，以C、B、A、D或B、D、C、A的架构，通过主人公两天三夜的故乡之行，来叙述这个延续将近四十年的爱恨情仇、生离死别的故事。这种写法，至少那时的中国，在长篇小说领域里，还没有别的同行在做类似的实验。因此我想，这部并无多少过人之处的作品，若不是写法上的这点"新意"，会入评委的法眼吗？

但是，对这种时空错置，前后颠倒，故事打散，多端叙述，第一人称和第三人称交替使用，东打一枪、西打一炮的碎片化写法，能不能得到读者认可？我一直心存忐忑。直到审稿的秦兆阳先生，给我写了一封很长很长的信（很遗憾后来不知被谁借走，遂不知下落），约有十几页，密密麻麻，语重心长，表示认可的同时，提出不少有益的改动意见；并腾出自己的办公室，让我住进人民文学出版社，集中精力修改，我这才释然于怀。现在看起来，读者的智商，常常为我们作家所低估，其实，一句话可以说清楚的事情，用不着啰嗦再三，喋喋不休，一个词语足以表达的意思，用不着卖一赠二，叠床架屋。如同中国画的留白一样，留下足够的想象空间，用不着怕读者不能够心领神会。此书问世以后，在这种写法的改变上，始终得到读者的大度宽容。

舒晋瑜：70年代末，您的短篇小说《月食》一经发表就立刻引起文坛关注，当年就获得全国优秀短篇小说奖。能回忆下当时的反响吗？

李国文：实际上，《冬天里的春天》完成在先，出版在后，《月食》写作在后，发表在先。所以，80年代初期，《月食》的影响比较大些。我也不知《人民文学》的涂光群先生，从哪里打探到李国文还活着，跑来约稿。那时，我一家三代人挤住一间半屋子里，他一来，屋子便满了。盛情难却，唯有应命。那时，我的《冬天里的春天》已经脱稿，循着"大地、人民、母亲"这样一个母题，驾轻就熟，写出来《月食》。尽管人物、故事、情节、内容，两者大相径庭，但《月食》实际上等于是《冬天里的春天》的缩微版，因此，很受在解放区生活过的老同志赏识，甚至被问过："你是晋察冀几分区的？"

在我印象最深刻的，莫过于北影导演水华先生，有意要将《月食》搬上银幕时，约我与当时还健在的钟惦棐先生对谈。他用车先来拉上我，然后再去接钟先生。他一上车，水华先生为之介绍：这就是写《月食》的李国文。我和他都坐在后座，他侧过身子打量我一番，然后，第一句话就说："你的这篇小说，可让我流了不少眼泪啊！"

至此，沉寂二十二年以后初试身手的这部作品，能得到那时的读者青睐，那时的文坛认可，时年五十出头、六十不到的我，也就相当知足了。尤其是只有一面之缘的钟先生的那句话，对我来讲，意义非同一般。尽管经历漫长时间的沦落，写作能力尚存，文学禀赋未泯，就冲这一点，敝帚自珍，狂飙两句，也就不在乎方家笑话了。

哪怕只是一个粗陋的画面,一个模糊的背影,对于那时的读者,也是具有文学以外的认识价值。

舒晋瑜: 第一届茅盾文学奖是在哪里颁奖的?谁给您颁的奖?当时是否六位获奖作家都上台领奖了?

李国文: 首届茅盾文学奖的颁奖,是1982年12月5日。仪式是在人民大会堂的小礼堂举行的,那天天气不错,晴朗无霾。但遗憾的是,那时我所属单位为中国铁路文工团,与首都文学界少有来往,偶尔碰到一起,寒暄几句,姓氏、名声、面孔、职务,常常吻合不到一起。所以,那天坐在主席台上的衮衮诸公,究竟有几位,又是哪几位,失敬得很,真是记不起来。而主持者谁,讲话者谁,授奖者谁,我是从哪一位前辈手中接受这项荣誉,实在有点对不起,三十年后的我,对于这次盛会,在记忆中已成空白。我也努力在网上搜索,能够找到的,仅有一张照片,站在最左边的那个高个子,就是本人。我很讶异那时的我,一副木然的表情。后来才悟出来,大抵旱得太久的庄稼,即使等到迟来的风调雨顺,成活也许不是问题,但精气神的振作,肯定是要大打折扣的了。命也运也,夫复何言?

舒晋瑜: 您知道有哪些评委吧?和他们有交流吗?您认为自己的作品获奖,主要是什么原因?

李国文: 按照中国作协后来的评奖办法,好像要经历初评、复评两道程序,首届茅奖是否如此,不得而知,只有当时主持此事的人员可以回答了。至于我的作品如何入围,如何中奖,真抱歉,恕我一无所知。直到有一天,接到一纸通知:某月某日,到王大人胡同华侨饭店报到。是不是携全国粮票若干,我也记不起来了,不过,就在那里,我们六位获奖者,分别拿到了各自的奖金三千元。

三千元,对当时月入八九十元的我来讲,也相当于一个天文数字了。相比在此以前,我在1980年3月的《人民文学》上发表的《月食》,次年获得了第三届全国优秀短篇小说奖,其数百元奖金额度,真有小巫大巫之别了。

舒晋瑜:我又重翻了《冬天里的春天》,这部作品穿越了三十多年的时光,仍然能够打动我的内心。您会回头去看自己的旧作吗?

李国文:第一,我不那么自恋;第二,除了编书和校对的必需外,我认为有读旧作的工夫,还不如写新作。所以,《冬天里的春天》出版以后,偶尔翻翻,有;从头到尾地再读一遍,没有。三十年过去,这部作品中人物、故事、情节,已经逐渐淡化,记忆模糊,也只好无可奈何了。我记得有一年和意大利作家莫拉维亚对话,问起他笔下曾经写过的几篇有关中国风物的作品,因何而来?他的回答干净利落:一、我老了;二、我写得太多太多;三、我忘了。那时的莫拉维亚也就七十出头、八十不到的样子,现在的我比那时的他,年纪要更大些,但他最后"我忘了"的答复很精辟,被人遗忘,或者,被自己遗忘,也是绝大多数作家和绝大多数作品的最好下场。因此,对于某些前辈、某些同辈,也许太过自恋的缘故,忙不迭盖个文学小庙把自己供起来,也只有掩口葫芦而笑了。

舒晋瑜:现在如何评价《冬天里的春天》?这部作品在您的创作经历中,有怎样的意义或地位?

李国文:平心而论,获奖作品并非统统都是实至名归、足以传世的上品佳构,用平庸之作与精粹之作并存,泛泛之作和优秀之作同在来概括的话,大概接近于准确。因此,对参差不齐、难以尽美的现象,也不必求全责备。中外古今、历朝历代,凡文学作者的结群,凡文学作品的组合,薰莸同器,良莠不齐,是可以忽略不计的常规现象,一点也用不着奇怪。我的获奖作品《冬天里的春天》,自然属于平庸和泛泛之作中的一部,而且可以预料,随着时代的发展,文学的演化,作家和评论家的成熟,特别是读者的长进,估计对我这部作品,无论公开评价,还是背后议论,当会每况愈下,也是情理中事,可我并不因此恝颜。任何时代,任何社会,大作家写大作品,不大的作家写不大的作品,各得其所,各展所长,并行不悖地瓜分文学市场,只不过大作品存活的时间,要比不大的作品存活的时间长久一些,但茅奖作品中的"长久",距离真正的不朽,恐怕还有相当遥远的路程。

我写作,从不追求长久,这点自知之明,我还是有的。写作,尤其写长篇小说,是个力气活,犹如举重,超过自身能力极限,1公斤或0.5公斤的突破,也往往是徒劳无功的挑战。所以,我知道我吃几碗干饭,我也深知自己的文字,不过尔尔,因此,我写作更在意当时效果,作品问世,三头两月,一年半载,有人赞,有人弹,有人高兴,有人跳脚,我就足够足够了。

舒晋瑜:上世纪80年代末,对于知识分子来说是一个分水岭。您的思想在此前后产生了怎样的变化?

李国文:作家也许是春天飞来的第一只燕子,"伤痕文学"和"反思文学",70年代末已现端倪。随后,新时期文学便开始出现旺盛的势头,一发而不可收。那时文学书籍的印数,动辄以数十万计,与当下寒酸到不好意思在版权页标出印数,有天渊之别。这其中既有"文革"十年的空窗期后,读者对于文学的渴求强烈的因素,也有复出作家的努力回归,以及知青作家的来势汹涌而产生的影响。于是,那几年里,佳作问世,口碑载道,名家名篇,洛阳纸贵。现在回过头去看,大有看自己孩提时的照片那样,对于那时写作的幼稚、粗糙、浅显、笨拙,甚至不堪卒读,也只好哑然失笑,撇在一边。当然，学步时的蹒跚，那是行走的最初阶段，谁也回避不掉，所以也无须自卑。那时的作品，完成了那时读者的需求，也就算完成任务。但如果看不到文学在日日新、又日新的前进过程中，如果看不到中国人习惯以三十年为一代，过去完成时，硬要掺和到现在进行时中搅乱，那就难免要贻笑大方了。

大约从20世纪90年代开始，熟悉李国文的读者发现，在完成《垃圾的故事》之后，他突然转向了随笔散文。《文学自由谈》《随笔》《当代》和《人民文学》均开过他的专栏，一发不可收。他为什么不写小说了？

舒晋瑜：回顾创作，您认为走过了怎样的变化？为何告别小说创作？

李国文：凡文人，无不具有浪漫气质，古今皆然。不过只是量的不同，质的差别而已。而同是浪漫气质，具体表现到各个年龄段的作家身上，也是在不停变化之中，所以，写诗的人，多青年，最浪漫；写小说的人，多成年，浪漫则次之；写散文的人、写随笔的人，年岁要更大一些，浪漫则次而次之了。因此，作家的浪漫气质，在其全部创作史中，就得经历由躁动的气体状态，洋溢满盈，踌躇满志，到激动的液体状态，汪洋恣肆，波澜起伏，再到以静制动的固体状态，凝重沉稳，泰然安详这样三个阶段，然后，大概就该画其人生的句号了。记得多少年前，随萧军先生访问港澳，闲谈时曾问过他老人家：您在《八月的乡村》《五月的矿山》以后，为什么就此搁笔了呢？他没有直接回答，而是反问我：当一个作家对异性都不产生任何欲望的时候，你还指望此人再写小说吗？看来，写小说是需要浪漫的，你已经木了，你已经乏了，你已经是熬过两和的药渣，你还以为自己是恐龙，你还以为自己生活在侏罗纪，你还要把小说进行到底,那就等于拿读者寻开心了。

上个世纪的90年代末,我写了我的最后一篇小说《垃圾的故事》,寄给了《上海文学》的厉燕书大姐,我就和这种文学体裁告别了。从此,转向随笔创作,直到今天。

舒晋瑜:从一个有才华的小说家转向随笔创作,您认为这种转变是偶然的还是必然的?

李国文:说实在的,既不是偶然,也不是必然,而是我写不过人家,就识相一点,退出小说领域,不再瘦驴拉硬屎,在那里强撑着了。当然,努努力,也未必写不出来,也未必写得太不好,但太费力气了。没有那么多浪漫,还要挤出浪漫,就是伪浪漫,这些年来,这样的小说实在不少,我就用不着再去凑那份热闹了。因为,此前我一直应《随笔》的杜渐坤先生约,和《文学自由谈》的任芙康先生约,陆陆续续以中国古代文人的生死存亡为题,发表过若干文章,出版过几本集子,渐渐有点影响。这收获真得感谢上个世纪60年代开始的古籍重印,是我那些年里唯一可以精读死啃的书籍,也成为我日后写作文史随笔的基础。

我始终认为,写作,是一门手艺,更是一门谋生之道。放弃小说创作以后,作为一个手艺人,总得干些什么,于是,改弦更张,另找饭辙。好在我的同行,在古籍(特别在史料方面)的阅读和收藏上,并不比我更多,所以笨鸟先飞,积微成著。这些年来,文史随笔写得还算得心应手,正因拥有的都是真材实料。

当有了一把年纪以后,浪漫气质已经接近于零状态的人,钻进故纸堆,也许是一个不坏的选择。

不可计数的中国文人中,既不乏流芳百世者,亦不乏庸碌无为者。这些饱读诗书满腹才情的文人,他们的生活状态如何,是仕途得意且名垂青史,还是壮志难酬?对于中国文人的观察与剖析,也许只有李国文才能做到如此的深刻幽默,如此的酣畅淋漓。

舒晋瑜:《中国人的教训》体现了您一贯老辣的文风。《中国人的教训》以古知今,以史为鉴,更有您自己独特的见地。写作此类随笔近三十年,是否早已游刃有余?评论家认为这部作品是"当代将学识、性情和见解统一得最好的作品之一"。能否谈点经验共享?在语言上您有怎样的追求?

李国文:一个作家的文学才能,有其长必有其短,其作品自然也就有人说好的同时有人说差,评价不一的原因,因为对文学的优劣,很难进行量化比较。我在《小说选刊》工作的时候,有一个只是属于我私人的读稿习惯,就是比较关注语言。作家与作家比,比什么呢?有人说比思想,有人说比真实,有人说比典型化,有人说比技巧,比来比去,人言人殊,很难分出高低。唯有语言,具有量化可能,虽然也不甚可靠:第一,不大容易做到统计学上的精确;第二,一篇两篇作品,不足以概括作者的全貌。所以,秘而不宣,只是私下的看法。那时,我的职业就是阅读别人的小说,那不是一桩好差使。所以,我从作品的语言入手,一是注意词语的重复出现频率,一开始也许会忽略,老在你眼下跳出来,就要警惕了。如果不是这个作家词穷语拙,囊中羞涩,那就是疏于推敲,仓促成章了。二是关注作品中,新鲜的,流行的,市面上常挂在人们口头上词语,有,还是没有?有,说明这位作家活在当代,如果没有,当然不能认定这位作家远离现实,但语言,却是最能体现出时代感的文字符号,这点文学修养都不具备,大概是需要补课了。三是看这个作家对于古早词语的使用上,是否准确到位?是否恰到好处?既可以看出这位作家的学养,也可以看出这位作家驾驭文字的能力。

我是这样要求别人的,自然我也应该这样要求自己。

评委访谈

谢永旺：首届奖评出了几位新人

问：请您先谈谈茅盾文学奖设立的缘起。

谢永旺：首先要说一下茅盾文学奖的设立。1981年3月14日，茅盾先生病重，住在医院期间，由他口授，他的儿子韦韬笔录，写了一封给中国作家协会书记处的信："亲爱的同志们，为了繁荣长篇小说的创作，我将我的稿费二十五万元捐献给作协，作为设立一个长篇小说文艺奖金的基金，以奖励每年最优秀的长篇小说。我自知病将不起，我衷心地祝愿我国社会主义文学事业繁荣昌盛！"

信是由孔罗荪同志带回作协的，并转述了茅盾在病榻上提到的一个意见，即他认为长篇小说是一个民族文学成熟的标志，最能代表一个时期的创作水平。十多天后，3月27日，茅盾先生与世长辞。4月24日，作协召开主席团会议，遵照先生的遗愿，成立了茅盾文学奖金委员会，主席团委员即为奖金委员会委员，巴金任主任委员。会议还决定作协有关部门要尽快做好评奖的有关工作。

问：您是最早参与茅盾文学奖评选的，能谈谈最初的印象吗？

谢永旺：1981年7月，我从《文艺报》社被调到中国作家协会，建创作研究室。10月13日，中国作协开第二次主席团会议，正式决定评奖定名为"茅盾文学奖"。创作研究室负责具体评奖工作，向全国各地作协、文学期刊、出版社等九十三个单位发函,请他们推荐优秀长篇小说。这个函件中同时界定,十万字以上为长篇小说。1982年三四月间,评奖办公室一共收到了一百三十四部作品。当时我作为中国作协创作研究室负责人,主持了读书会,由创研室邀请十九位评论家、编辑和高校教师,在香山昭庙住了一个多月的时间阅读这些作品。最后读书会筛选出十八部作品,交给评委会。

问:评委会的构成是怎样的?

谢永旺:当时的决定是,作协主席巴金同时就是评奖委员会的主任。作协主席团的成员丁玲、艾青、冯牧、冯至、欧阳山、张光年等同时就是评委会的委员。因为这一届的评委会委员都是主席团成员,德高望重,年纪又大,视力不好,而长篇又都很长,有的是两三部,几十万甚至上百万字,很难要求他们阅读多少。巴金、丁玲是读作品的,但也不能全读。艾青就说:"我不看长篇小说。"也有的老同志直接说:"我就投信任票吧。"巴金没有出席评委会议,但阅读了很多作品,如《许茂和他的女儿们》《芙蓉镇》《将军吟》,他都读过。他觉得这些作品都不错。

问:第一届茅盾文学奖是怎样评出来的?

谢永旺:第一届茅盾文学奖前后做了三层筛选:读书会、预选组、终评会。预选组由五个人组成:陈企霞、冯牧、韦君宜、孔罗荪、谢永旺。陈企霞任组长。预选组读了读书会提出的作品,经过商量,推举了六部长篇交给评委会审定,分别是周克芹的《许茂和他的女儿们》、魏巍的《东方》、莫应丰的《将军吟》、姚雪垠的《李自成》(第二卷)、李国文的《冬天里的春天》、古华的《芙蓉镇》。需要说明一下,预选组成员经作协主席团同意列入了评委会名单,出席了终评会。

当时还没有主旋律的提法,主要是现实主义原则。反映现实的、格调健康积极向上的作品应该得到鼓励。评委会考虑到题材,但没有规定一定要怎样。六部作品选出来时,是在中国作协的工棚会议室(沙滩北街文化部大院),大家举手表决,一部一部地过。评委的意见完全一致,没有票数差异。

问: 排名是依据什么?

谢永旺: 获奖作品怎么排列,是评委协商确定的。魏巍的《东方》写抗美援朝,革命英雄主义,是否应该排在前面?《李自成》写得好,姚雪垠又是著名老作家,是否也应该排在前面? 最后考虑到,我们要提倡文学及时反映我们时代的生活,反映现实又写得好的作品适宜排在前面,《许茂和他的女儿们》就排在第一。《芙蓉镇》也是反映现实的,人物形象足够典型,艺术上有特色,但是对这部作品的情调和某些描写有一点争议,就放在后面。

第一届茅盾文学奖评出了几位新人,周克芹、莫应丰、古华都是新人。李国文1957年写过《改选》,如今重新执笔。巴金、丁玲、刘白羽、张光年、冯至、艾青……这些德高望重的老作家很高兴,他们的思路、他们的关注点就是要发展我们的文学,评出好作品。

问: 第一届茅奖颁奖具有载入文学史的意义。还记得当时的盛况吗?

谢永旺: 1982年12月15日,第一届茅盾文学奖颁奖大会在人民大会堂的小礼堂举行。来自全国的作家、文学编辑、文学青年等六百人到会,会上宣读了巴金的祝词,提出小说创作要"深一些、新一些"。 周扬在现场做了一个讲话。六位获奖者每人获得三千元奖金、一个茅盾头像的奖章和获奖证书。会后接着举行了长篇小说创作研讨会,丁玲、张光年等老作家也讲了话。

问:茅盾文学奖的评选,在当时的主要依据是什么?

谢永旺:一部作品经过三十多年再怎么评价另当别论,当时这些作品是站得住的,是有长处的,在当时的备选作品里面获奖,也是实至名归。有一点毫无疑问的是,当时绝对没有不正之风。大家看小说,选认为是好的作品。当时也没有固定的文字评选条例。还是在读书会期间,大家觉得应该有个大致的评价标准,张光年是党组书记,就请他来讲一讲。张光年概括了四句话:反映时代,创造典型,启人心智,感人肺腑。这四句话体现了现实主义的原则,兼顾思想性和艺术性。预选组和评委会没有再专题讨论评选标准。那时人们关注的重点,还在文学现实主义传统的恢复和发展。长篇小说尤其如此。

问:您愿意推选十部有生命力的获奖作品吗?

谢永旺:在我参与评奖活动及后来阅读过的作品中,我以为较有生命力的作品是:《冬天里的春天》《芙蓉镇》《黄河东流去》《平凡的世界》《少年天子》《战争和人》《白鹿原》《长恨歌》《张居正》《东藏记》。

(谢永旺,担任第一届、第二届、第四届茅奖评委,
中国作家协会创研部原主任,《文艺报》原主编)

第二届茅盾文学奖
(1982—1984)

评奖委员会名单

主　任：巴　金
副主任：张光年　冯　牧
委　员(按姓氏笔画排列)：
　　　　丁　玲　乌热尔图　刘白羽　许觉民　朱　寨
　　　　陆文夫　陈荒煤　林默涵　胡　采　柳　杞
　　　　唐达成　唐　因　顾　骧　黄秋耘　康　濯
　　　　谢永旺　韶　华

获奖篇目

《黄河东流去》　　　　李　准　　北京出版社
《沉重的翅膀》(修订本)　张　洁　　人民文学出版社
《钟鼓楼》　　　　　　刘心武　　人民文学出版社

获奖作家访谈

刘心武:我有能力厚重,但不刻意

　　刘心武　1942年生于四川成都。当代著名作家,红学研究家。做过中学教师、出版社编辑。曾任《人民文学》主编、中国作协理事、全国青联委员。著有长篇小说《钟鼓楼》《四牌楼》《栖凤楼》《风过耳》等。其中,《钟鼓楼》获得第二届茅盾文学奖。其作品被译成英、法、德、意、俄、日等多种语言在国外出版。20世纪90年代后,成为《红楼梦》的积极研究者,曾在中央电视台《百家讲坛》栏目进行系列讲座。

| 采访手记 |

除1967—1974年外,刘心武每年都有作品发表,这位堪称共和国贯穿性写作者的创作历程,几乎一路伴随瞩目。

《班主任》引领"伤痕文学","舌苔事件"引发风波;《刘心武揭秘〈红楼梦〉》《刘心武续红楼梦》掀起轩然大波……追捧、打击、标榜、质疑,刘心武不但没有为磨难所折服,反而沉淀出坚韧柔软的悯世情怀。

自1999年采访刘心武,二十年来对他与他的写作理解逐步深入。

第一次采访,他称自己"三对翅膀都能飞",是指小说、随笔、建筑评论;第二次采访是因上《百家讲坛》,出书"揭秘"《红楼梦》,我把他的写作概括为种"四棵树",增加了红学研究;其实,刘心武还有不为人知的很多面,比如他颇有功底的绘画,他不间断的小说创作和近年颇得好评的长篇小说《飘窗》,比如他在2016年再次引起轰动的金学研究。法国有翻译者和出版者认为刘心武是近十几年里中国重要的小说家,从2000年起连续翻译出版了他七部小说。刘心武的歌剧剧本《老舍之死》也在法国翻译出版。

他说,作为一个普通中国人,一生不读《红楼梦》、一生误解《金瓶梅》,将会是一生中的两大遗憾。于是,刘心武以研究者、写作者的姿态,在《刘心武揭秘〈红楼梦〉》之后,推出《刘心武揭秘〈金瓶梅〉》。他将后者视为《红楼梦》"祖宗",认为没有《金瓶梅》就没有《红楼梦》。然而这部具有独特的文化价值和审美价值的现实主义著作,一直蒙受很多误解。

好的小说家要有开阔的视野。八方飞翔,四处采撷生活的花粉,酿多味文学之蜜,甘苦自择,浓淡随缘;当然蜡重蜜薄的情况也有,但没被拘囿在天鹅绒牢房里,坚持努力,总还有希望酿出一点别有趣味的新蜜。

他更愿意把自己定位于"宽泛意义上的作家":"写作、研究都不图有什么'建树',我写是因为我喜欢写,不过是一个领养老金的人与读者分享感悟罢了。我是一个有社会责任感的写作者,读了我的短篇小说《偷父》,就可以看出我的情怀。"

知足知不足,自重亦自轻,是刘心武花甲后的精神常态。

十六岁时,刘心武在雪片般的退稿信中,终于发现一张用稿通知单。这一年,他的一篇文章在《读书》杂志刊登了,题目是"谈《第四十一》"。

舒晋瑜:文学的种子最早是什么时候播下的?

刘心武:小时候我常去的地方是书店。看到一排排书摆在书架上露出的书脊,在我的心中总是升起莫名的渴望和冲击。那时候很多书是引进的儿童文学作品,我非常喜欢其中的一套民间故事丛书,第一次去就买了。可是第二次再去时,我发现增加了新的品种。我心里很慌,总想把书买齐了,又担心钱不够。可是这套民间故事是开放的,一直都在出版,我始终未能买全。那时我的心里就产生了一个朴素的想法:什么时候我自己写一本,也摆在这儿卖。那年,我十二岁。

舒晋瑜:您是从什么时候爱上阅读的?

刘心武:十三四岁的时候受家庭影响就喜欢阅读。第一本对我影响至深的外国小说是《卡斯特桥市市长》。我当时只是个十几岁的孩子,偶然的机会得到一本英国小说,一下被小说的开篇情节吸引住了,作者就是英国小说家哈代。哈代一生写了很多小说,最成功的一部叫《德伯家的苔丝》,曾不止一次被搬上荧幕和拍成电视剧。

舒晋瑜:对您影响较深的作家有哪些?

刘心武:中国作家至少有五位。第一位是曹雪芹。《红楼梦》对我而言是常读常新。第二位是李劼人。李劼人刻画人物不得了,他的代表作是三部曲《死水微澜》《暴风雨前》《大波》。我八岁定居北京,创作的小说中写北京社会生活的特别多,如《钟鼓楼》。但我出生在成都,所以读李劼人的小说会感到亲切,而我在刻画北京市民生活、风土人情时,所用的手法很多明显受到《死水微澜》这部长篇小说的影响。第三位是女作家萧红,她是个世界级作家,代表作是长篇小说《呼兰河传》,以第一人称、散文笔调写她的家乡。我读后深受感染。第四位是孙犁,他有一部中篇小说叫《铁木前传》,薄薄的一本书,看起来是写合作化运动中的人和事儿,但他用柔美的文笔,重点写人,写人的心理,写人性的复杂,这在当时的小说文本里是很罕见的。第五位是林斤澜,他对我的文学写作影响至深,这是一个非常有个性的作家,他的文笔非常古怪,懂得他的文笔跟欣赏他的小说之美,得下番功夫。

外国作家也有很多,除了哈代,还有罗曼·罗兰、安徒生、契诃夫、海明威。海明威极简主义的叙述能力,非常值得学习、借鉴,他在叙述文本上给作家们做出了一个了不起的榜样。

舒晋瑜:写作是从什么时候开始?

刘心武:高中的时候,我订了《译文》《读书》。我的阅读量很大,并不像当时大多中学生热衷于少年读物,看得更多的是《文艺报》《人民文学》。有一次我看了《人民日报》刊登的半版散文诗歌,心想,我写的话会写得比他好。从那时起,我动了投稿的心思。

舒晋瑜:发表作品也很早吧?

刘心武:开始时,退稿信像雪片一样飞回来。终于有一天,我的一篇文章登出来了。不是在《中国少年报》,也不在《少年文艺》《儿童文学》或《儿童时代》,是刊登于《读书》,题目是"谈《第四十一》"。那是在1958年,我刚刚十六岁。

但是在"文革"前我就发表了一些小文章。那个时候老作家还没解放出来,知青作家还在为返城而斗争。"文革"后期我就开始发表作品并且出版《睁大你的眼睛》,《班主任》并非处女作。

很快就接到编辑部的回信,大意是大文刊出,表示感谢。他们以为我是老学究,没想到是一个高中生。我也写一些儿童诗和小小说。中央人民广播电台《小喇叭》节目找上门来,问我能否合作,随后就写出了广播剧《咕咚》,没想到"文革"时被当成毒草,改革开放后,《咕咚》才开始重播。

刘心武曾经非常遗憾自己未能上北京大学。但是,此后的经历和遭遇,却使他深入底层、为底层人民代言,使他的作品具有深刻的反思精神。

舒晋瑜: 您的职业曾经是老师?

刘心武: 高中时候我的功课很好,考大学毫无悬念,就非常自信地在第一志愿填写了北大中文系。但是后来被北京师范专科学校录取,这对我是很大的挫折。

多年后高中同学聚会,当时的班长告诉我,出现这种情况,不是家庭问题,是我的言论有问题。有一次吃饭时我眉飞色舞地谈《风雪夜归人》,有同学说:剧作者吴祖光是"右派",我就说:"吴祖光是'右派'的话,我也要当'右派'。"就因为这句话,我被揭发了,并且入了档案,被批示"像这样的考生,大学不宜录取"。后来因为师范招不满,我才被调剂到北京师专。

班长问我,要不要知道那个同学的名字。我说:"不要了。"当中学教师的经历,使我得以深入地了解底层。不是我高高在上,也不是我愿意接触底层,而是我本身就是底层,卑微地生活着。

舒晋瑜：您很感激这段经历？

刘心武：这样的经历使我的作品中具有了一种切不断的反思精神。这种反思一方面来自家庭熏陶，父母一贯培养我独立思考的能力；另一方面社会大环境也很重要。

社会上还是有些伯乐，保护容忍稍微有些想法的人才。《读书》杂志陈原主编在审清样时通过了《谈〈第四十一〉》；我在1961年年底，投了一篇随笔《水仙成灾之类》给《中国青年报》副刊，表达了"好事也不能做过头"的观点，原总编辑孙轶青发了头条，没想到这篇文章成为孙轶青在"文革"的一大罪状。我一直很感激那些曾经帮助过自己的编辑。

刘心武的创作经历，从《班主任》起就打着时代的烙印。对刘心武而言，成名作《班主任》是他撕扯不去的符咒，还将继续伴随下去。《班主任》遮蔽了他此后很多的创作成就，包括他认为最好的作品《四牌楼》。

舒晋瑜：对于您的作品，读者印象最深的大概是《班主任》和《钟鼓楼》。前一部被评价是"伤痕文学"的开山之作，后一部获第二届茅盾文学奖。

刘心武：《班主任》的素材来源于我在北京十三中的生活体验，但写作时我已是北京人民出版社文艺编辑部的编辑。出版社为我提供了比中学更为开阔的政治与社会视野，能够更"近水楼台"地摸清当时文学复苏的可能性与征兆，我就是在这个时期，及时地抓住命运给个体生命提供的机遇，写出了《班主任》。1979年，复苏的文学界第一次评选全国优秀小说，《班主任》获第一名，茅盾先生亲自为我颁发奖状。

舒晋瑜： 现在您怎么评价《班主任》？

刘心武： 茅盾喜欢我不是偶然的。很多人认为"伤痕文学"就是哭哭啼啼，其实《班主任》里没有眼泪，获取了最大公约数。《班主任》的深刻在于，"文革"切断了和四种文化的联系：中国古典文化、中国现代文学、当代文学、外国文学。《班主任》重新把这四种文化接续了下去。

《班主任》的出现，在中国文学史上留下了浓墨重彩的一笔，它和后来卢新华的《伤痕》等作品成为"伤痕文学"的发轫之作。《剑桥中国史》从先秦一直写到"文革"结束，写到改革开放，关于我的内容有一页半，其中包括《班主任》《我爱每一片绿叶》。《班主任》使我一举成名，同时也使我接受了名利这把双刃剑的考验。因为名利的背后裹挟着看不见的"风险"——"风险"是指成为一个符码后，有些人从政治上为了解决问题，会首先冲着符码而来。

1980年中国作协召开座谈会，茅盾说："我们的中短篇都有了，文化要发展，要尝试长篇创作。"他问："刘心武来了吗？"我站起来，茅盾对我微笑着点点头。他鼓励的目光成为我前进的动力。后来茅盾宣布拿出全部稿费设立基金。我想：我一定要得茅盾文学奖。

舒晋瑜： 有点势在必得的意味。

刘心武：《钟鼓楼》最终获得第二届茅奖。那年因为北京市有两个作家获茅奖，颁奖的时候，当时北京市分管文教的副市长陈昊苏上台讲话，他手里拿着一份《文摘报》，上面刚摘了我的《公共汽车咏叹调》，他很兴奋地说个没完，并且在台上大段地念《公共汽车咏叹调》。

当年《钟鼓楼》获茅奖，是出版方拿去参评的。我以前、现在、将来都不会自己推荐自己去参评任何奖项。据我所知，比如诺奖，其游戏规则中有一条就是作家自我推荐无效。应该都是由报刊、出版社方面将作者作品拿去参评,当然,事先要征得作者同意。

近年也有刊发方、出版方要拿我的作品去参评,征求我意见,我都感谢好意但不同意参评。

我现在不需要任何奖项。

从一开始,刘心武的创作就显示出强烈的社会责任感。从《班主任》开始,到后来的《泼妇鸡丁》《站冰》以及《偷父》,刘心武的作品对时代、社会、人生的逼近观察和对人性的探究始终没有停止过。

舒晋瑜: 1987,您在担任《人民文学》主编时因"舌苔事件"而被停职检查。能具体说说是怎么回事吗?

刘心武: "舌苔事件"今后会有揭秘的一天。事实是很戏剧性的,年初宣布我被停职检查,同年秋天,却送我到美国十八所大学演讲。

我从《我爱每一片绿叶》《如意》转移了文学的落点。我还在坚持《班主任》的诉求,同时也深谙文学就是写人性,应该坚持人道主义,展示人生困境。没有任何事情可以使我停笔。我所舍弃的都是可有可无的,一些名分、待遇与我无关,关键是没有剥夺我写作发表的权利。"舌苔事件"使我对社会人心、人性的看法更冷静,更懂得世道的诡谲,这些是创作的财富,否则只限于对事物平面的了解。

舒晋瑜: 1993年《四牌楼》出版,此后多次印刷,得过上海优秀长篇小说大奖(第二届)第二名,其中一章《蓝夜叉》已经翻译为法文,2005年在法国以单行本出版。您提到过这是您最满意的作品之一,为什么?

刘心武: 我自己觉得,也许很多年以后,人们如果还记得我,那么,会提到《四牌楼》,这是一部什么时候都可以读,读过的人里,都会有喜欢它的作品。因为它透过政治、社会、时代、家族和角色所写,是对人性的永恒性思索,而且它的忏悔性文本,沉静而略带伤感的叙述方式,应该能早晚获得一些知音。我的创作在艺术形式上的新尝试,比如发表的报告文学《5·19长镜头》《公共汽车咏叹调》等,在社会上都产生巨大的反响。

舒晋瑜:后来您对建筑领域也有所涉猎。
刘心武:优秀的小说家视野应该是宽阔的。改革开放以后,我对城市发展的关切与少年时期对建筑物的欣赏兴趣交融在一起,催生出建筑评论。建筑界对我的涉足不仅十分宽容,而且持欢迎鼓励的态度,我甚至被请到北京电视台录制播出过八集《刘心武话建筑》,还出版了《我眼中的建筑与环境》《材质之美》等颇为专业的著作,发表了诸如《话说天花板》《话说卫生间》系列文章,把评论触角延伸到居室设计装潢领域。

苏联戏剧家梅耶荷德的定律就是:所有人说你好是彻底失败,所有人说你坏那你可能还有些自己的特点,如果有的人非常喜欢,而另一些人恨不得把你撕成两半,那就是真正的成功。《刘心武揭秘〈红楼梦〉》和《刘心武续红楼梦》就符合这个定律。

舒晋瑜:与涉足建筑领域不同,您在红学界的"遭遇"情节曲折。
刘心武:受家庭影响,我很小就对《红楼梦》感兴趣。我进入研究状态的主要动力是,想从母语文学经典里汲取营养,特别是学习如何把生活原型升华为艺术形象。1990年,我第一篇研究《红楼梦》的文章《话说赵姨娘》发表在《读书》杂志。值得玩味的是,我的第一篇"秦学"文章《秦可卿出身未必寒微》就发表在1992年《红楼梦学刊》上。2004年,《百家讲坛》的栏目组把红学会的专家全请来讲《红楼梦》，播出并且制作光盘，根据央视索福瑞的统计，收视率不高，有的几乎为零。我是很偶然的机会走进《百家讲坛》的，因为要面对也许是不耐烦的、没有知识准备前提的观众，我在设计的时候注意设置悬念，开头十三讲就是揭秘秦可卿，收视率很快就上去了。2005年，《刘心武揭秘〈红楼梦〉》出版。

舒晋瑜：续写《红楼梦》给您带来很多争议。

刘心武：揭秘《红楼梦》就引起浪头了，"续说"说好的不多，彻底否定的不少。我很坦然，我做了一件我喜欢的事，销售也很成功。上《百家讲坛》、出书"揭秘"《红楼梦》，尤其是续写《红楼梦》对我来说是"蓄谋已久"、必须完成的事情。三十多年前，年近七十岁的作家端木蕻良拄着拐棍对我说："心武，我这么一大把年纪，我想续写《红楼梦》，还不知道能不能把这件事做出来。"

这话在我的心里种下了一粒种子。这是几代作家的愿望。但是端木这代作家太苦了，他们经历了很多社会震荡，身心备受摧残，最终未能续成，端木蕻良1996年去世后，留下了续写《红楼梦》的遗愿。这对我是很大的触动，我想，如果有一天能续写出《红楼梦》，将是对老前辈端木蕻良最好的告慰。

舒晋瑜：此前有人续写《红楼梦》吗？

刘心武：有，但他们多是从高鹗的一百二十回往后续，跟端木和我主张的从曹雪芹的八十回后续完全是两回事。最想做的，就是还原曹雪芹写完却又遗失的后二十八回，将他留在前八十回的伏笔一一交代清楚。这是一个很大的难题，但我执意试着解读这个难题。

比如曹雪芹在七十二回中写到了一个叫腊油冻佛手的古玩，他为什么要写这个，相信并不是简单说说就算了，而是留在文中的一个伏笔，正是这个古玩将一个家族给毁灭了。像这样的隐藏在

《红楼梦》中的伏笔有许多，我所做的工作就是把它们找出来，根据脂砚斋的点评，按照曹雪芹的"原意"——还原。

我自知续写《红楼梦》这样的经典名著风险很大，但我做好了充分的思想准备，随时接受读者的批评。我给自己的定位是"平民红学研究者"。我不敢称"家"，我不是红学研究机构的成员，也跟红楼梦学会没关系，甚至在个别红学权威看来，我在红楼梦研究方面是没有发言权的，我的全部论说都是外行话。但红学作为公众共享的学术空间，我不能因为不是红学家的身份就对《红楼梦》不问不理，"多歧为贵，不取苟同"。

很多叙述者不批判自己。刘心武却不否认《飘窗》主人公薛去疾里有自己的影子。刘心武的深刻在于，他具有自我批判意识。通过《飘窗》，他沉痛地反思，江湖和庙堂对立的思维对不对？我们主张西方古典主义，但是如何在现实中找到更坚实的支撑心灵的东西？刘心武的反思来自什么？

舒晋瑜：您是一位文本意识较为敏感的作家。

刘心武：早在1987年我在《人民文学》任主编时，同时刊发了马建的《亮出你的舌苔或空空荡荡》和莫言的《欢乐》。我敏感地意识到：新的文本出现了。我容纳并且尊重新的文学尝试，把《欢乐》放在了《人民文学》头题刊出。很长时间里，现实主义写法被冷落。三十多年过去了，我认为现实主义写法到了该"激活"的时候。

舒晋瑜：能说《飘窗》是激活写实主义的一次尝试吗？

刘心武：我不是故步自封。写《钟鼓楼》时已经和杨沫他们不一样了，是橘瓣式的结构，在文本上，我有一些自己的巧思，开始注重悬念。《飘窗》是强悬念的文本，有新的元素，语言上追求海明威式的简洁。我不搞语言瀑布,不造字数摩天楼,有时完全用对话推进情节,也不回避性的因素。这在以往的现实主义一度是禁忌。我有突破意图。不是无形中—不小心地突破,而是构造文本时主观地突破。

舒晋瑜:《飘窗》小说横扫了社会众生相,包括退休工程师、歌厅小姐、保镖、票贩子、论文枪手、黑社会、极左分子、创业青年……这是一部特别接地气的作品,包罗社会万象。为什么会写这样一部作品?

刘心武:这并不意外。我的写作,一向是扎扎实实的写实主义。写实主义有两个特点:一是用最笨的办法——过去叫深入生活;二是要提供丰富的人物画廊,要接触人,要有素材,要有人物库和生活细节库、语言素材库,不能完全靠想象,这是一度被人嘲笑的写法。我从那个时代过来,一直钟情这种写法。现在很多作家的全部素材来自阅读,更多来自想象中。

80年代初,我还是北京文联的作家,那时的专业作家队伍是顶有名的,有萧军、骆宾基、端木蕻良、雷加、阮章竞、管桦等,新中国成立后成名的一批作家是革命现实主义,有杨沫、浩然等。萧军、骆宾基、端木蕻良等都主张深入生活。他们对我有一定的影响和感染。骆宾基就说,即使是写一个山区收购站,都是有原型的。当然从生活到艺术有升华,不能对号入座。有人说《青春之歌》里的"余永泽"就是张中行,这是调侃的说法。

我的创作中有具体的生活素材,小说里写的都是有根据的。现实主义流派后来遇到了困境:一是干预生活、干预现实,这就变得敏感;二是改革开放以后,年轻人的写作就像有"疯狗"(即现代派)追着,不现代派就被视为落伍。当然作家"疯跑"也"跑"出了很好的文本,有的也被世界公认。

重新回到写实主义，《飘窗》的写作对我来说是一次非常愉快的经历。我唯一的顾虑是年龄大了，写起来有体力活的感觉。过去一天写一万字，现在一天几百字就有疲劳感。这也是我控制文本字数的一个原因。

在《飘窗》中，平民与知识者的闲情温暖还在，却增加了对于启蒙的反省与犀利深刻的自我批判意识。小说中所有人物都是有生活原型的，刘心武希望通过人物画廊的展示，体现当下的生存困境。

舒晋瑜： 整部作品结构紧凑，每个章节逻辑严密，设置或明显或隐秘的悬念，让人欲罢不能。这种结构非常"抓人"，在整体构思的时候，是有意达到这样的效果吗？

刘心武： 素材积累比较丰厚了，进入技术层面的时候，构思还是要设置悬念。我在《百家讲坛》讲《红楼梦》时尝到些甜头。我的书也是这样的特点，就像读丹·布朗的推理小说。讲《红楼梦》时形成这样的叙述文本，现在正儿八经写小说，更应该发挥这个长处。我是有意识地设置悬念，大悬念套入小悬念。每个出场人物都有他的故事，每个故事都有枝杈。

舒晋瑜： 这部作品的写法，还是跟讲《红楼梦》之前的小说写法有很大区别。

刘心武： 过去我写的小说情节性也强，不是文本技巧展示，不是拼接，我是现实主义的文本。这种文本在80年代后逐渐衰退，受马尔克斯等的异国文学影响，很多小说创作是从想象出发。这种写法也好，很奇诡，使50年代的一批作家取得巨大成功。但这种文本不提供人物画廊，只是以文本的颠覆、以意念的想象完成创作。后来是后现实主义,靠拼接,时空迅速转换。这种文本我也欣赏,读了也拍案叫绝:亏他想得出来!

舒晋瑜:那么您的阅读是怎样的?为什么没有受到西学思潮的影响?

刘心武:我是40年代出生的作家,那时拉美魔幻文学还没产生,我受写实主义影响比较深。四大名著里也有魔幻的成分,但总体上还是写实的。我对引进的作品也是欣喜若狂,外国文学读了很多,巴尔扎克、托尔斯泰、契诃夫等的作品也都是写实主义的作品。我的阅读史和写作史跟50年代出生的作家都不一样。他们是纯洁的写作史,从改革开放后才开始写作。

舒晋瑜:现代派作品看多了,读者也会产生审美疲劳。

刘心武:我认为现实主义回归恰逢其时。讲完《红楼梦》之后,有很多年轻的读者追着读我的作品。我看到"刘心武"贴吧和涉及我的微博,从他们评论的语气可以看出有相当多的80后、90后读者:"耶,刘心武原来是老头耶,还写小说耶!"他们就查到我有"三楼系列"(《钟鼓楼》《四牌楼》《栖凤楼》),评价说:写得好看。《钟鼓楼》是有很多原型的,包括商店的名称,可以说是给历史做记录。

舒晋瑜:在阅读的过程中,也有时候会觉得个别人物的语言和身份有些不大协调。比如歌厅小姐薇阿,时不时念叨几句古诗……虽然我们的生活中也不乏上进的底层青年,但是总觉得还是有些超出生活经验。作品中最让人绝望的,是薛去疾对麻爷的一跪。这一跪,使庞奇的崇拜彻底粉碎,也动摇了我们的信仰或信念……这里的绝望,是不是也是您的绝望?庞奇最后杀死薛去疾,是否别有寓意?

刘心武：叙述者往往要提醒读者,不能从大概念理解人物——他是"这一个"。微阿背的唐诗不合时宜,也引出了很多笑话。这是一个新型的风尘女子。这部小说,我觉得某种深刻性在于,解构了庙堂和江湖二元对立的说法。江湖也不是我们想象得那么纯洁美好。看完之后我们会想,薛去疾这个"疾"究竟去没去？庞奇本来是和文化隔阂的,薛去疾对他有启蒙影响,而且是西方古典的人文思想的影响。但是小说最后,庞奇要杀薛去疾。被薛去疾感化了的庞奇发现薛去疾也堕落之后,他失望地将枪指向薛去疾,而非更大的罪魁祸首麻爷,他会真开枪吗？这是启蒙的困境,更是启蒙的悲剧。我的作品不是否定这些,而是体现这些。

另外有一个始终在所有人背后的角色,就是资本。资本无处不在。薛去疾为什么下跪？所有的生命被罗织在资本之下了。这是全球问题。我们怎么办？中国的反腐,西方欧盟的困境,经济的衰弱……这里有资本运作的艰难。薛去疾跪的不是麻爷,而是笼罩全球的困境。麻爷只是资本的工具。

舒晋瑜：作品中的有一些对话也很大胆。比如"文革"中当过司令的何海山,与薛去疾的对话中,谈到"腐败的问题是不能通过'文化大革命'那样的办法来解决"……罩乘行在洗车的时候,与洗车男的一番对话也非常大胆："是造反派吧？"男子把胸脯一挺："不错。人还在,心不死。"这是否也传达了一些观点？

刘心武：你注意我整个文本：一是《红楼梦》的写法,所谓地域邦国朝代纪年皆失落无考,小说中一概没有具体的年代,但能感觉到是当代故事。叙述者本身有意不凸显年代标记；二是没有地名出现,就是大都会。

我是写小说的人,不搞政治。无非是小说叙述文本大胆——

也不是胆大胆小的问题,我就是观察者、叙述者,是讲故事的人。所谓"大胆",是驾驭的时候没有犹豫,只是中性叙述。我对夏家骏有些调侃,何司令是好人坏人,我在叙述上没有任何否定,没有讥讽。我是中性叙述,没有引导读者。我希望大家读了以后体味一些东西,体味多少算多少。每个人都有困境,我在写他们的生存困境。以探索人性的文本,写人性的复杂和脆弱,这是很具有悲剧性的。但这是文学的功能。有一种观念认为,所有人都应该投入政治生活,这种期望我能理解,但是不能勉强。

舒晋瑜: 在《飘窗》之前的小说是哪一部?很长时间没写小说,是什么原因?

刘心武: 最后一个写实的作品是《栖凤楼》,近二十年了。我从1959年写小小说,发表在《北京晚报》"五色土"副刊,现在也还经常写一些小小说;在《新民晚报》"夜光杯"发表,有的还被收入课本;2012年天津地区的高考语文题是我的小说《掐辫子》,占了二十分,我试着做了一下,得不到满分。现在考学生很大程度上是考察思维方式是否敏锐。

写小小说是一种享受。我很珍爱这种享受,每年写几篇。前几年发表的两个短篇《竹排嫂》和《徐胜马利芳》也是写实主义写法,取自真实的素材。有人觉得,写这些成不了文豪。有亲友很真诚地劝我,到晚年了,再多出几个大部头多好。

舒晋瑜: 您的写作状态非常健康。为什么会保持这么持久的创作力?

刘心武: 我不存在没得可写的问题。我恰恰觉得,力气没那么大了,写不动了,有这种惶恐。我的心态好,基本达到与世无争。小说中夏家骏追求副部级,我能理解。我用不着焦虑,他们要的是什么？住房？我通过自己的努力及时买到了空间。待遇？我从来也不在乎级别待遇。大家都享受医保挺好的,一些与名位相关的小乐趣我不追求。

　　我还有创造力,我的各种书还在一印再印,尤其关于《红楼梦》系列的作品特别畅销。我被市场认可,这是多大的乐子！我去复旦大学讲课,二三百人的厅坐满了,还有人挤在门边站着听。我有这自信:我的生命价值,不用津贴和头衔证明。

评委访谈

顾骧：先锋派作品基本无法通过

问：多次担任茅奖评委，可否谈一下您对茅盾文学奖的评选是什么印象？

顾　骧：我曾参与第二届、第三届、第四届茅盾文学奖具体评奖工作，担任第二届、第四届评委。茅盾文学奖的历史应该追溯到1945年6月，重庆曾举行"茅盾五十寿辰和创作活动二十五周年纪念"。在庆祝会上，正大纺织厂的陈钧经理将一张十万元支票赠送给茅盾，指定作为茅盾文艺奖金。茅盾表示自己生平所写反映农村生活的作品不多，引以为憾，建议以这些捐款举行一次农村生活题材的短篇小说有奖征文。之后，由老舍、靳以、杨晦、冯雪峰等人组成茅盾文艺奖金评奖委员会，举办了一次农村题材的短篇小说征文活动，反响很好。这应该是茅盾第一次设立文学奖。

三十多年后，茅盾临终前再次设立文学奖，这一次他奖励的对象是长篇小说。第一届茅盾文学奖评选的时候，长篇小说整体上还是处于萧条状态。新时期文学先是发轫于诗歌，然后是短篇小说、中篇小说兴起。后来参评的长篇小说大多写作于"文革"末期。李国文写《冬天里的春天》时"文革"还未结束。1979年刚摘掉"右派帽子"，李国文将书稿试投人民文学出版社，马上出版了。周克芹写完《许茂和他的女儿们》初稿是在1978年,1980年《红岩》杂志全文刊发,小说表现极左路线对农村和农民生活的巨大破坏,立刻引发反响。《将军吟》讲一位将军对极左路线的抵制,作者也是在"文革"中顶着风险写成。

问:茅盾文学奖的评选,是否一开始就受到大家的关注?

顾　骧:茅盾文学奖备受关注,还与获奖作家有太多利益关系。从第二届起,茅奖的声誉日隆,开始受到各省市的重视,成为地方政绩。第三届路遥获奖后,回到西安是省委领导到机场亲自迎接。第三届天津作家的《都市风流》得奖,书是浙江一家出版社出的,责任编辑被提成编辑室主任,还分了一套房子。

问:在这种情况下,您作为评委是否也受到来自各方面的压力?

顾　骧:有个作家曾给我写信,信里直接说:他们领导说了,如果他得了茅奖,马上升文联副主席。第二届茅盾文学奖评选时,来说情走后门的作家只有一两位,第三届时请吃饭、送礼的就开始多起来,到了第四届,评奖工作还没有启动就有关系托过来了。各种评奖规则卡住了这种不正之风,比如三分之二以上票数入选的规定,要活动遍及三分之二以上的评委,恐怕不是易事。

问:能具体谈谈您所参与的评选工作吗?

顾　骧:第二届茅奖于1984年7月启动,1985年11月选出获奖作品。这一届获奖作品中,《沉重的翅膀》是有很大争议的。因为小说写早期改革的内容,有一些很尖锐的、当时忌讳的话。出版这本小说之前经过了审查,提了很多修改意见。评选的时候,《沉重的翅膀》是以修订版入选的。

读《平凡的世界》，当时几个评委都有同样的感觉：第四十页之前的内容很沉闷。但是到了90年代末，我到外地出差发现年轻的大学生都在看这部小说，感到非常奇怪。这是我们需要研究的一个问题，为什么这样的传统现实主义作品还能有这样强的生命力？

问：第三届评选时，是否还具有这样的特点？

顾　骧："现实主义独尊"在前两届基本没有引起争议。争议出现在1985之后，马原、刘索拉、格非、残雪等一批中国先锋派作家和作品出现。他们的创作与茅盾文学奖倡导的传统现实主义、宏大题材、史诗叙事看来格格不入。在90年代初第三届茅奖评选的时候，事实上已经有一批优秀的现代主义手法的长篇引起了文学界的反响。包括王蒙的《活动变人形》、张抗抗的《隐形伴侣》、张炜的《古船》等。这些小说没有进入读书会推出的十五部初评书目名单，作为当时的评委会副秘书长，我曾提出增加五部手法较为现代的小说作为备选，就包括这几部作品。但最后好像都没有提到评委会去讨论，或者拿过去就给否定了。在那个时候，先锋派作品根本无法通过，多数评委接受不了。

（顾骧，担任第二届、第四届茅奖评委，
中国作家协会创研部原副主任）

第三届茅盾文学奖
（1985—1988）

评奖委员会名单

主　任：无

委　员(按姓氏笔画排列)：

丁　宁　马　烽　刘白羽(因作品参评回避)　冯　牧
朱　寨　江晓天　李希凡　玛拉沁夫　孟伟哉
陈荒煤　陈　涌　胡石言　袁　鹰　康　濯
韩瑞亭　蔡　葵

获奖篇目

《平凡的世界》　　路　遥　　中国文联出版公司
《少年天子》　　　凌　力　　北京十月文艺出版社
《都市风流》　　　孙　力、余小惠　　浙江文艺出版社
《第二个太阳》　　刘白羽　　人民文学出版社
《穆斯林的葬礼》　霍　达　　北京十月文艺出版社

荣誉奖

《浴血罗霄》　　萧　克　　解放军文艺出版社
《金瓯缺》　　　徐兴业　　海峡文艺出版社

获奖作家访谈

凌力:写《少年天子》是我首次尝试把写人放在第一位

凌　力　1942年生于陕西延安。1965年毕业于解放军军事电信工程学院,后调中国人民大学清史研究所。曾任北京市作家协会副主席、中国作家协会全国委员会委员。著有长篇历史小说《少年天子》《星星草》《倾城倾国》《暮鼓晨钟》《梦断关河》等。其中,《少年天才》获得第三届茅盾文学奖,并被译成英、法等多种语言在国外出版。

采访手记

对作家凌力的采访，开始得太晚。当辗转联系上凌力时，她的身体状况已大不如以前。感谢北京十月文艺出版社编辑胡晓舟热心相助，我们的采访通过微信、短信、邮件等方式，拖了很久；更感谢凌力，有很多回答内容，是她在病床上完成的，有时候一个问题要写好几天，甚至屡想作罢。不论怎样艰辛，这篇采访总算完成了，这是对凌力创作的一次全面梳理，当然更包括她获得第三届茅盾文学奖的想法。

时光回溯到1980年。长篇历史小说《星星草》上卷由北京出版社出版，开启了凌力的历史小说创作之旅。她的每一部作品，都要修改数次，她心安理得地坐自己的"冷板凳"，为自己留下一个虚空而静谧的心境。评论家李树声认为，这并非凌力刻意的人格自塑，而是对历史和现实的一种参悟，是对文学本身的一种执着的专情。

凌力对历史的爱好，是小时候从京剧中得到的。大量的三国戏、水浒戏给她幼小的心里种下了爱文兼爱史的"病毒"，且伴随终身甚至无可救药，这使她毫不追悔地走上历史小说创作的路。京剧对历史的浓缩和概括能力，其戏剧性矛盾的发生、发展、高潮、煞尾及场次的轻重、角色的分派等等格式，细心的读者大约可以从凌力的作品中找到某些印记。

从秦汉到清末，中国的封建君主制社会不中断地存在了两千多年，这是世界历史上独一无二的现象。为什么？这是凌力向自己提出的问题。史学家用政治、经济、军事、文化等方面的科学论文回答这个问题，那是宏观的、全方位的研究；她从微观的、人物的心态、命运和人际关系的角度去探讨。或许终一生之力也得不到正确的、完满的答案，她也认了。写长篇历史小说，是凌力进入探讨的一个途径。

多数初学者往往要经过短篇、中篇的训练才开始长篇创作,而凌力的处女作《星星草》,一出手就是上、下两册八十多万字的大长篇。这大概源自她的多种学识、个人素养以及宏大的文学胸怀和眼光。

舒晋瑜:您最早是从事导弹工程技术工作的。一个多次进出导弹驱逐舰,进行导弹发射遥测的尖端武器科研人员,放弃专业从事文学创作,有点不可思议。能否回忆下您当年走上文学之路的情景?

凌　力:我选择通信专业,是遵从父命。是历史和生活把我逼上文学创作的道路。我参加工作不久,十年动乱突然开始,亿万人民遭到巨大的痛苦和不幸。这使我陷入极大的痛苦、矛盾和忧愤之中。我没有去打"派仗"。我觉得党和人民养育了我,不管处于怎样的逆境,我总应该为人民做点事情。这是一个共产党员的天职。我父亲被关在"牛棚"里,还叮嘱我们,要相信党,相信人民,相信历史的车轮不会倒转。于是,我下决心研究一下历史。

在读史的过程中,捻军的英雄史实深深感动了我。太平天国后期,捻军处于中国革命大潮低落的逆境里,不后退、不投降,"誓同生死,万苦不辞",坚持抗争到底。在他们身上,我当时忧郁愤懑的心情得到了寄托。

"四人帮"横行时,不允许我用更为直接的方式说出我心中的一切,我只好借助于捻军将士的英灵,借助于捻军苦斗的历史,来歌颂已经长眠于地下和仍在人间坚持战斗的人民英雄们。捻军在太平天国覆灭的逆境中奋起抗清,不是反映了广大农民的愿望和历史发展的必然趋势吗？陷于动乱的中国不会停滞不前,犹如当年的中国不曾停滞一样。这就是我写《星星草》的起因。

舒晋瑜: 1978年调入中国人民大学清史研究所。能说说是有什么机缘吗?

凌　力:《星星草》差不多写了十年,先后改了七次。在投给出版社之前,我把这部作品送给戴逸先生,他从史学角度肯定了这部作品,并表示可以接纳我为清史研究人员。我所在单位的领导也很善解人意,同意我调出,我从此进入清史研究部门,并得到了主要从事创作反映清代生活的文学作品的许可。

舒晋瑜: 一上手就是历史长篇小说,驾驭起来有难度吗?

凌　力: 我喜欢长篇,是因为它能提供足够的容量来完成必要的积累,使作品达到真实可信,首先说服和感动作者本人。看一些作品,常有不满足感,因为人物的行动、感情根据不足,往往不到火候而硬写,就不能动人,看过也就忘记了。

那时候,"要写出不同性格的人",这一点是知道的。但是把写真实的、有血有肉有精神灵魂的人放到创作的中心地位,就没有这样的觉悟了。倒是用极大精力铺写战争场面和历史悲剧的过程。而且受那时写英雄"高大全"的创作方法的影响,主要人物捻军领袖赖文光、张宗禹等人就显得理想色彩太浓而不可信,对捻军的最后失败提供不出充分的根据,致使这场历史大悲剧因此不够分量而失色许多。

舒晋瑜: 但是这部作品在反面人物的塑造上非常成功。

凌　力: 有意种花花不发,无心栽柳柳成荫。《星星草》里的反面角色曾国藩、李鸿章、左宗棠反而显得比较活、比较真,得到了读者和评论界的认可。其实,直到《星星草》的第四稿,曾、左、李的形象还跟"文革"中的反面人物差不多,极尽丑化之能事的。戴逸先生看过此稿后,提出:曾、左、李是中国近代史上影响很大的人物,是近代军阀的鼻祖,用漫画手法去描绘,就简单化了,而且也不真实。接受戴老师的意见,重新查阅史籍资料,重新写过。当时只想再现这些人作为清代名臣、理学大师和镇压农民起义刽子手的多重身份,在气质、谈吐、性格和风度上尽量向史实靠近。

有些历史人物之所以反动,并不都是因为个人品质恶劣,更不会都是外形丑陋、猥琐不堪的。他们是因为代表着反动阶级,逆社会历史潮流而动,才在历史上处于反动的地位。

无论就思想内容或是审美境界而言,《少年天子》都标志了新时期历史小说的最高水平,而且在整个新时期文学创作中,也是堪称第一流的精品力作。

舒晋瑜:《少年天子》的创作起因是什么?

凌　力:《星星草》出版后,不少评论界老师在研讨会及报刊上发表了许多文章,凡能听到、见到的,都认真聆听拜读,认真思索。虽然在意义、结构、形象、情节乃至文字等方面颇多受益,但最令我震撼的是这句话——文学是人学。因为这是我第一次听到,越想越觉得有道理、有滋味,越想越能从中悟出更多创作理念。其实我已调入人大清史研究所,正在比较系统地研读清代历史,很快顺治帝这个人物让我产生强烈的感应。一来觉得历来对他评价不公平,不是当他为庸主无所作为,就是拿董鄂妃说事儿骂他荒淫。翻案文章很吸引人,更吸引我使我欲罢不能的,是这个人独特的性格命运,跌宕起落的情感经历,以及通过他能映照出中国数千年封建社会的方方面面……我要试着把写人放在第一位!还未下笔,我就想好了书名——《少年天子》。

舒晋瑜：创作过程顺利吗？有哪些不一样的感受？
凌　力：《少年天子》的创作,得益于历史上顺治皇帝那起落跌宕、大喜大悲的特殊经历和特殊命运。写康熙皇帝就没有那么好的运气了。虽然还是要围绕着写人,却不得不另辟蹊径。

舒晋瑜：《少年天子》同名电视剧在全国多家电视台热播,其编剧是作家刘恒。您如何评价他改编的《少年天子》？
凌　力：电视剧的前半部完全是刘恒的再度创作,比小说开始时的时间往前延伸了四年,从皇后进宫开始。小说开始时皇后已经废了,是第二个皇后进宫。我比较认可前二十集,因为第一,它是尊重历史的。我认为历史文学不是写史实,而是写历史上可能发生的事。刘恒的创作写的就是可能发生的事,符合我所认同的历史文学的创作规律。第二,在重大历史事件、重要人物关系方面都是尊重原作的,整个电视剧和原小说的创作在精神上是相通的。

舒晋瑜：《少年天子》强调了封建社会的冷酷,一直冷酷到母子、夫妻之间,强调人性和政治制度间特别尖锐的冲突。您在处理这种冲突时是用唯美的手段,而刘恒却是用尖锐的手段。
凌　力：我很赞赏刘恒从真实的人性的角度去写。封建社会的政治斗争是非常残酷的。像明朝永乐帝对反对过他的建文帝的臣子就特别残酷,放在油锅里炸,割舌头。对拒绝为他写即位诏书的方孝孺诛十族,寻常的九族之外,还加上学生一族。把反对他的臣子的妻子、女儿、儿媳发往教坊,被糟蹋死后,钦命拖出去喂狗。可永乐帝在五次亲征蒙古时,又表现出非凡的英雄气概,很了不起。所以我觉得在写清朝的各个皇帝时,要考虑怎么去认识他们的多面性。现在写康、雍、乾的视角比较单一,多是歌颂,把乾隆写成十全老人。修编《四库全书》,他毁掉了多少传统文化的好东西,这些却都没写。

在《暮鼓晨钟》里,我就侧重表现所有人性美好的东西怎么一步步被政治斗争抹杀掉,包括友情、爱情、善良……皇位一次次受到威胁,要保住皇位,就要整很多人。每个案件都要死人,每次死人皇帝本人都要失去一些东西。康熙是按孝庄的要求做一个好皇帝,但他内心美好的东西就牺牲掉了。

舒晋瑜:《少年天子》在1991年获得第三届茅盾文学奖,还记得当时的情况吗?

凌　力:茅盾文学奖对于我,完全意外。那天一大早,人民日报社一个朋友打电话来说我得奖了,我还以为是开玩笑,不相信。第一届《星星草》曾入围,那时我高兴、兴奋,觉得自己还真不错呢!后来落选,难免失望。但是,看到获奖者都是我敬仰的老作家、大名家,才感到自己怎么这样不知天高地厚!又认真读了前几届中部分的获奖作品,相形之下,在深度、厚度以及艺术价值等等方面,差距太多太大。所以,此届《少年天子》虽入围,也就没太在意,因为不做此想了。却偏偏得了,实在没想到!

舒晋瑜:您认为怎样的历史小说才是好小说?

凌　力:我希望所写的历史小说,能站在历史和文学之间,能成为边缘科学的一部分。历史学专家,往往对历史小说特别是历史影视作品有颇多微词,这可以理解,因为我们历史文学作者的史学基础往往不够深厚,常会造成一些失误,甚至出某些笑话;另一方面,眼下的史学著作又越来越走向史论,离最早的史学大师司马迁太史公的《史记》之路越来越远,离文学越来越远。那么"文史不分家"的传统注定要消亡吗?

事实上在国外的史学界已经出现以《史记》笔法写历史的史学著作,撰史者使用了历史尘埃落定后的、当代所具备的、大量的、各方面的丰富材料,尽量客观全面地用文学手段描述重大的历史事件和历史人物,不但受到学术界的赞赏,更得到广大读者的欢迎。这也可说是历史与文学间边缘科学的一部分,不过它的立足点在历史一边,而历史小说则须把脚步稍微移过来,更偏重于文学。

我同意这样一句有总结意味的话:历史著作要写历史上曾经发生过的一切,而历史小说要写历史上可能发生的一切。

舒晋瑜: 写历史小说,对您来说最大的难处是什么?

凌　力: 历史小说要遵循所有小说的艺术规律,比如要有生动的、血肉丰满的人物形象,要有吸引人的故事情节等等,但其最主要的特殊处,在于它必须具备的历史感,小说是不是真实可信,很大程度上取决于此。然而,就创作的角度讲,这正是一个难点。最困难的,是营造特有的时代氛围,一位当代作者写几百年甚至上千年前的故事,使自己和读者都相信写的确实是那个历史时期,那就非得造足这种氛围不可。

写历史小说营造时代氛围,其实也就是在创造作品的神韵。这就需要多方面综合而成,难度相当大。比如,写唐朝,能不能使读者确信这真是唐朝,而非两汉、非两晋、非明朝?同样是写清朝,能不能写出清初、清中期和晚清的不同气氛和味道?在写作历史小说的过程中,我一直试图在营造特殊历史氛围上多下些功夫。

舒晋瑜: 能具体谈谈您是怎么做的吗?

凌　力: 一方面,要尽可能多地了解当时的政治、经济、文化、艺术等领域的情况,力求在大的形势上不出格;另一方面,尽可能多地了解当时的民风、民俗、礼仪、制度、服饰、玩好等等,力争在自己心中有一幅当时的风情画卷,有一种那个时代的感觉,使自己能够形成一种判断力,在选择人物、情节或道具时不至于出大错。

舒晋瑜:您的历史小说,有散文的意境,因此有评论称您的小说是艺术品。在语言上您有怎样的追求?

凌　力:语言特别重要,常常会因为错用了一个现代词汇而破坏了苦心营造的整个历史氛围,所以需要特别小心。在写清代历史小说的过程中,我掌握的原则是决不让现代语汇出现在古人口中。

舒晋瑜:那么,您判断古人说话的语言根据来自哪里?

凌　力:一来自清代剧本,如《缀白裘》一类在清代流行的演出本;二来自清代白话小说,从顺治年到清末各朝都不少;三来自清代案卷,审案录供中有大量的常用语言、生活语言。

舒晋瑜:您的小说创作,善于选材,也长于虚构和想象,同时您又尊重史实。如何在虚构和史实间找到合理的平衡是否对作家来说也是很大考验?能具体说说吗?您如何看待史实和虚构的争论?

凌　力:在虚构人物情节时,没有史实做支撑,营造历史氛围就特别困难。我在《暮鼓晨钟》一书中写康熙帝幼年的那一段,宫廷外朝廷上的一系列大冤狱都是史实,而宫廷内小皇帝的生活则是虚构。初稿出来后,我觉得后者有两大不足,一是感觉不到清初宫闱的特点;二是太皇太后过于英明,料事如神得没有来由。而这又想不出好的办法来补足。后来看到一则史料,说:清宫找到明宫遗留下来的几大箱小脚女鞋,全都镶珠嵌玉十分华丽精致,满族妇女都是天足不能穿,扔在那儿又可惜,就把鞋上的珠玉拆下来,镶嵌在新做的绣花鞋上,供宫妃宫眷们穿用。当时风俗,小辈妇女为长辈上寿时,有做鞋为礼的习惯。根据这两点,我虚构了小康熙发现祖母(即太皇太后)的贴身侍女用拆珠玉做绣鞋为手段传递情报这个情节,用来照顾好几方面:一是太皇太后有情报网服务,明察善断就有了根据;二是小康熙受祖母统治术的影响,日后他建立特别的耳目监视官员,即后人称之为使用特务的行为有了来历;三是营造出由明入清、由汉人统治变为满人统治的宫闱中的特殊氛围;四是表现出宫中用度节俭的清初的特点。这样去弥补初稿中的缺憾,作品的历史感就增强了,清初宫廷的意味也浓了很多。

对于史实和虚构的争论,每位作者和读者都有自己的见解,都有它的道理,孰是孰非,彼此平等,何必强求一致?

舒晋瑜: 在创作中是否也有些弥补不了的缺憾?

凌 力: 是,有些始终想不出好办法弥补。比如写历史大背景真实、人物虚构的历史小说行不行?甚至背景和人物全都虚构行不行?尽管我弄不清这样写算不算历史小说,就按照历史小说的规律去写行不行?

但不论怎么写法,只要写的是历史文学,就要力争写出具有丰富历史内涵的、充满历史韵味的作品来。当然,让今人穿上古装在作品中表演各种悲喜剧,或让唐宋元明清朝的古人在银幕荧屏上幽默地说几句现代语汇,作者自有他的奇思妙想,所谓各有各的高招,不能一概而论。

舒晋瑜: 对于历史小说家来说,您认为选材有何特殊要求?

凌 力: 我们民族五千年的光辉历史,是历史文学取之不尽用之不竭的源泉,然而作者选择的,只能是那些令作者激动的,能够引发创作冲动的题材。

之所以取材于历史,是因为历史上发生过的事是真实存在过的。风云变幻的历史本身所提供的丰富事变、事件,不是任何一个天才头脑能够完全设想出来的。事变、事件既然发生,那就必定有发生的历史条件、社会条件等等合理的根据,作者自己首先就要确认其真实性,而不要像读传奇小说时产生"瞎编"一类评语和受骗上当感。

同样的历史人物、同样的历史事件,不同的作者从不同的角度观察认识,会得到完全不同的结果。即使是历史上存留下来的史料,也带有著作者个人爱憎好恶的色彩,真正的董狐直笔几乎是没有的。现存的史书史料相较真实的历史而言,肯定是不完全的,这倒给历史小说作者的推理、想象提供了更广阔、更自由的天地。

舒晋瑜: 在《星星草》中歌颂农民起义,在《少年天子》里又歌颂有作为的帝王,矛盾吗?

凌　力: 我写历史小说,不只在介绍历史事件和历史人物,也不为评价历史上的功过是非。说到头,仍旧回到文学的功能这个初始命题上来了:总是想表现和颂扬那些使人类奋发上进的精神品质,颂扬过去、现在、将来都被人们追寻的真善美。《星星草》写的是英雄的失败和失败的英雄,颂扬逆境中人类不屈不挠的奋斗精神;《少年天子》写的是封建君主的悲剧命运,若说歌颂的话,是在歌颂有所作为的开创精神和真挚的情爱。当然,农民和地主、平民和皇帝以及一切被统治者与统治者之间的矛盾,是封建社会的基本矛盾,可以由许多社会科学门类专门研究,全面分析。以表现人为主题的小说,只能通过个性反映共性,努力使之能为当代人和后代乃至下个世纪的人类关心、理解和接受。

舒晋瑜：驾驭这样大的题材，展示清代帝后将相的小说，对您来说是否游刃有余？

凌　力：唐代司空图的《二十四诗品》，把"雄浑"置于第一，品评道："大用外腓，真体内充，返虚入浑，积健为雄，具备万物，横绝太空，荒荒油云，寥寥长风，超以象外，得其环中，持之匪强，来之无穷。"数十年写历史小说，很向往这样的境界。但它太高了，终一生之力，也难以达到。

本想在日后创作中努力提高一把的，却得了场不能劳累的富贵病；原以为有大把的时间可花，转瞬间已年近古稀；原先白纸黑字应许要完成的"百年辉煌"，看来也办不到了……但人生哪能没有遗憾？写不了大部头可以写小文章，就算小文章也写不成了，也还有不抛弃、不放弃的信念，支持我做些有益的事情吧。

获奖作家访谈

余小惠:《都市风流》是中国人崛起的伟大时代的缩影

孙　力　1949年生于广西,2010年去世。曾任青少年报刊总社总编辑。

余小惠　1949年生于上海。曾任百花文艺出版社《小说月报》综合编辑室主任。1984年以后,孙力、余小惠合著长篇小说《都市风流》《但愿人长久》及中篇短篇小说、电影、电视文学剧本等。其中,《都市风流》获得第三届茅盾文学奖,并被译成英、法等多种语言在国外出版。

| 采访手记 |

前几年,余小惠参加一个文学笔会,巧遇老作家玛拉沁夫。玛拉沁夫问她:"你就是余小惠?"她回答是。他们的相识,距离第三届茅盾文学奖评选已经过去了二十年。

二十年前,玛拉沁夫是茅奖评委,余小惠是获奖作家。当时的评委有哪些,是否需要认识,请他们关照下自己的作品?余小惠想都没想。

今天听起来似乎有些难以置信,然而事实如此。玛拉沁夫因此与同行者感慨:看看我们茅盾文学奖的评选,多么纯洁!

历届茅盾文学奖的获奖作品,只有《都市风流》是孙力和余小惠夫妻二人合著。

文学创作是个性化创作,他们的合作方式是怎样的?据余小惠回忆,当时担任《天津青年报》总编辑的孙力是主力,日常杂事忙得顾不上吃饭,回到家还常接待客人;余小惠所在的出版社坐班,她每天上班,还要管家务,所以他们写《都市风流》,全部是晚上写。通常是余小惠先睡,孙力写两个小时叫醒妻子,余小惠再接着。小说大体是共同商量的,人物也是,每一章故事写到哪儿是哪儿,事先不一定有构思。

合作也常常不尽如人意。两个人同样自以为是,同样固执,审美感觉又不完全一样,因此"战争"常常伴随着夫妻二人每部合作作品的始终,而且互不相让,以至于他们儿子常从梦中惊醒了说:"求求你们,别再写小说了,一写就打架。"

——这已是二十多年前的景象了。第三届茅奖于1991年评出时,孙力仍在北京住院,余小惠匆匆赶赴人民大会堂领奖,没来得及合影就返回医院。她和孙力对于康复都抱着极大的希望,然而孙力最终没能恢复,2010年5月,六十一岁的孙力因病在天津去世,只留下对这世间、对爱人的无限依恋。

舒晋瑜: 您为什么选择写作？从什么时候开始写作的？和孙力老师的合作是什么时候开始的？

余小惠: 我生长在一个艺术氛围比较浓厚的家庭，父亲喜欢书法、绘画，笙管笛箫；母亲是个小说迷。我小时的职业理想是当记者，而且今生今世一定要写出一本书——数量不多，却是传世之作。因此在入团时还专门批判了丁玲"一本书主义"对自己的"毒害"。孙力的父亲是老干部，他从小的理想也是当记者。

1968年上山下乡，我去了黑龙江生产建设兵团，有时给《兵团战士报》写稿，给文艺宣传队编点节目。待了五年，赶上教育界"回潮"，高校招生开始重视文化考核，我的成绩不是第一就是第二。当时孙力在内蒙古兵团，考了全团第一名。张铁生事件发生后，都受到影响，重点院校不录取我们，我报了北京大学地球物理系（只有这个系招生，我想先上了后再设法转中文系），结果只能让我们上师范。天津师范学院毕业后我去了天津工艺美术学校教了一段文学课，被提拔为副校长。

我天生不是当官的料，便调了工作，到离家近的中医学院当"笔杆子"，这活儿对心思，但老写官样文章也厌烦。我开始爬格子，写小说。孙力是我每篇作品的初审和终审。打腹稿时就跟他讲，写过稿再给他看，他比我的责任编辑还挑剔，从来没说过一句好话。我就说："你写一篇给我看看，老是说这不好那不好的！"

我们合作的第一篇小说是《真诚》。那时我写了开头，有人约我写另一篇小说，我就把写了开头的小说丢给孙力。当时他因为一封匿名信刚被停了工作，像丢了魂一样。我劝他写小说，写了就不闷了。没想到一写他就上了瘾。

舒晋瑜： 孙力老师的参与，给您的创作带来怎样的变化？后来发表过哪些有影响的作品？

余小惠： 我笔下的人物和故事比较平淡，不容易让读者很快进入角色，孙力却把人物一个个写得生龙活虎，故事波澜起伏。他的"政治审查"结束时，我们接到了出版社的信，说小说已经三审通过发稿。《真诚》获天津市鲁迅文学奖，《中篇小说》选刊选载。从这以后，我俩成为生活上的伴侣加写作上的搭档。所有的中长篇都是我们合作完成的，中篇小说《选择》获第三届天津市鲁迅文学奖，拍成广播连续剧获全国一等奖。在花山文艺出版社出版了长篇小说《但愿人长久》。

舒晋瑜：《都市风流》创作于1986年至1987年，能谈谈当时的创作背景吗？

余小惠： 创作这部小说的时候，文坛上写病态的"多余的人"成风，尽写丑的东西，把不正常的男女关系写得很"美"，写内心那种人性的扭曲……我和孙力不赶时髦，不图虚名。我们认为人生活在这世界上，应该追求一种阳刚之美，我们喜欢生活中不屈服的人。我们俩当年都上山下乡，了解社会底层，经历了很多事情，吃了很多苦。我们广交各行各业、不同层次的朋友，人们身份不同、地位不同、文化修养不同，但心灵可以沟通。孙力常说，每一个人都有他存在的合理性，我们要善解人意。不能只埋怨别人不理解自己，应该问问自己对别人又有多少理解。作家不就是写人的吗？我们应该站在地球的高度看各色人等，这样你的心胸才是开阔的，才能把各色人等的面目看清，把他们的灵魂看透。

写人，可以写今人，也可以写古人。我们愿意写周围人们的喜怒哀乐、悲欢离合。伟大的作品应该与时代同步，传世的作品应该是时代的缩影。当时写农村题材的作品比较多,以一个大城市为背景的作品还少见。把当代中国浓缩在一个城市里,浓缩在几个家庭里,这样折射出整个时代,记录全部社会生活——我们希望写出有恢宏气度的作品,把各色人等包罗其中,对当代有激励作用,对后人有参考价值。在这样的背景下,我们结构了《都市风流》这部长篇小说。

舒晋瑜:在写作过程中,两个人的合作是怎样的情形,能回忆一下吗?您对孙力老师的创作如何评价?

余小惠:孙力特别善于观察生活和观察人的内心,了解各个阶层人们的思想生活和习惯,并在作品设计中用故事的线索把他们编织成一张网络,各个阶层、各种性格的人在网络的不同部分展现自己的面貌与风采,伟大与卑微。在这幅当代都市生活的长卷中,我们描写了都市的众生相和新时代的变革以及变革中的人物百态,讴歌了改革中的英雄形象。《都市风流》写了七个月,四十万字。在创造这部小说的日日夜夜,我们与这些人物共生活、同呼吸,感受着他们的快乐与痛苦、失落与成就。后来,有评论说我们的这本书体现了"都市人民创造世界的伟大胸襟和气魄",这胸襟和气魄其实就是孙力的胸襟和气魄。他的笔下之所以能有这些创造奇迹的人,是因为他自己就是这样的人。

舒晋瑜:能具体谈谈他是怎样的人吗?

余小惠:我觉得他是一个平凡而伟大的人。说他平凡,因为他也不过是一个普通百姓,一个基层新闻单位的干部,一个名气不大的作家。说他伟大,因为他的人性、人品和意志胸怀。孙力最大的特点就是心地光明。他从四十岁就被病魔击倒在轮椅上,一个正值壮年、雄心勃勃干事业的人,突然失去了行走能力,内心的痛苦和身体的苦痛是别人无法想象的。但他从病倒的那一天起,就从没让人觉得他是个病人。他对待生活和病痛,用坚强和勇气这样的词汇都显得表层化了。一个坐在轮椅上、每日被疼痛折磨着生活不能自理的人,你却觉得他是你、是大家的依靠,是周围人的臂膀、脊梁。他坐着轮椅在工作岗位上,坚持了二十年直到退休。他坐着,但他始终是个站着的、高高大大的男子汉,一个勇敢、坚毅,永远笑着面对人生的人。

中国文学出版社出版了我们小说的英、法文版,我们的责编、作家野莽撰文,说孙力是"当代中国保尔"。他去世后,有人为他书写一副对联:"谈笑人生走笔都市写风流,鞠躬尽瘁仁厚忠信显功德。"这是对孙力一生准确的概括。

舒晋瑜: 这部作品涉及改革开放的一些问题,场面宏大,采取了全景式写法——当时是怎么考虑的?

余小惠: 内容决定形式。我们这部小说写在1986年至1987年,那时城市改革已经在不断深化,中国社会的变化日新月异。作为作家,我们意识到,这是一个伟大的时代,是中国的命运和历史发展的重要阶段。一种强烈的社会责任感和创作冲动,促使我们拿起笔来,创作一部既有当代强烈的时代气息,又有纵深历史感的反映都市生活的长篇小说。我们觉得,那种以一家一户、一厂一街的视角去取材,虽然也可以写出当代都市的骚动,但那毕竟是一种折射。所以考虑采用全景的结构方式,人物从上层、中层到底层,事件从大到小,故事一环套一环像编织一张大网一样,力图站在历史的高度,俯视当代都市中各个社会层次里人们的命运和心态,在历史的变迁和复杂的人际关系变化中,去写现实生活裂变中人们的观念冲突和困惑,人们对自己命运的抗争和奋斗,写出变革中的中国的昨天、今天和明天的历史蜕变和预示。

你可以从我们的作品中,看到当代中国雄狮崛起时,中国人内心的悸动,一个时代大潮开始时人们建设的激情和希冀。这是一个伟大的时代的缩影,是中国人缔造自己中国梦的赞歌。

舒晋瑜:这部作品对你们来说最大的困难是什么?有没有印象特别深刻的事情?

余小惠:一是开头。我们写了三遍,第一次开头是写阎鸿唤回乡。当时考虑,中国的都市人和农村有千丝万缕的联系,把人物的出身设在农村,可把城乡结合这一块写得更深一些,从心态上也好写。那一章写得非常朴实、亲切,有一种母亲与儿子的动情情愫。后来觉得面铺得太大,如果这样一写,整个作品长度至少要再长出十万到十五万字,还写不透,就忍痛割爱。

再就是结尾。收不住。人物的命运都没有结束,再写就又是个四十万字的故事。编辑等结尾,我们说还有两章,结果两章写完了还没有结束,又等,又写。原想结在大桥竣工,后觉得余味未穷就又写了尾声和最后一章。

我们曾到工地上深入生活体验,工人们改天换地的精神状态给我们印象深刻,勇敢、乐观、朴实是他们的特点。

舒晋瑜:在创作中你们的文学观是什么?

余小惠:我们追求的还是真、善、美。丑陋的东西揭露、鞭挞,但那不是生活的主流,不可以大肆渲染,更不应该歌颂那些本来应当毫不犹豫抛弃的东西。我们写这部小说,就是要理直气壮地写生活的主旋律,弘扬人的奋斗精神,讴歌人的创造力——创造生活、创造未来、创造自己。

传统的文学手法,典型环境中的典型性格,我们没有抛弃。纵观一部文学史,各种流派纷呈,但往往都是昙花一现。写重大题材就是要厚实,气势磅礴,写爱情则另有一番风格。比如阎鸿唤这个人物是我们着力刻画的。写高伯年时,我们在构思中就反复讨论,一定不要让他成为所谓反对改革的套路人物。那种脸谱化的写法让人大倒胃口。事实上,我们国家的改革正是枪林弹雨中走过来的老同志开创的。他们是我们改革的倡导者和支持者。但是当大潮涌起时,一些同志习惯的思维被打乱了,有一个调整和顺应的过程。回想起来我们几乎每一个人都经历了思想上的困惑、思辨和飞跃。

凭我们这种文学观写出的作品,当然不易产生轰动效应。《都市风流》交给了浙江文艺出版社,当时的总编辑温小钰和责任编辑汪逸芳说,这是当代中国里程碑式的作品,一定要出版,赔钱也要出!这部作品第一次印刷只有七千多册,出版社赔了两万元。但后来不断重印,慢慢赚钱了,现在由人民文学出版社再版,年年都重印。

舒晋瑜:《乔厂长上任记》《新星》等作品在当时的中国文坛也有很大反响,您认《都市风流》在同类题材中,有何独特之处?

余小惠: 有评论将这类作品概括为"改革文学"。这个定义太狭隘。《都市风流》是全方位反映变革时期中国社会的一个横切面,和其他作品没有可比性,视角不同,写作时期也不一样。

当时文坛的状况是这样,不同的时期一定会有代表性的文学作品。现在看,一些作品在当时的文学进程中是很有意义的。

舒晋瑜: 这部作品获得第三届茅盾文学奖,文学界有人觉得意外,有人称之"爆了冷门",您觉得主要原因是什么?

余小惠: 有名的人获奖就理所当然,我们是文坛热闹之外的人,获奖就算是"爆了冷门"?

文学就是要有时代性，就是根植于泥土之中。文学作品代表人民，人民不是狭隘的人，作品所表现的人性是和作家的人性分不开的，作家是什么人性看到的就是什么人性。有的作家把中国人写得如同牲口，却还受到追捧。把中国社会写得一团漆黑，我们很不以为然。

书面文字的作品是一方面，另一方面网络文学、影视剧、新媒体呈现的作品，虽然不是以书面文字形式，但也表现了一种思潮。这种时尚代表了作者的什么追求？作家对社会的感受是不一样的。只要你写作，你对社会的看法一定会融化在你的笔尖。当今社会道德、理想、信仰的缺失，无一例外会在文学作品中体现出来。

在我们写《都市风流》的那个时期，是改革开放大潮开始的时候，有些社会的弊病比如对金钱的价值观，已经有所显现，但没有后来发展得么严重。官场也相对清廉，可惜后来随着意识形态和人心的变化，大潮来时泥沙俱下了。

但中国社会的主流，中华民族的主旋律是永远向前的。毛泽东主席诗云："数风流人物还看今朝。"

舒晋瑜：《都市风流》以我国北方某大城市五光十色的当代生活为背景，围绕一场气势恢宏的道路改造工程，热情洋溢地描绘了我国人民在新的历史形势下锐意改革进取和忘我劳动的精神风貌。关于作品参评，您都了解些什么？

余小惠：不太清楚。那时孙力正病着，他得的不是一般的病，是我家的巨大苦难。他下肢失去了知觉！我哪还有心思想别的。我陪他在北京住院。在北京待几天，然后回天津去给孩子做饭，做好饭放冰箱里，再回北京陪孙力住院。家里一大一小每星期天津北京来回跑。

出院后回到天津，一天夜里我们出版社的社长打来电话，说接到邓友梅的电话,票数第一。紧接着冯骥才也打来电话。但是第二天公布,排名是第三。

舒晋瑜: 截至目前,你们是天津作家中唯一获得茅奖的。获得茅奖,给您和孙力老师带来怎样的影响?

余小惠: 获奖后,许多报刊来采访我们。孙力对我说,可以打住了,不要再接受任何访问了。他认为创作小说是享受创作过程的快乐,而不是追求创作的成果。我们在写《都市风流》之前,和文学界还很密切。我在出版社,会经常联系作者写东西。孙力病了就无暇顾及。刚获奖时只是天津舆论界热闹了一下而已,获奖应该对我们没有什么影响,当时天津正热衷于青歌赛。

舒晋瑜: 事隔多年,现在看这部作品,您如何评价?

余小惠: 文学价值的判断不是一年两年的事。就像凡·高的《向日葵》,当时凡·高穷困潦倒,他的价值是后来才慢慢被认可的。

时过境迁这么多年,我仍然认为《都市风流》是一部里程碑式的作品,在当今社会,是能够占有一席之地的。尽管有些作品评价比我们的作品高,但是我以为我们是无可取代的。没有那么大的胸怀和视角,写不出这样的作品。

获奖作家访谈

霍达:从来没有奢望过经典

霍 达 1945年生于北京,回族。国家一级作家。1976年开始发表文学作品。著有长篇小说《穆斯林的葬礼》《补天裂》《未穿的红嫁衣》,中篇小说《红尘》,报告文学《万家忧乐》《国殇》及诗词集、散文集、影视剧本等多部。其中,《穆斯林的葬礼》获得第三届茅盾文学奖。其作品被译成英、法等多种语言在国外出版。

采访手记

1987年9月1日凌晨,霍达完成《穆斯林的葬礼》,在后记中写道:"请接住他,这是一个母亲在捧着自己的婴儿!"

当年的"婴儿"如今已长大成人。2015年,《穆斯林的葬礼》二十五岁生日庆典活动时,北京十月文艺出版社总编辑韩敬群曾透露二十七年来,《穆斯林的葬礼》正版销量已突破三百万册,面对当今多样化的阅读选择,这部作品每年销量达十几万册,并呈上升趋势。

有人说,《穆斯林的葬礼》是中国当代最有人缘、最纯净的书。二十多年来,这部作品感动着一代又一代的读者,中央人民广播电台《小说连播》所做的听众最喜欢的小说民意调查显示,《穆斯林的葬礼》和《平凡的世界》并列第一。而在当当网上,关于《穆斯林的葬礼》的读者评论达三万多条,其中不乏文学的真知灼见。

然而,这部作品的光芒,也掩盖了霍达的其他作品,她为此感到"委屈",和读者见面的时候,忍不住说:"我写了八百万字,不止这一本书,其他作品也希望你们有空看一看。"是的,自青年时代步入文坛,霍达从事文学创作三十余年,著作等身,小说、报告文学、影视剧本、散文等多种体裁的文学作品蜚声海内外。

霍达的作品,读来大气磅礴,具有史诗般的厚重。这大概与其"亦文亦史,以史为文"的创作理念,与其做"社会的良心,时代的秘书"的作家定位分不开。她平生最佩服的作家是司马迁,最推崇的著作是《史记》。霍达说:"我愿做太史公的小学生。"

这位有着大志向的大作家,做人却低调真诚、坦荡热情。她的原则是:"为文要曲,为人要直。"

屋里飘着袅袅的茶香。采访之前,霍达先放了一段《穆斯林的葬礼》的小说连播的录音。一段穆斯林做礼拜时的阿拉伯语吟唱,立刻把我带入神秘而肃穆的氛围,一时沉浸在《穆斯林的葬礼》中,许多年前手捧此书边读边落泪的情景依稀如昨。

一件作品在构思阶段,仿佛冥冥之中就已经完成,已经存在,正等待着她去寻找,去发掘,创作过程就是一个寻寻觅觅的过程。这个过程很辛苦,也很有趣。霍达说,当时只是想把"爱和死"写到极致。

舒晋瑜: 创作《穆斯林的葬礼》时您还很年轻,但是在叙事、结构、语言等方面就已经表现得非常成熟,冰心老人称这部作品是"奇书"。为什么会有这样的成就?

霍　达: 四十出头的人不算太年轻了,已经经历了岁月的沧桑、生活的磨炼、学养的积淀、技巧的操演,为创作长篇做了比较充分的准备。《穆斯林的葬礼》真正执笔写作的时间只有四个半月,而前面的准备工作已经有几十年,可以说动用了我前半生所有的积累。鲁迅先生说过:"写不出的时候不硬写。"我从不逼着自己"硬写",作品酝酿成熟之后,水到渠成,自然而然地分泌出来,流淌出来,欲罢不能。《穆斯林的葬礼》的创作非常顺畅,酝酿胸中许久的话要一吐为快,直到"吐"完为止。

舒晋瑜: 能讲一讲创作的情况吗?在写作过程中,您是怎样的心态?

霍　达: 那时候还没有电脑,用手写稿。我写字又认真,字字清晰,连标点符号都一丝不苟,每天早上不到8点就开始,一直写到深夜,有时几千字,有时一万字,写得很辛苦,手指都磨破了。家务事由保姆操持,我一概不管,把心完全沉浸在创作的规定情景中,这是一种"穿越"般的生活体验。第二天早晨,先把昨天写的梳理一遍,常常有改动,甚至推倒重来。钱锺书谓"寻诗争似诗寻我",此言极是。当作品完成时,"蓦然回首,那人却在灯火阑珊处",那是作者最陶醉的时候,但前面"众里寻他千百度"的寻找过程也很享受,而且是只有经历过创作甘苦的人才可以享受到的。

舒晋瑜: 这部小说在二十多年里拥有那么多读者,为一代代人所喜欢,您觉得,小说凭什么打动读者,成为经典?

霍　达: 古代有一首民歌《上邪》:"上邪!我欲与君相知,长命无绝衰。山无棱,江水为竭,冬雷震震,夏雨雪,天地合,乃敢与君绝!"海誓山盟,惊心动魄,堪称我国先民咏叹爱情的绝唱。如此坚贞、果决、永恒的爱情,今天还找得到吗?《穆斯林的葬礼》中写了上世纪60年代初韩新月和楚雁潮生死不渝的纯真爱情,在那个时候,发生这样的事是可能的。当今社会,物欲横流,人心不古,假冒伪劣泛滥成灾,连阳澄湖大闸蟹都山寨版满地爬,上哪儿找纯真的爱情去?也许正因为如此,人们的内心深处才感到对"真情"的饥渴,缺什么就向往什么。

舒晋瑜: 您料到这部作品会获得巨大成功吗?

霍　达: 当初我写这本书的时候,没有奢望得奖,没有奢望成为经典,也没有奢望二十五年后还能够畅销,当时只是想把爱和死写到极致,把这个"活儿"做绝。面对文学,我有着宗教般的虔诚,鞠躬尽瘁,不敢懈怠,不容杂念。作家如果怀着各种功利目的去写作,那是写不出好作品的。一件文学作品的生命力,不在于作者的主观愿望,更重要的是岁月的淘洗,读者的检验。

舒晋瑜: 1991年,《穆斯林的葬礼》获得了第三届茅盾文学奖,请您讲一讲获奖的情况。

霍　　达：当时我正生病，和外界很隔膜。人家说"你获奖了"，我也笑不起来。颁奖那天，都没有力气去，是我先生陪着我去的，很勉强地上台去领奖，让记者拍照、录像。至于当时都有什么人出席，什么人讲话，都不记得了。

舒晋瑜：读《穆斯林的葬礼》，有如身临其境，真实得令人不容置疑。

霍　　达：我也曾收到许多读者来信，询问书中的人物原型，甚至委托我"向韩子奇一家问好"。文学作品来自生活，我当然会从生活中汲取素材，但不会是生活的实录，小说的基本技巧是虚构，就看你虚构得好不好。送给你和其他读者朋友两句话，一句是："所有的作家都是在写自己。"无论他写的是古人今人、男人女人、老人幼童，也无论是英雄豪杰、奸雄佞臣、凡夫俗子，都是他自己的化身，只有潜入这个人物的内心，才能写好。我经常在写作过程中"扮演"各种人物，又哭又笑，家人以为出了什么事儿，其实是"入戏"了。另一句是："作家无所不能。"作品中的人和事不必确曾发生和存在，也不必作者亲力亲为，凭借的是作家观察生活、把握生活、表现生活的功力和丰富的想象力。一些标明真人真事的"纪实文学""传记文学"读起来发假，而一些纯属虚构的文学作品却真实可信，动人心魄，催人泪下。小说就是小说，刨根问底、对号入座都没有意义。

舒晋瑜：《穆斯林的葬礼》出版后好评如潮，这些评论对您有没有影响？

霍　　达：我对自己有充分的估计，不会被别人的溢美之词冲昏头脑。我说话、做事，力求严谨，像写文章一样有逗号有句号。直到现在，我还经常听广播版的《穆斯林的葬礼》录音，不是为了自我欣赏,而是挑毛病,有的是播音员读错了,有的是文字本身有润色余地,觉得哪儿不合适,我会拿笔记下来,下次印刷时改过来。作家应该对作品负责,对历史负责。

舒晋瑜:《穆斯林的葬礼》获得茅盾文学奖,"名人"生活给您带来了怎样的影响?

霍　达:作家不能为获奖而创作,但获奖毕竟是社会和读者对作品的肯定。以作品和读者见面的人,当然珍惜"名",但要实至名归,不能沽名钓誉,不能贪图虚名。如果顶着一个"作家"头衔,没人记得你写过什么作品,那是很难堪的。作品打响了,获得广泛的社会认同,这对作者是很大的精神安慰,好比厂家生产的商品,人家用了都说好,当然是好事。但同时也给你带来了压力,要保持名品牌、高质量,不能出次品!我从不把自己当"名人",在菜市场买菜,和左邻右舍摩肩接踵;大年初一,见了小区的清洁员,主动道一声"过年好"。我为百姓写作,生活在百姓之中,本身就是百姓的一员。

舒晋瑜:《穆斯林的葬礼》获奖后,多家拍摄单位都曾找上门来,希望获得拍摄电视连续剧的授权,并且不惜付出天价片酬,听说被您婉言谢绝。为什么?您对改编影视剧有一个怎样的期待?

霍　达:没有期待。一部文学作品转换成影视形式,是一件不容易的事,尤其是已经产生广泛社会影响的作品,读者已经通过阅读原著先入为主,每个读者的心目中都有他自己的韩新月、楚雁潮,你想做到人人满意,是根本不可能的。《穆斯林的葬礼》曾经拍成电影,看过原著的人都说没拍好,所以我对于拍电视剧就更慎重了。在市场经济环境中,电视剧就是商品,投资商要拿它赚钱,无视艺术规律,我对这种操作方式没有信心,宁可不拍,也不愿意把它糟践了。

舒晋瑜：您的这个主张，现在似乎有点儿松动？

霍　达：总是有各种制作单位找到我，有人跟我说，如果现在不拍，等我去世了还是会被拍的。这句话提醒了我。我现在还活着，还能控制他们，如果我死了，就控制不了了。如果在世时没有看到这部电视剧版的《穆斯林的葬礼》，也将是个遗憾。所以，我现在的态度是，不要一概拒绝，而是从中选择有诚意、有实力、有艺术追求的拍摄单位，在条件成熟的前提下，为此做做努力，也未尝不可吧？

庆幸今生，亦文亦史。霍达认为，作家首先应该是史学家、思想家，她至今感谢历史老人非百先生把自己引上了正路，甚至觉得，如果不先下一番功夫读史，几乎无以为文。

舒晋瑜：是谁激发了您在文学上的努力？

霍　达：是太史公司马迁，他以无与伦比的文学笔致，书写了彪炳千秋的历史。翻开《史记》，随便找一篇《项羽本纪》，随便找一段"鸿门宴"，写得剑拔弩张，绘声绘色，完全可以作为文学作品来读，而非古板说教的历史教科书。这就是我的文学生涯所宗："亦文亦史"。没有史家的心胸难以为文，没有文人的才情难以为史。

舒晋瑜：您的处女作是什么时候完成的？

霍　达：青少年时代从写作散文开始，说不上哪一篇算是处女作了，真正具备一定篇幅和一定质量的，是上世纪70年代先后创作的两部剧本：一部是电影剧本《我不是猎人》，写的是儿童和动物题材，很有趣味，茅盾先生为我题写了书名，得了全国少年儿童优秀读物奖；另一部是历史剧本《公子扶苏》，也就是后来由北京人艺搬上舞台的《秦皇父子》，这就走上"亦文亦史"的道路了。

舒晋瑜：读您的作品，无论现实题材还是历史题材，都感到一种强烈的历史感，我想，这就是"亦文亦史"的魅力。请问，作家应该如何把握历史、表现历史？

霍　达：文学是社会生活在作家头脑中的反映，是作家对人生、对社会的观察与思辨。今天的现实就是明天的历史，昨天的现实就是今天的历史。因此，广义地说，一切小说都是在写历史，差别只是作者对历史把握的深度和广度。肤浅的作品只记录下浮光掠影，而深刻的作品则写出了时代精神、历史本质。记得有一位前辈说过："一切历史都是当代史。"以我的理解，一切历史都是今人所认识的历史，也就是说，只有对今人有价值的历史才会被记载下来，流传下去，"以史为镜""古为今用"都是这个意思。尽管我们极力去探寻历史真相，但永远不可能"复原"历史，只是为了今人和后人而"解读"历史。在史学家看来，"戏说"历史是对历史的亵渎，而对戏剧家来说，不成"戏"的历史教科书写它干吗！这个"戏"字，不是"游戏"的"戏"，而是"戏剧"的"戏"。人们看历史剧，读历史小说，不是为了学习历史知识，而是从中品味人生，寄托情感，满足不了这个要求的作品没有人爱看。因此我说，史学家的终点是小说家的起点。

霍达的创作用呕心沥血形容并不为过。当天晚上写完的东西，她一夜都在琢磨，睡不着；第二天早上也许就推翻了，重来。就像《穆斯林的葬礼》中所写的琢玉艺人，她的每一件作品都如切如磋，如琢如磨，是精心打磨出来的。

舒晋瑜：您曾经创作过诸如《万家忧乐》《国殇》《民以食为天》等许多优秀的报告文学作品，以犀利的笔锋针砭时弊，产生了强烈社会反响。现在，读者仍在期待您的报告文学新作问世。

霍　达：报告文学集文学性、新闻性、政论性于一身，具有直面现实、介入社会、干预生活的优势，是反映时代精神、体现作者担当意识的最佳表现形式。处在历史变革时代的报告文学作家，有责任为时代写照，为人民发声。现在，我已经不是南跑北奔采写报告文学的年龄了，只好做些力所能及的事。比如《海棠胡同》，写的就是我关注已久的一个社会问题：席卷全国的"旧城改造"将成片的传统小区夷为平地，代之以千篇一律的水泥森林，飙升的房价迅速变换着人们的生存位置，在富豪圈地盖楼的同时，平民百姓不知所措。难道"有钱的进来，没钱的出去"就是我们城市建设的唯一出路吗？一座城市不能没有历史，不能割断文脉，我们不能留给子孙后代一片空白！我把这个本来可以写报告文学的题材写成了话剧，用另一种形式表达了自己对民生的关注，对社会的思考，作为一名食人民俸禄的作家，我没有失语。当然，戏剧不同于报告文学，作者不能慷慨激昂地挺身而出，大声疾呼，而是通过艺术形象表达对社会的思考。所以，有意思的是，这部戏并不是以"钉子户"的立场去抨击"奸商"，也不是从开发商角度去指责"刁民"，而是试图站在历史的高度，去俯视当下这个时代，以及这个时代中的人们，而看戏的观众也都是其中的一员，让他们自己看过戏后去思索吧！

舒晋瑜：您的《补天裂》当时在大陆、香港两地引起很大反响。您曾说这是自己最喜欢的一部作品，创作这部作品据说特别艰难，难在何处？在创作中有没有什么新的收获？

霍　达：前面说过，写历史小说需要具有"穿越"历史的功力。

一百年前的香港,不要说我,连香港人也不熟悉,我只有下最大的功夫钻进去,用两只脚踏遍港岛、九龙、新界,采访各界人士数百人次,查阅中外文献上千万字,凡是相关的书籍、资料,片言只字也要搞到手。经过几年的辛苦努力,我几乎成了香港史专家,仿佛生活在一百年前的香港。而这时候,真正意义上的创作还没有开始。

历史和文学的区别在于:历史的核心是事件,什么时间发生了什么事;文学的核心是人物,什么人做了什么事。英占香港前前后后一百五十年,如果全盘照录,就是一部大事记,称不上小说,而且也不可能有一个一百五十岁的人物贯穿始终。怎么办?我陷入苦苦的思索。某夜,我突然想到,何不只选取"香港拓界"这一段?这是英占香港三部曲的最后一部,具有累积效果和总结意义,距离今天年代最近,可利用的资料当然也最丰富,而且这一事件从发端到结束也就是一年的时间,非常集中,几乎所有出场人物都可以贯穿始终。"众里寻他千百度,蓦然回首,那人却在灯火阑珊处。"那一夜,我兴奋得难以入睡。说到底,历史剧和历史小说的创作,就是在历史框架的严格限制中发挥创作自由,犹如"戴着镣铐跳舞",很难,但很过瘾。创作就是要挑战难度,没有难度也就没有高度。

舒晋瑜:您创作的许多影视剧本在播出后都有很好的效果,观众非常喜欢,但通常写小说写得好的人很难做一个好编剧,而好编剧又很难返回去写好小说。能否以您的切身体会谈谈这一问题?您觉得剧本对一部影视作品有何意义?文学与影视的关系该是怎样的?

霍　达:无论小说还是影视剧本,都首先要把故事讲好,这是它们的共同之处。区别在于,小说更注重文字的表述,叙述、描写、议论、抒情,都要见功力,见风格;剧本更注重设计,人物行动的设计和台词的设计。有的小说名著拍成电影并不精彩,不是所有的小说都适合改编成剧本,也不是所有的作家都能写剧本,两种形式的转换需要适当的契机和技巧。但是,好的影视作品、戏剧作品必然具有文学性,即对人性、对社会、对历史的洞察,艺术和文学有着深层的血缘。剧本是一剧之本,是剧作者呕心沥血的成果,是一座大厦的蓝图,没有蓝图怎么盖房子? 有的导演不尊重剧本,任意篡改,成品出来之后,如果好评如潮,那是他改得好;如果无人喝彩,就说剧本不行。而普通观众很少直接读剧本,多是从银幕、荧屏和舞台上看导演的二度创作,所得印象与剧本未必吻合。编剧经常处于无奈的境地,作家"触电"并不是一件轻松惬意的事儿。

舒晋瑜:您有着非常深厚的史学功底,同时对中国古典文化很有研究,这两者对您的写作有什么影响?

霍　达:文学没有国界,而作家有国籍。我们脚下的这片土地滋养了丰厚的文化传统。我所涉猎的文学形式很杂,长、中、短篇小说,报告文学,影视剧本,话剧剧本,散文……都写,不同的阶段有所偏重,而几十年来一直不曾间断的其实是诗词。诗词是中国文学的精华,外国人如果和中国人比拼,比什么都可以,唯独诗词比不得,这是中国独有的。它以最短小的篇幅、最严谨的格律、最简洁的语言、最典雅的文字,表达最丰富、最自由的思想,没有这方水土的滋养,没有历代血脉的传承和浸润,外国人休想望其门径,这就是中国特色,中国气派。平平仄仄,仄仄平平,几十年来,我陶醉其中,乐此不疲。目的何在? 一是自娱自乐,我不会打牌,不会跳舞,不擅交际,没有任何嗜好,赋诗填词便是最好的娱乐方式;二是借此锤炼文字。对一个作家来说,洋洋万言并不算稀奇,而把一首小词填得玲珑剔透,或是把一副对联对得工稳绝妙,却要见本事的,丝毫掺不得假。不信就试试,优劣高下立判。我拿这个练笔。

舒晋瑜:您认为年龄和创造力有关吗?您是如何保持创作持续性的?

霍　达:年富力强当然好了,我的许多作品都是在青年、中年时代写出来的,那时候体力强,精力充沛,创作的速度也快,有个想法马上动手,一气呵气,那样的状态是最好的状态。随着年龄的增长,人的阅历更广,思想更成熟,对于作品的深度和高度也有好处。一些老作家如冰心、巴金,年近百岁仍然笔耕不辍,终生都在写作,而且晚年之作更加老到精深。如何保持创作的持续性?我以为,一是永不停止地观察生活,观察社会,不失时机地捕捉思想的闪光;二是永不停止地阅读、学习。"学而后知不足",这是真理。

舒晋瑜:您认为对一个作家来说,最重要的素质是什么?

霍　达:如果你向很多人提出这个问题,得到的回答可能都是"真诚",但那是套话。真诚固然很重要,是做人的基本素质,但仅仅具有一颗真诚的心,只能做一个好人,未必能做一个好作家。老实人写的笨文章,好看吗?对一个作家来说,最重要的是才情和学养。学养是长期积累的,好比运动员的素质;才情是随时迸发的,好比运动员的临场发挥。所谓"厚积薄发"就是这个意思。素质不行,底气不足,临场不可能创造奇迹;反之,爆发力不足,素质也就无用武之地。学养是理性的,后天的,学而知之,多多益善;才情是感性的,上天赋予的,可遇而不可求。有才情而无学养,白费了一副聪明脑袋;有学养而无才情,只能为别人做资料库,成不了作家。

评委访谈

李星：有一件事曾让我很受伤

问：多次担任茅奖评委，可否谈一下您对茅盾文学奖的评选是什么印象？

李 星：中国作协邀请的评论家，我实际参加了四、五、六三届茅奖评选工作。四届、五届为初评组（读书班）成员，第六届为初评和终评委成员。

问：有文章说，由于您对作品完整认真的阅读和准确的评价，才使《张居正》和《无字》这两部都是百万字三部曲的长篇小说最终榜上有名。是这样吗？您参与茅盾文学奖的评选，是否做了很多"扭转乾坤"的工作？

李 星：你所说的《张居正》和《无字》评选内幕，应是事实。当时评委会组成人员年龄偏大，有文坛宿老更有几个老教授，还有一些平时工作很忙的文艺报刊负责人，要他们阅读完全部作品，并在更大范围内比较选择是不容易的，会上有人担心多部作品中后几部的质量，我即谈了自己阅读的印象，说《张居正》后边比前边还好。至于张洁的长篇，有人担心离个人经历太近，会不会惹事，我说了一句："那是你们对她太熟悉了，我读了却没有这样的感觉。"好像都被采信了。

这可以说是好事，还有一件与我有关的事。有一届初评小组大会汇总,主持者陈建功说:这几年中国改革成就最大的是农村,现在却无一部关于农村改革的作品留下来,不知大家在阅读中有无此类作品,哪怕弱些,但可以报上去,以示我们对此的关注。我突然想起一部第一轮就被三人小组淘汰的作品,是写农村改革的,就在会上说了,陈当即指示两个北京评论家连夜再看一下,第二天就补上了。想不到这部"捞"上充数的小说,最终却在一个热爱家乡的老评委的坚持下获了当届茅奖。我成了始作俑者。

问:您曾预测贾平凹的《怀念狼》能够上榜,最终落选,能否谈谈是什么原因?

李　星:对贾平凹的长篇小说和他作为一个作家的创作态度,我一直都存有偏爱。《怀念狼》这个小型制的长篇以"老英雄"的生命力蜕化,来揭示在现代化背景下人的生命力的衰退,精神意志的蜕化,这部寓言体小说,我自然很喜欢,认为是一部与世界性人文潮流接轨的好小说。但当时的文学界,对此却并不敏感,对寓言体小说也不看好。直到毕飞宇的《推拿》,才第一次给小型制的长篇以必要重视。

问:在参与历届评选中,您还了解到什么?能否多透露些内幕?

李　星:作为一个外省评论工作者,我并不知道多少"内幕",但有一件事,却让我很受伤:张炜的《古船》曾被四届读书会,置于二十余部的首部重点推荐,但却最终落选。到了第五届,他的《九月寓言》也被一致看好。但担心表现主义的写法不被年龄偏大的终评委喜欢,一些人又提议将上次落选的现实主义的《古船》也推上(并无禁止条款),出现了张炜一人被推两部的事,后来听说在终评会上有同志认为读书会划框框强加于人,提议取消了读书会。

我才知道,这个以中青年为主,对当前长篇创作很熟悉很有热情的读书会,在一些人眼中却那么讨厌。

还有一件事可提,二月河的《雍正皇帝》在一届评审中受到一致好评,有人甚至惊呼"百年一遇"(丁临一语)。但临到最后,一位研究过诗词格律的评委却指出书中一些诗词与格律不合,类似"打油",并上升到影响中国文化声誉的高度。于是就落选了,现在看来可以说是一种遗憾。还有唐浩明的《曾国藩》有人一句"史太重,文学性太差"就坚决否决了,我也认为太武断。文学性究竟应怎么看?难道将历史人物表现得如此真实、丰富、复杂、立体就不是最大的文学性?

我对茅奖有两个主要观察,一是题材的时事价值和文学艺术价值,一直都有或隐或显的较量,在每届都存在哪个为主导的问题。哪一届前者占上风,必然会有至少一部政治正确、艺术较差的作品被推出;哪届后者占上风,就没有为了体现政治正确艺术上较弱的作品出现。大概是从第六届,评选结果不先报中宣部审核了,"作协也有一级党组织,应相信他们。"这是我后来听到的话。另一趋向是,茅奖经由从评作品到评作家的变化。中国长篇小说发展了三十多年,积累了一些有人气的优秀长篇作家,奖给他们,哪怕不是他们最好的作品,却有公道在,比起偶然出现一部好作品,更能服人。当然如《繁花》《白鹿原》这样一鸣惊世的现象以后仍会在评奖中出现。

问:您认为公开评委投票的形式好吗?如果是您,更倾向于哪一种形式?

李 星:匿名投票和公开记名投票似乎各有利弊,但从给评委以更大自由选择空间和世界范围内文学评奖之通例来看,还是匿名更好。公开并不见得就一定公正,同时也会给评委们带来屈服于权威和人情的压力,易从大流,而压抑个性。

问:可否选出十部您认为能够留得住的历届茅盾文学奖作品?

李　星:凑十部容易,如《白鹿原》《平凡的世界》《许茂和他的女儿们》《战争和人》《张居正》《东藏记》《尘埃落定》《秦腔》《主角》《江南三部曲》,但如张贤亮的《我的菩提树》、莫言的"红高粱系列"、余华的《许三观卖血记》、贾平凹的《怀念狼》等,经得了时间考验的作品终未获奖,终是遗憾。张炜的《古船》《九月寓言》、王蒙的《活动变人形》终未以单篇获奖也留下了当时社会思潮的历史印迹。当然一些好作品时过境迁,被人们忘记,或被时间淘汰,也是很正常的事。但是人们却可以努力做到不让即使在当时也不怎样的作品充数。高层的文化、文艺领导也会接触一些长篇小说,也会有自己对作家的喜爱和人情渗透,也会有自己在一定范围内表达的意见,但这并不都是组织的意见,更不能作为评选的指示。第六届就有作品弄得上下都很紧张。作为中国作协领导组织的茅奖,它的权力应属于作协组织的评委会,这几年应该是越来越入道了。

(李星,担任第四届、第五届、第六届茅奖评委,
中国小说学会常务副会长兼秘书长,评论家)

第四届茅盾文学奖
（1989—1994）

评奖委员会名单

主　任：巴　金
副主任：陈昌本　刘白羽　朱　寨　邓友梅
委　员（按姓氏笔画排列）：
　　　　丁　宁　江晓天　李希凡　刘玉山　陈建功
　　　　陈　涌　郑伯农　郭运德　唐达成　袁　鹰
　　　　顾　骧　谢永旺　韩瑞亭　曾镇南　雍文华
　　　　雷　达　蔡　葵　魏　巍

获奖篇目

《战争和人》(一、二、三)　王　火　　人民文学出版社
《白鹿原》(修订本)　　　　陈忠实　　人民文学出版社
《白门柳》(一、二)　　　　刘斯奋　　中国青年出版社
《骚动之秋》　　　　　　　刘玉民　　人民文学出版社

获奖作家访谈

王火：我不是大师级的

王　火　1924年生于上海。当代作家。曾任四川人民出版社副总编、四川省作家协会名誉副主席。著有长篇小说《战争和人》《霹雳三年》，中篇小说集《边陲军魂》《隐私权》《心上的海潮》，散文集《西窗烛》《人世绘》，电影文学剧本《平鹰坟》《外国八路》等。其中，《战争和人》获得第四届茅盾文学奖。

| 采访手记 |

九十一岁的老作家王火有两个坚持,一是不签名售书,二是不做报告。他一直都那么低调,而这次愿意接受我的采访,他归结为,可能是有"缘分"。过去没有勇气谈的,现在年过九旬,有勇气了。

正因为此,先后七八次电话采访王火,获得丰富的信息和内容。他总是耐心详尽地回答我,知无不言。王火说:"我告诉你的,都是真实的,之前从来没有和别人谈起过。"遥远的距离隔不断声音的亲切,王火的学识、为人为文的真诚与正直,令人钦佩。

王火,1948年毕业于复旦大学新闻系,师从陈望道、萧乾等知名学者。从上世纪40年代开始坚持文学创作,著述颇丰。尤其在新中国成立以后,耗时半个人生创作了史诗般的《战争和人》三部曲,获得第二届国家图书奖及第四届茅盾文学奖,目前有八个版本,单是人民文学出版社推出的此书就换了六个封面,同时被收入世界反法西斯文学书系、中国新文学大系、共和国作家文库等。2014年春节前,王火收到了一封读者来信,这位读者表达了对《战争和人》的喜爱之情,这使王火感到欣慰。

王火曾经想过把三本书变成一本,这书太长了,大家的生活节奏很快,确实没时间看完;定价也有些贵,一般人来讲不见得都能接受。但年纪大了,他的这个心愿始终未能完成。他还说,一直想写个好东西,今天也没写出来。

王火受西方文学和苏联文学的影响很深,喜欢托尔斯泰的《战争与和平》、雨果的《悲惨世界》,甚至爱伦堡的《暴风雨》,他希望写厚重的、内容丰富的作品。小时候看《卖火柴的小女孩》《皇帝的新衣》等童话,他常常想,要是自己能写一篇这样的东西就满意了。可是他写不出来。"长的写不了我写点短的,我要写深刻的,美一点、好一点的作品。到现在,我最想写的,就是这样的东西。"

舒晋瑜：童年时，您很期待长大后做个军人，长大后却从事了新闻工作，中间经历了什么？

王　火：我出生在上海，六七岁时，内战还很激烈，上海也受到影响。我经常看到很多兵穿着军装，拿着刀列队在街上走过，唱着"打倒列强，打倒列强除军阀"的歌，非常威武，心里非常羡慕，很想长大后做个军人勇敢地像个英雄般地在沙场上打仗。后来由于看了《金银岛》《人猿泰山》《瑞士家庭鲁滨孙》等许多小说、故事和电影，就又想做一个航海家，日夜航行在惊涛骇浪的海上；想做一个探险家，去到遮天蔽日的非洲丛林中找到大象的群葬场或太阳神的庙宇……后来我去了重庆江津国立九中，我们学校里发生了一起中毒案件，很多同学吃早餐时中毒被送进医院，经化验是粥里放了砒霜。那天我睡懒觉没去吃早饭，于是参与了抢救同学的工作，目睹医生看到穷的学生不好好抢救的行为非常气愤，就写了一封批评稿投给《江津日报》，很快被刊出，产生了很大影响，从那时起，我就埋下了学新闻的心愿。

舒晋瑜：您是怎样考入复旦大学新闻系的？您的小说被称为"社会小说、政治小说和家庭小说"，是否受到大学教育的影响？

王　火：当时有三所大学办新闻系：燕京大学、复旦大学、中央政治学校，思想最进步的是复旦大学新闻系，当时有近六百人参加考试，只录取三十人。我的成绩排在第七名。复旦大学新闻馆的对联是时任国民政府监察院长于右任撰写的："复旦新闻馆，天下记者家。"复旦大学新闻系的主任陈望道，是将马克思和恩格斯合著的《共产党宣言》引入中国的第一人,陈望道提倡学生们要学会一个本事,就是无论怎样嘈杂的环境都能照样写作。教授中还有储安平、赵敏恒、王研石、萧乾等,萧乾对待学生非常宽松,脸上始终挂着微笑。萧乾说,新闻每每写作出来时有生命,时间长了,生命就消失了,因此,写新闻时要注意加点"防腐剂",即文学价值、政治价值和经济价值;储安平最特立独行,他教评论写作经常提醒大家一定要"语不惊人死不休",不能平淡无奇。这些都让我受用终身。

我当时只想做名记者,从来没想过当作家,同时担任了三家报纸的记者:上海《现实》杂志记者、重庆《时事新报》和台湾省报《新生报》上海、南京特派员。《匮乏之城——上海近况巡礼》《苦难中的江南造船厂》等一大批长篇通讯,以及采访南京大屠杀幸存者就是那个时期进行的。在《战争和人》《东方阴影》里都有关于南京大屠杀的真实描写,这与当时的采访有很大关系。

舒晋瑜:《战争和人》第一稿付之一炬,是什么原因?

王　火:新中国成立以后,我就构思《一去不复返的时代》(《战争和人》的前身),打算写一百多万字,用三句古诗作书名,即"月落乌啼霜满天""山在虚无缥缈间""枫叶荻花秋瑟瑟",时间的跨度由西安事变写到抗日战争胜利内战爆发。从1950年到1953年,我在上海利用业余时间创作,进展较慢,但是雄心勃勃。1953年春天,我由上海总工会被调至北京中华全国总工会,任《中国工人》杂志的主编助理兼编委。三年困难时期,经常饿着肚子奋笔疾书,总算突击完成了一百二十万字的初稿。这时,我接到通知,《中国工人》停刊,我率队去山东沂蒙山区支农,走前将书稿交给了中国青年出版社。"文革"时,这部书稿被说成"文艺黑线的产物",稿子被拿去展览,我被批斗了无数次。我心灰意冷:都不要文化了,我还写什么呢！就在门口把这部凝聚了自己十几年心血的书稿烧掉了。

舒晋瑜：一百多万字，重写又是什么机缘？您在重写的时候又经历过一次重创。

王　火：后来，人民文学出版社的编辑于砚章来信，询问这部稿件，鼓励我重新写出来。我早就熟悉明清之际史学家谈迁的故事。谈迁花了二十多年完成的《国榷》被小偷窃去，在五十五岁时重写《国榷》。我决定重写《战争和人》时，也五十五岁。我在山东完成了第一部。1983年秋，复旦大学的同学马骏邀请我去四川人民出版社任职，考虑到第二部和第三部都要写到四川，我带着已完成的第一部手稿前往成都。我正要投入写作时，为了救一个掉在沟里的女孩，头撞到钢管上，脑震荡、颅内出血、左眼失明……要把过去浪费了的光阴夺回来的心愿激励着我，还是全力以赴，用一只右眼完成了第二部《山在虚无缥缈间》和第三部《枫叶荻花秋瑟瑟》。

舒晋瑜：有评论把您的作品称为"王火艺术"，认为"王火对半个世纪中国历史独有感悟，作品在文学史上将长留它的应有篇章"。这部作品的创作中，您几乎不用参考什么资料，是一部从心底里涌出的作品吗？

王　火：我经历了十四年抗战，闯过敌人封锁线、轰炸、炮火袭击、灾荒……都有经历，生活积累太丰富了，我所写到的地方，都是我去过的，我书中写到的人物凡用真名真姓的，都必定是我见过的或认识的，我的感受不能不写。我只有一个目标，就是尊重历史。我在沦陷区待过，在大后方待过，从1944年就同地下党有联系，对沦陷区、正面战场和解放区战场都比较了解，书中的人物都是我接触过的。我写了一百多个人物，各有各的样子，是有生活的，不是胡编乱造。

舒晋瑜：现在看《战争和人》为什么能够吸引人？

王　火：主要是它的独特。抗日战争写的人不少了，从史的角度讲，抗战的确是老题材，从文学讲，只要你塑造的人物是新的，主题又是深邃而新鲜的，写的生活和故事是新的，那么，没有老一套的感觉就很自然了。不少人读了这书都说很感兴趣。事实上，我写作时就考虑到青年人阅读的问题。我希望让青年了解那段中国的历史。现在很多电视剧乱七八糟，演抗战时期的电视时经常挂一张蒋介石穿总统服的照片。蒋介石当总统是在1948年，抗战时期他还是委员长，怎么可能穿总统服？

这部小说来自生活，绝没有胡编乱造，没有虚假拼凑。融历史小说、社会小说、家庭小说于一体，通过跌宕起伏曲折的内容凸显人物，我以人物的魅力和命运来吸引读者。

舒晋瑜：《战争和人》获第四届茅盾文学奖，陈荒煤对于这部作品给予高度评价，认为《战争和人》有助于青年一代和不熟悉当时"大后方"情景的人们更深刻地理解抗日战争的历史。您如何看待这部作品的获奖？

王　火：那一届由于五年没有评选，评选的过程很长，评了两年，没有结果。向来实名制的茅奖，到了第四届开始不具名，原因是"有争论"。第四届茅奖作品中，参加评选的抗日战争作品有三部，一部是李尔重的《新战争与和平》，这部六七百万字的作品出版后在人民大会堂开过几次讨论会；一部是周而复的《长城万里图》，有三百多万字；另一部就是《战争和人》，一百七十万字。我一看这个局面，就想：评茅奖可能没有我的份儿了。直到报纸上刊登第四届茅盾文学奖获奖作品的消息，我才知道《战争和人》获奖了。我想如果不是无记名投票，我是评不上的。

舒晋瑜：为什么这么说？作品获奖后好评如潮，是否也有不同的意见，您怎么看这些意见？

王　火：具名评选，肯定会碍于情面。作品出版后，截至目前，只有二外的一位博士生导师发表文章，认为《战争和人》语言有不足。当时人们说话就是那样子的，如果改成现在人说话的方式，就不真实了。我曾经想过，如果有精力的话，把三本书变成一本会更好，这书太长了，大家的生活节奏很快，确实没时间看完，给读者阅读造成了负担；二是定价贵了，一百二十六元的定价对于一般人来讲不见得都能接受。有个教授把我的作品推荐给他的学生，学生发牢骚说："我想写一篇论文：写这么厚的书，是作者的错还是读者的错？我这么忙，还写这么厚的书给我看！"他的话有道理，也不全对。书有长有短。作为作家来讲，写得长没什么错，所以肯定不是作者的错；我作为读者，看《悲惨世界》《战争与和平》《静静的顿河》，再长也觉得没看够。有的题材适合写长的，就只能写长的。也有人认为：王火写男女关系放不开，我说，我不是不写爱情，是不愿意写得太俗，让我写《金瓶梅》我写不出来。每个人有每个人的路子。

舒晋瑜：2012年8月，您和马识途获全美中国作家联谊会颁发的首届东方文豪奖终身成就奖，您怎么看待这个奖？

王　火：评奖有时有一定的偶然性，这个称谓不敢当，怪吓人。但是全美中国作家联谊会是一个很好的组织，干了些非常了不起的事情，比如把中国作协会员好的作品，寄到美国后，他们送到名校大学图书馆里，这几千本书寄去后要进行分类，再送到名校图书馆。这件事过去没人做过，是功德无量的事。他们还有"中国作家之家"的房子，请过不少作家去那里。

舒晋瑜：对于创作，还有什么想法？

王　火：小时候看《卖火柴的小女孩》，看了一遍又一遍，非常感动。我一直想写像这样的美一点、好一点的作品。现在，身体和视力都不好，只能应约写些短文。我们这一代人，经历过风霜雨雪、颠沛流离，我一直在工作，写作都是业余。退下来后也仍工作了一段时间。真正有全天候的时间了，人也老了，现在不用电脑，就是落后。不用电脑，写稿都是给编辑添麻烦。我也出过几本中短篇集，但总觉得不算精彩，这证明自己水平不行。大师就是大师，我不是大师级的。

舒晋瑜：都在四川，您和马识途等老朋友常聚吗？

王　火：我很敬佩马识途，一百多岁的老人，从早到晚在奋斗，不断出版新作，把字义卖掉，把钱捐给上大学的贫困生，精神可佩。2013年马识途过生日，我们几个好朋友一起小聚。聚会结束大家告别的时候，他站在车门口大声说："明年再来吃啊！"几个好朋友都笑了。我们不吃公款，是AA制。

获奖作家访谈

陈忠实：我早就走出了《白鹿原》

陈忠实　1942年生于陕西西安，2016年去世。曾任陕西省作家协会名誉主席、中国作家协会副主席。著有长篇小说《白鹿原》，中篇小说集《初夏》《四妹子》《夭折》，短篇小说集《乡村》。其中，《白鹿原》获得第四届茅盾文学奖。其作品被译成英、俄、日、韩、越、蒙古等多种语言在国外出版。

| 采访手记 |

2016年4月29日,陈忠实因病在西安去世。一颗为文学跃动了七十四年的心脏,在黄土高原上歇息了。

"我坐在被太阳晒得温热的土梁上,感觉到与脚下这块被许多祖宗耕种过的土地的地脉接通了,我周身的血脉似乎顿然间都畅流起来了。"他曾回忆在村里的二分地里务弄苞谷蔬菜,是令人向往而无法回归的年月和光景。只有在原上写作,创作生命才能达到最佳的气场。如今,他真正与原上的地脉融通了。

多年前,他曾借着酒劲儿说,希望能够为自己写一本垫棺作枕的书。"有一天我去世了,棺材里放这么一本书,也就够了,不管它是否会对世界产生影响,只要能让自己满意,能对得起自己喜爱文学这大半辈子。"

在陈忠实的遗体告别仪式上,他的颈下枕着的是《白鹿原》。

在当代文学史上,陕西作家群是一个独特醒目的存在。以赵树理为代表的"山药蛋派",后来的柳青,以及当代的路遥、贾平凹等,他们的作品和土地有着密不可分的关系,似乎只有植根于黄土高原创作才能血脉通畅源远流长,陈忠实的生活经历决定了他的写作对象。

"我为什么写不了城市?就是没有深入体验。从少年识字到中年甚至到五十岁,我生活在农村,接触到的感受到的都是乡村,心理感受改变不了。我也在城市生活很多年了,但是感受远远不及农村生活的感受。"在陈忠实看来,尤其青少年时期的感受,对后来的创作具有决定性的意义。反过来,从小生活在城市中的作家,他们也无可选择地写城市。"并不是想写什么就能写什么,主要决定于作家自己的体验。写作就是写感受最深的生活。要想当一个好作家,就得走进生活,这是写作的法典。"

陈忠实写老汉写得好,这是他早期的短篇给读者的印象。1979年在《北京文学》发表的《徐家园三老汉》,陈忠实同时写了三个老头。当然,他很快就意识到:我总不能写一辈子老汉。

舒晋瑜: 您说过《白鹿原》的写作构思了两年,写了四年,做了大量调查和资料搜集的工作,在这丰富扎实的材料基础之上,才构建了这部具有史诗气魄的鸿篇巨制。您当时写这部小说的初衷是什么?

陈忠实: 当时我到长安县去查县志和文史资料的时候遇到一个文学朋友,晚上和他喝酒,我们一边喝着酒一边聊着天,朋友问我,按你在农村的生活经历写一部长篇小说的资料还不够吗?怎么还要下这么大功夫来搜集材料,你究竟想干什么?我借着酒劲儿说,希望能够为自己写一本垫棺作枕的书。有一天我去世了,棺材里放这么一本书,也就够了,不管它是否会对世界产生影响,只要能让自己满意,能对得起自己喜爱文学这大半辈子。

舒晋瑜: 您在开篇引用了巴尔扎克的话:"小说被认为是一个民族的秘史",这是不是也体现了您的一种创作野心,或者说理念?您希望通过小说去承载一些什么?

陈忠实: 帝制的被打碎,共和的兴起,这种突变都是历史性的变化。但王朝的更迭并不一定构成真正意义上的历史,因为历史不仅是人物和事件,更是一个社会中人的心理秩序的脉搏、脉象和异变。一个王朝延续多长时间,这是历史学家要还原的东西。作为一个作家,我更关注的是一个历史事件对于人的精神心理层面产生的影响。我就是想把我能感受到的、理解到的关乎我们这个民族自封建体制解体以后一直到共和国成立的精神历程告诉给读者。重大的革命历史事件大家都知道，但普通人经历的一场又一场革命事件，他们精神世界的历程等等，这是我所关注的。作为一个有着特殊记忆的民族，他们怎样脱下长袍？为什么要脱下长袍？他们怎样剪去那长长的辫子？为什么要剪去那长长的辫子？这就是关于这部书的最初构思。

舒晋瑜：《白鹿原》的开头堪称经典，主人公白嘉轩一出场就是娶了六个老婆都死了，整个故事一开始就被架构得引人入胜，而且深度和广度都是极具史诗气魄的大手笔，您是如何构思这个开头以及如何去设置整个故事结构的呢？

陈忠实：关于开场的情节设置，你读过小说就知道，有个情节是白嘉轩的父亲死了以后，他自己也很丧气，不想再娶了，这时他母亲说了一句话，说："女人，就是糊窗户的纸，破了烂了，撕掉再糊一层。没有后代，家有万贯也都是别人的。"所以，为有后代继承，就是卖房子卖地也要娶妻生子，哪怕把家产卖净也要有后继人，有了后继人就有希望，就能再把钱挣回来，再买地再置房子，关键在这里。一是观念，死掉一个女人，就相当于窗户上破了一层纸。这是他母亲说的，不是他父亲说的。就说明，在那个年代，女人在女人心中是个什么位置！就要显示这个。如果这话出自他父亲，就没有这么重的分量了。女人把女人都不当人，可见在那个男尊女卑的社会根深蒂固到什么程度，这是从观念上说。

如果没有这个死了几房媳妇的情节，他母亲说的那个关于"女人是一张纸"的理念就没有任何感染力。就会轻飘飘地过去。艺术不像我和你说话这么直白，它全部要靠情节和细节去完成。在那个年代，父子关系就是，父亲必须给儿子娶一房媳妇，儿子必须给父亲备一副棺材。如果父亲不能给儿子娶一房媳妇,你就不要指望将来儿子孝顺你。民间的原话是这样说的:"老子少不了给儿子一个媳妇,儿子少不了给老子一副棺材。"这是父子间在那个年代最极限的关系。

舒晋瑜:《白鹿原》中有两个个性鲜明的女性形象:田小娥和白灵,您如何看待这两个女性,或者说塑造她们的初衷是什么?感觉相比于白灵,小娥的形象更为血肉丰满真实自然,在我读来您对这个人物的塑造也是饱含感情的,有种深刻的理解和同情。

陈忠实:写作是因为对生活有感而发,不管面对的是男性还是女性,对他们独特的心理有所感触,才会产生写作欲望。写的时候面对的是人,就得研究、思考这些人的精神欲望和生存中的顺利及波折,我循着这个路子走。《白鹿原》中大概写了七八个女性,笔墨较多是田小娥和白灵,我的意识很明确,就是写那个时代的人物。那个时代,辛亥革命以后,封建意识依然顽固地存在,中国封建道德里最重要的一条就是对女性的压迫,我写的田小娥是出于人的合理的生存本能所进行的个人反抗,她想求得自己婚姻的美满,结果受到多方面的压迫和残害。这是一种个人的盲目的反抗。白灵有作为一个接受了革命理论进行自觉反抗的女性,她有完全自觉的革命追求,也有个人婚姻幸福的追求。

舒晋瑜:因为倾注了您的感情,小娥这个形象也是最触动读者的,带着来自土地的芬芳和热力。我发现您写人物最大的特点是从心理结构出发。为什么会有这样的意识?一起步,就给自己的创作定下了什么目标吗?

陈忠实:我在中短篇小说里写了很多人物形象,读者看了就忘了,没有一个形象能够让读者长久不忘。后来我在写长篇时把握人物心理结构和心理活动,以这个表达人物的精神形态,让读者有想象的空间。

舒晋瑜:陈忠实写老汉写得好,是您早期的短篇给读者的印象。1979年在《北京文学》发表的《徐家园三老汉》,您甚至同时写了三个老头。

陈忠实:那时我在农村基层当干部,办公室里如果来个女同志,门一定要开着,让大家都能看到,生怕传出什么闲话来,那时就是这么封建。所以我开始写小说时,也就刻意回避对男女、爱情、婚姻、家庭的描写。

我总不能写一辈子老汉。写农村题材涉及各种人,当代人和过去的人,男女老少都得涉及,写《康家小院》时我开始涉及女性的探索。写到田小娥时,想到田小娥的精神和心理所背负的重担,我便下了决心,决定不再回避情爱描写,不仅不回避,而且要撕开写,要撕开我们传统封建文化中最腐朽的黑幕,要写得透彻。

当时《白鹿原》一问世就引起轰动,已经过去这么多年,我们提及中国当代长篇小说时,《白鹿原》依然是个中翘楚。这部作品至今不但是中国当代文学史上最厚重的作品之一,也是历届茅盾文学奖获奖作品中最具有生命力的一部作品。

舒晋瑜:语言也是小说的一个关键所在,您对于方言的运用恰到好处地掌握了分寸,既体现出地域的硬度和韧性,又不过度使用、影响其传播和接受。能谈谈您对方言的理解吗?

陈忠实:我在写长篇时,对语言的探索和试验,也是经过了一二十年的探索。初学写作时,也不知道是受什么影响,为了有地方语言特色,总是有方言有口语,写长篇时意识到方言也应有意识地选择,让生活在关中地区以外的读者,能够从字面上理解。起码领会到百分之七十以上的意思的方言我才用,如果字面上理解不了真实含义,我就不用了。如果用上,会给读者造成阅读障碍,会有负面影响。

另一方面,从过去的白描语言过渡到叙述语言,难很多。如果用白描语言,字数起码是现在的一倍以上。我不愿意把小说拉到那么长,又不想减少内容,就在语言上解决问题。我把很多白描语言压缩甚至用叙述语言,节省篇幅。白描语言四五行描写的内容,用一行叙述语言就可以概括起来,难点就是必须变成形象化叙述,而不是一般介绍性叙述。所以我在形象化叙述里,把一些叙述和地方语言掺杂在一起,不仅增加了语言的生动性,也增加了语言的韧性。

1997年《白鹿原》获第四届茅盾文学奖,二十多年来获得了读者的高度赞誉,被称为"民族的秘史"。这是一部孤注一掷的作品。陈忠实说,如果不能出版,他就去养鸡。

舒晋瑜:《白鹿原》获得茅盾文学奖,中间是否也有波折?

陈忠实:大约是1998年,一天晚上编辑何启治打来电话,告诉我说:陈涌对某位理论家坦言,《白鹿原》不存在"历史倾向问题",这个看法已经在文学圈子里流传开。我听了有一种清风透胸的爽适之感,关于"历史倾向问题"的释疑解误,最终还是有陈涌这样德高望重的文学理论家坦率直言。老何便由此预测,茅盾文学奖的评奖可能因此而有了希望可寄。约在此前半年,我和他在京见面时,老何还在为我做宽慰性的工作,说:茅盾文学奖评奖的可能性不大,对《白鹿原》而言评不评此奖意义不大,有读者和文学界的认可就足够了。我也基本是这种心态。评奖与否且不管,有陈涌这句话就行了。有人说过程不必计较,关键是看结果。在《白鹿原》终于评上茅盾文学奖这个结果出来以后,我恰恰感动的是那个过程。评到基本确定的时候,一位主持评茅盾文学奖的负责人给我打电话,说《白鹿原》评上茅盾文学奖没问题了,评委们建议在两处做修改,征求我的意见,愿意修改也行,不愿意修改也行。他们说的不是死话,是活络话。我说我修不修改,你先和我说修改什么内容。我在情节上做了一点调整。

舒晋瑜: 出版二十年后,现在回头看《白鹿原》,您愿意做怎样的评价?关于作品中的性描写,您有怎样的原则性把握?

陈忠实: 现在回头看《白鹿原》,与以前还是有一些差异的。这种差异可以分为两段。刚写完的时候有一种很单纯的感觉,我觉得我所感受、理解的那段历史是属于我自己的,没有重复别人。创作上的东西难免有重复,比如同类题材的重复,对某种事物理解的程度基本一样很难再深入。我自信《白鹿原》是我对那段历史独特的体验和感受。我在很多方面做了努力,包括语言、结构,是我花力气最大的作品。

我把握性描写的准则是,你作品中设置这个人的生命历程中,他的爱情包括他的性对他生命的影响。比如爱情和性成为他生命中不可逾越的一道坎,造成他生命的痛苦或者欢乐,我必须把它准确写出来。如果性与这个人的生命历程没有关系,那就是废笔。

我现在总是忙手头的事情,有话题涉及过去的中短篇时我会看一些,也想到当年写作的心态,包括弱点。我自己从不做评价,我的认识和体验也许有局限,但我觉得在上世纪80年代关于我们那段历史的体验,基本都在《白鹿原》中表述出来了。

舒晋瑜: 在《白鹿原》出版二十周年之际,您捐资设立人民文学出版社"白鹿当代文学编辑奖"。您对《白鹿原》出版过程中编辑们付出的努力一直铭记于心？

陈忠实：大约还在"文革"中间，编辑何启治跑到陕西找到我，那时我刚刚发表了第一个短篇小说，何启治说这个短篇小说可以改写成长篇小说。我当时在公社工作，在区上开会，我跟他在区委所在地的一个十字街头见面了。他提出来让我写长篇小说，我被吓住了。后来我跟何启治有了约定，我说我这一生如果还能完成一部长篇小说，首先就给你。从1973年到1992年初，这个约定一等就是二十年；出版《白鹿原》到今天，又是二十年。四十年来，《白鹿原》经历了四任责编，人民文学出版社历任领导和编辑对这部书的关心和爱护，让我感动。他们为这部书能够顺利出版一直坚持着，而且直到今天有这样的成果，我对他们的感激是无以言表的。

舒晋瑜：您最早把《白鹿原》的手稿交给人文社，是否会想到今天的影响？

陈忠实：写完《白鹿原》时，我已经五十岁，在我的观念中，五十岁已经是老年了。如果自己呕心沥血的《白鹿原》无法出版，我真会考虑将写作再变成业余爱好，不再专业干它，大不了去养鸡。没想到，二十天后编辑就传回了消息，对《白鹿原》给了非常高的评价。这大大出乎我的预料，因为编辑拿走稿后要赶着去外地开会，况且他还要给领导看，我估计怎么也得三个月后才能有消息。没想到，他和领导两人各分一半手稿，看完了再换过来看，白天开会，晚上看，在回来的飞机上还在看，下了飞机，他们就已经读完了。

听说小说可以出版，我大叫一声，人一下子跳起来，整个摔在沙发上，缓了很长时间，才舒了一口气，心想可以不养鸡了。当时开出的首印量是一万五千册，稿费按照当时最高的标准，千字三十元。我跟老婆说："咱家成万元户了！"

舒晋瑜：听说您最在意父亲的看法？

陈忠实：我最在意、最畏惧的读者是自己的老父亲。父亲在那时算是文化人，常常给村里人写对联，也看剧本。我写了一些短篇，父亲从来没看过。有一天父亲就说，把你的小说给我看看。看完之后他说，没《三国演义》好看。我上世纪80年代初写的那些短篇，怎么可能跟《三国演义》比呢？遗憾的是，老人家没能看到《白鹿原》的出版。

舒晋瑜：《白鹿原》接近完成时，您曾经奢望如果能顺利出版，有可能被改编为电视连续剧，其他艺术形式的改编，您几乎没有设想过。后来多种艺术形式的改编，应该都出乎您的预料吧？您怎么看待各种艺术形式的改编？

陈忠实：《白鹿原》刚刚面世，南方北方和陕西当地有四五家电视制作人找我谈电视连续剧改编。出乎意料，当年最早看好的电视连续剧改编至今没有着落，倒是不曾预料甚至完全意料不到的几种艺术形式都改编完成了。最早改编并演出的是秦腔《白鹿原》，接着是连环画，稍后是话剧和舞蹈，还有完全意料不到的三十多组《白鹿原》雕塑。在两家广播电台几次连播之后，西安广播电台又以关中地方语播出。

不同的改编角度不一样。不管是什么形式的改编，都难以解决的一个问题就是时空限制，不管是舞台还是荧屏，时间和空间都有限，装不了那么多人物和故事。所以导演都集中在白嘉轩、黑娃和田小娥这条线上。林兆华的话剧想全面展现这些人物和故事，但是也很难解决这个问题。很多情节都不能在舞台上直接展现，而是通过人物对话来交代。小说刚出版一两个月，当时吴天明在美国，托他在西安的弟弟找到我，就希望改编电影，我完全相信天明,很快签了授权书。过了不到一月,谢晋的影视公司给我打电话,说想改编《白鹿原》,我说晚了一步,已经授权给天明了。紧接着,电影电视管理系统的人公开发表言论,不允许《白鹿原》改编任何艺术形式。直到新世纪开始,电影首先获得批准,经过七灾八难,直到王全安,才把这事做成了。

舒晋瑜: 这些年来,《白鹿原》被改编成话剧、秦腔剧、舞剧等形式。您能简单评价一下吗?您如何看待电影《白鹿原》的改编?

陈忠实:《白鹿原》被改编成秦腔,一开始我是不同意改编的,小说跨度太长,没有集中的事件,不可能在三个小时内集中表现出来。但是剧作家还是坚持改编了,我看过了,其中两三场还是比较感人的,还可以看下去。

电影、话剧、舞剧、秦腔这些改编,都存在很大的难题:作品人物多、情节多、时间跨度长,改编受时空限制,包容不下这整部作品,所以只能取舍。电影《白鹿原》中,朱先生、白灵都容纳不了,只能舍弃,这两个人物也是我花费笔墨心血颇多的,有点遗憾。这个我能理解导演的难处,这是他们所能做到的比较好的结果。我去看也只是走马观花,我也不懂,由他们尽情发挥。唯一可能将来全面展示作品情节的就是电视连续剧。

舒晋瑜: 您给电影《白鹿原》打了九十五分的高分,为什么有这么高的评价?另外五分的遗憾在哪里?

陈忠实: 原来的电影三个多小时都容纳不了,后来从三个多小时剪到两个半小时,把革命者白灵都剪掉了,只剩一个女性,确实可惜。电影里主要人物白嘉轩和田小娥的表演,好的地方是我看到小说里的细节得到形象化表现,感到心中一震,但是小说写作可以给读者留下许多想象的空间,放到电影上就显得太直观了。当然,这也可以理解,电影只能具象化。

"**我做的都是必须要做的,也有浪费时间的应酬,这些起码磨损和淡漠了作家的艺术神经和感受力。但是我总不能生活在桃花源中。**"他曾经试图找一个安静的地方创作,但是没达到创作的理想状态。

舒晋瑜: 回顾您几十年的创作经历,可否对自己做一些阶段性的总结或评价?有哪些满意或者不满意?近些年,您所做的工作之一是忙着为别人写序,是否有时候也身不由己?

陈忠实: 从初学写作到不断写作,发展到《白鹿原》一直到现在,也没有太大遗憾,我做的都是必须要做的,也有浪费时间的应酬,这些起码磨损和淡漠了作家的艺术神经和感受力。但是我总不能生活在桃花源中,还要做一些工作,一些事情,社会方方面面的东西很难避免。写序是因为有些是我对他们的创作感兴趣,阅读本身也是交流和学习,所以写了不少序。

舒晋瑜: 有人说您今生再也走不出白鹿原了,您自己怎么认为?会不会也想超越《白鹿原》?

陈忠实: 如果走不出白鹿原,就写不出《白鹿原》。我早就走出来了,而且再也不会上那个"原"了。

你问我能不能超越,我不敢保证。我作为一个作家,就只能把一个时期的体验,尽可能不留下遗憾地表述出来就行了,至于它能达到什么程度,那你勉强不得啊。未来的创作是不是鸿篇巨制,是否要超过《白鹿原》,我根本就不思考这个问题。对我来说,《白鹿原》已成为历史,没有必要跟它较劲。我只是尊重自己的生命体验和艺术感觉,最终能形成什么样的作品,那就写个什么样的作品献给读者。既不重复别人，也不重复自己，只要有独立生存的价值，只要是实实在在达到了我所体验到和追求的目标，我就感到欣慰了，因为，它们都是我的孩子。

舒晋瑜：您当年调入省作协，成为专业作家后就做出决定回老家，"找一个地方安静下来，和文坛保持一个若即若离的关系……"后来为什么没能再坚持这种意识？

陈忠实：《白鹿原》出版后我就进城了，后来当了作协主席。那个时候作协的条件很差，房子墙体下陷，有的房顶漏雨，房顶糊了一层又一层。所以有五年时间，我配合党组把新的办公楼给盖起来了，还做了一些其他的事情。2001年到2002年，我感觉工作压力小了，就再次回到乡下老宅，一待就是两年。这两年时间是我长篇完成之后写作量最大的两年，写的主要是散文、短篇小说、随笔，包括给作家朋友、青年作家写序等等。我感觉进入写作状态最好的环境就是在老家祖传的小院里，一走进那个环境就能产生一种隐性的心理习性，心里整个就沉静下来了，很自然进入一种纯文学思维，文字的那根神经好像特别敏锐，达到一种最好的写作状态。

我一个人在老家待了两年，自己做饭、洗碗，到了冬天还要生炉子，实在太麻烦，一方面是年龄大了，再说我本身就不喜欢做那些事，后来坚持不下来了，就回到城里来了。也尽力静下心来写些东西，但是在创作方面，还是达不到在老家的那种状态。

写作就是写感受最深的生活。要想当一个好作家，就得走进生活，这是写作的法典。

舒晋瑜：当代长篇小说很少具有史诗品格。

陈忠实：主要在于思想的软弱，缺乏穿透历史和现实的力度。

说到思想,似乎是一个容易敏感的词汇。其实作家的思想不完全等同于政治,作家有独立的思想,对生活——历史的或现实的——就会发生独特的体验,这种体验决定着作品的品相。思想的深刻性准确性和独特性,注定着作家从生活体验到生命体验的独到的深刻性。这也应该是文学创作的常识。

舒晋瑜: 每一位作家在不断创作的过程中都会遭遇瓶颈期,您是否找到了克服创作瓶颈的方法?

陈忠实: 这是每个人在追求过程中难免的,一是思想的突破,形成自己独立、独特的思想,这样才能解决感受生活、体验生活的深度。这个不能着急,很难有仿效的榜样,只有个人体验。

获奖作家访谈

刘斯奋:不拘一格　不守一隅

刘斯奋　1944年生于广东中山。1967年中山大学中文系毕业。广东省文联第四、五、六届主席,国家一级作家。著有长篇小说《白门柳》,学术著作《陈寅恪晚年诗文及其他》,另有《黄杰诗选》《苏曼殊诗笺注》等。其中,《白门柳》获得第四届茅盾文学奖。

采访手记

他的名字于文坛而言,既是熟悉的,又是陌生的。

1997年前,刘斯奋的《白门柳》脱颖而出,获第四届茅盾文学奖,一鸣惊人,《白门柳》一版再版,并被改编为多种艺术样式。

这部充满文化批判和历史反思的小说,分"夕阳芳草""秋露危城""鸡鸣风雨"三部,通过明末清初著名启蒙思想家黄宗羲及其他一些富有改革意识的知识分子在"天崩地解"式的社会巨变中所走过的道路,再现了17世纪中叶中国尖锐、复杂的社会矛盾和腐朽中孕育新生的进程。

在《白门柳·跋》中,刘斯奋写道:"庆幸生逢一个太平的时世,使我在如此长跨度的岁月里,得以始终保有着一个虽有间歇,却基本上持续不断的创作环境,一种从容沉着的著述心态。而对于文艺创作尤其是多卷本长篇创作来说,应当是十分必要的。远的不说,起码自鸦片战争以来的一百五十多年间,恐怕还没有过。"

从三十六岁到五十三岁,《白门柳》三部是在刘斯奋精力最饱满、艺术感觉最敏锐、创作力最旺盛的岁月完成的。所谓"美人自古如名将,不许人间见白头。"这大概是刘斯奋在老之将至时选择当画家的想法之一。 献丑不如藏拙,聪明的办法是见好就收。

少年时刘斯奋有两个梦,一是当作家,一是当画家。《白门柳》完成后,算是有始有终地了却人生的一个梦,心里踏实了,剩下的"余生"就可以"挥霍"了。于是他毅然封笔,全面转向书画,并于2014年将成果在中国美术馆作阶段性展示,又大获好评。北京大学艺术学院教授丁宁说:"把几种才华集于一身是一种文人现象,是古老的现象。刘斯奋的出现让我们确信中国文化的精神之脉仍然是活态的。"

是命运对他格外眷顾吗? 诚然,他是认真而执着的,无论对于文学还是书画创作;他又是淡泊而率性的,虽被视为"从政"者,却从不把当官当作人生目标;他性情平和,对学术却敏锐而充满勇气。

舒晋瑜:还记得当年获茅盾文学奖的情况吗?

刘斯奋:第四届评奖因为与上一届隔了八年,压了一千多部作品,竞争非常激烈。历史小说中有二月河的《雍正王朝》、唐浩明的《曾国藩》等,当时的名气都很大。而我的《白门柳》当时只出版了两部,第三部虽然写完却还未出版;加上我并非专业作家,此前也未发表过有影响的作品,在全国的文学圈乃至社会上缺乏知名度;再就是十几年间全力以赴写作,和文学圈很少打交道,在文坛中的关系交情都很浅。作品能获奖可以说完全是出于那一届评委们的公心。虽然一度引发质疑,但也由此受到关注,越来越多的读者表示认可这部作品,后来又入选中国出版集团20世纪"中国文库"和上海文艺出版社的《中国新文学大系1976—2000》,先后一共推出十一个版本。

舒晋瑜:作为非专业作家,您是如何想到写《白门柳》的?写作时如何应对面临的挑战?

刘斯奋:那是1980年,我赴广西出席一个学术会议,途中结识了编辑邢富沅。交谈中他发现我对历史有想法,便建议我写历史小说。当时既未定题材,也没计划写三部,这都是后来的事。现在回想起来,艺术创作这件事,确实不能完全用常情常理测度。人的潜能,是要在实践中才能开发的。譬如,在此之前,我只写过一些诗词、散文,做过古典诗词的整理、注释,但一直觉得自己不会写小说,虽然也曾尝试着写过一两个短篇,也并不成功。忽然决定要写长篇,而且写多卷本,确实有点胆大妄为。何况对付《白门柳》这样的题材,我还面临几大挑战:一是我是土生土长的岭南人,此前从未踏足江南,对江南的认识无论是现实还是历史,都只限于一些文字记载。如何根据史料文字发挥想象力,去还原当时场景?这就是一大难关。二是小说的题材比较"硬",主角是当年的大文人,大思想家。怎样从文化上、学问上驾驭和把握这些人物?怎样把思想家作为一个活生生的"人"来塑造?怎样把抽象的思想转化为艺术形象?过去似乎还没有一部长篇小说做过这种尝试,也就无从借鉴;还有,就是有一种说法认为:多卷本小说总是一部不如一部。如何打破这道"魔咒"也是绝非轻松的考验。十六年写下来,也没有特别刻意和费劲,几大难题居然都得到克服,这恐怕就不是常理能够解释的。

现在的文学研究,基本上都是研究规律,研究共性,但是其实起决定作用的因素却是艺术家的个性,就《白门柳》的写作而言,我的主要感悟是一个人无论做什么事,都一定要扬长避短。如果写当代题材的小说,我未必写得好。因为我的生活经历并不特别复杂曲折,虽然经历过"文化大革命"的动乱岁月,但总体来说并不比其他作家丰富,对群众的生活习惯和语言也不够熟悉。这无疑是我的短处。我的相对优势在于:由于家学传承,我从小受传统文化熏陶。特别是在古典诗文方面有过较深的钻研,对于古代文人的生活习惯、喜怒哀乐、价值取向比较熟悉。这样一种"童子功",使我在接触明末清初江南文人史料时,有一种如临其境、如温旧梦、如对故人的感觉。这也许又是我的长处。使我避免像有些缺乏准备的作家,忽然要写历史小说,只好临时抱佛脚地进行恶补,要做很多未必真正有成效的准备。当然,与历史研究家相比,写小说除了对素材的熟练驾驭,还必须有很强的形象思维能力和过人的想象还原能力,这也是不言而喻的。

舒晋瑜:那么您是掌握了哪些技巧?

刘斯奋：这可不是三言两语就能说清楚的。不过，如果只讲体会最深的一点，那就是对于"节奏"的全面把握和运用。大至结构、情节、叙述语言，小至人物对话、细节安排，我都处处贯彻"节奏"的理念。事实上，我认为：一切艺术的最后抽象都是节奏。音乐、舞蹈、绘画、书法是如此，文学创作也是如此。掌握节奏之后，写来就能够如同风行水上，自然成文。所谓节奏，其实是艺术家的心灵律动，通过作品传递给读者，而读者则凭借作品的节奏，感受作者心灵的律动，产生共鸣，从而使艺术的审美功能得以实现。在这个问题上，最典型的例子是中国的书法，书法只是一根最抽象的线条，之所以能成为艺术，就是书法家凭借内心的律动，把节奏赋予了线条，才使之具有打动人的魅力。好文章能荡气回肠，同样是因为掌握了语言的节奏。

当然，写小说除了要掌握运用好节奏之外，还要不断有新点子，特别是长篇小说，新点子必须层出不穷，以期不断挑动读者的阅读兴奋点。《白门柳》作为多卷本小说，之所以能够避免一部不如一部，除了叙述内容和角度一再变化之外，很重要的一点，就是做到了点子层出不穷，使读者不会因为重复雷同而产生审美疲劳，失去阅读的兴趣。

舒晋瑜：《白门柳》后来被改编为多种文艺样式，流传很广。自己回过头来反观，您觉得有什么遗憾之处吗？

刘斯奋：如果说有遗憾，就是在钱柳情爱方面，大概我原来更着重从社会学的角度去描写他们，也就是说对他们这种老夫少妻结合的功利性考虑比较多，作为红颜白发的恋情，恐怕还有人性的一面，也不是那么纯粹的功利，这方面我着墨较少。

舒晋瑜：《白门柳》获奖之后又是什么状况？为什么没再写

小说?

刘斯奋:写完《白门柳》前两部后,我先后去广州市文化局、出版局、宣传部任职,无法集中时间写作,因此第三部拖了七年才完成。写了十几年小说,可以说还是相当辛苦的。从三十六岁到五十三岁,是我精力最饱满、艺术感觉最敏锐、创作力最旺盛的一段岁月,全都投入到《白门柳》的创作中。的确,壮盛之年才能出佳作。所谓"美人自古如名将,不许人间见白头"。到了老年,恐怕没有几个作家能把长篇小说写好。献丑不如藏拙,聪明的办法是见好就收。不妨学个玛丽莲·梦露,把形象定格在最美好的时候。非得到了江郎才尽才下场,又何必呢。另外,我也想换一个活法。我的少年时有两个梦,一是当作家,一是当画家。《白门柳》完成后,算是有始有终地了却人生的一个梦,心里踏实了,剩下的"余生"就可以"挥霍"了。于是我想重拾画笔,后来有机会担任广东画院的院长,就更加促使我把精力转向绘画和书法,屈指算来,到如今也将近二十年了。

舒晋瑜:这两个梦都基本实现了。您对自己的生活状态比较满意吧?

刘斯奋:确实,前几年我把近十多年的创作成果在中国美术馆举办了《贯通融会——刘斯奋书画诗文艺术展》之后,这第二个梦也算了却了。回想起来,确实要感谢命运的厚爱。人生最快意的莫过于自身的潜能得到充分的发挥,至于是否能获得历史的认可,那是身后的事。生前一切吹捧炒作其实没有太大意义,最终的定位还得靠实实在在的作品。

舒晋瑜:当下文人字画盛行,您怎么看?如何判断文人字画?

刘斯奋:中国画三个源头,一是工匠画,二是宫廷画,三是文人画。前两类因为要受制于雇主或皇室的意志,不能随心所欲发挥自身的天赋才情,于是转而在技术上精益求精。文人画则是饱读诗书的读书人,有美术的天赋和兴趣,发而为之。由于不是以此来谋生,所以更忠实于自身的文化理念和审美追求。

文人画当然也要技术,但更强调发挥个性与激情,从而推动中国画迈向更高的精神层面。文人画的强调精神自由,加上工匠画、宫廷画的技术专精,共同构成中国画今天的整体格局,可以说各有功劳。

文人画在表现形式方面无疑也有其局限,但它代表着人类艺术发展的一种方向,这就是个性不断解放。西洋绘画也经历了这个过程。早期西方的绘画受制于宗教意志。一直发展到19世纪文艺复兴,才把世俗的感情、世俗的形象掺杂到其中。后来又出现了印象派,打破了写实的画法。再后来,又有现代派、当代艺术等等,越来越个性化,甚至除了画家本人,谁都不知道画的什么。

但是现在有多少是真正的文人?真文人是文化素养比较高,不以市场为价值取向,追求精神的自由解放,追求形而上的东西。另外,文人画在当今也有一个如何创新发展的课题。传统的模式固然可以继承,但要真正重振复兴,还得创作出具有当代特色的文人画。这需要有志之士的共同努力。

舒晋瑜: 您当年与余英时的论战在学术界引起很大反响。现在回顾,您怎么评价当时的论战?

刘斯奋: 这是学术界的一桩旧公案了。当时余英时的《陈寅恪的学术精神和晚年心境》在香港《明报月刊》发表后,一时引起众多议论。我因为主业并非学术,当时又正埋头于《白门柳》的创作,对此可以说是浑然不知。直到有一天我的父亲刘逸生先生把《明报月刊》给我,问我对余英时的文章有什么看法,才得知此事。我看后认为余文是以学术研究为包装,达到为国民党的统治张目的目的。本来,余先生自有其政治立场,加以表达是他的自由。但他偏要抬出已故的陈寅恪先生来,对其诗文进行任意曲解,致使陈先生的形象蒙上虚假不实的尘垢。这显然是很不应该的。我父亲便说这是王匡(时任国务院港澳办公室顾问)从北京带来的,想请他写文章反驳,但他已没有精力写,问我是否愿意写。我觉得反驳并不难,便答应下来。于是一商榷、再商榷,总共写了两篇文章,与余英时商榷的五篇文章都在《明报月刊》发表了。结果余先生挂起免战牌,但又宣称他已经取得全面胜利。

此后好些年,虽然余先生不断在各种场合提起这件事,但因为一直未见到他对我所提出的商榷论点进行正面回应,所以我也就未加理会。由于我不是学术界中人,尤其没有以陈寅恪先生作为长期研究课题的打算,加上余英时是个名人,我更不想落个借"骂名人出名"的嫌疑,所以就借"胡马依北风,越鸟巢南枝"之句,用了"冯衣北"的笔名。又由于我当时只是个无名之辈,文章写成便交给我父亲代转,对于王匡其实是向胡乔木请缨,同时此事还涉及钱锺书先生等情节,我是事后才知道。

其实,我作为局外人,当时愿意写文章,主要是一方面对于陈寅恪先生被人无端污蔑于身后,感到不平;另外,也是有愤于余英时的文章口气极其傲慢,视国内学人如无物。不过,使我略感遗憾的是,文章发表之后,始终未见有参与论辩的文章出来。倒是钱锺书先生曾致信王匡先生,认为"刘文甚好!"又,1988年,"纪念陈寅恪教授学术讨论会"在广州中山大学举行,我有幸见到季羡林先生。他对我说:"由于年事已高,近年已很少看完一本书,但你的《陈寅恪晚年诗文及其他》我是看完了的。我同意你的意见。"他还告诉我当年北平学人撤离的一些旧事逸闻。两位前辈当时的表态,至今对我仍旧是有力的鼓励和持久的慰藉。

获奖作家访谈

刘玉民:没有激情就没有文学和艺术

  刘玉民 1951年生于山东荣成。历任济南市文联副主席、济南作家协会主席、山东省文联副主席等职。著有长篇小说《骚动之秋》《过龙兵》《羊角号》等,另有中短篇小说、散文、诗歌、报告文学、影视文学等十余部。其中,《骚动之秋》获得第四届茅盾文学奖。

| 采访手记 |

在多数读者的印象中,山东作家刘玉民的名字,是和第四届茅盾文学奖获奖作品《骚动之秋》紧密联系在一起的。然而近年来,他的名字多被冠以诗人、书法家。作为山东省文联特邀顾问、山东文人书画院院长,刘玉民的书法早已自成一体,被收入《中国现代文学馆馆藏珍品大系·书画卷》和《齐鲁艺术名家·书法卷》。

1989年《骚动之秋》出版时,陈荒煤作序,期待能多读一两部反映农村新面貌的作品,让嬴官、秋玲、小玉、银屏等一代新人再次开拓一个崭新的天地,"期望再看到《骚动之冬》,而最终迎来一个《骚动之春》!"

获得茅盾文学奖时刘玉民四十六岁,是第四届最年轻的获奖作家。他清醒地看待这一中国最高文学奖项,并没有把获奖当作自己创作的终点。获奖后,刘玉民又读了大量经典著作,包括现代派作品,比如《百年孤独》《外国现代派作品选》等等。这些作品为刘玉民打开了一扇新的窗户,对随后的创作产生了重大影响。在长篇小说《羊角号》中,刘玉民描写了一棵历经亿万年风雨的老白果树,雷劈不死、水淹不灭、火烧重生,终而化作满山新苗的故事。作品采用的是大写意的手法,被人民文学出版社列入"探索者丛书"。

他经常思考的一个问题是:一部长篇小说可能达到怎样一种境界?长篇小说《过龙兵》可以说是这种思考的结晶。这部被誉为中国农村变革史诗之作的长篇,成为中国农村题材创作的重要收获。

然而此后,刘玉民转身痴迷于诗书之中,似乎忘却了自己曾经要写作"反映新时期农村变革生活的系列长篇"的雄心大志。他的中断,是酝酿积淀之中,还是毅然决然的放弃?

在茅盾文学奖的获奖作家中,有一些依然坚持写作,有一些则渐渐疏离了文坛,或者他们壮志在胸,不期然仍会冒出一部惊世之作。

刘玉民是否属于后者呢?

早期,刘玉民写过几部中长篇小说和电影文学剧本,其中电影文学剧本《岳飞》,显露了他的创作才华和驾驭重大题材的能力,受到时任文化部副部长陈荒煤的好评。

舒晋瑜:能谈谈您早期的文学阅读和写作吗?

刘玉民:我属于被"文革"荒废的一代人。那时"停课闹革命",没学可上,我就读书。书有从当小学教师的姐姐那儿借来的,有从"破四旧"的"毒草"中挑来的,也有从学校图书馆破损的窗子跳进去"偷"来的,《三国演义》《西游记》《唐诗三百首》《红岩》和《林海雪原》等都是那时候读的。故乡那盏小煤油灯记录了那段艰辛和欢乐。书读多了心痒痒手痒痒,作家梦也就成了一种追求,写散文,写报告文学、小说,写的都是家乡的英雄和好人好事。《济南日报》《大众日报》"文革"后期发表的第一篇小说都是我写的。

舒晋瑜:还记得当时的情形吗?

刘玉民:那时我刚当兵,刚到济南,谁也不认识,拿着稿子跑到报社,说我写了个东西请你们看看。人家说放这儿吧,没想过几天就发出来了。

舒晋瑜:这么说您走上写作之路还是很顺利的,这对后来的写作是个鼓励吧?如果以《骚动之秋》为分界,能谈谈此前的创作状况吗?

刘玉民:鼓励肯定是鼓励,但那毕竟只是起步,真正的创作是随后开始的。如中篇小说《不肯流逝的岁月》写的是我童年的生活,中篇小说《海猎》写的是胶东渔民的生活,生活气息都特别浓郁,发表后颇受好评,至今读起来依旧有滋有味。对于像我这种遭遇了"文革"的农村孩子说来,生活是最大的资源,也是最大的资本。

这期间我还应邀写了电视剧本和长篇小说《八仙东游记》,创作了上、下卷的电影文学剧本《岳飞》。《岳飞》发表在《中外电影》杂志上,时任文化部副部长的陈荒煤同志给予很高评价。当时峨眉电影厂邀请我去改本子,说好了接机,出机场后却找不到人。原来人家以为写这种剧本的人肯定是一位"老先生",根本没把眼睛朝我身上转一转。这其实难怪,那年我刚满二十八岁。

舒晋瑜:您当过十二年兵,但是没有写过军旅生活。能说说军旅生涯带给您怎样的影响吗?

刘玉民:当兵对我最大的收获是培养了正气和豪气。这是可以主导人生的。军营还丰富了我的阅读和积累。那时"文革"还没结束,大量文学名著都处在封闭状态,想读也没处找去。我利用管理图书室的机会,读了《红楼梦》《静静的顿河》《莎士比亚全集》等不少大部头。我还通过一位领导夫人的关系,读了不少《中华活页文选》。那里面收的都是中国古代散文的精华,我一边读一边抄,抄了几大本子。那让我获益颇多。这也正是后来我能够写出《岳飞》《郑板桥》这类作品的重要原因。

刘玉民的代表作《骚动之秋》创作于上世纪80年代后期,作品以胶东农村为背景,生动地展示了中国农村从集体经济向商品经济过渡的历史进程,塑造了一群崭新而又真实生动的人物形象。

舒晋瑜:谈谈《骚动之秋》的创作过程吧?

刘玉民：当时农村改革开始，出现了许多"魔鬼"式的人物，他们办工厂、建小楼、倒买倒卖、行贿送礼，把原本平静的农村搞得狼烟四起、风云激荡。听家乡的同学和朋友们讲得多了，我便认定这是一群"魔鬼"——一群从未出现过的、非常吸引人的"魔鬼"，心中逐渐产生了要把这些人写出来的冲动。"新"和"性格魅力"是文学最可宝贵的东西，对于这一点我是深信不疑的。我拟了一个长篇小说的提纲，给不少朋友讲过，一次讲到时任中国作协党组成员、《文艺报》主编谢永旺面前。他说作家要有责任感和担当意识，不能一味地暴露和批判，要写出生活的真实才好。那使我受到启发，下决心回故乡农村去走一走、看一看，亲身体验上一番。

当时我爱人身体不好，几次想走都没能成行。拖到第二年春天我有点急了，说："怎么办？再不走今年又完了。"我爱人说："你那是正事，我可不拖你的后腿。"我说："那你怎么办？"她说她已经跟老太太（她母亲）说好了，回娘家去住一段。在胶东农村，我住过牛棚改建的招待所，吃过带生肉丝的凉拌菜，给农民企业家当过秘书和随行工作人员，与方方面面的人等打过交道，几个月下来，我对农村改革和那些推波助澜的"魔鬼"们，有了全新的认识。

对农村改革和农民企业家，当时的文学作品要么全盘肯定、歌功颂德，要么全盘否定、一味地暴露和批判。而我从生活中得出的结论恰恰相反。《骚动之秋》就是在这种情况下完成的。因此我多次说过，《骚动之秋》是时代的产物，是生活的馈赠。

舒晋瑜：写《骚动之秋》时是怎样一种状态？

刘玉民：那时可以说是浮想联翩、激情飞扬。每天写十几个小时稀松平常，晚上一有所得，还会一骨碌地爬起来再写。朋友们传了我不少笑话，比如夏天蚊子多，上身穿长袖，下身用塑料袋全裹起来；再比如豆腐馊了，照样向嘴里抓等等。当然我自己没有这方面的记忆。我记忆的是每写完一章,爱人和家里人看后的赞许;再就是一坐几个月下来颈椎出了问题,让我后来吃了不少苦头。

舒晋瑜:《骚动之秋》现在看也依然好读。如果以纯文学和通俗文学去划分,您认为《骚动之秋》属于前者还是后者?

刘玉民:我历来反对用"纯"和"通俗"来区划文学,特别是小说,又特别是长篇小说。小说发轫于市井,本来就是写给民众、消遣民众的。哪儿来的"纯"和"不纯"的问题?我倒怀疑是有些作家写不出大众喜爱的作品,只好用"纯"来掩饰和吓人。一部长篇小说,好读耐读是基本要求。如果没有富于传奇色彩的人物、故事,怎么可能好读?如果没有新的生活和观念,怎么能够"耐读",给人以启发和激励?而一部既好读又耐读,既有人物、故事又有思想,受到众多读者欢迎的作品,怎么就不纯了?倒是那些故作深奥、让人不忍卒读或者根本就没有人读过的作品让人生疑:那还是小说吗?写这样的小说意义何在呢?所以我说用"纯"和"通俗"区划长篇小说本身就不科学,如果一定要区划,我倒觉得把"好读耐读"和"不好读不耐读"作为标准,更符合小说的本义和读者的期待。

舒晋瑜:听说《骚动之秋》出版时曾经有过一些波折?

刘玉民:作品交到出版社后,责任编辑很重视,但又担心赚不到钱,出不来。我也做了最坏打算:与爱人商量,准备把家里仅有的两三万元存款拿出来,包销一部分。多亏负责三审的老编审王笠耘,他说这部作品赔钱也要出,作品才得以顺利面世。而从面世的那天起就没有赔过,可见读者还是有眼光的。

序言是荒煤同志写的。那次我去看他,随口给他讲了书中一个情节,他听了哈哈大笑说:"好!序言我写了!我写了!"后来的事大家都知道了,书还没出来,荒煤的序言先发出来了,占了《文艺报》小半个版面。

舒晋瑜:书没出版评论先发表了,《骚动之秋》先声夺人,出版后影响也比较大,先后在济南和北京召开了作品研讨会。能说说当时的情况吗?

刘玉民:小说出版后确实引起了轰动。《人民日报》《求是》《光明日报》《文艺报》《小说评论》等先后发表了荒煤、马烽、张炯、屠岸、江晓天、绿原、陈宝云等人的近三十篇评介文章。作品被改编成广播剧、电视剧、戏剧、电影、小说连播等多种形式,传遍大江南北。解放军总政治部还把《骚动之秋》列为向基层图书馆推荐的作品之一。借着小说再版的机会,我还特意对作品进行了一次认真的修订。后来参加评奖的就是经过修订之后的版本。

舒晋瑜:茅盾文学奖给您带来了什么?听说您把奖金拿出来捐助了不少学生?

刘玉民:当时茅奖奖金只有一万元,山东省和济南市又奖励了八万元。这在那时就算是一个不小的数字了。当时我爱人正住医院,急需用钱,但我想奖金是国家发的,都装进自己腰包不行,便拿出三万元,资助了二十名辍学的农村小学生和十名贫困大学生。有人说这是文学界难得一见的特例,我倒觉得没什么特别,理应如此吧。

舒晋瑜:获奖以后您又创作了哪些作品?您最满意的是哪一部?

刘玉民:我获茅盾文学奖时四十六岁,属于比较年轻的。从心里说,我没有把获奖当作自己创作的终点或者最高点,因此获奖后又读了很多书,特别是现代派的作品。比如《百年孤独》《外国现代派作品选》等等。那使我眼前打开了一扇新的窗户,对随后的创作产生了重大影响。比如长篇小说《羊角号》,写的是一棵历经亿万年风雨的老白果树,雷劈不死、水淹不灭、火烧重生,终而化作满山新苗的故事。作品采用的是大写意的手法,被人民文学出版社列入"探索者丛书"。 回顾将近三十年的创作实践,那时我经常思考的一个问题是:一部长篇小说应当和可能达到怎样一种境界?长篇小说《过龙兵》可以说是这种思考的结晶。《过龙兵》中既有严酷的现实生活描写也有崇高的理想主义闪光,既有浓烈的传奇色彩也有深厚的历史内涵,在艺术手法上也达到了融现实主义、魔幻现实主义和浪漫主义、大写意等于一体的境地。小说由《中国作家》杂志以整期篇幅发表、人民文学出版社出版后,被誉为中国农村变革的史诗,源自人性深处的史诗,中国农村题材创作的重要收获。不少朋友们也认定是一部可以传世的作品。可惜的是,还没等正版书摆进新华书店,就被铺天盖地的盗版书给淹没了。中国的盗版风,毁了多少好作品、好作家,由此可见一斑。

舒晋瑜:作为山东文人书画院院长,您如何看待文人书画?

刘玉民:历史上的文人书画,是与民间书画、宫廷书画并存的一个独立的派系,作者多为士大夫士阶层,讲究人品、学问、才情、思想的完美和诗、书、画、印的统一。作家当然也包括在这个圈子之内。我们现在看到的李白、杜牧、苏轼、陆游、郭沫若、茅盾等人的作品可以为证。当代作家中也有不少书法高手,问题在于,现在不少作家喜好舞文弄墨,却只满足于挥洒才情,不屑于临帖等基本的训练和学习。对此我不敢苟同。我是从临帖和读中国书法史学起的,并且认定不如此便不足以称之为书法,更遑论文人书法。

评委访谈

雷达:茅奖评选有四条需要坚持

问:获奖作品是否可以代表当代中国长篇小说的创作水平?

雷达:综合地看,我以为茅盾文学奖还是基本上反映了当代中国长篇小说创作的水平。看综合水平,首先就要了解它的作品的社会历史文化内涵的宽广程度、人性的深度、思想的高度,要看精神资源是否丰厚、折射的文化精神及其人性蕴含,以及文本的创新程度达到了怎样的水平,它不应是在封闭之中的自我认可,而是参照古今中外的文学标准所得出的现实结论。同时,很难说其评奖就是"固守着传统现实主义",或者充斥着"牺牲艺术以拯救思想"的妥协主义。比如厚重之作《白鹿原》在艺术方面,有人说它有魔幻现实主义的色彩,有心理现实主义色彩,运用了文化的视角,都有道理。我觉得它的背景有俄苏文学的影响,受《静静的顿河》的影响,也有拉美文学的影响,总之它与传统的现实主义观念已相去甚远了。再如被认为除了在叙述方面开头的硬壳不好读外,整体上还是无可挑剔的《长恨歌》,表现了强烈的生命意识和文化意识。它通过一个女人的命运来隐喻一个城市的灵魂及其变化,这在过去的文学观念中是不太好接受的。"恨"什么呢?其实就是一种人生长恨水长东流的抱憾,生命有涯,存在无涯的悲情。一个女性在男权社会里始终不能达到自己对爱情、对幸福生活理想的追求，她所以有恨，她的命运与历史发展的错位，也有恨。恨的内容丰富，但只有用一种开放的文学观念才能正确理解它。还有如《蛙》《尘埃落定》《钟鼓楼》《许茂和他的女儿们》《芙蓉镇》等等，就是在今天看来，也仍有着独特的价值和生命力。相反，也让人不无遗憾的是，贾平凹的《怀念狼》、莫言的《檀香刑》、阎连科的《日光流年》、李洱的《花腔》、二月河的《雍正皇帝》等等在文本文体上是有突破的，是在全球化语境下小说创作走本土道路的新尝试，却由于种种自身原因或非自身原因落选了。当然，茅奖也有一些作品，曾经轰动一时，时过境迁，因艺术的粗糙而少有人提起。我说的大都是我参加的那几届的情形。

问：您如何看待茅盾文学奖的美学倾向？

雷 达：茅盾文学奖作为一项有影响力的大奖，有没有自己的美学倾向和偏好，这是个不太好回答的问题。我认为是有的，这并不是有谁在规定或暗示或提倡或布置，而是一种审美积累的渐变过程，代代影响，从多届得奖作品看来，那就是对宏大叙事的侧重，对一些厚重的史诗性作品的青睐，对现实主义精神的倚重，对历史题材的关注等等。在历史上，文学与题材曾经有过不正常的关系，或人为区分题材等级，或把某些题材划成禁区，或干脆实行"题材决定论"。从今天来看，这些都是违反文学规律的。但是，也不可否认，重大题材还是有着自己的独特优势，特别是重大历史题材，由于阐述和重构了历史的隐秘存在和复活了被湮灭的历史记忆，既给当代社会提供经验和借鉴，又提升我们对人生、现实与世界进行有比较的审美观照与反思。鉴于此，茅盾文学奖非常关注重大历史题材。以上所说似乎比较偏于第七届以前的评奖，后几届我只参加一次，情况已大为不同。

问：茅盾文学奖的评选始终伴随着争论和质疑，您怎么看？

雷　达：处在如此一个文化多元的时代，权威的消解似乎是必然的，它时时受到挑战。相应地，茅盾文学奖也只能在面对历史的挑战中求生存，在顺应历史的潮流中图发展。时代在变，审美观念也在变，评奖的标准必然也要发生变化，这样才能保证茅盾文学奖与时同行。当然，评奖在更加走向开放、走向多元的同时，要使评奖具有权威性，要使评出的作品得到社会各方较为一致的认可，尤其要经得起时间的淘洗与检验，我以为有这么几条还是要坚持的：一是要坚持长远的审美眼光，甚至可以拉开一定距离来评价作品，避免迎合现实中的某些直接的功利因素，要体现出对人类理想的真善美的不懈追求；二是一定要看作品有没有深沉的思想含量和文化含量，有没有人民性的深度，特别要看有没有体现本民族的思想文化根基；三是要看作品在艺术上、文体上有没有大的创新，在人物刻画、叙述方式、汉语言艺术上有没有独到的东西；四是长篇小说是一种规模很大的体裁，所以有必要考虑它是否表现了一个民族在某个特定时期的心灵发展和嬗变的历史，尽管有人认为，现在已从再现历史进入了个人言说的时代，但在根本上，文学即是灵魂的历史。

问：在您所参与的茅盾文学奖评选中，您经历过什么印象深刻的事情？能否多透露些内幕？

雷　达：没有人们想象中的那么多内幕。在第四届评选中，我记得《白鹿原》在评委会基本确定可以评上的时候，一部分评委认为，作品中儒家文化的体现者朱先生对政治斗争用"翻鏊子"的说辞不妥，甚至是错误的，容易引出误解，应以适当的方式予以廓清；另外有些露骨的性描写也应适当删节。这种意见一出且不可动摇，当时就由评委会副主任陈昌本在另一间屋子里现场亲自打电话征求陈忠实本人的意见,然后回来给大家说,陈忠实在电话那头表示愿意接受个别词句的小修改。这才决定授予其茅盾文学奖。这也就是发布和颁奖时始终在书名之后追加个"修订本"的原委。当然,评奖时和发布时是不可能已有了"修订本"印好的,记得两者时间离得很近。改动和印书都需要一定时间,而发布时间又是不能等的。陈昌本打电话究竟是在投票后还是投票前,我竟然记不清楚了。

问:可否选出十部您认为能够留得住的历届茅盾文学奖作品?

雷 达:《芙蓉镇》《李自成》《平凡的世界》《白鹿原》《尘埃落定》《长恨歌》《秦腔》《无字》《蛙》《一句顶一万句》。

(雷达,担任第四届、第五届、第六届、第八届茅奖评委,中国小说学会原会长,评论家)

第五届茅盾文学奖
（1995—1998）

评奖委员会名单

主　任：巴　金
副主任：张　锲　邓友梅　张　炯
委　员（按姓氏笔画排列）：
丁振海　马振方　玛拉沁夫　严家炎　李希凡
李国文　杨志今　吴秉杰　陆文虎　陈建功
郑伯农　柯　岩　凌　力　阎　纲　曾镇南
雷　达　蔡　葵

获奖篇目

《抉择》　　　　　　　张　平　　群众出版社
《尘埃落定》　　　　　阿　来　　人民文学出版社
《长恨歌》　　　　　　王安忆　　作家出版社
《茶人三部曲》（一、二）　王旭烽　　浙江文艺出版社

获奖作家访谈

张平：我要至死为老百姓写作

张　平　1954年生于陕西西安。1982年毕业于山西师范大学中文系。曾任中国作家协会副主席、民盟中央副主席，国家一级作家。1981年开始发表作品。著有《天网》《抉择》《十面埋伏》《国家干部》《孤儿泪》《凶犯》等。一些作品被改编为电影、电视剧。其中，《抉择》获得第五届茅盾文学奖。

采访手记

谈山西作家,张平是绕不过去的。不是因为他是第五届茅盾文学奖得主,也不是因为他曾担任山西省作协主席,而是因为,他要"写给那些最底层的千千万万、普普通通的老百姓看,永生永世都将为他们而写作"。

张平说,这应该是作家写作的一个基本的立场。从古至今,对文学情有独钟的大都是处于社会最底层的民众。每次去新华书店,最让他感慨万千的就是那些坐在书店角落地板上专心阅读的孩子们。有一年他去一个山区的村庄,看到一本自己的小说《天网》,不知让多少人传看过,已经看不到书面,翻卷得就像一棵老白菜。一个四十岁开外的中年人一边让张平签字,一边说:"你这书我们村的人差不多都看了,我都看了好几遍了。"

张平很感动,也很难过。电影电视里的无忧无虑的美满生活,距离他们其实很远很远。他说:"每个作家都有自己的读者群,这是作家自我选择的结果,无可厚非。我的读者群就是那些生活在社会底层的普普通通的读者,为他们写作我心甘情愿,无怨无悔。"

从《法撼汾西》《天网》到《抉择》《十面埋伏》,在张平的作品中,自始至终贯穿着一种浩然正气。他说,作家不是救世主,但作家决不可以远离时代与人民。不关注时代与现实,没有理想和责任的作家,也许可以成为一个出色的作家,但绝不会成为一个伟大的作家。

其实张平走上创作之路纯属偶然。他是教授的孩子,在"文革"时受到歧视,大串联时不允许去,只能留在学校里每天到图书馆看书。初中没毕业,张平回乡务农。农民们觉得既然是教授的孩子,肯定会编戏。张平照猫画虎写了一些小戏,这些戏从地区演到县里到省里,获了很多奖,那年他十七岁。

1985年,张平的《血魂》首次试水反腐。此后的《抉择》则是他创作的一个转折点,从纯文学走向了社会政治,从农村题材走向了城市题材。

每一个时代都有其特殊的时代因素和历史原因,因此每一个时代的作家和作品,都有其合理性和存在价值。

舒晋瑜: 您在上世纪80年代初就开始文学创作,初学写作,您受到哪些方面的影响?

张　平: 山西当代的作家,特别是50后、60后的作家,受赵树理、马烽、西戎、孙谦、李束为、胡正等老一辈作家的影响比较大,这些老作家也就是后来一直被中国文坛认可和称誉的"山药蛋派"作家群。在新中国成立十七年的文学创作中,这些作家曾占有主流地位,在全国产生过重大影响。我们几乎就是读着他们的作品生活过来的,对我们的人生观和艺术观都产生过深深的影响。"文革"后,对这些作家的作品,争议也越来越多,否定的声音也时有所闻。我个人认为,这些作家作品的创作理念和艺术价值其实是否定不了的,每一个时代都有其特殊的时代因素和历史原因,因此每一个时代的作家和作品,都有其合理性和存在价值。在那些特殊的年代,这些作家的作品产生了那个时代不可磨灭的影响,为那个时代的读者带来了阅读的愉悦和对生活的激情,历史不会因为一些争议和不同的声音而忘却他们。

舒晋瑜: 1981年,您的处女作《祭妻》获得《山西文学》杂志一等奖。走上文坛是否特别顺利? 没有经过任何退稿吗?

张　平: 退稿太多了。在大学上学期间,隔三岔五就有退稿信。那时候班里都有专门领取信件的同学,一看到信件取回来时,就止不住地脸热心跳。领到退稿信,赶紧就往教室外面跑。偷偷看完退稿信函,然后再偷偷把退稿寄往另外一个刊物。其实同学们都知道咋回事,已经见怪不怪了,倒是自己还藏着掖着。那时候是"文学热",写小说、读小说的人同现在相比不可同日而语。文学杂志的发行量都是天文数字,山西的《火花》文学期刊,有二十万订户,《山西青年》有近百万订户。在这些刊物发表一篇小说一首诗歌,就可以改变你的生活处境甚至人生命运。

《祭妻》是我的处女作,给我带来了莫大荣誉,也带来了毕业分配的重新定位。大学毕业后,因为这几篇作品,经过马烽、西戎几个老作家的鼎力推荐,我被分配到了临汾文联,从此走上了专业文艺创作的道路。现在回过头来看,自己太幸运了,这种幸运来自老一辈作家的呵护厚爱,也来自那个时代独有的整个社会对文学的巨大热情。

舒晋瑜:《祭妻》之后,您写出了近十篇"家庭苦情"系列小说,其中1984年发表的《姐姐》,跨入当年全国优秀短篇小说奖行列。

张　平: 这些作品几乎就是散文,《祭妻》也好,《姐姐》也好,都有我家庭的影子。我是一个"右派"子弟,家庭受父亲被划为"右派"的影响,两个姐姐一个妹妹的命运都不好。父亲被劳教时,母亲没有工作,我们姊妹四个随同母亲一同从西安遣返回山西运城一个偏远山村。已经懂事的两个姐姐,对生活中发生的巨大反差,一定是刻骨铭心。包括妹妹,她们的生活命运从此也发生了彻底的逆转。她们出身一个大都市教授家庭,本可有锦绣前程的城市姑娘,犹如一瞬间从天堂掉进了地牢。她们最终都嫁给了即使在农村条件也都非常差的普通农民,一直生活得十分艰难。

对这种命运的乖戾悖谬,随着自己年龄的增大,悲切的感觉也越来越强烈。所以《祭妻》寄给编辑部后,编辑们也深受感动。那时候发表类似的作品要承担很大风险,但主编最终还是决定发表。

发表后,《小说选刊》《新华文摘》都予以转载,我先后收到几百封读者来信。包括后来获全国优秀短篇小说奖的《姐姐》等作品,其实都是这个路子,写了自己对人生的感悟,写了对美好生活的渴望,写了血统论对人性的泯灭伤害。

还有很重要的一点,作家要获得成功,能在读者中产生共鸣,就必须要有真情实感,同时必须直面现实中的伤疤和问题,敢于坚持公平和正义。今天看来,我十分庆幸自己能有当初创作中的这些经历和感受,也十分感激当年编辑老师们的栽培与呵护,也忘记不了读者给自己带来的勇气和信心。

在文坛因为"伤痕文学""反思文学"而走红的一批作家,碰到了同样的困惑和问题。一方面由于西方各种文艺思潮的大量涌进,让作家们如醍醐灌顶,应接不暇,一头扑了上去;另一方面,如何理清和重新认识文学与生活的关系,成了那个时代争论最多的话题。

舒晋瑜: 80年代后期,您的创作题材开始有所转变。写出《血魂》《较量》《公判》《无法撰写的悼词》《刘郁瑞办案记》等一些中短篇小说和纪实文学,能谈谈是何机缘吗?

张　平: 其实这是社会对文学产生作用力的结果。80年代后期,改革开放的极大成功,给整个社会带来了新的巨大的变化。"文革"后短短的十年,新的社会矛盾和社会冲突,已经让整个社会从观念的解放过渡到了生活实质的变化,社会的着力点和兴奋点已经完全改变,完全不同了。生活之树长青,生活的变化总是走在作家的前面。

那时候在文坛因为"伤痕文学""反思文学"而走红的一批作家,都碰到了同样的困惑和问题。一方面由于西方各种文艺思潮的大量涌进,让作家们如醍醐灌顶,应接不暇,一头扑了上去,在几年十几年间把西方世界演绎了上百年的各种创作流派,几乎全部试验了一遍。另一方面,生活的巨变所带来的社会观、人生观、价值观以及艺术观的巨变让作家们同样感到震撼和惊讶,如何理清和重新认识文学与生活的关系,也就成了那个时代争论最多的话题。思想的多样化也带来了文化的多样化与文艺接受的多样化,于是文学的边缘化也就被越来越多的作家所接受。生活要与现实保持距离,成为很多作家的选择。

由此所带来的结果就是,文学越来越远离生活,远离现实,远离读者。畅销书成为一种贬义词,现实题材被划入非文学,引领读者改造读者成为时尚,受到读者热捧和喜爱则成为一种媚俗恶俗。我也曾坚持写了很多新小说和纯小说,但读者却越来越少,影响也越来越弱。当我尝试了一种新的方式写作时,却获得了超乎想象的反响。比如《刘郁瑞办案记》《血魂》《天网》等等这些作品,其实都是现实题材的作品,都是不加雕饰的发生在生活中的真人真事,却重新收到了大量的读者来信,获得了广泛的社会影响。即使是今天,我还是坚持这样的观点,你远离生活,远离读者,生活、读者也必然远离你。文学的边缘化,不是社会变化的必然结果,而是作家自我选择的结果。

舒晋瑜:"我的作品就是要写给那些最底层的千千万万、普普通通的老百姓看,永生永世都将为他们而写作。"您的这句话深深地打动了我。是从什么时候树立这样的文学观?为什么?

张　平:这不应是什么文学观,我觉得这应该是作家写作的一个基本的立场。从古至今,对文学情有独钟的大都是处于社会最底层的民众。我每次去新华书店,让我感慨万端的就是那些坐在书店角落地板上专心阅读的孩子们。当然也有很多大学生,甚至成年人。日理万机的领导,苦心钻研的专家,风情万种的白富美,风流倜傥的高富帅,忙得脚不沾地的经理老板,他们会这样凝神静气、全神贯注地阅读你的小说诗歌?一个人到了被万般宠爱、万众瞩目的境地时,让他生发文学情怀是很难很难的。只有那些几乎被生活遗忘,但仍然对生活抱有希望抱有激情的人,才往往是文学最忠实的受众。

有一年我去一个山区的村庄,看到一本我的小说《天网》,不知让多少人传看过,已经看不到书面,翻卷得就像一棵老白菜。一个四十岁开外的中年人一边让我签字,一边说:"你这书我们村的人差不多都看了,我都看了好几遍了。"我很感动,也很难过。电影电视里的无忧无虑的美满生活,距离他们其实很远很远。每个作家都有自己的读者群,这是作家自我选择的结果,无可厚非。我的读者群就是那些生活在社会底层的普普通通的读者,为他们写作我心甘情愿,无怨无悔。

"我要至生至死为老百姓写作,没有老百姓的支持,我什么也不是。这是一个作家的立场,与艺术无关,与文学理念也无关。"

舒晋瑜: 以一位老人的经历为原型创作的纪实文学《天网》,在社会上引起极大反响,被评价为"以作家的良知写农民的命运",您也遭遇了很多波折。因为作品触动了一些滥用职权的人的利益,您被告上了法庭。能谈谈写作给您带来了什么吗?

张　平: 我常常想,如果没有《天网》这部书,我的人生阅历可能会少了很多内容。《天网》曾给我带来了广泛的影响和前所未有的声誉。《天网》当时发行五十多万册,至今每年仍在再版。《天网》先后被上百家报纸连载,被数十家电台连播。《南方周末》几乎是一整版一整版地连载,能这样连载一部文学作品,对这家发行量极大的报纸来说至今并无先例。《天网》先后被改编为电影、电视连续剧、评弹、戏曲、说唱剧、广播剧、话剧等等。一部作品,能有这样的反响我做梦也没想到。

但这种反响也给我带来了一场旷日持久的官司,几个当地的干部对号入座,把我告到了出版社所在地的丰台法院,受理这场官司的法官明确无误地告知我,这场官司你必输无疑,因为即使是罪犯,你也不能侮辱他的人格。一旦判定你侮辱了对方的人格,你将面对巨额赔偿,因为对方要求赔偿名誉损失二十万元。法官举出书中的一个例子,说那个被乡长铐在树上的农妇,大骂乡长是恶霸,法官说:"一旦认定你写的就是这个干部,这就足以证明你侮辱了对方人格。"我说:"农妇的双手被铐得鲜血直流,至今留有伤痕。一个农妇叫天天不应,叫地地不灵,官司打了几年,法院判她败诉,无奈以命抗争,结果被铐在了村头一棵大树上,她一介草民,到了这步田地,也只有骂人了,但就这样骂了几句,却要被法院认定侮辱了对方人格。"我止不住问:"农妇骂人有罪,他残害百姓,难道就没罪?"法官说:"乡长有罪没罪,那不是你和村妇能认定的事。村妇可以上告,法院可以依法审理。而你这样在作品里说乡长是恶霸,无凭无据,就等于诽谤,就是侮辱了对方人格。"

面对法官的"法理",我万般不解,一整夜都没睡着,长这么大,第一次失眠了。但最终这场前后耗时十年的官司,竟然是我赢了,法院二审当庭驳回上诉。胜诉的原因只有一个,那就是老百姓的支持。一审开庭后,因为是公开审理,数十家媒体对这场官司进行了全方位的报道。来自全国各地的声援信很快雪片般地寄往法院,寄往媒体。山西农村的几个老农民,千里迢迢来到北京,也不知通过什么渠道找到我,把整个村里的捐来的几百元塞给我,要我补补身子跟他们好好打官司,如果输了,他们就集体来北京讨说法。

由于电视台的报道,我一下子成了"名人",挤在公共汽车上,常常有人悄悄对我说:"我们都支持你,就算你输了在我们心里也是赢家。"我当时住在一个朋友的家里,晚上常常出来在门房打电话,有时忘了交钱,常常遭到门房老人的呵斥,回来!交钱!但当他看了报道,得知我就是那个作家时,脸上顿时堆满了慈祥的笑容。说:"孩子,真不知道你就是那个作家,你听着,以后打电话只管来,一分钱也不收你的!"在附近的一家小饭馆吃饭,吃到半截,饭馆老板亲自端着两大盘子热菜放在饭桌上:"小伙子,这两盘子菜是我亲手做的,以后天天来我这里吃,不用买单!"即使到今天,一想到这些场景,仍然止不住眼圈发热。我前面说过了,我要至生至死为老百姓写作,没有老百姓的支持,我什么也不是。这是一个作家的立场,与艺术无关,与文学理念也无关。

舒晋瑜:《抉择》获得第五届茅盾文学奖,还记得当时的情景吗?您是在什么情况下获知这一信息的?能否回忆下当时的情况?茅奖给您带来了什么?您如何看待这些荣誉?

张　平:《抉择》的出版发行一直到获得茅盾文学奖时,正值打官司时期,所以茅奖的获得同官司的胜诉相比,后者带来的激动和喜悦,远大于前者。由《抉择》改编的电影《生死抉择》也大获成功,当时是五块钱十块钱一张电影票,总票房达到一亿四,仅次于当时的电影《泰坦尼克号》。但茅奖是文学界对你作品的认可,这种荣誉是持久的,深刻的,对自己写作信心的增强是巨大的。从另一方面讲,如果一个作家的作品能得到读者的认可,得到民众的认可,最终也必然会得到文学界的认可。

舒晋瑜:自1985年您创作《血魂》,首次与反腐败题材"沾边"之后,您就与"反腐"结下了不解之缘,此后的《抉择》《十面埋伏》《天网》《国家干部》等作品都是这类题材,您也被誉为"反腐作家"。

这类题材非常敏感,有些作家写作反腐题材,一不小心会被封杀,但是有些作家把握得很好,又成为主旋律。在把握敏感题材上,您有怎样的经验?对这一称号,您怎么看?

张　平:刚开始有些不认可,因为我始终认为自己的作品都是现实题材。如今的现实题材,哪种能同反腐没有关系?除了那些纯家庭小说,哪类现实题材的文学作品里能不涉及反腐的内容?一部描写现实题材的作品,一涉及反腐的内容,就能认定这部作品是反腐作品,就能认定这个作家是反腐作家?而一旦认定你的作品是反腐作品,那你的作品就很难被搬上荧屏银幕,因为这样的作品确实很敏感,审查很严,一般人不敢涉及,也不愿意涉及。

再则,现实题材不像历史科幻题材,现实题材属于当代人物画,描画得像不像,谁也清清楚楚;写得对不对、准不准,谁也可以评头论足。再加上对现实题材越来越严格的要求,越来越多的条条框框,这类题材的作品也就越来越少。让我们分外忧虑的是,对反腐题材、侦破题材的电影电视剧进行封杀的结果,就是这些年来,当代共产党人和时代杰出人物的正面形象几乎在电影和电视中完全消失了。

其实任何一个作家都清楚,一个作品好不好,关键看矛盾冲突设置得成功不成功,精彩不精彩。要塑造一个正直的、优秀的、清廉的、把人民的利益放在第一位的当代正面形象,必然要把这样的人物放在同鱼肉人民、背叛国家的腐败分子、变节分子、堕落分子的无情斗争中去展现,去描绘,去刻画,才会有血有肉,饱满生动,真切感人。我们的反腐败是在党的领导下的反腐败,是在人民支持下的反腐败,我们惩治犯罪和罪犯,同样是在党领导下的、人民支持下的对犯罪和罪犯的惩治,难道有什么不能公开于社会、让人民知晓的?同网络上千奇百怪的腐败和犯罪相比,我们有什么理由不可以理直气壮地进行这方面的文艺创作?没有冲突,没有矛盾,没有斗争的人物刻画和描写,只能让作品索然无味,最终必然会失去读者失去市场。因此今天看来,被称为反腐作家,我觉得也是读者的一种认可。其实作家们都清楚,不管是哪类作家,只要一接触现实题材,就一定会接触到反腐反贪。只要读者认可,我还会沿着这条道路走下去。

"关注民众、关注变革、关注社会进步、关注历史变迁的现实题材,这样的作品,才会给社会带来正面效应,给人民带来希望,给社会带来信心,为时代留下印证。而这样的作品必然会畅销,因为期待和关注的读者太多了。这样的畅销书作家,我不会介意,我也相信没有作家会介意。"

舒晋瑜:《天网》《抉择》《十面埋伏》《国家干部》……您的作品发行都是几十万册,畅销的原因是什么?回过头来看,您认为这些作品给社会带来怎样的效应?您介意自己被称为"畅销书作家"吗?

张　平:这些作品能畅销,我想也就一点,因为都是现实题材,都是与老百姓的生活和切身利益密切相关的题材。还有些人说我写的是官场小说,其实读过我的作品的人就会清楚,我写的是干群关系、党群关系。这样的题材,在现实生活中太丰富了,精彩纷呈,琳琅满目,俯拾皆是。俯瞰文坛,我常常深感惋惜,许多优秀的作家,富有才华的作家,为什么就不能写一写当代生活呢?为什么不接触接触现实题材呢?难道这么丰富多彩的当代生活,非要让我们的下一代去描写吗?

说实话,当代文学中现实题材作品所占的比例实在太少太少了。对一些年轻的作者,我常常给他们说,要想成名快,读者多,就写现实题材吧。当代读者太期待现实题材的作品了,也太钟爱现实题材的作品了。当然我说的现实题材不是纯粹的当代爱情生活、当代家庭生活,而是重大的、关注民众、关注变革、关注社会进步、关注历史变迁的现实题材。这样的作品,才会给社会带来正面效应,给人民带来希望,给社会带来信心,为时代留下印证。而这样的作品必然会畅销,因为期待和关注的读者太多了。这样的畅销书作家,我不会介意,我也相信没有作家会介意。

舒晋瑜: 您曾经说过,最终还是要回归于写作。能谈谈您下一步的创作计划吗?

张　平: 总书记说了,作品是一个作家的立身之本。我终归是一个作家,最终还是要回到写作的行列之中。至于写什么,正在梳理,正在准备,目前还没有新的作品,既定的写作计划正在筹备中。

获奖作家访谈

阿来：写作是一种高智商的游戏

　　阿　来　藏族，1959年生于四川西北部阿坝藏区的马尔康县。四川省作家协会主席，中国作家协会副主席。著有长篇小说《尘埃落定》《空山》《格萨尔王》《云中记》，非虚构作品《瞻对》，中短篇小说集《旧年的血迹》《月光下的银匠》，长篇散文《大地的阶梯》，诗集《梭磨河》等。其中，《尘埃落定》获得第五届茅盾文学奖。其作品被译成英、德等多种语言在国外出版。

|采访手记|

2014年,中央党校给新一届干部学员发了一本特殊的"维稳教材",就是阿来的《瞻对:终于融化的铁疙瘩——一个两百年的康巴传奇》。

"如果没有《瞻对》,阿来是优秀的作家;《瞻对》则证明了他是一个真正在民族意义上的大作家。因为他的书写不仅仅是个人的创作,同时也承担了民族的过去和现在赋予作家的全面责任。"评论家李敬泽说。

可是"大作家"也难免遭遇尴尬。在第六届鲁迅文学奖评选中,起初在报告文学奖初评遥遥领先获得全票的《瞻对》,终评票数为"0"。

2014年鲁奖评选虽然引起较大风波,但之于阿来只是一段小插曲。再怎么沸沸扬扬的喧嚣事件,也经不住时光之刃的打磨。热闹的话题随风逝去,作品才是考量一位作家的试金石。

"我希望写作把我带入更高的境界,我达到了。对历史的认知和现实的接触,越来越开阔,越来越深入。写作是我深入世界的路径,我用自己的方式把世界打开了,这样的人生有意义,我才成为作家,不然我可能是小山村里放羊的,最多是'最美乡村教师'之一。"

阿来的"小我"活得很滋润,可以随心所欲地做自己喜欢的事情;他也时刻关注"大我",他的书写不仅仅是个人的创作,同时也承担了民族的过去和现在。他的切入很小,就像他在《草木理想国》中将镜头对准一草一花;可是他的心很大,装着大千世界,他对某一处微观历史透彻挖掘,见微知著,找到了历史与现实的连接点。因为他的才华与见识,因为他的独立品格与民族担当,《人民文学》主编施战军认为,阿来是一个"比作家大的作家"。

《瞻对》之后,阿来的"山珍三部"充盈着诗意、清新、轻松和透明。2016年11月,《蘑菇圈》获第四届郁达夫文学奖中篇小说奖。他是个百科全书式的作家,不知疲倦地阅读,他对生命、对生活有真切的热爱和体验,所以他的小说人性写得非常饱满,观察生活也非常到位。

阿来初中毕业开始务农,在阿坝州的水利建筑工程队当过工人,开过拖拉机,还是个合格的机修工。恢复高考,使阿来能够在马尔康师范学校学习,并当了五年的乡村教师。

舒晋瑜:您是从二十二岁才开始写作的?第一篇作品是什么?有关故乡吗?

阿　来:我是有了正式的工作,生活安定下来才开始写的。上世纪80年代文学热,我的周围很多人在写。第一篇作品是写草原的。

舒晋瑜:您的成名不算早,《尘埃落定》出版时您三十六岁,而且出版的过程也不顺利。您觉得前期准备的过程,对您而言是种折磨吗?

阿　来:之前写过很多,不是很差,但是很多编辑拒不承认。《尘埃落定》发表是在1998年,我准备了十来年。过程并不折磨,看你的目标。不能说写作没有一点功利之心,也希望通过写作改变命运。但是写作本身、阅读本身是这么有意思的事情,本身就充满乐趣。我常常讲,写作要有乐趣,阅读要有乐趣,如果写完小说就住院了,如果是这么苦的事情,我就不干了。

舒晋瑜:当年《尘埃落定》写出来,遭遇过很多退稿?

阿　来:稍微像样一点的出版社都投过稿。也不是直接退稿。编辑说你改改吧,一二三提了很多意见。我那时比现在说话还冲:"《尘埃落定》可以改错别字,因为我不能保证我每个字都敲对。"

舒晋瑜：为什么会这么自信？

阿　来：写作者同时也是一个很好的读者，读了那么多书，我对自己的作品有一个基本的判断。很多不出名的人，为了能够出书或者出名，不惜一切代价，因此把自己的作品改得面目全非。

从处女作开始就被退稿，阿来在文坛上从一开始就不顺利。他倒觉得这是好事，尤其是对年轻人，这样更接近文学本质，会回过头来在文学上下更多的功夫。

舒晋瑜：这样的倔强，是否在文学作品的发表上走了很多弯路？

阿　来：很多人走了捷径，找到知名的人把自己引荐到圈子里来，我也经常听到身边有人说，到北京去了，认识谁了。上世纪80年代，很多作家都上了作家班，文坛作家们于是有了"同学聚会"，北大作家班、武大作家班，以及鲁迅文学院等等。我不报名，也没有这个要求。我觉得那些内容通过学习就可以达到。不像理科，必须在某个国家的实验室才能学到。我就想自己学，剩下的东西就是人际网络的建设。我觉得我不追求这个。

舒晋瑜：可是，中国这样的人情社会，文坛也不能出其左右。

阿　来：我觉得没关系。我从来只问一个根本的问题：为什么我做文学而没有做其他，我有很多选择的机会。选择文学，不伤害我的自尊。我本来是为了活得干净一点干这么一件事。选择写小说，就觉得这是可以靠个人能力达到的。如果见了谁还要点头哈腰，早就放弃了。和我一起写作的都走红了，我还默默无闻。虽然发表了不少短篇小说，但是因为不在那个"圈子里"，即便有作品发表大家也不大谈论我，会"假装"我不存在。我不服气，相信靠自己打拼会在文坛有立足之地。

只是阿来没有料到，在中国这样一个人情网络支撑的社会，完全凭自己陌生的面孔打出一片天地确实很难。同时写作的人二十多岁就出名了，阿来一定得到十年以后。

舒晋瑜：记得2000年《尘埃落定》获得第五届茅盾文学奖时采访过您，消息是南京书展上得知的？

阿　来：《科幻世界》刚创办了一个子刊，我参加了南京书展，主要精力放在新杂志在订货会首次亮相的推广上，想赶紧拿个几万份的订数。接到获得茅奖的电话通知，我当时都没反应过来，等忙完以后，一想，咦，得奖了。

舒晋瑜：可是当时媒体有报道是"阿来做好落选茅盾文学奖的准备"。

阿　来：本来前后并非同一个话题。因为初选的结果我是全票，自然有人问我得奖是否没问题了？我说，去年也是全票，但未必得奖，我有落选的思想准备——就这么简单。有些媒体报道是很可怕的，把前边掐掉，后边掐掉，孤零零只留一句，显得我特别自作多情，或者对奖项不满。

舒晋瑜：无论如何得奖是一件令人高兴的事。

阿　来：当然我肯定高兴。喧喧嚷嚷几天就过去了，该干吗干吗。我最高兴的是写完一部作品最后一个字的时候，尤其是《尘埃落定》，写得很轻松、很酣畅淋漓，写完后有一种幸福的感觉。其间有很多高兴的事情，写完后高兴，出版了高兴，出版后通知加印又高兴。出版社、作协通知我这本书送去评选，我高兴，媒体透露初评得了全票我也高兴。有次我打了个很不恰当的比方，有点像结婚、入洞房当然高兴，但是更高兴的是第一次拉手、第一次KISS的时候，我更看重这个过程。

舒晋瑜： 听说当时人民文学出版社首印五万册还有些故事？

阿　来： 后来稿子转到了人民文学出版社的编辑脚印手里，说可以出版，社里答应印一万册，这在当时已经是个非常大的数字。脚印认为可以印五万册，就找到当时的发行部副主任兼策划部主任张福海，极力推荐这本书。张福海回家一口气看到凌晨4点，看得泪流满面。第二天他去找社长要求印五万册。社长说："赔了怎么办？"他说："赔了扣奖金！"社长说："奖金也不够呢？"他说："那就扣工资！"最后社长答应首印五万册。

舒晋瑜： 这部作品被认为是历届茅盾文学奖中最好的作品之一。当时评委会给出的评价是："小说视角独特，有丰厚的藏族文化意蕴。轻淡的一层魔幻色彩增强了艺术表现开合的力度"，语言"轻巧而富有魅力"，"充满灵动的诗意"，"显示了作者出色的艺术才华"。《尘埃落定》的出版，在当年甚至被视为一个事件。

阿　来： 很多评论家自发地写评论文章，那时我一个评论家都不认识。我很怀念那时候的文学氛围。

舒晋瑜： 您的写作特别自如。这种状态也不是一开始就有吧？

阿　来： 我在三十岁那年出版了两部作品：小说集被纳入"21世纪文学之星丛书"（作家出版社），另一个是四川出版社出版我的诗集，应该很高兴，但是拿到这两本书我突然觉得空虚，我看到的文坛现象是,大部分写作者是在写作而已,如果我也这样,从此后也走上这样一条写作之路,吭哧吭哧写一本,再写一本,有多大意义？我记得萨特说过,他也想舒舒服服写一本书,但是,1939年,德国入侵波兰,法国和英国发布命令总动员。这使他的写作和国家的宏大前程有了关联。

80年代末一些重大事件的发生,使我突然意识到,这个国家跟你有关。我对写作产生了巨大的困惑,有三四年时间再也没有写作,这样写下去怎么行？我问自己:这么写作有意思吗？怎么解决这个问题？一是读书,二是旅行。我在老家徒步旅行,接触民间生活。我常常想说,我们爱国家、爱土地,那么国家和你的关系怎么建立你要寻找、要感受、要体现,不是随便空口说一句就有。我旅行就是寻找这种联系。困惑了三四年,写出了《尘埃落定》。我曾经想过,如果写作还是原来的状态,我就不再写作,做一个很好的读者也不错,世界上可做的事情很多。

舒晋瑜: 但是《尘埃落定》获得了巨大的成功,这是否坚定了您在写作上的信心？

阿　来: 此后的七八年我又没写,我办杂志去了。《时代周刊》的记者来拍照,看到我在书市上忙着布展推销新杂志,说看上去新杂志比得茅奖更重要。我说那是当然。《尘埃落定》出版后很多人来找我想要下一部作品,我说写作没那么要紧。差不多十年后,我才写了《遥远的温泉》,再往下是《空山》。

《尘埃落定》十年后,阿来才推出第二部长篇小说《空山》,可谓"十年磨一剑"。如果说《尘埃落定》是封闭的结构,完整的故事,《空山》则是一部结构机巧、以六个大中篇构成的"橘瓣式"长篇小说。

舒晋瑜： 在写完《尘埃落定》之后，您有六年时间一个字都没写。当时您打过一个让我记忆深刻的比喻："就像一个人刚轰轰烈烈地谈完一场恋爱，让他马上跟另外一个人再这么铭心刻骨地恋爱做不到。"但是《空山》系列写完后，《格萨尔王》的创作并没有间隔太久。写作时那种"恋爱"的感觉还有么？

阿　来： 我自己对于写作，还是认真地写。不仅是智力的投入，还有情感的投入。当然也有控制。《空山》对我来说，太长了，到第三部的时候，我巴不得快点结束。当然结束的时候，还是回到了沉重的现实，面对那些我熟悉的人，更把我童年少年的记忆中不太愉快的一面激发出来了——花草是激发我记忆中美好的一面。

《空山》写到三分之一或一半的时候，我知道自己要干什么了。心中有了完整的轮廓和人物的形象，剩下的就是在字数上的完成，所以不影响下一本书的准备。《空山》写到最后心情过于抑郁，就上高原了。上高原有两件事，一是终止写作，二是研究植物。边写《空山》，边搜集格萨尔王的故事。《格萨尔王》需要学术上的准备，需要调查考证，需要感性和理性上的回归。写完《空山》，马上进入了《格萨尔王》。

写作需要训练自己，作家也要不断调适自己。我一直在关注古典文学、西方文学创作中始终高产且高质的作家是怎么做的，像苏东坡、杜甫、托尔斯泰、福克纳……他们的写作持续能力很强。尤其很多西方作家，一生都在写作，写得都不是很差。

我发现每一个人都有自我调适，他们是把写作融入生活中去，而不是写作和生活截然分开。研究他们的作品，分析他们的写作方式和生活方式，让我们的艺术生命长一些，别昙花一现，也别像过山车，上头和下头差距太大，大得让人吃惊。

舒晋瑜：无论诗歌散文还是小说，您的语言都特别优美而且充满诗意。

阿　来：这也是我希望的。汉语这种文字，承载了古典文学中传承下来的那么多诗学美学的东西，没有理由不让她美。

我精心对待文字，也是我对语言表示尊重和敬意。说是没用的。爱什么东西，就在还拥有它的时候珍惜它。文字也是如此。

舒晋瑜：我们常常是说到爱情时才这么表述。

阿　来：爱情只是针对一个人——当然也要珍惜。但是文字是针对无数人。

"写作更多依赖天赋。"阿来自信地说，"我相信上帝造人就造成了不同的人。造我们就是写写小说。当然土地不够，天赋也不够，还需要不断地提升，提升自己的修持。"

舒晋瑜：《格萨尔王》被誉是您为藏族人民"写心"之作，是"一本让你读懂西藏人民眼神的小说"。这部作品当时是属于重述神话的一本。为什么愿意接受这个"命题作文"？

阿　来：其实是两相结合。刚开始做"重述神话"时重庆出版集团就找过我，当时没有答应，因为当时刚开始写《空山》，不太可能腾出手来做另一件事情。另外也不确定写什么，《格萨尔王》也不是他们的命题。《空山》差不多了然于胸，快完成时，我去青藏高原没有目的地旅行。过去接触《格萨尔王》，更多的是案头上的。后来是在藏区，接触到形形色色的民间艺人，了解他们的生存状态，我找到了入手的方式，不然简单地重述也没有太大意思。想法成熟的时候，恰好他们又来找我。

当时快写完了合同都没签。因为"重述系列"有一些要求，字数不能超过十六七万字。我说这个事情不行,不能削足适履。我不反对小说写得精练。但是太精练了就是干巴骨头,像博物馆的恐龙化石,读者也不愿意看。我们写小说,除了喜欢写,除了大家看到的好处外,还有写作的过程有点high,有点过瘾。如果别扭,就不写小说了。

舒晋瑜: 我一直在想,是什么成就了阿来,是这方水土还是后天的努力?也许很大程度上还是天赋。如果让您分析自己成功的原因,或者说给文学爱好者提供些可供借鉴的建议,您认为有哪些因素?

阿　来: 当然是天赋。中国人喜欢为了别人的高兴说假话。其实很多问题,如果没有更高深的智慧,反问一下就明白:这方土地又不是养我一个人,我是最不被养育的一群人中出来的;有人说因为写的是西藏题材。很多人也在写西藏啊,仅仅是题材问题这么简单,像念芝麻开门一样念一下就成名了。

舒晋瑜: 您觉得文学的力量对于一个人或者一个民族来说,有着怎么样的意义?

阿　来: 写作多年以后,我个人似乎对于通常意义上所说那些文学对社会、对生活、对世道人心的作用——或者说意义产生了怀疑。至于说到个别民族的故事或者说传统失传的问题,在我所属的藏民族来讲,似乎倒不存在这个问题。藏民族的问题,可能更在于走出强大的传统而如何面向现代的问题。我的书写,特别是三部长篇小说的书写,无论是像《尘埃落定》和《格萨尔王》写历史,还是如《空山》以六七十万字的巨大篇幅写现实,都试图寻找一个囿固于传统中太久的民族如何走向现代的问题。

"如果一个人不能爱置身其间的这块土地,那么,这个人关于爱国家之类的言辞也可能是空洞的——因而也是虚假的。"这是美国自然文学开创者之一缪尔的话,阿来把这言辞落到实处了。

舒晋瑜:一朵艳阳下的花,一株风中摇动的树,都被摄入镜头,落在您的笔下。《草木的理想国》中,您认为这些花木所做的宣示,对我们心境安好的作用,比这个时代好多精神导师,或者心理咨询师的效果更鲜明,更健康,也更加自然而然?

阿　来:我的意思并不是自己能通晓这个世界。我的意思是生活在这个世界上,我就要尽力去了解这个世界。既然身处的这个自然界如此开阔敞亮,不试图以谦逊的姿态进入它,学习它,反倒是人的一种无知的狂妄。

我希望我们能够反省生活中何以还会有那么多丑陋,希望能够引导至向上的层面。帕慕克说过,我们一生当中至少要有一次反思,引领我们检视自己置身其中的环境。我写这组花木记,多少也有点这样的意义在。

舒晋瑜:书中写杨升庵一节中有个小细节:在写到明史上有名的"议大礼"之争时,书中有"一个国家的权臣与文化精英为这件屁事争了整整三年"——感觉好像和整体文字的优美不大协调。

阿　来:知识精英在干什么?中国文化几千年,到今天为止,我们多少人耗费在无用的不能改变的政治的空想中——难道不能改变这种状态吗?我一想到这些就很生气。

2013年8月的《人民文学》杂志,发表了阿来的非虚构作品《瞻对:终于融化的铁疙瘩》(以下简称《瞻对》)。《瞻对》以生动的笔触和丰富的史料,再现了始于雍正八年、长达两百年的瞻对之战。

舒晋瑜:《瞻对:终于融化的铁疙瘩》的创作,您做了大量考证工作,但是有些考证最终仍得不出确定的结论。所以我觉得,在某种程度上只是一种呈现,将史实和民间传说一并呈现出来。这样的创作过程,您觉得顺畅吗?

阿　来:我为什么写作?其实是希望自己在面对社会历史问题时能够有所解答。做调查、研究理论问题,包括写作,都是为了梳理对于历史的认知。如果写作没有解决我对社会历史的某种疑问,那么写作对我来说没有意义。

《瞻对:终于融化的铁疙瘩》也是如此。写历史,实际上是想回答今天的问题。很多时候对于中国的问题解答过于宏观,而文学是从微观的角度出发。对于瞻对,当地人也自诩为"铁疙瘩",但是用了两百年时间,"铁疙瘩"也终于融化了。

舒晋瑜:近几年的写作,从《尘埃落定》《空山》《格萨尔王》等的题材看,您一直在现实和历史之间往返穿梭。

阿　来:基本上是写一部历史题材再写一部现实题材,不是我在寻找题材,而是线索之间的牵连,会带出来新的题材。《尘埃落定》写的是上世纪前五十年,《空山》从上世纪50年代写起,写完之后,觉得更遥远的历史和现实一定有某种关联,就写了《格萨尔王》。《瞻对》写的是历史,其实是在关注今天少数民族特别是藏区不安定的现实问题。现实和历史总是有关联的。写每本书,我都首先要回答自己的问题,解决自己的困惑。如果读者愿意阅读,我也很高兴分享。

舒晋瑜:最早起意写《瞻对》,是计划写小说。为什么变成非虚构了?

阿　来：当年写《格萨尔王》，我到处搜集口传史料，不只是格萨尔，我对其他很多地方感兴趣，后来确定从瞻对切入。清代档案齐全，包括史书、官方材料和口传材料。清朝政府七次用兵瞻对，我从几十本材料中梳理，互相补充，尽量还原历史。当我掌握了那么多材料，我发现用不着虚构，只需要找到思路串联起这些素材就成立了。过于真实的东西虚构反而显得苍白虚假。

舒晋瑜：那么非虚构处理起来是否更容易些？

阿　来：光是找材料就不容易。地方性的材料不是正式出版物，图书馆不会有。每去一处，我都会找来地方县志。即使是书面材料，官样文章也会说假话，还有一些亲历者事后的记叙，都需要对比分析。当事者角度不同，记录完全不同。从《尘埃落定》开始我就长期关注、研究地方史，但凡跟汉藏有关的，尤其是微观的地方史我都很留心，日积月累，在搜集材料上也有了一些心得，不那么盲目。如果从来不用心，突发奇想要写一部历史题材的作品，可能更麻烦。

舒晋瑜：从雍正写起，梳理二百年的瞻对之战，您不断地发现老故事中重复及出现的新问题。那么取舍标准是什么？

阿　来：大的历史脉络和故事建构都在，对照着找最合理的说法整理史实，用我的思想串联起来。不一定是文学需要这么做，历史也是这样。一梳理我发现都是老故事，不同的是故事的角色在变化。这次是雍正，下次乾隆，处理事情的方法、动机和模式都是一样的，而且我们还会看到，今天这种模式在对立的双方仍在继续，今天坐汽车的人和当年骑马的人思路是一样的；今天电子邮件传输的内容，和骑着快马传递汇报的材料是一样的。

舒晋瑜：一个人的书写能起多大作用？这样的写作是否也很"冒险"？离开读者已经熟悉的叙事手法，就不见得完全被接受。

阿　来：想到作用的时候，我们往往会给自己找借口逃避写作。我自己要解决的是面对强烈的现实刺激时的反思和梳理。

面对发生的那么多事情，文学书写怎么能够假装歌舞升平？面临这样的现实，市场完全不重要。

舒晋瑜：故事的语言和叙述方式，对当下的阅读是一种挑战。此前您提起过，写作者应该引领阅读，但是这样的叙述无疑会对读者形成一定的阻力。对于成熟的作家而言，形式和技巧应该早已不是问题，我很想知道，确定这样的非虚构写作，对小说家而言是否也放弃了一个精彩绝伦的故事？

阿　来：每一部书的写作我都不遗余力。好不好不是文学史的标准或文艺理论课上的标准，而是你感受到的东西是否自然丰盈地表达出来，文字还能准确、优雅一些。这是我的标准。如果当时我那么丰富的感受，写出来是单薄、没有弹性的作品，这就是写作功力和语言的限制，还得好好修炼。

舒晋瑜：写作对于您而言，意味着什么？

阿　来：每一本作品的创作，都是旅行、读书、写作很好地扭在一起，这个过程很享受。昆德拉说，写作也是一种高智商的游戏。很多人说因为太投入，写作把自己写病了，我是在玩中写作。我从来没有重读过自己的作品，但是保证我写的时候很认真。写作是否达到了自己的想象，写作过程中你就知道了。

获奖作家访谈

王安忆：对这个世界的变化，我无法归纳成概念

  王安忆 1954年生于江苏南京。1955年随母亲移居上海。1976年开始发表文学作品。现为复旦大学中文系教授、上海市作家协会主席、中国作家协会副主席。著有《本次列车终点》《流逝》《小鲍庄》《69届初中生》《纪实与虚构》《长恨歌》《启蒙时代》《天香》《匿名》等数百万字的小说，以及散文、论文等作品。其中，《长恨歌》获得第五届茅盾文学奖。其作品被译成英、捷、荷、德、日、韩、法等多种语言在国外出版。

| 采访手记 |

从1978年就开始文学创作,"文坛老将"王安忆历来在作品完成后有几分胜算。可是,对于2016年出版的《匿名》,她常常会有一种恍惚感,甚至怀疑如此写下去有没有前途。她感到了困惑,史无前例地希望听到一些回应。她说,这是她整个写作中心情最复杂、最跌宕起伏的经历。

复旦大学教授张新颖评价王安忆写了一个"大故事"。写一个人与人、人与社会上发生各种各样的关系,写一百年或一千年的历史,都有可能是小故事。但是王安忆的《匿名》是有核心的。一个人来到这个世界上,世界大而空虚,个人在时间当中处于怎样的位置,在空间中处于怎样的位置?这样的思考和讲述下的故事,是一个大故事。

而在这个故事的背后,王安忆的老朋友陈思和肯定了她的"具有挑战性"的精神,中国找不出第二人。一般作家会延续自己的审美趣味,被读者认可,即按照读者喜欢的不断地复制。但是王安忆在跟自己过不去,所以她走的道路也越来越复杂。

上海给她提供了基本的写作素材。她在这浮世繁华的现代化城市中,以细腻饱满的文字,书写世俗日常生活的精致与繁杂。《匿名》的写作,则源自她在上世纪80年代中期听闻的一个大学教授失踪的故事。

虽则写的是俗世市井,她亦隐身作品之中,文字却处处透出她对于人类生存的关怀与善意。她担心这世界飞速的变化对于生活本身而言太过强势、不可遏制,也担心人类对于物质的抵抗力越来越弱。

在与热闹繁华咫尺之遥的所在,王安忆安守宁静寂寞。她一向觉得写作是诉诸内心的,也不怎么喜欢太多的人关注自己,最理想的状态便是"让我一个人静下心来慢慢写"。

她诚实地表示自己是"比较笨的写作者",如果完全没有发生过的事情,没有经验过的事情,她很难去想象。即使是获得第五届茅盾文学奖的《长恨歌》,她最不满意的也是没有过任何经验的第一卷。可是到了纯粹依赖想象的《天香》里,她已经渐入佳境,在故事中左右逢源。

作为《匿名》的责任编辑,杨柳用"太丰富"评价王安忆的新作,并由此佩服王安忆的勇气。毕竟不是每一个作家都愿意如此挑战自我,挑战读者的阅读惯性。

舒晋瑜:您曾经说过,现在小说被过量地、过度地消耗着。花一周写的小说,读者半小时就能读完。现在《匿名》打破了这个常规。这是一部让人无法快速阅读的小说。您在写的时候,是否完全忽略了读者的接受能力?

王安忆:问题并不在此。花了两年多写的《匿名》,读两个星期依然可以读完。读真的比写快乐,创造总是比消耗来得缓慢和困难。我们不能要求读者和作者同样艰辛,正相反,希望他们能够从我们的劳动中得到愉悦。我说过的小说被过度消耗也许在另一个语境中。一时也想不起来了。《匿名》在接受上的危险大约是读者会中途放弃,不与我"死磕"到底。我确实挺为难读者的。希望这困难能以价值获得补偿,即艰涩之后能有所快乐。

舒晋瑜:大量的景物铺陈几乎有些奢侈。看《匿名》的时候,我脑子里偶尔会飘过《鲁滨孙漂流记》和《海底两万里》。这些景物的描写把情节挤到一边,成为我继续往下读的最大吸引力。一边看我一边想,没有亲自去过是描写不出来的。或者我忽略了作家的想象力?

王安忆:景物铺陈应是我向来爱好的,《长恨歌》前几章都令人不耐烦了,我重视空间的戏剧性,将空间布置好,人不说话也自有传达。小说是依附在时间的流淌上,空间转瞬即逝,挽留它停滞是义务。用文字语言刻画建设,还是倚仗时间使它存在。作者的想象力是主要的工具,身体经验攫取的材料,如何认识决定于如何起用,材料本身是客观的,质和量都有限。小说写作则是主观的工作。

舒晋瑜:您在多次访谈中谈到评论,尤其是谈到陈思和,他的意见您一直比较看重。比如他曾建议您的《启蒙时代》,如果再写一倍的字数,分量就不一样;《匿名》的写作,也是他建议您"应该要有勇气写一部不好看的东西"。为什么您如此看重评论家的建议?

王安忆:陈思和于我,不单纯是评论家的身份,可说是思想与文学的知己,我并不将他的话当作评论家的发言。这也见出从80年代始的作者与批评的关系。开头好,步步好!我们共同创造一个文学的天地。我想,大约有些接近英国现代文学中弗吉尼娅·伍尔夫和福斯特的关系。他们都是小说家和批评家,从这点说,我希望陈思和有一天也写小说。而这一点是可以期待的。

舒晋瑜:您在采纳他的建议的同时,实际上已经认同了他的说法,即"不照顾读者的心情,不管他们读得懂读不懂"。但是这样的素材,也不是说有就有的。能谈谈这个故事的起因吗?听说源自一位高校老师的失踪,那么触动您写作的原因是什么?毕竟事情过去很多年了。

王安忆:关于《匿名》的起因我已经在接受采访中谈过多遍,就不重复了吧!总之,写作就是这样,一颗种子落下地,生长如何一方面是种子蕴含的生机,一方面是土壤的厚薄,许多传闻从耳边掠过去,最终能进入写作的少而又少,几乎是偶然的,但等它长出庄稼来,却成为必然。

舒晋瑜：1987年，您写过一部《流水三十章》，后来自我评价是"非常难看"的作品。因为当时决定要写一个有突破的长篇，必须要用特别的语言叙述。您要写的人物像个蚕，从茧中飞出来后又变成了蛾子，生命换了种类型——读《匿名》的时候，不由得想到这部作品。感觉您似乎回到三十年前。您愿意将这两部作品写作难度做些比较吗？或者，哪些方面有相似度？

王安忆：年轻时，写过许多不忍卒读的东西，但也不后悔，反而佩服那时候有勇气，顺着自己能写，逆着自己也能写。如今却不能了，挺挑剔的。其中有求精的成分，也有能量弱的原因，无法泥沙俱下，漏光了再聚起，就像一口旺井，淘不干底，淘干了，一夜之间，又涌出新水。现在则要节制，不敢浪费，也是晓得精芜的差异，懂得多，写得就少。无知者无畏。《流水三十章》的难看在于没什么可写的却非要写三十多万字。《匿名》正相反，有太多要写的却只写出三十多万字。一个是"言过"，一个是"犹不及"。非要比较，就只能这样。

舒晋瑜：三十年前，写《流水三十章》的王安忆"是个有力气的人，明明是强做，却也做出来了，好不好是另外一回事"。今天《匿名》的写作状态，是否也是这样？每个作家创作每部作品的创作状态大概是不同的，而每部作品诞生后也各有不同的命运。您期待《匿名》会有怎样的命运？

王安忆：我最大的期待就是将《匿名》写出来，也就是让种子落土生根，发芽，长出东西来。小说的命运是在小说里面实现的，其他外在的遭遇其实都关系不大。

《匿名》承载了很多内容，包括王安忆对这个世界的看法。她说："正因为我无法归纳成概念，所以才去写小说。现在我依然不能,还是看小说比较好。"

舒晋瑜:这样的写作,明知是一次冒险,又一定去尝试。动力不止于陈思和的鼓励吧?

王安忆:陈思和的话只是鼓励,就好比啦啦队。动力还是小说本身的内动力。每一次写作其实都是一次冒险,否则也不吸引人去做了。冒险在于不知道前景如何,到达目的地有多远,能否渡你从此岸到彼岸。所以开始之前就要掂量,这一颗种子有没有足够的能量,又有没有准备好丰饶的土壤。魅力之处不在于无法估量前景,倘一切了然也就没有兴致了。

舒晋瑜:《遍地枭雄》和《匿名》中都有绑架或打劫,为什么会对这样的案件格外感兴趣?只是偶然?

王安忆:《遍地枭雄》是打劫,《匿名》是绑架。但两者同是将一个人从已知的命运放到未知里去。现实生活确实限制人的想象力,我一时没有其他的引渡方法,但所去地方以及下落是截然不同的。所以,才敢不避重复的嫌疑。

舒晋瑜:作品延续了您注重逻辑性、环环相扣、严丝合缝的特点。因此在作品的细节设置中,也体现您的苦心。比如在绑架途中发现星空,比如文字,比如对话,处处感觉禅机,处处充满隐喻——说到隐喻,也是在您过去的作品中前所未有的集中。为什么会有这样的变化?

王安忆:我确是一个注重写实的人,相信生活的外相自有寓意。这部小说不是日常生活状态,而是反常性的。比如失踪、失忆——这在通常的叙事中,都是作为隐喻的。但在我,恰恰是事实本身。小说背离我的写作习惯也在这里,似乎从形而上出发,去向哪里？这是一个抽象的故事，不是我擅长，我极力要给形而上以"形"，这才能说服我自己。但这"形"又太像隐喻，其实就是"形"。

舒晋瑜：作品中有两条线索，一是明线，家人多方寻找失踪者，一是暗线，失踪者的经历。这两条线索出入，处理起来是否有难度？

王安忆：我想所谓明暗线还是一条线索，一个人丢失了总要寻找，就是说一个人进入另一空间总还有拖尾，需慢慢收了。寻找在上部结束，下部直到末尾方才出场。所以并不存在两条线的处理问题。倒是寻找的情节我觉得拖住我手脚，但写实的本性又一定要对现实负责任。于是耐着性子将该找的地方都找过了，方才自由。下部的写作自由多了，那人终于摆脱羁绊。

"假如有人问我：'为什么写？'我便回答：'为了生活得更好。'假如有人问我：'为什么生活？'我便回答：'为了写得更好。'"

舒晋瑜：从70年代就开始写作，三十多年来，您如何评价自己的写作历程？

王安忆：我在1980年之前就写了，只是没有"正经写"。1977年写了小说《平原上》，妈妈把作品放到《河北文艺》上发表。贾大山看到我的小说，称赞我（他是第一个称赞我的人）说，将来她会写出来。他的话对我鼓励很大。

写了三十多年，量变到一定程度会达到质变，我的写作是一贯的。我宁可用"进步"这个词，我确实在进步，我对自己的进步是满意的。回过头去看，开始写得也很差，慢慢看过来，我的小说逐渐写得比以前好。

舒晋瑜：1983年，您和母亲茹志鹃一同到美国参加国际笔会，东西方文化的碰撞，是否对您的影响很大？因为回来后您就发表了《小鲍庄》，成为1985年轰轰烈烈的"寻根"文学思潮的重要收获。

王安忆：80年代我写过很多实验性的东西，如《流水三十章》。我的写作也和潮流有关，写《小鲍庄》时，把我归到"寻根"文学；写《长恨歌》时，我又被归到"海派"。我还是很一贯地保持我的风格。题材就是两类，一类是上海，一类是农村。

那个时代，每个年轻人免不了受到影响，我没在弯路上走太远。因为我很快发现这不适合我，当然也不妨碍我时不时尝试一下，《众声喧哗》就是小的尝试，脱离了写实主义对小说的规定。《遍地枭雄》《伤心太平洋》是和写实保持距离——没有从头到尾的故事，不是因果联系紧密，有潜在的紧张度，但整体看很涣散。

年轻的时候总喜欢背叛，不怕失败，很勇敢。一开始觉得故事是一种束缚，想把前人的规矩破掉。写到今天——是进步也是退步——我的观念越来越合乎、服从前人小说的规定。越到现在，我对故事的要求越高。《纪实与虚构》还在实验，《长恨歌》基本是在讲故事，而且好看。以前我不讲究好看。现在客观讲，我的小说是比过去好看了，关键不是让别人觉得好看，自己也有阅读的乐趣。这其实要克服很多困难，不能写得顺溜，也不能太艰涩，写的过程中，事情的发展是要经过一些说服的，不是众所周知的原因，而是这原因要你找，找事情发生的唯一原因。过去讲现实主义作家要找到事情发生的唯一原因，当时听的时候未必完全领会，现在越写越知道。

很多人注意到王安忆的语言，旖旎、繁复、华丽，但是在她的散

文《时间在空间里流淌》中,我读出了幽默与温情。甚至在《众声喧哗》里,读出了喜剧的因素。

舒晋瑜:80年代中期,您的"三恋"和《岗上的世纪》是非常独特的,对描写女性本身的欲望,写女性的爱和抗争,表达非常勇敢。但是进入90年代后,好像更专注于精神的探索。再往后的小说创作,更多地转向了生活常态,这一特点在《长恨歌》中达到极致,后来的《天香》和《众声喧哗》也是如此。回顾以往的创作,您愿意做何评价?

王安忆:我还在写,没有明显的阶段可以划分。我对我的进步是满意的。我不是一个原地踏步的人,也不是突破性很强的人。也有评论说我重复,我对这一批评保留意见。重复对作家来说没错。我还是很老实地、很诚恳地写作。我的写作题材很局限,基本是书写上海,这是我的个人局限性,也和写作方式有关。

舒晋瑜:别人都是在寻求变化,评论也说您不断地在突破。您怎么理解变和不变?

王安忆:我希望是多变的,这关系到一个人的美学。我也不强求,变化是自然而然。不是讲我有突破,作家总是要写新的故事。一本新书出来,就是一个新故事,这是对写作的基本要求。突破是指思想性、手法上的大突破。我写男性写不好,就想努力试试,尽力完成《遍地枭雄》,我还是满意的。我没有强烈的意识突破,有些局限永远不能突破,比如材料对我来说永远是局限,看世界的方式也是局限。但局限往往也是立场。我一贯坚持的写实手法,是我表达世界的方法。

作家如果像变色龙一样变来变去也奇怪。一个作家的世界观,是花一生去实现的。我从来不给自己定高度。每一部书,有一点小小的进步就可以了。读者对作家也不能太苛刻,不能希望作家源源不断地提供力作,也应该允许作家慢慢退场。作家无论写或不写,都必须诚恳的。韩少功、史铁生、张承志、张炜,他们都是对文字特别慎重的作家。

这里面藏着多少富有戏剧性的故事？当时的"留意"在近三十年后发酵成气韵绵长的《天香》。

舒晋瑜：很多人在读《天香》时,感觉有些《红楼梦》的气象。小说中涉及大量知识,包括园林建筑、美食、刺绣、书画、民俗等等,在写作时,您心里有什么既定的目标吗？要把《天香》写成怎样的一部作品？

王安忆：小说就是日常生活的面貌。上海有一种"顾绣",但是关于绣的来历,史料很少,只有流传的各种掌故。"天香园"基本是这个线索：绣本是从民间来,经诗书熏染,成为精致成熟的高雅艺术,然后又流向民间。我是为绣找一个环境,线索清晰简单。

舒晋瑜：从小绸、希昭到蕙兰,"天香园"中的女性人物,命运都很不幸,甚至有些凄凉。如此设计她们的命运,是有意的吗？

王安忆：这里有三个主要的人物,一个是把绣带到上流社会的闵；一个是使绣的技艺达到顶峰的希昭；一个是这家的闺女蕙兰嫁到市井人家,蕙兰开幔教授天香园绣法。线索有了,故事就有了。小说里每个女性完全不一样,这也是我写作时有乐趣的地方,这种乐趣推动我写下去。这里面不单纯是技艺的介绍,和女性手艺有关,更和命运有关,我不是写绣艺,是写绣心,她们的境遇、感情是我书写的对象。史料里这个人家败落,靠女性绣花养活,那我们就会思考男性怎么了？把家败成这样子？我要做的是，把这条线索充实，变成生活的状态。

舒晋瑜：写作过程中最感困难的是哪方面？

王安忆：主要还是想象力方面。因为涉及我不熟悉的时代，"顾绣"是产生于晚明，我必须去了解那个时代。小说虽然是虚构，可它是在假定的真实性下发生，尤其是我这样的写实派，还是要尊重现实的限制。过去的作品中，只有《长恨歌》第一卷是脱离我的经验范围的，如果完全没有发生过的事情，我很难去想象。"天香园"所要描写的，和我自己生活经历很远，所以我落笔很慎重，尽量不让自己受挫，受挫就等于劳动白费，自信心会下降。长时间写作特别需要自信，所以我非常谨慎。

舒晋瑜：虽然您曾表达过写作是为了心灵的需要，但从《天香》看，似乎可读性更强了。您有这方面的意识吗还是一种不自觉的变化？

王安忆：写《长恨歌》时，我已经开始注重叙述的趣味性，至少想要这么做。90年代初的写作，那时还年轻，喜欢实验性的写作，喜欢炫技，好像怎么样难倒读者是我的任务一样。小说就是讲故事。我蛮注意情节，审美的取向，不能在戏剧性上有大的起伏，就要在细节和语言上下功夫。《天香》对我来说有一点挑战。离我那么远，都是无中生有的人，一开始蛮茫然——人物离我近，还有生活经验的调动。我就写性格，任何时代人物性格差不多。这么一想就踏实了，有一点我提醒自己，人的婚姻、生育要注意，他们谈婚论嫁的年纪很小，虽然有教养，还是很天真，很多条件是很具体的，从一开始写作我就注意了。

90年代,王安忆和当时的许多作家一样挂职体验生活,担任上海老城区南市区文化局局长助理。她对老城区充满了浓厚的兴趣。可是在文化局,王安忆只待了两个半天。

舒晋瑜:在50年代出生的这些作家中,很多人农村经历的苦难成为自己创作资源的宝库,更有一批人成为知青文学的代表作家,但是在您的写作中,似乎并不留恋农村的记忆,甚至没再回到自己插队的地方。什么原因呢?

王安忆:还是和具体生活有关。我在农村待的时间短,也不愉快。我是一个人待在一户人家,没有和别的知青生活在一起,和知青文学有距离。我对农村的生活,还是写了一些,写得非常少。

舒晋瑜:您很早就表达过自己写小说的理想,那就是:不要特殊环境、特殊人物;不要材料太多;不要语言的风格化;不要特殊性。现在看,您觉得自己达到写小说的理想了吗?写作《天香》,是一种怎样的心态?

王安忆:还没达到,需要再努力。《天香》里,我自己觉得第三卷最好看,写的时候几近左右逢源,说服申家绣阁里的人,同时也是说服我自己,极有挑战性,自己和自己对决,过了一重难关又遇一重难关,小说最原初又是最本质的属性出来了,就是讲故事,把故事讲得好听。情节本身在向你讨要理由,你必须给出来,含糊不得。

舒晋瑜:应该说作家的创作,都有一些精神的源头,写了这么多以上海为背景的作品,而且《天香》是追溯了上海的市井社会的兴起,这算得是追寻您本人的精神源头吗?

王安忆:这些作品反映了我的精神世界。和很多作家相比,我对现实世界没有特别具体的关怀,但是,从我的文字中,你不能想象我对生活没有热情。

舒晋瑜:说到语言,我觉得您的语言特别纯洁、干净。

王安忆:我喜欢纯洁的文字,对语言有自己的审美标准。语言首先要有表现力,也不要太冷僻,就是普通的语言,像冯梦龙编辑整理的民歌集《挂枝儿》,整理后很文雅。

我的语言有好几个阶段,有泥沙俱下的阶段,也有寻求简洁的阶段,《长恨歌》中的语言太华丽,繁复得不得了,这种华丽在《伤心太平洋》达到一种极致,这也和心境有关。年轻的时候想表达的东西特别多,来不及涌出来,喜欢堆砌,背后还有一点对事情的表达和把握不够准确。我的语言真正成熟表现在《富萍》,《富萍》是平白的、干净的语言的开始,会斟酌、寻找合适的表达。小说就是从你写第一句开始,进入一种命运。《长恨歌》以后,我语言有进步。

当某种工作成为职业,真正有所突破其实很难。包括写作。如何在写了几十年后还能以饱满的情绪去继续为读者讲述有趣的故事?王安忆做到了。

舒晋瑜:每一位成名的作家大概都要面临自我超越的问题。也许写作的时候并不考虑这些,但是总还会希望有一些突破吧?

王安忆:这些年我渐渐地找到回答:就是在写作中找到乐趣,在文学中找到乐趣。变化是自然而然的。

舒晋瑜:写了这么多年,您的写作技巧大概已算得炉火纯青,但是这样一来写作难免会带上些职业色彩,掩盖创作本来饱满的情感。您是如何把握的?

王安忆: 职业化对中国作家是很大的挑战,耐心回想一下,80年代这批作家,热情饱满地走向文坛,写着写着不写了,一些作家落马正是在"职业化"上。我的写作经验不丰富,一上来写作就必须处理技巧的问题,这样反而能使我适应职业化的写作。

当代文学最可贵的东西是创作情感是否饱满。美国的一些作家,一看都是写作班里训练出来的,技巧圆熟。就作家的命运来讲,真正的作家不仅靠感性支撑,还需要理性。小说不能太深刻——当然需要深刻的思想,也需要对日常生活的兴趣。我的小说是世俗的产物。

舒晋瑜: 您如何看待评论与写作的关系,从专业角度讲,您觉得评论家们真正读懂您的作品了吗? 对评论如何看待?

王安忆: 我很怀念80年代,评论家对阅读充满热情,先看小说再评,现在的评论变成两种,一种和媒体合谋,根本不屑于当代小说,很难有认真的评论出来;一种是拘泥于文本。

舒晋瑜: 您的作品修改得多吗?

王安忆: 一般来说,我下笔很谨慎,不太作废。作品很像家电,改了就不好了。我现在每天写得很少。一天一千字不到,写几百字就很高兴。慢工出细活。我比以前会写了,以前不知道自己要什么,错了也不知道。现在最终还是能掌控。下笔要谨慎,这是我写作多年的经验。

《长恨歌》获得第五届茅盾文学奖后,陆续被改编为电影、话剧等各种艺术体裁。但是除此之外,王安忆的多数作品与影视无缘,她戏称自己的作品是导演的"死穴"。

舒晋瑜: 您的作品被改编的比例很小?

王安忆: 我的作品可能不太适合直观表现。这也是我的好。我是把叙述贯彻到底,叙述性的东西很难转化成直观的影像。我希望自己永远保持这一点。小说的好看和电影的好看不一样。我觉得这不是坏事,如果交给影视,就是准备忍受不同程度的误解。我基本上看不出这有什么好处。

最早在80年代,我有两个短篇《本次列车终点》和《小院琐记》,交给北京电影学院的学生,作为他们的毕业作品改编电影,还参加了国际大学生电影节。那个时候的导演,像谢飞那一代,比较注重电影的文学性。现在电影改编要求直观性很强,就是生活的环境和材料的关系。

舒晋瑜: 您有过什么遗憾吗?

王安忆: 没上大学是我的遗憾。如果能够好好上大学,对我帮助会更大。我很喜欢听课,我2004年调入复旦大学时,还选了两个老师的课听,一个是傅杰讲《管锥编》,一个是骆玉明的《世说新语》,每次听都要抢位子,他们的课很受欢迎,地上都坐满了人。一个学期的课程,我基本不落。因为我知道我最缺乏古典文学方面的修养。

舒晋瑜: 大概是从《长恨歌》开始,读者更多地将您和上海联系在一起。包括后来的《天香》。如果说前边是表达务实的、生活化的上海,那么在《众声喧哗》中,描写了一个中层阶级走向边缘的欧伯伯。上海在您的书写中,其实也是变化的。

王安忆:《长恨歌》里,上海只是我的小说的布景。我曾经说过,我跟上海是一种比较"紧张的关系"。我不喜欢这个地方,但是我居住在这里,又不可能写别的地方,这里是我唯一的选择。但是让我离开这里,我的生活又不习惯。我相信每个人都有过这样的感受。你的所有经验都在这个地方,很难用爱和不爱去解释这种关系。我们就在上海的变化当中,被它推着走,可能很难客观地去看它,一定是充满了各种主观性。这也可以看作我对上海的感受。

获奖作家访谈

王旭烽：没有杭州就没有我这样的作家

王旭烽 1955年生于浙江平湖，江苏徐州铜山人。1982年毕业于杭州大学历史系。现为浙江农林大学教授、茶学与茶文化学院名誉院长，国家一级作家。著有长篇小说《茶人三部曲》《爱情西湖》，纪实文学作品《家国书》，随笔集《爱茶者说》，戏剧剧本有越剧、昆剧、话剧等。其中，《茶人三部曲》获得第五届茅盾文学奖，并被译成英、俄、吉尔吉斯等多种语言在外国出版。

| 采访手记 |

二十年前,王旭烽《茶人三部曲》中的《南方有嘉木》《不夜之侯》获第五届茅盾文学奖,被称为文坛杀出的一匹"黑马"。那时,王旭烽在接受我的采访时就明确表示:从《茶人三部曲》开始,将以杭州为题材作为自己今后文学创作的定位。

如果说当年写作《茶人三部曲》,如同一个历史的绣球责无旁贷地抛在她的身上,那么十六年后的今天,那个"绣球"是否依然未曾远离?

"作为一名小说家,一位茶文化的传播交流工作者,我目前所做的一切,正是用茶文化这样一个符号,去进行精神与美的劳作,去创造茶的世界,不管是虚构的,还是非虚构的。"2015年5月25日,在美国耶鲁大学的讲台上,王旭烽自豪而凝重的表达,让人充满敬意。

王旭烽曾定过一个目标,就是想让自己的文学作品里都要有茶。除了《茶人三部曲》,她还写了大量人文随笔。《茶语者》便是一本有关茶的主题散文集,系统地阐述茶的发现、栽培、加工、营销、品饮、传播种种,《一片叶子》以茶人、茶事为线索,描写安吉白茶的历史及现状;而《茶的故事》则是关于茶的科普读物。她以纯净诗意又含蓄迷人的茶的语言,表达深邃博大的中国茶文化。

在获得茅盾文学奖之后不久,王旭烽调任浙江农林大学,目前在这所全球唯一的茶文化学院担任院长。除了正常教学,她的创作涵盖戏曲、随笔、小说等,王旭烽已然成为浙江的一张文化名片,甚至成为"茶文化使者"向全世界传播她的茶文化理念。

为什么会以一个专业作家的身份而走到茶学教育领域里去了呢?王旭烽不止一次地想过,大概是和多年前路过的那条茶之路有关吧。"这就好比品了一杯不知名的茶,此茶优劣如何未知,只觉品后阵阵回甘令人口舌生香,那回味竟然就印记在身心的深处,多年以后,依旧反复辗转,不能离去。如此,您便可以判断,这盏茶一定是好的,因为好茶的最终标志就是具有回甘。"她说,这就如有意义的生活一样,如果它总是萦绕在心里,让你回味时泛起丝丝甜意,那么,它就是一生值得经历的生活。

舒晋瑜：近年来您的作品不断获奖、不断地走出去，能谈谈具体情况吗？

王旭烽：茅盾文学奖获奖作品《茶人三部曲》（浙江文艺出版社）正被翻译成英文和俄文，散文集《爱茶者说》在出版近二十年后，又重新被翻译成英文，双语版已由光明日报出版社和纽约商务出版社共同出版。《茶的故事》被翻译成塞尔维亚语，在塞尔维亚的茶文化孔子学院得到广泛认可。下一步还将成立汉办的国际茶文化传播基地，向全球的孔子学院传播茶文化。

舒晋瑜：《茶人三部曲》之后，您的《家国书》《主义之花》等作品先后三次获"五个一工程"奖，为茅威涛量身定做的越剧《藏书之家》曾荣获文化部第十七届"文化新剧目奖"等重要奖项。昆曲电影《红楼梦》连中三元，获得当届电影节唯一最高荣誉"最佳影片天使奖"，音乐获得"最佳原创音乐奖"，服装获得"最佳服装设计奖"……您是跨界比较多的作家？

王旭烽：不管写了什么，获得怎样的认可，最终外界还是把我和茶文化联系在一起。最后我认命了。

舒晋瑜：您已经成为世界茶文化传播的使者，在茶界具有广泛的影响，您觉得自己是作家还是茶文化学者？

王旭烽：我思考过这个问题：我到底是作家还是文化学者？我没有单纯地爱过小说，我爱诗歌、散文、纪实文学，特别爱电影、戏剧、音乐，我的处女作是电影。我担任茶文化学院的院长，有很多专业课我都可以去开课。很多作家写小说就把精力放在小说上，我的兴趣很广泛,但是我要把每一个类型都做到极致。

舒晋瑜:茅盾文学奖之后,您作为浙江省作协常务副主席,为什么选择了离开?

王旭烽:离开作协是在2006年5月,因为文学的原因。我写了《走读西湖》,被邀请去浙江农林大学讲课时,校领导告诉我,他们最近正在申报全球唯一的茶文化学院,我讲了些茶文化的常识。半个月之后,他们打电话问我能否去担任学科带头人。我一点儿没有犹豫——我希望能有机会再静下来写小说。

舒晋瑜:那么去了之后是否如愿以偿?

王旭烽:我用了三年时间,把这门学科做起来了。农林大学常常被以为是农学,其实严格意义上是文化学,是在夹缝中求生存。如果不努力的话,这个学科建立不起来。后来三个学院合并为农林大学,学校的新老书记同时来找我,希望我担任院长。此后就没时间写小说了。所以这几年间,除了《爱情西湖》之外,我没写小说,写的多是纪实文学,还有大量茶文化的随笔,《爱茶者说》《品饮中国》《茶语者》类似茶文化随笔三部曲。

舒晋瑜:茅盾文学奖给您带来了什么?

王旭烽:我获奖完全没有思想准备。我以为三部完成才可以报。那时才写完两部,突然报上去,我以为肯定要打回来。没想到没多久就获奖了——你会觉得你前面的路很长,会觉得《茶人三部曲》是你文学的开始,不会认为是标志高度的作品。我以为更好的作品在后面。

在中国,获得茅盾文学奖肯定会立刻成名。另外我最欣慰的是,茶界对我非常认可。《茶人三部曲》第一部出来时,就有很多茶界的学者评价说没有专业知识上的错误。中央电视台陆续推出了系列纪录片,第一部是《话说茶文化》,第二部是《茶,一片树叶的故事》,获得中国首届茶界"鼎承奖",在国际纪录片评选中获人文类纪录片大奖等,在茶界影响特别大。我作为茶文化的学者,在圈内是被完全认可的,他们认为我是比较踏实的、有专业知识的人。

舒晋瑜:当年采访的时候,您提到自己受《日瓦戈医生》影响特别大?

王旭烽:我深受《日瓦戈医生》的影响,不但受作家鲍里斯·帕斯捷尔纳克的影响,也受到主人公的影响。我不需要为了谋生写作,而是因为热爱才写作。我有专业的知识,假如我不是作家,我可以开一个茶馆,可以做茶的培训师,或者可以当中学哪怕小学的茶文化的老师,可以开茶器店。而茅奖给我带来了这种便利,得到茶人更广泛的认可。因为我的小说中茶的知识都是真实的,我在大段的文字描写里写了大量的茶文化知识。正因为此,很多茶馆把《茶人三部曲》作为进入茶文化修养的读本。

舒晋瑜:也有评论认为这是《茶人三部曲》的不足。

王旭烽:第一部出版时,有评论给我提意见,认为我的小说有些"掉书袋"。我在写作时想过这个问题:你选择什么缺点作为小说的缺点?我选择了"掉书袋"。在小说中我必须要有块状的散文式的叙述。《日瓦戈医生》是一部四十万字的作品,但是充满诗意。作者完全超越了生活,在大段的对话里阐述他的观点和思想。正因为这样,这部小说在1958年获了诺贝尔文学奖。这些所谓的"掉书袋",可以帮助读者了解更多的茶文化知识。《茶人三部曲》在茶界阅读的人非常多,每年不停地加印,我关于茶文化的随笔很多,但是每次去演讲,签名最多的还是《茶人三部曲》。

舒晋瑜: 您最有开创性的是茶文化的传播与梳理,写了几十万字的茶学专著,其中《饮茶说茶》还被韩国作为茶文化的大学教材。

王旭烽: 中国茶文化的话语系统应该自成体系,我希望好好梳理茶文化的话语系统,编写了茶文化教材《茶文化通史》(上卷是编年,下卷是叙事)。很多茶文化的内容大家都知道,重要的是用什么办法传递知识。

舒晋瑜:《茶人三部曲》之后,读者可能还是对您的小说创作有所期待。

王旭烽: 这是接下去我要完成一件事——把《茶人三部曲》一直没有完成的部分完成。有心的读者会注意到,《茶人三部曲》的第三部没有序言,三部中也缺少一个历史阶段。因为"三部曲"写了抗日战争、解放战争,第三部应该写"文革",但这一段我没有写。这部分我构思了很多年,打算最近完成,书名就叫《望江南》。

舒晋瑜: 当时写《茶人三部曲》时,为什么没有写?

王旭烽: 我事先写过,大概有两万字左右,但是雏形出来后,这一部分没能在国内发表。因为书里写到1957年"反右",写了"文革"。后来这些内容在台湾版的《茶人三部曲》中作为第三部的序言发表。我想总有一天,会完成《茶人三部曲》后面的故事。所以我希望趁现在有创作冲动和欲望,赶紧写下去。

经历了这么多年之后,我积累了很多故事,也有很多新的体会。在写《走读西湖》时,我了解到有关西湖刘庄的故事。毛泽东主席生前曾五十三次亲临浙江,他就是在杭州刘庄起草了新中国第一部《宪法》(草案)。毛泽东在杭州刘庄的下榻处,据考证就是原来刘庄老庄主刘学询的书房和卧室。1972年,周恩来、基辛格就是在刘庄八角楼签署了举世瞩目的《中美联合公报》。以刘庄为背景的《雷峰夕照》写完后,我才知道刘学询的儿子刘启言还健在。他1950年参军离开刘庄,其后转业赴柴达木勘探石油,60年代退职回到祖籍广东斗门平沙农场。刘启言看了《雷峰夕照》后找到我说:我就是你写的少爷。

当年民族的实业家,散落在里弄街巷,变成了平民,我想以他们为主要人物,集中起来写作。现在唯一不足的是没有时间。

舒晋瑜: 这么多年来,您写茶人茶事,写茶文化随笔,那么您的作品中对于茶文化的传播以及传达给读者的理念有什么变化吗?

王旭烽: 我的天性是建设性的,不是批判性的。有的作家像牛虻一样,勇敢地批判这个世界。我是建设性的,势必会选择茶这一类的文化。一开始我没想到为自身之外的人传递什么,我只是想把自己修补好。

但是逐渐地我有余力把和谐的观念传播开来,用对话的方式解决问题,直接从农耕文明进入生态文明。我有这种愿望,把这种观念表达出去。我的《茶人三部曲》一直是主张改良,主人公杭嘉禾及他的孙子,一代代用渐进的方法,维护人类的生存。因为人类的欲望不被遏制就会越来越强烈,茶是拉住欲望的强有力的东西。从春秋到两晋,茶文化叫俭,不是勤俭,而是内敛。"敛"这个词是在贵族产生的。两晋时出现了儒家道家,出现了"敛"的风气,就是为了抵抗奢侈。中国文化有一个理念,有相应的力量,冲出去的力量有多强,抓住他的力量有多强。就像一滴水,有两种力量,一是拼命往下落,一是被外面的张力裹住的力量。我想表现中华民族饱满的、被裹住的力量。

舒晋瑜: 您的创作多以杭州为背景,地域对自己的创作是否形成很大的影响？在《爱情西湖》里,您将西湖称为"一个有终极意义的人文之地"。

王旭烽: 我的全部著作以西湖景观和历史作为背景。曾经有很多机会离开杭州。之所以坚定地留在这里,归根结底是因为西湖的文化,这是非常完整的中国文化中的雅文化。生活的艺术化和艺术的生活化,这两个概念是不一样的。首先是看山是山,之后是看山不是山,再回到看山是山。还是生活的艺术化,不是需要时刻提醒人家:我在艺术。任何事情的最高的境界是忘我,生活的艺术化也是这样。

如果没有西湖,没有杭州,不可能有我这样的作家。所以我一直遗憾,写《茶人三部曲》时,我很想建构虚构的纸上的杭州,但是后来就直接进了学院,没能再继续虚构。

舒晋瑜: 在您的创作中,看上去的确是非虚构作品更多一些。《爱情西湖》也是吗？

王旭烽:《爱情西湖》由十个有内在联系的中篇爱情故事组成,故事发生时间有的在古代,有的在现代,但发生的地点都是著名的"西湖十景"。书里的十个故事的写作方法不尽相同,比如《雷峰夕照》很先锋,《曲院风荷》用了白描手法,风格很像《三言二拍》。我对西湖的理解、认识都有把握,但是也非常难表现。当我写第七部《三潭印月》时,我突然想明白了一个哲学理念:以前我在想,月亮是什么？我用了六年的时间,才悟出满月是温暖的金黄色的泪珠。

每一篇故事写了之后在杂志上作为头条发表。我相信许多年之后,会有更多人理解这部作品。我在写这部作品时,希望除了作为小说集出版外,还希望作为大学的教材拍成视频。我把"地域文化与小说创作"这门课的视频做了出来,内容就改编自《爱情西湖》,被评为国家的精品视频课。我还在想,应该把这部作品拍成十部电视剧或电影。因为这些作品实验性非常强,非常现代,读懂不容易,写法上很新颖,虚实结合,最后一篇是用网络小说的形式写出来的。整个小说是寻找一个真实事件的过程,我把自己写进去了。我在小说中想表达一个观念,离真越近,离美越近,离善越近。我觉得只要把真实的善找到了,就统一了。

舒晋瑜:您怎么评价自己?

王旭烽:我真正调到大学是2007年的4月,我把这个时期称为我的"三剧时代"。我一直在辛勤劳动,而且所有劳动都不是无用功。如果我有一天离开这个世界,我会觉得这八年是值得的。

评委访谈

朱向前：茅奖价值取向因势渐变

问：您担任了几届茅盾文学奖评委？在您所参与的茅盾文学奖评选中，您经历过什么印象深刻的事情？

朱向前：第四届、第五届是担任初评委，第六届茅盾文学奖先担任初评委，后担任终评委。第六届评选，进到前七时，有两个是我们军艺文学系的毕业学员，一个是徐贵祥，一个是柳建伟。而在最后一轮投票之前，徐贵祥遇到麻烦了。

那时还是小评委制，十九或者二十一人。正式投票前，中国作协创研部主任兼评奖办公室主任吴秉杰突然在会上宣读了一封来自新疆建设兵团的读者署名来信。来信言之凿凿地说《历史的天空》是剽窃了他的作品。他说三年前他曾投给解放军出版社总编室主任徐贵祥一部长篇小说书稿，书名是"乌云遮住的历史的天空"。投出去后泥牛入海，杳无音信，他自己都淡忘了。但这次他突然发现茅奖参评作品公示里有徐贵祥的《历史的天空》，买来一看，发现基本上就是他当年的那部小说，云云。最后署名为新疆建设兵团转业干部某某某，还留下了电话号码，煞有介事，一本正经。

信一读完，全场肃然。太出乎大家意料了，这恐怕是茅奖史上头一回。按说，我无论是作为军队的唯一评委，还是作为徐贵祥、柳建伟的老师，前面的发言肯定少不了，该说的话也都说完了，此时不宜再说，而且这种突如其来的所谓剽窃指控又岂是三言两语说得清、辩得明的。时间一秒一秒地往前走,再拖一会儿的结果可能就是把《历史的天空》放下,调查清楚以后,如无问题,下届再来。那也等于就是说《历史的天空》出局了!说时迟,那时快。我要求发言了。我首先以凝重的语气请求大家允许我再次发言,再耽误大家一点时间。接着明确指出,徐贵祥是我军艺文学系第三届的毕业学员,也就是我的学生。因此,我此刻的发言是以三重身份发言:一是以老师对学生的了解,二是以军人对战争的了解,三是以评论家对作家的了解。首先是徐贵祥的越战经历是别人不可替代的,他所写的战争细节只有经历过的人才写得出;其次是徐贵祥到解放军出版社后,曾组织了一套"中国人民解放军百战将星丛书",采访接触了大量开国将军,有着得天独厚的军史资源,而小说主人公梁大牙则是多个人物原型的集合体;最后,作为他的老师,我对他的作品很了解,他的语言一以贯之的特点是粗犷,也可以说是粗糙,这是他改不了的毛病,恰恰也是他的标志。因此,我敢负责任地说,这部作品肯定是出自徐贵祥之手而与他人无关。随后进入最后一轮投票,徐贵祥以一票险胜。

问:近两届的评选,您经历了大评委制。这其间有什么故事吗?

朱向前:第八届茅奖评选,最后大会投票之前,大组评委讨论时有人提出两个问题:一、《蛙》是否有违国策;二、小说加话剧这样的小说体例是否成立?每个问题都不是三言两语能说清的。眼看时间紧张来不及讨论了,作为大组召集人,我只能简单地说,假如明年(2012年)莫言获得诺奖,而茅奖评选在我们这里腰折,届时让我们这些评委情何以堪?

问:中共中央政治局委员、中央书记处书记、中宣部部长刘奇葆在与第九届茅盾文学奖获奖作家座谈时,您代表评论家有过一次发言。

朱向前：在会上我对五部获奖作品发表一句话评论。我认为前十部都评得比较准，哪一部获奖都不担虚名。用我的话说是十个字："有遗珠之憾，无混珠之嫌。"同时我在会上提出，从第八届开始茅奖价值取向因势渐变，从单纯的评价作品向兼顾考虑作家的总体成就转变。这一变化始于第八届，因为我们当时遭遇了莫言、张炜、刘震云、刘醒龙等重量级作家，而且他们此前多次冲击茅奖，但又因种种原因铩羽而归。如再不评给他们，似乎有点说不过去。这就是一个新的情况了，茅奖年过而立，未能获奖的名家越来越多，这时候，作家的综合实力和影响就不能不成为评委考虑的因素，也许人们可能还更加怀念莫言《檀香刑》、张炜《古船》、刘醒龙《圣天门口》，但最终还是平和地接受了评奖结果。这是因为评奖对象发生了变化，所以从评委会到评委到文坛到社会，几乎是自然而然地达成了共识，潜在地认同了茅奖价值取向的渐变。

第九届显然也沿袭了这一取向，除了金宇澄的《繁花》是长篇处女作（但他是独特的，具有不可替代性），其余均为长篇斫轮老手。尤其是王蒙先生，从上世纪50年代的《青春万岁》到这次的《这边风景》，贯穿了六十年，而且在文学领域覆盖长篇、中篇、短篇小说、散文、诗歌、评论、古典文学乃至国学研究，激情如此充沛，创造力如此旺盛，在当代中国文学界也无出其右者。

问：近两届评选，女作家似乎实力较弱，您怎么看？

朱向前：在第八届茅奖评选中，我非常看好方方，《水在时间之下》可读性强，有一定的厚重感，具有大作品的品相，期中还曾领跑过八十一部备选作品篇目。那次评选过程中评委觉得累，作品多是一方面，和可读性强的作品少也有关系。艺术性和可读性不一定要成反比，刘慈欣的《三体》就是一个很好的例证。当然，国家首先要引导、营造书香中国大环境,作协及有关部门要加强对获奖作品的推介和研讨,但与此同时,作家更应该躬身自问,我的作品是否写得足够好看?当年毛主席倡导的"民族风格""中国气派""喜闻乐见"值得深思,今天如何将中国故事讲得老百姓喜闻乐见,仍然是中国作家面临的课题。

问:从历届获得茅盾文学奖的作品看,除了第五届,每届都有一部军事题材的作品,第六届时达到顶峰,徐贵祥的《历史的天空》和柳建伟的《英雄时代》两部作品获奖。然而第八届、第九届茅盾文学奖时,军队作家的作品表现非常弱势,直到第十届茅奖才出现《牵风记》上榜。您怎么评价?

朱向前:由此可以看出,军旅作家长篇小说势头确实减弱。90年代中期到世纪之交,由于市场经济的拉动,部队主力小说家涉足影视,纷纷下海,朱苏进笔下的和平时期军人形象和朱秀海的战争文学,堪称当代军旅文学中的两座高峰。但他们都走上影视剧的不归路。长篇小说的影视化,对军旅小说的发展是严重的挫伤,这使作家离茅奖越来越远。但是如果军旅作家用心写,比如朱秀海,我发现近期他的作品还在成长。他不仅对古典文学领悟得深,同时把外国文学打通了,我预感他将可能是当代军旅作家中走得最远的一个。

第十届茅奖作品《牵风记》的重要贡献之一就是实现了美对战争的超越。怎么才能让美真正超拔起来?作者反复强调:要溯源而上,回到三江源头,回到中国最古老的叙事传统,即与中国文学塑造女性、赞美女神传统主题相辅相成的传统境界——无巧不成书,无奇不成典——书是说书,故事也;典是经典,传奇也。

从"孟姜女哭长城""天仙配""牛郎织女""白蛇传""杜十娘""梁祝"一直到《牡丹亭》《红楼梦》,写女性对美好爱情的坚贞不渝,可以匪夷所思,可以感天动地,更可以是人神之恋、人蛇之恋、人鬼之恋,也可以是死去活来、死而复生。正如汤显祖在《牡丹亭·题记》中所云:"情不知所起,一往而深。生者可以死,死可以生。生而不可与死,死而不可复生者,皆非情之至也。"这就是"至情至性"。

从上世纪新时期之初的《西线轶事》到今天的《牵风记》,徐怀中始终有一种艺术雄心,总在不断地探索创新,终于在九十岁的鲐背之年实现了又一次和以往告别的凤凰涅槃,这本身就创造了中国文学史上的传奇!《牵风记》无疑是中国当代军旅文学的高峰之作,也是新中国七十年长篇小说中的翘楚之作。

另外,第六届鲁迅文学奖获奖作家中军旅作家不但各奖项中均有斩获,且在报告文学、诗歌、短篇小说等各类题材评选中名次靠前。比如《解放大西南》是八十二岁的军旅作家彭荆风凝聚十二年的心血之作,王宗仁写西藏题材的《藏地兵书》、刘立云的诗歌、李鸣生的《震中在人心》、陆颖墨的《海军往事》都是在各自领域最有代表性的。

问:您如何看待获得茅奖作品的生命力?

朱向前:我曾有一个简单的公式,即作品穿透时间的深度和震动社会的广度往往是成反比的。比如类似倡导主旋律的作品,当时会引起一些关注乃至震动,但这种借助非文学的元素所产生的震动越广则作品生命力可能越短。而写人性的穿透力强的作品,可能更具有生命力。

问:可否选出十部您认为能够留得住的历届茅盾文学奖作品?

朱向前:《李自成》《东方》《无字》《尘埃落定》《平凡的世界》《白鹿原》《牵风记》《一句顶一万句》《蛙》《江南三部曲》。

(朱向前,担任第四届、第五届、第六届茅奖初评委,第六届、第八届、第九届茅奖终评委,原解放军艺术学院副院长、教授,评论家)

第六届茅盾文学奖
（1999—2002）

评奖委员会名单

主　任：张　炯
副主任：陈建功　王巨才
委　员（按姓氏笔画排列）：

　　　王巨才　叶　辛　朱向前　仲呈祥　孙　郁
　　　何开四　杨志今　吴秀明　张　帆　张　炯
　　　张燕玲　玛拉沁夫　陈建功　李　星　严家炎
　　　洪子诚　贺绍俊　郭运德　秦　晋　曾镇南
　　　雷　达

获奖篇目

《张居正》　　　熊召政　　长江文艺出版社
《无字》　　　　张　洁　　北京十月文艺出版社
《历史的天空》　徐贵祥　　人民文学出版社
《英雄时代》　　柳建伟　　人民文学出版社
《东藏记》　　　宗　璞　　人民文学出版社

获奖作家访谈

熊召政：我不是一个热闹的作家

熊召政 1953年生于湖北省英山县。曾任《长江文艺》副主编、湖北省作家协会副主席、中国文联第十届全国委员会委员。著有长篇小说《张居正》《大金王朝》，散文、诗歌、历史随笔、演讲集等著作数十种。其中，《张居正》获得第六届茅盾文学奖。

| 采访手记 |

2016年3月,湖北省文联主席熊召政参加两会。他提出,"加强供给侧结构性改革,增强持续增长动力",这既是针对经济领域的商品而言,同样可以视为对文化产品提出的要求和希望。

文化领域的供给侧改革,反映在文学艺术上,就是要为文化消费者提供更好的文化精品,去掉浮躁、去掉单纯的逐利心理,保持宁缺毋滥的工匠精神,完成文学艺术的凤凰涅槃。

他认为,文学是需要坐冷板凳耐心打磨的,是"雨中黄叶树,灯下白头人",是要"吟安一个字,捻断数茎须"。

他曾用十年完成四卷本历史长篇小说《张居正》;描写辽金宋三国历史的《大金王朝》三卷本,也已出版两卷。在中国漫长的历史中,诸如匈奴、丁零、柔然、东胡、乌桓、鲜卑、契丹、女真等游牧民族都已经消失了,但消失不等于消亡,他们拥有了一个更大的民族——中华民族。熊召政写《大金王朝》,就是想抛弃汉人自大的心态,平等地看中华民族中各个民族的英雄们,他们给中国带来过很多新鲜的血液。

熊召政前前后后用了七八年时间进行实地考察、搜集资料,先后十二次深入东北,走遍了山海关以外的所有古战场和辽金故址,翻阅了数百册研究中国中世纪历史的中外史料。《大金王朝》第一卷《北方的王者》出版之后,完颜阿骨打的故乡阿城送给熊召政一座金太祖完颜阿骨打的铜像,这座铜像如今安身在龙潭书院。

"晴空一鹤排云上,便引诗情到碧霄。"幼年读诗时,熊召政就很喜欢诗中的这种辽阔和豪情。他常想:一个作家怎样才能让自己的作品融进时代的洪流之中?参与改革并非去做自己分外的事情,作家一定是拿起自己笔来参与改革。

舒晋瑜：1973年，您发表第一首长诗《献给祖国的歌》，政治抒情诗《请举起森林一般的手，制止!》获得全国首届新诗奖。凭着那些充满挑战和激情的长诗，您成为当时青年诗人心目中的偶像。您那时的偶像是谁？诗歌准备是怎样的？

熊召政：很小的时候祖父就教我读《唐诗三百首》《文心雕龙》《古文观止》，小学毕业之前，我就读完了《青春之歌》《铁道游击队》等作品。我从十一岁开始写旧体诗，二十岁开始写新诗，是受贺敬之、郭小川、马雅可夫斯基的影响。1971年知青下乡时，年底算工分算给了我两块多钱，我拿着钱就跑到供销社，花了两毛多钱买了一本贺敬之的《放歌集》，这是我买的第一本书。那个春节过得相当愉快。我早年写的诗也是"阶梯式"的，就是学贺敬之。

现在我也还写旧体诗，想问题的时候，很多诗会脱口而出。

舒晋瑜：诗歌写作持续了多久？是什么时候离开文坛的？听说您做过高尔夫球场的董事长，也当过房地产公司的总经理，还做过证券？

熊召政：离开文坛是我自己的选择，也是受当时下海的潮流的影响。我的好多朋友下海了，我也想试试赚钱有多难。试过以后发现并不难。一是红黑两头要搞定了，这是受当时的环境决定；再就是像经济动物一样活着，不要理想，不要人文底线。如果你要把事业干成，首先要学会与狼共舞。

没有经商的经历我写不了张居正，我知道干成一件事多么不容易。

舒晋瑜： 什么原因又开始写作？为何离开文坛多年，选择历史小说的写作？

熊召政： 我这个人好像有人格分裂。一个朋友说自己见了官员是孙子，见了穷人是爹。这两头我都做不了。那时我就知道张居正改革的难度。中国的文化缺陷很大，经济一膨胀就会导致腐败，文化的缺陷导致了改革会误入歧途。1992年，邓小平同志南方谈话，"东风吹来满眼春"。我想找找历史中有没有改革成功的，我找到了张居正。

舒晋瑜： 能谈谈当时的写作状态吗？在小说开笔之前，差不多花了整整七年的时间，完成了对张居正及其所处的16世纪的中国历史史实、人物行止、典章制度、风土人情、文化礼仪等等的考察、梳理、研究和总体把握。在十年的写作过程中，有何独特的体会？

熊召政： 我是坐冷板凳的人。开头我花了一年研究，投入进去才发现，如同一叶小舟划入大海，茫茫看不到彼岸，一投入就是七年。

中国知识分子从草根一族，成长为职业政治家的典型就是张居正。写作中我对这一点有了更深刻的体会。张居正既是改革的设计师又是工程师。他在晚年用两个字总结自己：耐烦。我想，耐烦是多么难做的事情，这是修炼到踏雪无痕的地步。我自己涉世日深之后，才知道耐烦的分量，知道政治智慧和勇气是多么难以兼于一身，有智慧的人不见得有勇气，有勇气的人往往智慧又没有那么高超。但是这些都赋予了张居正，却不给他寿命。

舒晋瑜： 写《张居正》，您有怎样的写作追求？今天您怎样评价《张居正》？

熊召政： 让张居正在历史中复活。我到张居正的老家去，问人们张居正的坟在哪里，他们都不知道。我感到很苍凉。这部作品也有一点遗憾，结尾仓促了。总体上我自己是满意的。《张居正》面世也已十年有余，不管是好是坏，社会、时代和读者这三个层面已经给了它一个评价，那个评价是对是错，是高是低，我自己已经完全退出了评价的舞台，这是交给社会评价的，我无法再更改了，就算再重写一次，别人也不认。

舒晋瑜：张居正用人的方法是重用循吏、慎用清流、反腐等方面。您认为这部作品有怎样的现实意义？您如何看待现在反腐的环境？

熊召政：我们正处在改革的时代，很容易从历史的改革人物中吸取经验教训，张居正在现实中为改革树立了样板。历史是这么一程程走过来的。那一轮改革是邓小平倡导，百姓自发地推着历史的车轮往前；现在是顶层设计。今天我们推行改革，时代背景、政治环境等因素已经大相径庭，改革的难度比张居正时期要困难得多。首先，张居正改革不必看外国人的脸色，那个时候没有"地球村"这个概念。今天中国在国际环境之中既要做好自己的事情，也要照顾到全球的秩序。第二，张居正的"一条鞭法"改革的是国家的税收体制，利益主体比较单一。我们现今所有制成分非常多元，针对每一个利益集团改革的方式也比张居正那时候要复杂、困难得多，但是对于改革的担当和忧患意识，应该是一致的。

舒晋瑜：《张居正》是您第一次写长篇小说，居然就以全票通过荣获第六届茅盾文学奖。您怎么得知是全票通过的？

熊召政：一个新华社记者告诉我这个消息，我不相信，随口说："哦！"他又说："是全票。"我问："哦？"他接着问："你知道这个结果吗？"我说："你难道把我当成疯子吗？二十三个评委投票，我怎么可能知道?"

后来评委会主任陈建功告诉我,证实了获奖的消息。

舒晋瑜:您知道有哪些评委吧? 和他们有交流吗?

熊召政:没有交流。我1992年底下海,1998年回来写《张居正》,离开文坛多年,和文学界基本没有什么交往,基本处于一个人的战争。我不是个喜欢热闹的作家。

舒晋瑜:获得茅盾文学奖,给您带来怎样的影响?

熊召政:第一个阶段,打乱了过去的生活节奏,经常有活动请我参加。到第七届茅盾文学奖评选,我就轻松了,成了评委。身为作家,我深知创作作品的辛苦,当评委的时候特别关注好作品,必须读作品,这是对参评作品的尊重。还有一点,总是有社会的舆论,说跑奖。真正有自尊心的作家不会做这些事。我的标准是把最好的作品选进来,而不要看谁跑得勤。当时我讲得最多的是《额尔古纳河右岸》《秦腔》《湖光山色》《暗算》,我都做了很长的发言,这些作品后来都获奖了。

舒晋瑜:当年的茅奖评选,和现在茅奖评选相比,有怎样的不同? 您曾担任茅奖评委,对茅奖评选有何建议吗?

熊召政:都有利弊。匿名更容易说真话。

舒晋瑜:写《大金王朝》,听说您先后十五次造访金国建都之地阿城,花了很大力气考察历史实地?

熊召政:我通读了《辽史》《金史》《宋史》及《稗史》等古籍,实地考察了辽、金历史遗址与古战场。从2004年开始,辽、金、宋三个朝代的重要的事件,每一个战争发生地,我都去过。

作为历史小说家,首先是历史,要充分占有史料,每一天的事件是虚构的,但历史的框架要真实。小说以女真族完颜部于按出虎水之畔建国立都,逐渐发展壮大,最终成为与辽、北宋、西夏同载华夏历史的"大金帝国"为主线,讲述跨越近四个世纪的历史风云,描写到的人物有五个皇帝、十几个宰相、几十个将军。我想写的是中国"中世纪"的《三国演义》。

舒晋瑜:从《张居正》到《大金王朝》经历了十年,可能还不止十年。这十年间,您做了什么?

熊召政:写了电影剧本《戚继光》,话剧《司马迁》。司马迁是我少年时代就崇拜的人,中国那么多历史,唯一可以当作文学作品来读的就是《史记》。《史记》的人物写得非常好,它是所有历史学家公认好的历史作品,因此我想写司马迁。在我一辈子的创作计划当中,就有一个是写《司马迁》。

舒晋瑜:选择历史人物作为笔下的主人公,您有怎样的标准?

熊召政:必须和今天的时代有接口。一切历史都是当代史,我写历史小说是为了观照现实。我一直在这方面下功夫,就朝着这条道一直走,咬定青山不放松。我写《张居正》,是上世纪90年代初,当时正值小平同志南巡并发表"南方谈话",我正在深圳。那是中国的关键年代之一。《张居正》对于理解当时和今天的改革,仍是有意义的。

舒晋瑜:《大金王朝》写作风格是否和《张居正》一脉相承?有怎样的现实针对性?

熊召政:语言表述大致一样,《大金王朝》更粗粝一些。我想做一个挑战,《张居正》是用章回体来写的,写宫廷,很雅;《大金王朝》

写旗人，对比度更强一些。我们一直视岳飞为民族英雄，但女真族其实也是中华民族一员。我们很多人口头说中华民族，实际心里只有一个汉民族。我就是想通过这部小说，来说说中华民族的复杂性，它的由来和走势，来写写这个大历史观。还有就是想解答，女真军队比辽国少，辽国军队又比宋朝少，为什么他们往往能够赢得战争？我初步想到的一个原因是，宋朝上层社会腐化较游牧民族严重，奢靡享乐的风气比较严重，国家精神和社会气质受它的损害是很大的。你的国家很难形成战斗力，一旦敌对民族入侵，是没有多少抵抗力的。

舒晋瑜：您是以激情澎湃的"愤怒诗人"的姿态进入文坛的，四十年来，您的心态发生了怎样的变化？

熊召政：变得冷静了。过去是活的火山，现在是岩浆。关闭了火山口，地球深处的岩浆还在。我的心还像岩浆一样火热。

舒晋瑜：《大金王朝》第一卷反响如何？

熊召政：第一卷写完以后，我把书寄给了在北京的两位责任编辑安波舜和张维，其中，安波舜曾出任《狼图腾》的编辑。他看了开头第一个单元的八万字后给我打来电话："熊老师，就这八万字看得我热血沸腾，你跟我说你的目标是超过自己、超过《张居正》，看了这八万字我就告诉你，超过了。"

获奖作家访谈

徐贵祥:重返"徐怀中时代"

徐贵祥　皖西人。生于1959年,国防大学军事文化学院文艺创演系主任,曾任解放军艺术学院文学系主任、中国作家协会全国委员会委员。著有长篇小说《仰角》《历史的天空》《明天战争》《高地》《特务连》《八月桂花开满地》,中篇小说《弹道无痕》《决战》等。其中,《历史的天空》获得第六届茅盾文学奖。

| 采访手记 |

　　二十七年前，当文学系第三届新学员徐贵祥站到解放军艺术学院（现国防大学军事文化学院）的大门口时，不禁恍然如梦。他既如一位历经艰辛的朝圣者终于到达向往已久的耶路撒冷，又如《第一滴血》里的兰博刚从战火硝烟里归来。此后在这座全军最高艺术殿堂学习的两年中，刚从南疆战火里走出来的徐贵祥，经历了文学战场上另一次更为艰巨痛苦的战争。在战场焦虑与现代文明的种种不适和冲突中，他唯一的精神救赎就是马不停蹄地写作，借以宣泄不为人知的压抑情感和焦灼情绪。一直到临近毕业时捧出成名作《弹道无痕》和《潇洒行军》，徐贵祥蓦然回首，才对军艺文学系这块文学沃土百感交集——这是他的青春激情炽热燃烧之地，也第一次砥砺成就了他的"文学磨刀石"。

　　二十七年后，坐在教学楼305教室里，接受采访的徐贵祥已经就任文学系（现文艺创演系）主任多年。从文学系培养出来的学生，到今天肩负培养学生的重任，这条路走了多远，应该走多远，只有他知道其间的分量。除了和文学系血肉相连的原生感情，更重要的是那份难以言说的职责重担。他清楚地记得2013年初刚上任时，学院首长开宗明义交代他：让文学系重新焕发"徐怀中时代"的光芒！

　　徐怀中时代就是"作家班时代"。在上个世纪末十多年的时间内，文学系培养一位位佳作频出的著名作家。一支支实力强劲的文学部队，从这里奔赴中国乃至世界文坛高峰。那是一个军事文学火热辉煌的年代，也是一个军艺文学系成为"造梦工厂"的奇迹年代。后来一位文学系毕业的著名作家感慨说，在军艺文学系这块肥沃的土地上，即使插根筷子，也能长成参天大树。

　　可以想象，对于"起点就在高原上"的军艺老学员徐贵祥来说，对于复兴军事文学的新领路人来说，如何既无愧前辈们创造的辉煌业绩，又不辜负学院首长的殷切期待，使这位久经沙场的文坛老兵也不禁睡不着觉了。

　　从此他夙兴夜寐的只有一件事：如何独辟蹊径，带领老师们打造文学系教学改革的"杀手锏"？

第六届茅盾文学奖

"火炮怒吼,映红了夜幕,就在这震耳欲聋的炮声中,我们亲爱的新战士,来自淮北的小徐兄弟,进入香甜的梦乡……"空军作家刘田增发表的特写《铁鞋踏破千重山》(《解放军文艺》1979年5期)中所指"小徐兄弟",后来成为第五届茅盾文学奖获得者。

舒晋瑜:您是从什么时候爱上文学的?

徐贵祥:这要从童年的经历说起。我老家在安徽霍邱县,历史上有"文藻之乡"的美誉。我童年生活的两个小集镇洪集镇和姚李镇是城乡接合部,周边几个集镇出了很多大作家和学者,比如台静农、李霁野、蒋光慈、李何林、韦素园、韦丛芜等等。我上小学的时候,正是"文革"初期,印象中我们那个小镇有很多读书人,他们没有工作但又不甘心种田,经常聚在一起高谈阔论。我常听他们谈国家大事,谈理想抱负。而且那时候因为"破四旧",从镇上读书人的家里收缴了很多"毒草",其中有上述大家翻译的外国文学作品。我父亲是公社干部,一度负责看管这些"毒草",所以说我很走运,那个时期,我看了很多书,最喜欢的是连环画册,还有一些童话和寓言故事。我读《三国演义》,首先接触的是连环画,长大以后才读的原著。等我高中毕业了,就接触到"伤痕文学",我当兵之前还模仿安徽作家的《抱玉岩》写过一篇小说,给《安徽日报》投稿,被退了回来,我撕了这篇稿子报名参军了。

舒晋瑜:您的写作之初是什么情况?

徐贵祥:我的军旅生涯和文学生涯之初,有两大幸运,一是遭遇了战争,二是遭遇了英雄。战后评功评奖,我们连队被中央军委授予"炮兵英雄连"荣誉称号,二班副王聚华则被广州军区授予"战斗英雄"称号。

战争结束我们回到广西,驻扎在扶绥山圩农场。我因为了解战友王聚华的情况,参加了战例编写工作,也写通讯报道。突然有一天我看到了刘田增的特写中有对我的描写,激动得热泪盈眶。我想,我的事迹可以进入作品,为什么我自己不能写出来?

之后不久,我就开始了业余创作,写诗、写散文、写报告文学。写着写着就小有名气了,先后抽调到团里、师里、军里创作组,参加各类写作学习班。当时在扶绥东门师部,还见到了《解放军文艺》杂志的编辑雷抒雁,印象中他戴着很厚的眼镜,手里夹着烟,热情澎湃地给我们讲怎样写诗。具体内容如今已经记不清了,只记得小黑板下面扔了很多烟头,雷抒雁消瘦的脸庞在诗情中和夕阳下,闪闪发光。

或许就在那块红土地上,徐贵祥的文学生涯起步了。他如饥似渴地阅读,读了大量的红色经典,也读莎士比亚,读托尔斯泰,驻地图书馆、群艺馆的阅览室经常有他晃动的身影。

舒晋瑜: 您是为数不多的两次上过前线的军旅作家,能否谈谈战争经历对文学创作的影响。

徐贵祥: 1979年我还是新兵,就上了前线。那时我是热血青年,真的抱着保家卫国的情怀!去前线的一路上,我设计了很多在战场上建功立业的场面,这些意象以后都不知不觉地进入了小说。第二次上前线是在1984年春天,那时候我已经是干部了,我所在的部队要组建侦察大队到云南麻栗坡参加边境轮战,得到消息,我马上找到师政治部打报告要求到前线去。我父母觉得天都要塌了,可是在当时,建功立业是我的真实想法。当然有一条我始终没有改变:该我承担的时候一定要担当。

我之所以如此积极,还有一个原因,自从广西回撤之后,我写了很多小说,但是成功率很低,仅在甘肃的《飞天》杂志发表了一个短篇小说《相识在早晨》。这使我感到很压抑,我决定回到战场去体验别人体验不到的东西。

舒晋瑜:对于一个军旅作家来说,战争经历至关重要,能否给我们谈谈具体的故事和感受?

徐贵祥:第一次,当新兵的时候,刚刚开进战区第一天,步兵同对方交火了,不时有阵亡者和伤员从火线运下来。我们炮兵暂时派不上用场,在一个村庄边上待命。就在寻找隐蔽地的过程中,我突然惊喜地发现,在一个炮弹坑的边上躺着一把手枪。我瞅瞅四下没有人,毫不犹豫地一头钻进甘蔗地,猫腰向手枪的位置快速移动。担任警戒的同年兵王强咋咋呼呼地喊:"徐贵祥你干什么,小心地雷!"我根本不理会,折断一棵甘蔗划拉那个手枪,拿到手才发现原来是个空枪套!我快速返回车队,就在我快要跑到王强身边的时候,身后传来爆炸声,一发炮弹落在躺着枪套的地方。两个小时之后,我们货真价实地投入第一次战斗,战史上记载那次战斗的全称是"复和外围环形高地进攻战斗"。

有一次部队进到火力点,我的冲锋枪架起来,紧张而又亢奋地等待着附近传出异常动静,老是想朝谁打一梭子。结果没轮到我打枪,弹夹子颠掉了。丢失武器(也包括弹药和其他装备)就算事故,出了事故是要受到战场纪律处罚的。我没等车停稳就哧溜下去,扑向几十公尺以外的弹匣。这时车上发生了争议,老兵让司机赶快走,怕越南特工出现。司机犹豫不决,这时同我一起参军的汪友国把枪口架在他脖子上命令停车。汪友国说:"徐贵祥还在下面,车子怎么能开走呢?"车子在距离我三百多公尺的地方终于停下了,并且一直等到我找回了弹匣。

舒晋瑜: 据我们了解,第二次参战期间,您写了很多小说。我们感兴趣的是,在那样紧张的战争环境里,是什么动力支撑您的创作?

徐贵祥: 可以说,很大程度上是因为怕死。我说的怕死,不是说战斗中畏惧不前,而是担心突然阵亡。那时候,我们是随时准备牺牲的,前线有很多故事,战友之间有丰富的感情交流,战场上有深刻的生命体验,我必须争分夺秒地把这些东西写出来。我在前线写过六个中篇,写好之后就拿到麻栗坡县城往外寄,向各大报刊投稿。我们指挥组同一个连队住在一起,那个连队的通信员赖四毛只要发现有我的大宗包裹,就冲进指挥组喊:"徐干事,你的作品发表了!"可是每次打开,都是退稿,我无地自容。后来,我找赖四毛郑重其事地谈了一次话,告诉他,以后但凡有我的大宗包裹,先藏起来,等没有别人在场的时候再交给我。

舒晋瑜: 那些作品后来是什么结局?有发表的吗?

徐贵祥: 有。我给你接着讲我投稿的故事。1985年冬天,部队归建,我也调到侦察连当指导员了,有一天我到通信员和文书合住的宿舍检查卫生,发现赖四毛的床底下藏着一堆脏乎乎的东西。我问这是什么,赖四毛鬼鬼祟祟地暗示我不要问了,他把我拉到一边说:"指导员,是你的退稿,怕别人看见了影响不好,我把它藏起来了。"我心里狐疑,我怎么会有这么多退稿啊!我让赖四毛把包裹拖出来,打开一看,是十本崭新的《小说林》杂志,我的中篇小说《征服》,是这一期的头条。里面有主编赵润华的一封信,说我向《小说林》投的稿子,他们很快刊发了,几次往前线寄稿费和样刊都被退回,还以为我阵亡了。我后来又投稿才知道我的新地址。

三百八十元稿费,在当时是一笔巨款。我飞快地从邮局取出稿费,寄给在上海住院的姐姐二百元,用剩余的一百八十元买了一台风扇。这台电风扇我用了二十年。

舒晋瑜: 在初学写作中最大的难题是什么?

徐贵祥: 写不好。结构能力差,知识准备不足,读书少,鉴赏力不高,写了很多品位不太高的作品。

舒晋瑜: 这种状况什么时候才得到改善?

徐贵祥: 后来进入解放军艺术学院文学系学习,在军艺完成了《大路朝天》。

20世纪80年代末,徐贵祥考上解放军艺术学院文学系,初到北京,他感觉与现代文明格格不入。比如吃饭,他老是蹲着吃,狼吞虎咽;比如上街,一见到红绿灯就犯踌躇。他感到自己既不安全又渺小。

舒晋瑜: 那个时候对军艺是什么印象?

徐贵祥: 军艺的同学们文学素养比较高。我有一次在食堂蹲着吃饭,有一个同学讥笑我,把我惹火了,我说老子是侦察连出来的!可是别人一讲,你读过这个书吗?读过那个书吗?我没读过,有自卑感。我的屈辱史和写作史一样漫长。终于在军艺毕业那一年,一口气发表了五六个中篇小说,感觉扬眉吐气,毕业前夕,同宿舍的同学凑份子到学校门口下小馆子,其实吃的都是我的稿费。

舒晋瑜: 在军艺完成的作品,有没有受到老师的指点?

徐贵祥: 当时与其说老师提供了多少知识和方法,不如说当时的氛围好,大家写作兴趣很高,以写出好作品为荣,有成功的渴望,名利的思想,急于想证明自己……最重要的是坚定了我的信念:军事文学从此和我有关了。我当时喜欢两个作家的作品:一是茨葳格的短篇小说,这是我的老师黄献国推荐给我的;二是马尔克斯的《霍乱时期的爱情》,记了半本读书笔记。另外,当代中国的战争小说,几乎每一本我都读过。

那时候,因为来自基层,半路出家,在同学中颇受冷落。我有一个想法,首先我要战胜同宿舍的人,然后战胜我们班的人。两年中,我马不停蹄地写作,先后写了《走出密林》《大路朝天》《瞬间越野》《错误颜色》等作品,基本上都是宣泄压抑情感、抒发野蛮情绪、与现代文明冲突的基调。一直到《弹道无痕》和《潇洒行军》,才有所转变。

舒晋瑜: 您原先工作在部队基层,后来留在北京工作,这是不是读军艺带来的契机?

徐贵祥: 是的。我军艺毕业前夕,解放军出版社韩瑞亭副社长来军艺考察,选调编辑。我的老师黄献国向他推荐了我。在出版社当编辑那些年,可以说给我的军事文学创作打下了牢固的根基。十多年里,我阅读了大量的军史、战史,编了很多战将的回忆录和传记,还采访过很多老将军,对于中国革命战争,不仅有了感性认识,也有了深刻的思考。后来我写《历史的天空》,得心应手,游刃有余,就是得益于这段编辑生涯。

舒晋瑜:《历史的天空》曾遭遇两次退稿,后来由人民文学出版社出版,能说说具体情况吗?

徐贵祥: 被退稿的作品不一定是差的,有些优秀的作品有独创性,超出了编辑的想象,也有可能被退稿。这部作品我先投给军队出版社的一个编辑,他退稿后我又投给另一位编辑,我感觉他没有看我的作品。因为有一次我在他办公室看到,我送他作品的袋子没动过。

有一次《西南军事文学》主编裘山山到北京来,住在出版社对面的总参游泳馆招待所,我去看望裘山山,在那里认识了《当代》的编辑洪清波。后来我通过裘山山问洪清波,希望他能看看我的稿子。洪清波说可以,我就骑着自行车跑到编辑部把书稿送给他。一个多月后,他回复说,不咋样,修改的话难度比较大。但他很负责任,有些拿不准,又找了人民文学出版社的编辑脚印。脚印认为不错,又把书稿拿给副总编辑高贤均看。高贤均认为这部作品不错,获茅奖有一拼,还给我讲哪些地方有问题。我比较善于领会编辑意图,不仅改过来了,而且,用洪清波的话说,改得出乎预料得好。

很多作家都是编辑培养出来的,徐贵祥非常感谢人民文学出版社编辑高贤均。遗憾的是他得了癌症,没能等到《历史的天空》获奖。高贤均去世后,徐贵祥去凤凰山公墓看望他,下山的路上泣不成声。

舒晋瑜: 听说这部作品获奖,中间有过一些波折,能谈谈具体情况吗?

徐贵祥: 获奖之前我对茅奖的概念很模糊,还以为鲁奖影响更大。后来我才知道是中国当代长篇小说最高奖。作品入围后,评委会收到一封匿名信,说这部作品是新疆石河子地区张帆写的,投稿到解放军出版社,因为我是总编室主任,以权谋私,把作者换成自己的名字出版了。调查的时候,查不到"张帆",留的电话也是空号。后来人民文学出版社火急火燎地打电话,让我写个说明,一是查无"张帆";二是作品出版时我刚当总编室主任,不可能看到"张帆"的作品,更不可能把它换成我的名字出版,纯属无稽之谈。这件事情真是意味深长。

舒晋瑜:是在什么情况下获知小说获奖的?

徐贵祥:2005年4月,记不清具体日子了,应该是茅奖公布那天吧,中午正准备在沙发上睡一会儿,《安徽商报》的记者打来电话告诉我获奖的消息。我还问真的假的?不要闹出笑话。她说:官方网站已经公布。那个记者叫杨菁菁,第二年我回老家,在合肥见到她,她回忆她采访我的时候,我说话语无伦次,脑子里对茅奖没有什么概念。后来在乌镇,茅奖颁奖仪式上,我也是不知道该讲什么。其实获茅奖的时候,我真的没有太多的思想准备,有些茫然。我回到家里,母亲问我茅盾文学奖是什么意思,我回答说是中国文学最高奖,我母亲忐忑不安,嘀咕说:"你也没上过大学,也没有读过多少书,你怎么就获得这么大的奖呢,你可别惹什么乱子啊!"

舒晋瑜:获得茅奖,对自己带来怎样的影响?

徐贵祥:文学地位提高了,作品有人出版了,版税提高了,自己内心也发生变化,事实上,我是在获奖之后才开始重视起来,才开始对文学进行理性思考的。一个人获了奖,说话、写作就不能随便了。

在文学之旅,徐贵祥走了很多弯路,但他走得扎实有力。徐贵祥经常挂在嘴上的有一句话,从战争中学习战争。长期的创作实践,为他积累了丰富的创作灵感,一旦进入状态,思如泉涌,下笔有神,他的作品因而磅礴大气。

舒晋瑜：在自己的创作中，是否也常有神来之笔？比如《高地》从12月31日动笔到1月22日完稿，仅仅用了二十三天的时间。

徐贵祥：我效率很高。我认为写作快慢不能决定质量高低。有人批评我写作速度太快。如果我不是写三十天，而是写三年，质量会高吗？作品是灵感的产物，最珍贵的感觉不能搁置太久，我比较相信灵感。

舒晋瑜：您在《历史的天空》中，塑造了梁大牙这一中国战争文学作品人物中的另类形象，而不是惯常印象中高大全的英雄。您对英雄人物的理解是怎样的？这些年有变化吗？

徐贵祥：我们对英雄的理解是有家国天下的情怀。我们通常在这个领域里高扬旗帜，都是宏大叙事。过去我更多地注重英雄人物意志、智慧、人格、道德等方面，通过这些年的实践，我会更多地关注战争中人的个性命运和情感，作品会更有人烟味，更接地气。

舒晋瑜：能否谈谈自己的创作经历，几十年来经历了怎样的变化？

徐贵祥：可能与自己的思维能力、经验与兴趣有关，我的文学创作刚开始时是不自觉的，无师自通。当文学成为职业，应该说是有意识地提高文学素养，很多东西从感性上升到理性，逐渐形成自己的世界观、价值观、文学观。

文无定法，有教无类。文学教育也没有一定之规。古今中外，关于文学教育，没有系统权威的教程，这就要靠我们不断地摸索。在这个过程中，对作家的知识结构、观念、方法、境界都会提出新的挑战，也带来深刻的变化。

舒晋瑜：您曾经用三句话来讲军旅文学的难写：过去式的没有写好，现在式的不好写，未来式的写不好。现在还是这么看吗？

徐贵祥：如果解决这个问题，一是完善政策。体验生活，是作家的基本功，作家能否顺利地、成功地深入生活，关键在于政策保障和制度约束。二是形成机制。进入21世纪，军事生活形态发生重大变化，我军遂行的任务形式多样、科技含量高，譬如联合军演、反恐维和、编队护航、航天航空、抢险救灾等等。相应部门和机构，可以拟制一个预案，包括"花名册""路线图"和"调整哨"，以确保作家在各类重大行动中迅速抵达第一现场，获取第一手信息。三是改良风气。要让基层官兵真正认识到，文学的力量不是一时一日之功，而在于潜移默化、春风化雨。四是整合队伍。第一层次，保留一批德艺双馨、年富力强的专业文学创作人才，担负军事文学经典、精品创作任务；第二层次，重心下移，在军以下作战部队配属专职或兼职文学创作员，或以军事文学创作成果晋职晋级；第三层次，建立一支活跃的业余队伍，鼓励基层官兵进行文学创作。五是建立信息网络。解放军艺术学院文学系（现文艺创演系）有一千多名毕业生和培训学员，多数在部队基层工作，这些同志既是业余文学创作骨干，也可以为专业作家体验生活充当信息员和情报员。同时，依托解放军艺术学院文学系（现文艺创演系），开办随营学校，配属专职教学保障分队，在基层部队发现人才、培养人才，同时也可以作为作家交流和体验生活的基地。

舒晋瑜：您对目前军事文学的现状怎么看？

徐贵祥：一是深感忧虑，文学创作没有达到理想的高度，我有不可推卸的责任。二是充满信心。文学系（现文艺创演系）建系二十多年了，积累了丰富的教学经验，老师们在文学教学领域摸爬滚打多年，我们这支队伍，已经成为中国军事文学发展的一支重要牵引队伍。

当代中国军事文学,曾经有过一段辉煌的历程,新中国成立前后诞生的一批战争文学作品,在中国文学格局里占了大半壁河山,影响了几代人,其根本原因就是得益于生活的慷慨馈赠。那个时期的作家,多数是战争的亲历者和目击者,有丰富的创作素材,有直观的现场感受,有鲜活的人物和故事,也有强烈的情感冲击。在此后一个较长的时期,军队作家薪火相传,贴近部队、贴近基层、贴近生活,不仅创作出大量的优秀军事文学作品,也积累了丰富的经验。同时,作家在生活中体验,在体验中生活,作家本身的行动,也为中国当代军事文学如何发展、军队作家在强军实践中如何发挥作用、如何提供正能量等等命题,提供了独特的思考。但是,我们也不能不看到,在社会转型时期,军事文学创作一度处于低谷,习总书记指出的有数量缺质量、有"高原"缺"高峰"的现象,在军事文学创作领域同样存在。

舒晋瑜: 2012年底来到军艺(现国防大学军事文化学院),现在感觉怎样?和您当时在此学习的时候相比,有哪些变化?

徐贵祥: 2000年之后,解放军艺术学院变成学历教育,过去是战士大专班,2000年开始有本科教育,2001年成立研究生点,文学系成立的初衷发生了很大变化,但是我们的任务没有变,就是为部队培养军事人才,培养创作人才。我的理念还是要推动文学创作,可是刚来的两年找不到北,我能做的事情做不了。我最开始想搞小说路标,出发点在哪里?大本营在哪里?小说创作和叙事文学出发点在哪里?第一路段在哪里?路过的曲折在哪里?最后如何抵达终点?我希望用文学的思维建立教学的思维,更希望尽快出创作成果。

文学系刚刚成立的时候,老主任徐怀中说:八面来风不拘一格。那个时候老师很少,学生多数是成熟的作家,更多地讲文学观、价值观,在技术层面,讲得不是太多。我提出一个口号,让文学系的文学训练像雪球一样滚动起来。但是在实践中,有一些问题是需要解决的。如何在学历教学尽快培养本科学员写作,提高创作能力,形成成熟的文学作品。除了基础的文学训练是有益的、必需的,还应该多进行基础创作训练,提高观察力、想象力、审美力。着眼于几种能力的培养。这几年来我们一直都在摸索,想了很多办法寻找最佳途径。从结构到语言,既有普遍性教学,也有针对个人的、针对特殊性的手把手教学。上课解决的问题是共性的问题,抓创作解决个性问题。同时也组织了一些在校的学生突击创作训练,和《解放军报》《解放军文艺》《人民文学》等报刊联合组织军事文学专版、专辑、专号。用这种形式营造创作氛围,推动学生创作。

获奖作家访谈

柳建伟:我一直关注战争与和平

柳建伟 1963年生于河南省镇平县。先后毕业于解放军信息工程大学、解放军艺术学院、北京师范大学与鲁迅文学院联办的研究生班,获工学学士、文学硕士学位。曾任八一电影制片厂厂长,兼任中国文字著作权协会会长。著有长篇小说《英雄时代》《北方城郭》《突出重围》,中篇小说集《苍茫冬日》,报告文学《红太阳白太阳》等。其中,《英雄时代》获得第六届茅盾文学奖。

| 采访手记 |

在很多作家眼里,战争文学在世界文学中是一个富矿,因为它能够展示小说中人物更为丰富更为波澜壮阔的精神层面。

柳建伟也在大踏步走向"富矿"。这走的过程中,有诸多伴随着鲜花与掌声的幸福,也有诸多面临重复与挑战的困惑与茫然。是的,和平年代如何创作出具有经典意味的军事文学作品,是作家们一直苦苦思索追求的命题。柳建伟的看法是,军旅文学真正要成大气象,应该在2010年之后。他说,自己并非像评论家对于军旅文学浪潮的现象进行研究,他只是为自己的梦想做准备。

他喜欢读金庸的作品,并且认同金庸的成才观。"《鹿鼎记》应是罕见的文学杰作,有这一部作品,有一个韦小宝,金庸就是文学大师了。他另外的纯武侠作品,自然也都是武侠文学中的杰作。在他构筑的武侠世界里,要想成绝世高手,需三个要素,一是天分加苦练,二是要接触武功绝学秘籍,三是要拜个绝顶高手做老师。"他曾在大邑苦修八年,没见什么文学秘籍,更没见到一个文学大家的真容,这是他下决心到北京读书、学习文学创作的原因。

的确,在柳建伟的写作历程中,始终没中断学习:郑州的解放军信息工程大学,北京的解放军艺术学院、鲁院文学院……从1991年到1997年,在北京学习的六年对柳建伟来说是蜕变的六年,这期间他接触了很多文学界最杰出的人物,那种文化氛围很能陶冶人,"与君一席话,胜读十年书",他对自己写什么、怎么写,想要达到什么程度,优势和劣势在哪里都有了理性的认识,这些都得益于学理的底子。

柳建伟说,在人生的竞技场上,他希望做个全能选手,而不是单项选手。听着幽默风趣的语言,轻松地打着形象的比喻,听他如此清醒深刻地剖析自己,听他从围棋里、从竞技项目里诠释跟他所热爱的文学息息相关的内容以及悟到的真谛——这样一位善于领悟又付诸努力的作家,我们有什么理由不相信他的成功呢?

柳建伟开始写的第一部小说是《郝主任的苦恼》,是写计划生育的。寄给《人民文学》杂志后,不久就收到了铅印的退稿信,上面还用钢笔写了五个字"文笔欠精练"。

舒晋瑜:90年代初,您还尝试创作了报告文学等体裁,成功吗?是在什么背景下创作的?这些作品给您带来了什么?

柳建伟:1992年下半年到1995年下半年,我用了大约三年时间,创作纪实文学作品。单独创作出版的作品有《红太阳白太阳——第二次国共合作启示录》和《日出东方——红一方面军征战纪实》,由我牵头组织两人或三人创作出版的作品有《纵横天下——第四野战军征战纪实》《血祭太阳旗——百名侵华日军将领毙命中国纪实》等。《红太阳白太阳》由《当代》部分刊发,获中国图书奖和国家图书奖提名奖;《纵横天下》总发行量超过二百万册,属战争纪实文学热的发轫之作,同时也贡献了战争纪实文学作品的一种写法,即目录和内文均写百余字各章的广告性导语,现在这种做法已十分流行;《血祭太阳旗》应是国内第一部从日本角度切入的抗战纪实文学作品,现在还有书引用我们这本书中的内容。创作这些作品,不能算多大成功,但也不算虚度光阴。

中断小说创作,转写纪实文学,主要是我需要钱。军艺毕业去鲁院读研究生,每年需交费五千元,家里父亲单位盖集资房,需要我贡献五千元,1994年7月,母亲患癌症治疗费用很多,也需挣钱。纪实文学为书商所喜爱,书商看完书稿决定出版后,几天内便可按每千字多少钱,支付全部稿酬。这一点,所有出版社无法做到。那三年的大部分时间,我都在为书商写战争纪实作品。1995年劳动节，母亲来京复查身体，她和何启治老师一起让我中止了这种一手交稿一手拿稿费的高强度的创作。何老师认为孝分大孝小孝，我写纪实作品挣快钱为母亲治病，属小孝，如能集中精力创作有价值的长篇小说，也能挣钱为母亲治病，这属大孝。母亲认同何老师的观点，以不再治疗相逼，要求我不能再为书商写东西了。

  回头来看，这段纪实文学的写作，也是很有价值的。因为我做事有周密的计划，这三年所写的纪实作品，均涉中国近代史、党史、军史和国史，写这七八种东西，让我熟知了民国以后的中国史。写和读是两回事，写一遍中国几十年的风云变化，收获自然很大。又因涉足中国近当代史较深，进入中国古代史就容易了很多。所以，我今天对这段创作，持绝对正面的评价。

  对于军事文学，柳建伟既是参与者又是研究者。《突出重围》是一种隐喻的表达，虽然不能完全穷尽他的表达，但突出了他对于中国军队多年的研究。

  舒晋瑜：《时代三部曲》的创作之初，就拟定了这样的规模吗？听说您曾将《英雄时代》的五十万字第一稿全部放弃，能谈谈为什么吗？什么原因促使您下决心"推倒重来"的？

  柳建伟：1995年6月底，何启治老师用一天时间听我给他讲了我的几个长篇小说构思，我讲的构思中，就包括这几部小说。

  早年我很欣赏巴尔扎克，认为他用十多年创作九十几部作品，纪录法兰西民族的一段秘史，很了不得，也就想学他。在我的计划里，应该写的是时代N部曲。最近，我已决定再用五六年时间，创作三部现实题材的长篇小说。《英雄时代》写到了世纪之交的中国现实，中国又发展变化了近二十年，我需要记录了。

  废掉《英雄时代》初稿，确有此事。此前我已废过《北方城郭》

的初稿约三十三万字,这个初稿叫《大炼狱》,是我二十五六岁时写的,读军艺时,张志忠老师看后说达到了出版水平,但改改更好。我听了张老师的话,没把这个稿子交出版社。1995年6月,何启治老师要我先做有初稿的《北方城郭》,我就决心废初稿重写了。下这个决心很简单,因为何启治老师推出过《古船》和《白鹿原》,我要是拿出一般的作品,入不了他的法眼。这时候,何老师已看过我为贾平凹《废都》写的续书,认为我能写出很像样的长篇。这也是他劝我中止纪实文学创作的理由。

《北方城郭》于1997年6月由人民文学出版社隆重推出。我说隆重,是因为此书初版署了陶良华、高贤均和何启治三个责编。一个室主任和两个副总编共同当一本书的责编,当然不常见了。1997年底,我便将《突出重围》的小说稿子交给了人文社。大约半个月左右,我接到了人文社通知,叫我来京。我以为是改《突出重围》,谁知在人文社东中街四十二号地下室招待所住下后,高贤均和何启治两位老师马上去见了我。高老师说:"《突出重围》不用改,《当代》先发再出书。你再写一部新的,我们社想给你签个约,签你十年内的作品。签约是我们社一个尝试,我们想从你这里开头。"

1998年11月,《突出重围》出版。1999年春天,我就把五十万字的《英雄时代》初稿交到了出版社。不久,第五届茅盾文学奖初评揭晓,《北方城郭》列入二十部初选名单,排名现实题材第一,但在终评时落选。回头想来,真的太感谢何老师、高老师了。如果不是他们的严格,我不会有现在的《英雄时代》。让我感到悲痛的是,陶良华和高贤均两位编辑大家都英年早逝了。他们这样的编辑,现在真是越来越少了。

舒晋瑜:听说《废都》大卖时,还有书商出高价让您为《废都》写续？贾平凹知道吗？后来《废都》被禁，"废都续"命运如何？现在您怎样看当年的这一尝试？

柳建伟：1992年至1994年，我家运遭华盖，先是祖父病逝，接着便是盖集资房没钱，次年，母亲也患了绝症。这一系列的变故，让我认识到了没有钱是万万不能的。

《废都》与《白鹿原》几乎同时期问世，均堪称杰作。从个人喜好上讲，我当时就认为《废都》甚至要高于《白鹿原》。《废都》在艺术上均衡完整，一个庄之蝶写透了中国当代知识分子。《白鹿原》在结构上，有前后不一致处，前半部堪称伟大，后半部只能称优秀。今天，对这两本书，我依然如此评价。《废都》解禁后，专业评价在走高。《白鹿原》改电影、改话剧，都不大成功，我认为很重要的原因是原著结构上后半部存在难解的问题。我对《废都》自然也有不满，不满在庄之蝶太显颓废了些，炼狱般的经历不够，作品呈现显眼的未完成性，很可能是作者写得太累太悲苦，已无力无心再试炼主人公了，只好让他昏死算了。

我为《废都》写续，一是为这个认识，二是因有文友支持我作续，三是有书商愿以十万元作为稿费并肯先付一万元定金。这一万元是我家急需的啊！我无法拒绝。

我的续书名叫《虚城》，所有人物和线索全由贾老师原书提供，长度是三十三万字。遗憾的是，我写到尾声时，《废都》被禁了。

后来，何启治老师知道我写了《废都》续书后，要去看了。看后，他才找了《废都》看，看后，他说你的不差什么，又说你可以写出不错的长篇。

《虚城》书稿后来交到了《废都》责编田珍颖老师手里，她认为我在语言上仿贾老师能打八十分，写得也不错。她后来提出过经贾老师授权后，先在香港出版的方案。不知因为什么，此事没做成。大约在1996年，田老师把书稿交还了我。

我不后悔写过《虚城》这本书。没有这本书，何启治老师不会很快判断出我能写长篇，我的创作之路可能会是另一个样子了。真的不知贾老师知不知我给他的书写过续，我是很愿意让他看看我续的这条狗尾的。书稿已躺在我旧书稿箱二十多年了，不知它有没有见天日的机会。

1995年前后，我还与何启治老师合作过一部反映中国知识分子在1979年至1995年间命运变化的长篇小说。这部叫《当代往事》的小说，现在自然也是不合时宜的，也就没让人看过。我认为特别值得写的东西，会毫不犹豫去做，结果是什么，我是不管的。

柳建伟一直觉得写作有开窍的瞬间。开窍肯定基于写作和阅读。

舒晋瑜：可否说说您独到的阅读方式？据说您看巴尔扎克的《人间喜剧》，将上千个人物一一列出关系，连评论家朱向前都感叹："读书真读到家了。"

柳建伟：因为大学读的工科，工科思维就严重影响了我读书和创作。读大二时，我开始做文学梦，因一个出名的作家都不认识，就对作家的创作谈和评传较为重视。读了一些后，我发现作家的创作谈，有很多是靠不住的，多数人是不谈自己的创作过程的。当时我读的是计算机专业，知道计算机算得快，是有程序支撑的。前几年，谷歌的计算机阿法狗（Alpha Go）以四比一赢了韩国围棋世界冠军李世石，再次证明了程序的重要。

从作家创作谈和作家评传中，读不到创作秘籍，我就想到了从作品本身破解创作密码的笨办法。人物是长篇小说的核心，我就从人物关系图谱入手，开始学习。最早做、做得最细的是《红楼梦》。人物关系图谱，需要配上事件和情节流程，才能看出大作品的构成密码。外国作家,我做过俄国陀思妥耶夫斯基的《罪与罚》《白痴》和《卡拉马佐夫兄弟》人物图谱的分析学习。巴尔扎克《人间喜剧》中,人物关系复杂的比较少,做了几部后,也就弄明白了。这一比较,就比较出《红楼梦》更高级了。后来,我就明白了长篇小说的结构,就是一定时空关系系统中人物关系总和这样一个道理。用时空关系系统和人物关系图谱,判定一部长篇小说艺术上的高下,是很靠谱的,学会这个方法,创作长篇小说,大抵是不大会跑偏的。

伟大作品成功的密码,在作品中藏着,失败的原因,也藏在作品中。就是这样。

舒晋瑜: 在自己的创作中,是否常常遇到瓶颈?创作中您认为最大的困惑是什么?又是如何解决的?

柳建伟: 对成熟一些或者是较为理性的作家而言,瓶颈是不常遇到的,因为这样的作家对生活资源和创作能力的极限,是有基本预判的。这样的作家知道什么样的东西,下一步不能再写下去了,他会在较早一个时期,寻找另一种创作的切入口。

我写完《时代三部曲》最后一部之前,就知道环境等因素限制我无法再这样写现实了,我自觉中止了这种写作,转向到了现实题材影视剧本的创作。《SARS危机》是个例外,因为"非典"来了,哪里也无法去了,我就想在家记录下这个重大事件。

过了十几年,我觉得该用长篇小说记录现实了,就开始着手准备。准备的时候,突然发现有很多的困惑。最大的困惑是我不知道还能不能写《突出重围》这种提出尖锐问题,暴露社会深层矛盾这类作品了,不知道还能不能写《北方城郭》里面贪官的多面性了,不知道还能不能写《英雄时代》里那些影响执政基础的诸多深层问题了。回头一看,我十几年前的这几部作品,杞人忧天过,也妄议过。

目前,我正处在一个十分矛盾的状态中。譬如说,十几年前,我在《英雄时代》中,以褚时健为原型写了一个人物,写了转型中国一些能人不可避免的悲剧性。褚时健现在出了狱,又成了柑橘大王和企业家偶像,今天该怎么评价他,难道不让人困惑吗?还有,文学该怎么描画刘志军,也让人相当困惑。没有刘志军当铁道部部长八年里一系列不按常理出牌的疯狂举动,中国的高铁肯定不会在世界上领先。高铁带来的经济收益,显然是天文数字。同时,刘志军在低工资的现有规矩中,伸了手,贪腐了六千六百万,如今在狱中服刑。法律这样处罚他,当然万分正确。文学该怎么记录刘志军们呢?韦尔奇当年做职业经理人,救IBM公司,拿了好几年一亿美元以上的年收入,他一直是商界英雄。中国的高铁比IBM重要多了。

所以,我又迟迟无法再次下笔写当下的中国。从目前来看,我的这种大困惑是无解的。当今中国社会的撕裂已达粉末的程度,作家理应站出来做些呼吁,尝试些疗救的。可惜有无物之阵困着,喊不出声,动弹不得。这种状况仍在持续,让人苦闷加郁闷。

舒晋瑜: 能否谈谈自己的创作经历了哪些变与不变?

柳建伟: 作家几十年不变初心的有,但恐怕是少数派。莫言最早是《透明的红萝卜》,后来是《酒国》《丰乳肥臀》,再后来又是《檀香刑》,变得很厉害。阎连科开始是《两程故里》《横活》,后来是《日光流年》,近期成了《炸裂志》《四书》,变得更厉害。老举这两位军艺师兄为例,一是他们如今都得了国际大奖,二是我熟悉他们。还有许多优秀的中国作家都在不停地变。

我这人较固执,认为变与不变,应该有个可拿捏的度。写作三十多年,我的现实主义和批判现实主义的立场没变过,表现方式方法上却一直在寻求变化。我认为里面有个体作用问题。另外,我还认为19世纪的西方文学成就更高,其方法也更合适拿来表达当代的中国。

如果我们的战争小说想达到一个被世界认可的高度,首先要解决认识层面。柳建伟愿意向肖洛霍夫的《静静的顿河》致敬。战争本身是反人性的,如果只重视历史的传奇性,停留在表层的叙述,没有历史观的沉淀,军旅文学永远不能得到提升。

舒晋瑜: 可否谈谈您目前的创作状态?听说您正在创作新小说?

柳建伟: 我现在的创作状态,可以说又好又不好。说好,是我有几个极成熟的现实题材长篇构思,生活的储备也够了,创作欲望很强烈。说不好,是我对现实诸多问题想得太多,有些悲观,有些苦闷,不敢冒险了,面临着哈姆雷特的问题。

新小说是必须写的。写成现在能出版,或写成将来出版,是个问题。所以,只能写写停停。十六年前,我与二月河先生同台做节目,意识到写历史小说自由空间更大,就有了写历史小说的想法,后来也不停地规划过,现也有具体的构思。我不大清楚我下一步出版的小说会是个什么品种。因为我可能会写完一部小说后,把它放在箱子里,一放就放很久。

舒晋瑜: 您对目前军事文学的现状怎么看?

柳建伟: 革命性的军改正在如火如荼地推进,穿军装的作家队伍正在被彻底摧毁。基于这种现实,过去六七十年我们谈论的军事文学这个概念,怕是要成为历史故纸堆中的印痕了。这几十年谈的军事文学,多是指一支穿军装的作家队伍,创作的与军旅生活相关联的文学作品,队伍和作品多数时间是合二为一的。

军事文学到底只是文学的一个分支,其盛其衰,不会从根本上改变文学的版图。没有边塞诗的唐诗,基本上不影响唐诗的伟大。莫言、阎连科脱了军装后,创作的作品,影响更大些。穿军装的作家如周大新,加上我,重要的作品均不是军事文学。

所以,军事文学出现式微或者衰亡,都不让我惊讶。

《英雄时代》,一部未进入终评的作品最后意外得奖,有一些幸运的成分,也不排除其必然的因素。

舒晋瑜:《英雄时代》获奖,中间是否经历波折?关于作品参评,您都了解什么?能否多透露些内幕?

柳建伟:这部作品参评茅奖的经历,第六届茅盾文学奖评奖委员会应有详细记录,我这里只能凭记忆回答一些,可能不大准确。

第六届茅奖从选送作品到最终评奖揭晓,印象当中有两三年的时间。我记得最早报名,是以《时代三部曲》一起报的。当时我和出版社考虑到《北方城郭》在第五届评奖,已进入过终评二十部名单,这次再加上《突出重围》和《英雄时代》,应该有些胜算。报名时间应在2003年春天。

那时,茅奖评奖分初评和终评两个阶段。初评评委会评出一个大名单,交终评评委会作终评基本备选篇目。终评评委会有三位评委联名提不在初评委评出大名单内的作品,经终评委一半以上同意后,也可列入终评名单。

《时代三部曲》在参加初评时,有部分评委认为这个三部曲不合传统三部曲的定义,没有支持这三部作品。初评内部揭晓的二十部大名单没有《时代三部曲》,得到消息后,我和出版社都很沮丧。这时,我们只能寄希望于三个评委提名某一部作品参加终评了。那时,《突出重围》的同名电视剧热度未减,我们都认为终评委认可这本书的可能性较大,如提名这本,最后应有胜算,因为初评评委会提交的大名单,竟无一种属于写当代生活的。后来,终评名单出来后,终评委多数选择了《英雄时代》参加终评角逐。

恰在名单公布前后,《英雄时代》的电视剧在央视八套黄金时间播出,这个片子因投资不足,加上制作周期不够长,片子播出后影响平平。我看了三集后,心里拔凉拔凉,断定此剧会对小说评奖产生不利影响,也就不再关注第六届茅奖终评的事了。不知什么原因,第六届终评会一直没开。到了2004年底,我就彻底不再想这件事了。2005年7月中旬,终评委集中评奖,我一点都不知道。

舒晋瑜: 您是在什么情况下获知小说获奖的?还记得当时的心情吗?

柳建伟: 2005年,我都在为创作电影剧本《航天英雄》搜肠刮肚。调到八一厂一年半,作为专业编剧,没写出一部投拍的剧本,是很让人尴尬的。载人航天题材,搞电影太难,八大系统捏到一部电影里,简直是项不可能完成的任务。直到2009年夏,我才找到了讲述中国载人航天故事的方法,我把这第十一稿剧本改名为《飞天》。这部电影后来很成功,得了中国最重要的三个奖项的大奖。

2005年7月的一天,我收到朱向前老师一个很短的短信,上写:评上了,等正式消息。因事先不知朱老师在评茅奖,我以为朱老师发错了消息,也没打电话问他。第二天,记者打电话过来采访,我还以为他在开玩笑。他让我上网看新闻,我找人上网看了,才知《英雄时代》真获奖了。直到现在,我还不会用电脑上网,收发邮件都需要有人帮助。

因为得到获奖消息较晚,一看就看到还有人对《英雄时代》说难听话,还没怎么高兴,心情就变糟了。如果2000年,《北方城郭》得了第五届茅奖,我肯定会很高兴的,因为我那时对获奖充满期待。2003年,我在电影华表奖的颁奖盛典上,领过剧本奖,得过十万元奖金,还走过红地毯,已经算是见过世面了,得了茅奖也就没觉得有什么。

后来,到乌镇参加了颁奖典礼,领了三万元奖金,心情才算变好了些。

舒晋瑜:获得茅奖,给自己带来怎样的影响?

柳建伟:我供职的八一厂,包括整个总政文艺系统,对茅盾文学奖几乎没什么关注。我没得到另外的奖励和奖金,甚至连个嘉奖都没得到。后来,我问了同届得奖、同在总政直属队工作的徐贵祥,问他得没得额外的奖励,他回答说:没有。三年后,周大新得茅奖,他供职的解放军总后勤部,给他记了一等功。2000年,《突出重围》电视剧播出后,单位也给我记了二等功。后来,我才明白总政系统每年得这奖那奖的人太多,奖不过来,也就不奖了。

得茅奖,在单位没带来什么好影响。当然,也没有带来什么坏影响。

过了一两年,我才意识到这个奖的重要性,才意识到这个奖在社会上已经具备了权威性。因为《英雄时代》得奖后,每年都要加印一两次。这很重要。

舒晋瑜:事隔多年,现在看这部作品,您如何评价?

柳建伟：《英雄时代》出版至今，已有整整二十年了，它发行总册数已超过五十万。几天前，我刚刚收到人文社加印此书的通知。这说明读者认可了这本书。

我对这部作品，基本上是满意的。这本书对于上个世纪90年代至世纪之交中国都市生活的描画，有它独特的价值。书中塑造的陆承伟、史天雄等人物形象，即使是对当下中国，仍具有一定的典型性。

获奖作家访谈

宗璞：即使像蚂蚁在爬，也要继续写下去

宗璞 1928年生于北京。毕业于清华大学外文系，退休于中国社会科学院外国文学研究所。著有四卷本长篇小说《野葫芦引》(《南渡记》《东藏记》《西征记》《北归记》)，中短篇小说《红豆》《三生石》，散文《西湖漫笔》《奔落的雪原》，童话《寻月记》《花的话》《总鳍鱼的故事》等。其中，《东藏记》获得第六届茅盾文学奖。

| 采访手记 |

"我最想做的事情是周游世界。可是如今我只能卧游!"九十岁的宗璞说话间朗声大笑,看不出丝毫倦意。她想到唐河父亲的纪念馆去看看。2011年就建造的冯友兰纪念馆,参观的人很多,可她一直没有去过;世界上许多地方她都想去,桂林、希腊……她笑着说,自己只能梦游世界。

实际上,她因有过一次中风,又时常住院,为了防止身体再出问题,身体恢复些时,她做的第一件事就是先把未竟的小说结尾写好。

近年来,她的各种作品集源源不断,北京大学出版社推出她的《风庐散记》,海豚出版社出版了她的童话。她在《关于琴谱的悬赏》《寻月记》《花的话》《总鳍鱼的故事》等作品中,细腻生动地为读者展现了孩子纯洁天真的内心世界。她说,自己很喜欢写童话,写的时候觉得自由,不为现实生活拘泥,全凭想象。

"我这一生,一个求真一个求美。我一直在想,在民国时候常常提的真善美,现在好像不大提了。"宗璞说。她希望历史能够真实,不要瞎编乱造;希望艺术创作能够真的像个艺术品,不是很粗糙的一堆。

曾经有人问她,为什么写小说?她说,不写对不起在身边凝固的历史;为什么写散文?不写对不起胸中的感受;为什么写童话?不写对不起脑子里的梦;为什么写诗,不写对不起耳边歌唱的音符。

现在聊可告慰的是,她写了自己想要写的长篇小说。"看我和它谁先到终点吧。生命剩下的已经不多了。"语气既风趣洒脱,又有些许悲凉。

少年时,宗璞读到东坡一首《行香子》,最后一句是"几时归去,做个闲人,对一张琴一壶酒一席云",她觉得这正是自己理想的生活。可是现实生活的纷扰,让她永远也过不上那样的日子。现在的宗璞,自我评价为"一只蚂蚁",她的写作则像蚂蚁在爬,写一天病两天。可是如果不写完很不甘心。于是每天卧床之余,她仍会坚持一个小时坐在电脑前,继续写作。

她在很小的时候就开始背诵诗词。童年的阅读为宗璞日后的文学创作打下了扎实的基础。

舒晋瑜：能谈谈童年阅读对您的影响吗？

宗　璞：我小时候的阅读分成三个部分：一是背诗词。我五岁开始上小学，父亲会给我选一些诗，每天早晨背上书包在母亲床前背了再去上学。那会儿背白居易的诗多一些，像《长恨歌》《百炼镜》都背过，因为白居易的诗容易上口。父亲对我有要求，规定每天背多少，但是容易完成，我也很有兴趣，一点儿都不吃力。父亲从来不讲，他主张书读千遍，其义自见。二是儿童读物。那时候读了《格林童话》《爱丽丝漫游仙境》，还有一套少年儿童读物的文库，其中改写的《西游记》非常好读。从前我看的《西游记》很烦琐，一上来就是"有诗为证"。三是成人读物。那个时候看书也是囫囵吞枣，但是我在八九岁时读《红楼梦》，读了很感动，看到林黛玉死的那章，哭得不得了。还有一些别的书，在小孩子中很流行，比如清代俞曲园改编的《七侠五义》，再就是《隋唐演义》《小五义》，也读《水浒传》《荡寇志》。

舒晋瑜：这些诗词对您有怎样的影响？

宗　璞：大致说起来，诗词对我来说非常重要，诗词是我的好朋友，是我的终身伴侣。我父亲晚年时也常背杜甫的诗，现在我也常读。现在很多学校倡导小孩子背诗词，应该鼓励，中国是诗的国家，诗词是中华民族的瑰宝。

冯友兰先生常年专注在纯粹的精神世界,从不为俗物分心,因为在他生命的不同阶段都有贤淑女性辅佐,他曾感叹自己的一生得力于三个女子:"早岁读书赖慈母,中年事业有贤妻。晚来又得女儿孝,扶我云天万里飞。"

舒晋瑜:您如何评价父亲?

宗　璞:他是自由主义的教育家,几十年如一日,始终在北大、清华、联大维护和贯彻那些教育理念:学术至上、为学术而学术、思想自由、兼容并包等。他认为大学要培养的是"人"而不是"器"。器是供人使用的,知识和技能都可以供人使用,技术学校就能做到。大学则是培养完整灵魂的人,有清楚的脑子和热烈的心,有自己辨别事物的能力,承担对社会的责任,对以往及现在所有的有价值的东西都可以欣赏。

舒晋瑜:《冯友兰论教育》(人民出版社)引起很大反响,您如何看待父亲的教育思想?

宗　璞:我想可以概括成三点:第一点是教育出什么样的人。应该是合格的人,而不是器,是有独立头脑、通晓古今中外事情、能自己做出判断的人,而不是供人使用的工具;第二点是大学的职能。我父亲非常善于把复杂的事情用简单的话说出来,他用四个字概括大学的职能,这四个字是"继往开来",就是说,大学的职能不仅是传授已有的知识,还要创造新知识,我觉得清华的传统,就是富有创造性,清华校箴"人文日新"就有"开来"的意思;第三点是怎样办大学。大学不是教育部的一个司,大学是自行继续的专家集团,就是自己管理自己,懂得这个事情的人有权发言,一般的人不要发言。

舒晋瑜:冯友兰先生晚年曾打算写一本《余生札记》,把哲学之外的各样趣味杂感写进去,但是这本书最终没有写成。

宗　璞:我猜想这本书里会有"论文学""论诗词""论音乐"等等,大概还会有一篇讲《红楼梦》的文字,父亲曾高度赞扬《红楼梦》的语言,便是三等仆妇的话也都很有节奏,耐人寻味,而且符合讲话人的身份。一次在饭桌上,父亲边吃饭边谈论《儿女英雄传》,说这本书思想不行,但描写有特点。他讲到十三妹的出场,和以往旧小说的出场完全不同,有现代西方小说的手法,不是先自报家门,而是在描写中逐渐交代人物;讲到邓九公洗胡子,认为写得很细,很传神。那时我太没有先见之明,应当记下来。父亲对诗、对词曲、对音乐,都有很好的意见,父亲曾说:如果一个人对中国哲学和西方哲学都懂,他会喜欢中国哲学;如果一个人对中国古典音乐和西方古典音乐都懂,他会喜欢西方古典音乐。

一个人的生命底色,是由时光和阅历熏染而成;一个人的精神光彩,则由自励和友情磨炼而就。宗璞的创作充满诗意,追求意境,强调诚、雅,"雅"发其外,"诚"守其内。

舒晋瑜:1948年您在《大公报》发表处女作《A.K.C.》。您是怎么走上文学创作道路的?

宗　璞:我发表的第一篇文章其实是一篇写滇池月光的散文,十五岁写的,现在找不到,就把十九岁发表的短篇《A.K.C.》算第一次发表作品。之前十七岁还写过一篇小说。

舒晋瑜:1957年《红豆》发表在《人民文学》,引起很大的震动。您当时的文学创作,起点很高,也比较顺利吧?

宗　璞:当时我所在的《文艺报》在五楼,《人民文学》在四楼。

有一天我拿着稿子去找涂光群,不久就发表了。后来《红豆》被打上"毒草"的标签,无奈搁笔,这一搁就是十四年。"文革"结束后才陆续写了《弦上的梦》《三生石》《我是谁?》……在中国写小说不容易。50年代我下放回来后写了篇小文章《第七瓶开水》,下笔写了第一句话:天下的母亲都爱自己的儿子。后来一想,不行,这不是人性论吗,要批判的,赶紧改掉了。但这句话我却永远记住了。后来我发明了"心硬化"这个词,就是说在革命中,人人要硬下心肠来说假话。但不管怎么说,我还是要坚持,把我的小说写完。父亲写完了他的《新编》,我也能写完我的东西。

舒晋瑜: 在童话中,您的很多作品如《关于琴谱的悬赏》《寻月记》《花的话》《总鳍鱼的故事》等,细腻生动地为读者展现了孩子纯洁天真的内心世界。您的童话内涵很丰富,也很深刻,不仅是给孩子看的。在童话的写作过程中,您是怎样的心态?

宗　璞: 我很喜欢写童话,他们给我出了专集,写的时候觉得自由,不为现实生活拘泥,全凭想象。

舒晋瑜: 您的作品一向追求"诚"和"雅"的品质。

宗　璞: "诚乃诗之本,雅为诗之品"是金代诗人元好问的诗句,后来郭绍虞先生将之总结为"诚"和"雅",没有真性情,就写不出好文章。但要做到"诚",就要能够正视生活的很多问题。"雅"便是文章的艺术性,这只能靠改,不厌其烦地改。

她决定写一部长篇小说来表现知识分子身上所体现的民族风骨,否则对不起那个时代。小说最终定名为《野葫芦引》,包括《南渡记》《东藏记》《西征记》和《北归记》四卷。

舒晋瑜：写作《野葫芦引》的起因是什么？为什么会从"文革"的叙述转向抗战题材？

宗　璞：50年代的时候，我就想写一部反映中国读书人在抗日战争时期的生活的长篇小说。抗战这段历史对我童年和少年时代的影响太深了。另外我想写父兄辈的历史。在《宗璞文集》前头我写了几句话，我说："写小说，不然对不起沸腾过随即凝聚在身边的历史。"

舒晋瑜：《野葫芦引》是在写作之初就拟定四卷吗？这四卷的创作过程中，经历了什么？

宗　璞：从写《东藏记》开始，我视网膜脱落，头晕频频发作，半边身子麻痹，在助手的帮助下口述成文，七年才写完。

《南渡记》写完，我父亲去世了。《东藏记》写完，我先生去世了。对人生，我觉得自己好像懂得越来越多了。一个小说写这么长时间，我觉得对小说是一件好事，因为作者经历得更多了。在最初两年写的时候，情调是较明朗的，后来经历越来越多，对人生的态度也有一些变化。现在我设计的《北归记》的结尾，和我最初想的略有不同，不过总的来说，基本设计改动不大。在经历了"文革"以后，对世界的总的看法已经定了。不过，经历了更多死别，又经历了一些大事件，对人生的看法更沉重了一些，对小说结局的设计也更现实，更富于悲剧色彩。

舒晋瑜：这么多年过去，小说的人物也都有了变化。回顾这些作品的创作，您是一种什么样的心情？

宗　璞：我写得很苦，实在很不潇洒。但即使写得泪流满面，内心总有一种创造的快乐。小说里的人物都慢慢长大，孟灵己出场的时候十岁，回去的时候十九岁了，而且经历了西征的战争、李家大女儿的死、凌雪妍的死，尤其是玮玮的死，这都影响她成长的过程。有人说我每本书要死一个人，我想生活就是这样，一面向前走一面就要消失，旧的消失然后又有新的。

舒晋瑜：王蒙曾经说，《野葫芦引》"喷发着一种英武，一种凛然正气，一种与病弱之躯成为对比的强大与开阔"。

宗　璞："野葫芦"是一段源自真实生活的动人故事，是小说，也是历史。"七七事变"后，一大批教授、学者在战火硝烟中跋山涉水，把西南边陲造就成保存中华民族文化命脉的圣地，在物质极其艰苦的条件下，他们精神富有，理想不灭。

舒晋瑜：这四卷作品的写作，历经这么多年，如何保持其文脉的连续性？

宗　璞：我记性好。写完了不能从头再整理一遍，要听人念，很费时间，都是片断的。算一算三十几年了。写写停停，实际写作的时间没那么长，我做得太慢了。

编辑杨柳对我的帮助很大，需要什么材料都帮助去找。还有一个以前的老同学段承鹏，是我西南联大附中的同学，也帮我看这稿子。

《野葫芦引》和我们熟悉的抗战小说完全不同，它全面、细致、深入地刻画了抗战时期中国知识分子的精神面貌，这在1949年以后的中国的文学作品里几乎是绝无仅有的。

舒晋瑜：第二卷《东藏记》获得第六届茅盾文学奖。您还记得当时的情况吧？您对自己的作品是否能获奖抱有期待吗？

宗　璞：我对茅奖也没有期待，好像不大知道，也没有过问。

获奖当然是让人高兴的事，但那是对过去工作的一种评价，也是一种鼓励。过去的已经过去了,前面还有许多没有做的事,那才是更重要的。《南渡记》于1988年出版以后,《东藏记》1995年在《收获》发表第一、二章,2001年出版全书。有人告诉我,在网上看到一个小小的讨论,说他们等得太久了。这样的迟延使我不安,简直对不起那一段历史,也对不起读者。我一再鼓励自己要坚持写下去,但总是觉得好像说大话,因为不知道还能写多久。

舒晋瑜:您如何看待茅盾文学奖?

宗　璞:获得茅奖是一种鼓励,但是也不一定就比不获奖的作家写得好。没获奖的作品中也有好的。因为身体不好,我没去参加颁奖典礼。

舒晋瑜:《野葫芦引》中,知识分子在面对抗战与投身抗战的过程中,在羁绊中成长、在实践中不断地摸索前行,最终完成了自身的蜕变。《野葫芦引》中出现的几代知识分子也各有不同。您怎么评价知识分子在中国历史中的地位和影响?

宗　璞:我写《南渡记》《东藏记》,还是把知识分子看作中华民族的脊梁,必须有这样的知识分子,这个民族才有希望。那些读书人不可能都是骨子里很不好的人,不然怎么来支撑和创造这个民族的文化!

我一直在琢磨"清高"和"自私"的问题,这两者的界限怎么划分? 比如庄子,看上去庄子好像是无情的,可是他其实是最有情、最真情的。比如说鲁迅,讽刺、揭露,骂人很厉害,可是这些底下是一种真情。如果写东西到了完全无情的地步了,那就是"刻薄"。

舒晋瑜:您的作品中知识分子的优良传统品格(自强不息、刚毅进取的人生观;强烈社会使命感的价值观;"发乎情,止乎礼"的道德观;"修身以立道"的修养观;恬淡洒脱的个性等等)在今天,仍然是我们的知识分子精神建构中可以汲取的精神资源宝库。您如何看待今天的知识分子?

宗　璞:有评论者认为我书中的知识分子形象,体现了"漂泊与坚守",很多知识分子的人生似乎都与这个主题相关吧。那时人的精神境界和现在距离很大,以致有人认为我写的人不够真实。他们很难想象,会有人像书中人物那样,毁家纾难,先公后私。其实,对于那一代人的品格,我写得还不够。我写这部书,是要寻找一种担当的精神,任何事情要有人做,要有人担当,也就是责任感。在担当起责任的时候,是不能只考虑个人得失的,这是很自然而然的事情。

舒晋瑜:您的作品在抗战题材的作品中,有何独特之处?

宗　璞:《西征记》写的人物不只是学生、军人,还写到了普通民众。我要表现的是我们整个民族同仇敌忾的那种精神。除了主要人物以外,我穿插了一些小故事,如本和阿露,两个年轻生命互相爱慕是很美的,苦留和青环之间那似乎没有感情的感情我也很喜欢。小说是虚的,但它从现实中来,如果不从生活中来,它就是无根之木,很快便会枯萎,可能根本就长不起来。小说又不是现实生活,这是老生常谈了。因为小说是作者自己的艺术世界,作者不会满足于照搬现实,必须搅碎了重来,对号入座是无意义的。考据可能很有趣味,是研究小说的一种方法。但读小说要读小说本身,若是照着考据学去读小说,就没有小说了。不过我对适当的考据还是有兴趣的。

舒晋瑜:《西征记》直接描写了抗日正面战场的悲壮,格局很大,人物众多。女作家写战争题材似乎不能算是有优势。您以为呢？为什么要写战争题材？

宗　璞：我是必须要写,不得不写。因为第一,西南联大先后毕业学生共两千多人,从军者八百余人,当时别的大学如重庆中央大学,从军的也很多,从军抗日是他们的爱国行动,如果不写上这一笔,就是不完整的。

第二,滇西战役是中华民族抗日战争的一次重要战役,十分辉煌,长时间被埋没,被歪曲。抗日老兵被审查,流离失所,翻译官被怀疑是特务,他们徽章上的号码被说成是特务编号。把这段历史从尘封中磨洗出来,是我的责任。

第三,从全书人物的发展看,走上战场,也是必然的。玮玮在北平沦陷后,就憋足了劲要去打日本。

第四,我的哥哥冯钟辽于1943年志愿参加中国远征军,任翻译官,那年他十九岁。随着战事的推移,他用双脚从宝山走到畹町,这段历史对我有一种亲切感。现在用各种方式写这段历史的人已经很多了,但《西征记》是独特的,我是尽心而已。我看见一篇评论说,这样一部作品,没有出现在充满豪气的男儿笔下,倒是宗璞写出来了,令人惊叹。我很感动,还要继续努力。

舒晋瑜：的确,您的小说一般都充满诗意,但是《西征记》中写到了远征军、美军飞行员、游击队、老百姓、土司,国民党军中的腐败等,有一股侠气,不像出自女作家之手。

宗　璞：我现在是老弱病残都占全了,可若是只看书,我相信你想不到是我这样一个老人写的。我为此自豪。也有读者告诉我,《西征记》有一种侠气。我十分同意这个看法。

舒晋瑜：写这卷书,最大的困难是什么？

宗　璞：最大的困难是写战争。我经历过战争的灾难，但没有亲身打过仗。凭借材料，不会写成报道吗？

困惑之余，澹台玮、孟灵己年轻的身影给了我启发。材料是死的，而人是活的。用人物统领材料，将材料化解，再抟再炼再调和，就会产生新东西。掌握炼丹真火的是人物，而不是事件。书中人物的喜怒哀乐烛照全书，一切就会活起来了。我不知道自己能做到什么程度，只有诚心诚意地拜托书中人物。他们已伴我三十余年，是老朋友了。

我惊讶地发现，这些老朋友很奇怪，随着书的发展，他们越来越独立，长成的模样有些竟不是我原来设计的。可以说是我的笔随着人物而走，而不是人物随着我的笔走。当然，并不是所有的人物都这样，也只在一定程度内。最初写《南渡记》时，我为人物写小传。后来因自己不能写字，只在心中默记。人物似乎胆大起来，照他们自己的意思行事。他们总是越长越好，不容易学坏。想想很有趣。

舒晋瑜：您说过，"我一贯认为，我国的外国文学研究应带有中国个性"，怎么理解中国个性？您的翻译以及对外国文学作品的理解秉持怎样的原则？

宗　璞：我不记得当时是怎么想的了，我现在头脑退化了，照我现在的想法，研究外国文学要时时关心中国文学，尤其是现在的创作。和冯至先生在一起谈过，冯至先生也是这样认为的。我们的外国文学研究所是注意到这一点的，这是一个自然的事实，就是当时外文所的老一辈先生们，许多位都是曾经从事创作的。冯至先生自己在新诗方面和小说创作方面都很成功，他的小说《伍子胥》是有探索性的。冯先生对中国古典文学也很有研究。卞之琳先生本身就是诗人，《十年诗草》篇幅不多，却能流传。杨绛先生的小说和戏剧也有一定的影响,我记得有一个剧本《弄真成假》,台上有一只猫,坐在一堆书上,有人把它一提就放在椅子上,我和我的弟弟都喜欢这个场面。我说我们的外国文学研究,应该带有中国特色,不是应该有,应该是自然就有。并不是说研究外国文学的人必须也要创作,只是说要关心中国文学。

关于翻译,一般说要做到信、达、雅,当然,那也不是容易做到的。至于文学翻译,那就应该是一种再创造,而且最好是适合原作风格的再创造。读者从翻译中要感受到原作的全部是不可能的。文学是语言的艺术,读者不能看到原作语言的美。要靠翻译的文字来代替,可以感受到与原作相等的各方面的价值。如《鲁拜集》是波斯诗人奥玛·海亚姆所作。是爱德华·菲茨吉拉德翻译的,而成为不朽的英诗,这是再创造。

我曾想,一个人有三个头,一个搞创作,一个搞研究,一个搞翻译。但是,人只有一个头。我现在聊可告慰的就是我写了我要写的长篇小说,看我和它谁先到终点吧。而生命剩下的已经不多了。和前辈们谈到几个头的问题,冯至先生说:不止一个人想同时进行创作和研究,都觉得是不可能的,只能是有所侧重。因为,一个是形象思维多,一个是逻辑思维多。

舒晋瑜:是什么动力在支撑您写作?

宗　璞:曾经有记者问我,为什么写小说?不写对不起在身边凝固的历史;为什么写散文?不写对不起胸中的感受;为什么写童话?不写对不起脑子里的梦;为什么写诗,不写对不起耳边歌唱的音符。前三个都有所得,诗是毫无进展。

评委访谈

胡平:一定要了解中国才能成为大作家

问:您如何评价所参与的两届茅奖的评选?

胡　平:重要的不是我的评价,而是公众和文学界的评价,以及将来历史的评价。奖评出来了,就不能变了,评价权就在社会了,我们在等待社会的评价。当然,社会的反应不会是一致的,一致就不真实了。我们有过舆论一致的时代,其实是什么话都不敢说的时代,现在的时代要好得多。不一致的反应中会看出大致和基本的评价。我经历过几次茅奖评奖,自己感到,这是进步最大的一次评奖,其结果是使我满意的,是我们期待的结果。

问:第八届评选中有无争议较大或票数浮动较大的作品?

胡　平:几乎对每部作品都存在争议,因为人们的艺术眼光总会有差异,同时,每部作品也不会是完美无缺的。但有票数较高的作品,说明共识度较高,它们便获了奖或进入提名作品行列。票数出现浮动,甚至是较大程度的浮动也是可以理解的。有人把几轮投票情况看成"过山车",不断有后来居上的,也有先来居下的。这里面有些缘故,譬如,有的作品,拿进八十部的标准衡量,大家都同意;到进四十部时,就有意见分歧了。尤其到了在十强作品里考虑谁进五强时,变化会更大。其实,能进十强的作品,即使一下子票数掉下来，也是很有实力的。

问：从获奖作品看，第八届茅奖有何特点？

胡　平：评选时，主要考虑优中选优，选出来后再看特点。特点我现在还总结不好，觉得有这么几点值得注意：一是，最著名作家的作品多，它们过去参评茅奖，往往失之交臂，此届终有斩获；二是，获奖作品大都立意高远，耐琢磨，可以说出一些耐人寻味的"道道"来，看出著名作家高于普通作家的功力；三是，在叙事技巧上颇为圆熟，体现了长篇小说艺术探索上的进展。这种叙述技巧具有一定专业性，值得写论文分析，而论文不会是所有人愿意去细读的。

问：历届茅奖对重大题材格外偏爱，对于女作家在上轮评选中的出局，您怎么看？是否说明女作家在把握这方面题材上稍显薄弱？

胡　平：中国文学有自己的传统和特色，历届茅奖对所谓"重大题材"确有兴趣，以此形成部分茅奖获奖作品的厚重感。我觉得，这种厚重感中，社会性和历史性内容往往不可或缺，人的命运感不可或缺，如《你在高原》所表现出的。这也要求作者对社会和历史、对人的命运有较深切的体验。为什么五个获奖作家中有四个是50年代出生，一个是60年代出生？不仅因为他们创作经历丰厚，更重要的是他们经历过沧海桑田的社会变迁，承受过跌宕起伏的人生命运，因而对世界和人生有过大彻大悟。他们的确有值得青年作家羡慕的生活积累。青年作家不必急，如果他们愿意深入农村、深入底层、深入了解中国社会及其历史，作品一样会厚重。

中国的青年作家许多善写都市，这一点老作家往往不如。今天的小说读者主要是青年，所以青年作家的作品销量较大。但纯都市题材为什么不容易获得厚重感呢？因为都市太复杂，不容易看透，也就不容易写出重量。都市的背景和根是乡村，一个有出息的中国作家，一定要了解整个中国，才能成为大作家。都市题材也能出大作品，在以后的茅奖中一定会占据重要位置。

中国当下的中短篇小说很发达，其中女作家的势力占据半边天不止，因为中短篇小说上更容易发挥女作家感性的优势。或许，许多女作家对社会和历史不及男作家那么关注，理性也不及男作家那么强，所以在长篇小说创作上不占优势。这只是一般而言，不是也有凌力、王安忆、霍达、张洁、王旭烽、迟子建等人获茅奖吗？

问：请推荐十部您认为生命力较强的获奖作品。

胡　平：《平凡的世界》《白鹿原》《尘埃落定》《长恨歌》《秦腔》《额尔古纳河右岸》《你在高原》《江南三部曲》《人世间》《应物兄》。

（胡平，担任第七届、第八届茅奖评委，
中国作协创研部原主任，评论家）

第七届茅盾文学奖
（2003—2006）

评奖委员会名单

主　任：铁　凝
副主任：陈建功　李存葆
委　员（按姓氏笔画排列）：

丁临一　牛玉秋　叶　梅　包明德　任芙康
次仁罗布　吴秉杰　何向阳　汪　政　汪守德
张小影　陈晓明　胡　平　贺绍俊　郭运德
龚政文　阎晶明　谢有顺　赖大仁　熊召政

获奖篇目

《秦腔》　　　　　贾平凹　　作家出版社
《额尔古纳河右岸》　迟子建　　北京十月文艺出版社
《湖光山色》　　　周大新　　作家出版社
《暗算》　　　　　麦　家　　人民文学出版社

获奖作家访谈

贾平凹：写小说，也是写我自己的恐惧和无奈

贾平凹 1952年生于陕西。1975年毕业于西北大学中文系。现任中国作家协会理事、陕西省作家协会主席。著有长篇小说《商州》《浮躁》《废都》《秦腔》《白夜》《土门》《怀念狼》《病相报告》《高老庄》《古炉》《高兴》《山本》《暂坐》等。其中，《秦腔》获得第七届茅盾文学奖。其作品被译成英、法、日、韩、越等多种语言在国外出版。

| 采访手记 |

　　他几乎以一年一部长篇的速度写作,让喜爱他的读者在目不暇接中惊喜。《古炉》里那个善良纯朴又古怪精灵的狗尿苔还在脑子晃着,《老生》里又走来了墓生;《带灯》还闪着亮光在眼前挥之不去,《极花》又带着让人沉重的芬芳扑面而来。如有神助。

　　贾平凹没有跟随任何潮流,但是能从他的作品中,既看得到中国传统的意蕴,也能想见西方文学的经典。潮流是什么?我们并不知道谁在谁的前边。在你后边时,一转身,我在你前边了。贾平凹的创作也是如此。比如《怀念狼》中提到的环境问题、生存问题,十多年后才被陆续关注,但在当时没人理解。

　　读《老生》像读神话故事。很多人以为,《老生》中引用了《山海经》原文,与故事之间是油水不融的关系。我却觉得,《山海经》和《老生》的思维是贯通的;如果说《老生》是小说纵向地写百年中国,那么《山海经》横向的铺展则使作品境界无限扩大。

　　我们都认为《山海经》是神话,可是贾平凹觉得,那是真实的,是神在说话。

　　贾平凹说这话的时候,窗外的树木枯干着深褐的肢体在寒风中瑟缩。他突然说:"我就觉得,这树老是在偷偷看着我们。"这是贾平凹的思维。他说这话,我一点儿也不觉得奇怪。就如正在街上走着时,他就恍惚能够看出,这里头哪些像非人类。这么一说,我忽地警觉又有些忐忑,不知这会子我在贾平凹眼里,是个什么形象。

　　从1978年《满月儿》获第一届全国短篇小说奖起,他常常以获奖者的身份出现于各种颁奖典礼和各种媒体。他的头衔也越来越多。他自称不善交际,不会说话,实际上,他浓厚纯正的陕南方言被越来越多的读者熟知,他的作品以英、法、德、俄、日、韩、越等文字翻译,走出国门,抵达世界不可知的阅读领域。

　　在他的憨厚朴素下,掩藏着万丈雄心,那就是剖析这片土地所呈现出的人性的种种缺陷,同时让笔下的世界充满中国传统天人合一的浑然之气,意象氤氲。

《极花》是贾平凹最短的长篇,因它就集中写了一个女人被拐卖后的禁闭的情况。他说,这部小说不可能写得长,把事情说完就行了,虚张声势的东西没有必要。

舒晋瑜:您对于农民进城的思考在《高兴》《天气》等作品中都有体现。那么在《极花》中,您的思考是否也有进一步深入?

贾平凹:现在的城乡在一起互动着,已经无法剥离,问题复杂得无法想象,你得不断地观察、不断地思考,你才能了解和看懂。这个时期的写作,如果还是写现实吧,材料极其容易,什么都可以写,主要是怎么写才能使你的心和笔得到自由,怎么才能使你去与伪与虚的情感做斗争,怎么写才能有你的声音和色彩。

舒晋瑜:《极花》的某些精神气质,和之前的《古炉》《老生》一脉相承。《古炉》中用剪纸艺术复活飞禽走兽的蚕婆,来到《极花》中成了剪纸上瘾的麻子婶。对于这些民间形态的表现,成了您作品的标签。除了生活中确有这样的人物,他们在作品中承担着怎样的使命?

贾平凹:陕西北部以及山西、甘肃一带的高原上,是这几年我喜欢去的地方,那里的剪纸是天下闻名的,无数的艺术家都去过,有了相当多的作品,我一直想弄明白为什么在那里能产生这些东西而形成他们的生活形态和精神形态,在那样的环境中人之所以代代繁衍,神的力量在如何支配作用?现在的城市被科技控制了。

舒晋瑜:胡蝶代表了千千万万从农村走出来的姑娘,有一点点文化,一点点姿色,一点点对爱情朦朦胧胧的向往,和逐渐膨胀的虚荣……正如评论家丁帆所言,从农村进入城市的少女胡蝶,哪怕是在收破烂的贫民窟里栖身也要追求现代物质文明的脚步,那一双从不离脚的高跟鞋,既是她对美的追求的象征,同时也是她试图摆脱农耕文明枷锁的一种仪式。我想知道的是,您写这些人物的心理,尤其是胡蝶,自己满意吗?

贾平凹:世上什么事情都在变,人的情感不变。不论是男人还是女人,内心最深处的波动是一样的。而且每个人都在为他人反映出整体的不同部分。看到了别人的善其实是我们的善,看到了别人的恶,其实是我们也有恶。《极花》中写那个叫胡蝶的女人,何尝不是写我自己的恐惧和无奈呢?

舒晋瑜:作品中的人物,无论是买了胡蝶的黑亮,还是被拐的胡蝶、訾米,竟没有一个人物特别令人生厌。看到后来,连我也爱上了这个村子,虽然它贫穷愚昧,却有让人割舍不断的东西。作品让人思考农村的凋敝,思考文明的社会仍然有如此荒唐野蛮的诸多事件发生,却没有激愤和尖刻。您在写作的时候,是否也超越了苦难本身?是以怎样的心态写作?

贾平凹:当风刮来的时候你能怨怪树叶的飘零吗,能怨怪花草倒伏吗?写作是你能明白历史的整体又不明白你个人的具体,都知道人总是要死的,但当亲戚朋友突然去世又都悲痛不已。《极花》是一个拐卖的故事,但我并不写这个故事。

"如果写完后没人理,没人写东写西没人关注,就没劲儿写了,没办法证明你自己。"

舒晋瑜:走上文学之路,听说您也有被退稿的经历?

贾平凹: 最早是退稿多,创作后争议多。那时投稿,几个杂志不但不用,还强调坚决不能用这种资产阶级情调的作品,对于争议,我写我的,啥也不管。作品你愿意咋说都可以。大家都在关注是个好事,不管说好说不好,能触及你很多东西,我对批评还是留意的,这也是我为什么一直在写作的原因之一,总是在吸收各方面的意见,希望自己有所变化,更完善一些。如果写完后没人理,没人写东写西没人关注,就没劲儿写了,没办法证明你自己。

舒晋瑜: 1982年,陕西的笔耕小组在西北大学图书馆开会,对您的作品研讨,还有印象吗?您如何评价那个时候的研讨会?

贾平凹: 主要是批评。老觉得我和别人不一样,思想、政治性不强,不是昂扬向上的。唯美啊,讲究技巧啊,好像都不是无产阶级的情调,跟当时政治气氛不一样,他们觉得那些作品是精神污染,从二十多岁写作开始,只要受批评我都在里头。

当时肯定是有不愉快,受到一些影响,现在看反倒是好事情。创作太一帆风顺什么都干不成,也是一种磨炼,能引起大家更多的关注。

舒晋瑜: 笔耕小组的研讨之后,您写出了商州系列,有评论说您这是"反抗之作"?这是批评对您的影响吗?

贾平凹: 也不仅仅是反抗之作,但批评能促进一下,引起我的思考。我正视自己的下一步咋弄,决定建立"根据地",回老家,写商州系列。另外也是要给自己找出路。

舒晋瑜: 您从来不入哪个潮流,那么各种文学思潮到来的时候,您的创作是什么样的特点?是不是也有和寻根文学"碰上"的时候?先锋文学对您有过什么影响?

贾平凹：我的作品正好写到那儿，有时也"碰上"某种思潮。先锋的东西最早传到中国的是美术，我吸收西方美术理论特别多，对思维的开阔很有帮助，也符合我的思想。原来批判我小资、唯美，在西方文学才不是那些理念。我当时是想，不能生搬，怎么变通过来，至少在形式上不要让人看出来是模仿。80年代，我反复阐述过我的观点，坚决反对翻译体，中学为体，西学为用，要学习西方境界——那时没有"价值观"这样的词。

为啥不跟潮流？谁也不知道谁在谁前边，谁在谁后边。我在你后边时，一转身我在你前边了。创作时，我的作品有很多东西是超前的，题材也是，思考的一些问题，多年后人们才注意到，但在当时没人理解。比如《怀念狼》，最早提到环境问题、生存问题，十多年来大家才关注；《废都》也是。

舒晋瑜：为什么会有这么前瞻的意识？

贾平凹：我对社会有一个感觉，啥东西都有规律性，水肯定是从高处往低处流，从西往东流，具体路线流法我不知道，趋势我能把握住。琢磨这些东西，时间长了，能看得远一些，我预测一些事情，特别准。因为我从小生活的环境就是那个环境，小时候，神秘的东西变成生活的内容，不是装饰，也不是附带，那时候治病就是靠那些东西。

看《废都》"被禁"，贾平凹说，他希望回归书的本身，不愿成为一个事件。它曾经闹得那么大的动静，还是安静平安着为好。

舒晋瑜：20世纪90年代，《废都》火了。这时候您的创作进入了什么状态？

贾平凹：创作上好着呢，不是苦着写不出来。我心态好，平和吧。有个朋友评价我说,老贾这个人几十年没说过一句硬话,没干过一件软事情。我说这句话倒把我看得很准。

舒晋瑜: "生命的苦难中唯一能安妥我破碎了的灵魂"的《废都》,1993年在由北京出版社出版第一版时,首印五十万册。不过半年时间,《废都》被"废"。2009年《废都》再度出版,并与《浮躁》《秦腔》组成"贾平凹三部曲"。这部有争议的作品再版后大家关注的焦点,是传说中的"□□□"是否得以恢复?还是文学价值本身?

贾平凹: 我挑着的是担鸡蛋,集市上的人群都挤着来买,鸡蛋就被挤破了,一地的蛋清蛋黄。《废都》曾经有过一次再版,然而那次也没能再版成。

对于社会,能了解社会的进展,对于作者,是坏事也是好事吧。啥说法都有。我希望回归书的本身,不愿成为一个事件。它曾经闹得那么大的动静,二十年,安静平安着为好。

舒晋瑜:《废都》的影响并未因此被遮蔽。在海外,《废都》被翻译成日文、法文、俄文、英文、韩文、越文等多个版本,并于1997年获得了法国费米娜文学奖。您当时是在什么情况下写的?能回忆下当作品出版后的情况吗?

贾平凹: 在一个县城里写的,写作条件非常艰苦、寒冷。但我却觉得,《废都》的写作虽然是流浪写作,跑了三个地方,条件艰苦,却因那时干扰少,心能静下来,写得顺手。自己的任何作品,写得好与不好是另一回事,但写作时绝对是无拘无束的。每部作品动笔时作家都是充满激情的,完成后又都感到遗憾。具体写得怎样,这是读者的事,作者说话已不起作用了。

当年写《废都》期间,我回西安参加了古文化艺术节书市活动。书市上设有我的专门书柜,疯狂的读者抱着一摞一摞的书让我签名,秩序大乱,人潮翻涌,我被围在那里几乎要被挤得粉碎。几个小时后十几个警察用警棒组成一个圆圈,护送了我钻进大门外的一辆车中。离开了被人拥簇的热闹之地,一个人回来,我寡寡地窝在沙发上哽咽落泪。人人都有一本难念的经,我的经比别人更难念。对谁去说?谁又能理解?这本书并没有写完,但我再没有了耀县的清静……

我带着未完稿开始了时间更长更久的流亡写作。先是投奔了户县李连成的家,又去了渭北的一个叫邓庄的村庄。写完后,我也觉茫然:这一部比我以前的作品能优秀呢,还是情况更糟?是完成了一桩宿命呢,还是上苍的一场戏弄?一切都是茫然,茫然如我不知我生前为何物所变、死后又变何物……

舒晋瑜: 1993年,《废都》被禁的消息传来,您是什么感受?

贾平凹: 我知道,事要坏了。当时书卖得到处是,到处都在说这本书,什么消息都有,那情景现在无法想象。那时不比现在,书禁止再版可是不得了的大事。一本书惹得国内那么大的议论,我就知道事要坏了。而周围人及家人都紧张了,害怕了。

舒晋瑜:《废都》的遭遇带给您怎样的影响?

贾平凹: 多多少少是性的描写注意了,自己还是写想写的东西。《废都》出版一年后,别人来告知我,季羡林先生评价"《废都》二十年后将大放光彩",事后也有人去查证过。这一评价给了我很多安慰。但我与季先生素昧平生,一直没有见过面。在季羡林去世前一个月,还在医院给我签过一本书让人捎来,书是《我的学术人生》。

舒晋瑜: 对于书中的性描写,评论家李敬泽在再版《废都》中作序,明确表示《废都》中的"□□□"是一种精心为之的败笔。他甚至猜测当您在稿纸上画下一个个"□"时,或许是受到了弗洛伊德《文明与禁忌》的影响。您的意图是什么呢?当年框框中的内容是故意为之,还是确实是为出版时需要删掉?

贾平凹:有写的也有没写的也有删的。《废都》再版后内容基本没变,有读者认为没必要再版,把框框去掉,代之以"此处有删节"。之所以做这样的处理,我是不愿意让人把注意力放在那上,这样会误读这本书。

《秦腔》写了一个村庄和一群农民如何一步步离开土地,没有故事情节,人物众多,方言也在某种程度上构成一定阅读的挑战。但是慢慢品味,那些琐碎的细节和细腻的语言令人沉迷。

舒晋瑜:阅读《秦腔》,感觉很多是神来之笔,您曾经说过书里的很多人就像抢镜头一样在眼前涌现。

贾平凹:《秦腔》是随便写出来的,反正我是写我想写的东西。所以当时写的时候对内容以及写法都想试验一下。

我回我们老家的山上,回到我父亲的坟头,我曾经说过我写故乡,原来写过很多商州的事情,但是具体这个没有写过,我说动用最后一份资源吧。因为写这些很冒险,我也不愿意重复自己生命中很伤痛的东西。所以我在我父亲坟头跟父亲说:"请给我一些力量吧!"书里的好多人我都熟悉,上一辈人都去世了,一旦写起来,记忆里那些人又开始活了。

舒晋瑜:《秦腔》获得第七届茅盾文学奖,这部作品创作中有何难度吗?

贾平凹:《秦腔》是我很用力的一本书,写了整整两年。《秦腔》

的难度在于在写作手法上的创新,整部小说如同现代农村的"生理切片",没有采用单纯的代表人物和经典故事来展开故事情节,而是用了细致缜密的生活细节来处理。这是一种艺术的冒险,我很高兴,茅盾文学奖的评委们用睿智的眼光,肯定了这种艺术冒险的重要价值。

《秦腔》是我最想写的一部书,也是我最费心血的一部书。当年动笔写这本书时,我不知道要写的这本书将会是什么命运,但我在父亲的坟头发誓,我要以此书为故乡的过去而立一块纪念的碑子。现在,《秦腔》受到肯定,我为自己欣慰,也为故乡欣慰。

舒晋瑜:《秦腔》获奖,中间是否经历波折?关于作品参评,您都了解些什么?能否多透露些内幕?

贾平凹:《秦腔》出版后,先获得《当代》长篇小说奖,接着华语传媒文学奖、红楼梦·世界华人长篇小说奖,后来获茅奖,中间没什么波折。参评时只把作品报上去,别的什么都不知道。

舒晋瑜: 是在什么情况下获知小说获奖的?还记得当时的心情吗?

贾平凹: 是公布了获奖名单后知道的,当然高兴,那天中午去吃了顿羊肉泡馍。

舒晋瑜: 获得茅奖,给自己带来怎样的影响?

贾平凹: 获茅奖前,我一直受《废都》的阴影,获了奖,我说:天空晴朗。从此再不受《废都》的折磨,更潜心地去写我愿意写的东西了。

舒晋瑜: 您愿意如何评价《秦腔》在自己写作经历中的意义?

贾平凹：一是我苦苦追求的一种写法得到业内的认可，增强了我的一种自信。二是摆脱了《废都》的社会阴影，我静心地抓紧写我的东西。

舒晋瑜：事隔多年，现在看这部作品，您如何评价？
贾平凹：它对于我是重要的作品。

舒晋瑜：能谈谈您和茅奖几次擦肩而过的故事吗？
贾平凹：以前的《浮躁》《高老庄》都申报过，但落选了。后来《古炉》《老生》也申报过，因种种原因没成功，获了一次，不可能再获了。

舒晋瑜：您认为公开评委投票的形式好吗？如果是您，更倾向于哪一种形式？
贾平凹：只要能做到公正，什么形式都行。这个我不了解，也不懂。

舒晋瑜：有些作家，获奖之后再无有影响的作品。为什么这么多年，您的状态越来越好？有何特别的经验可以分享吗？
贾平凹：我没什么经验一类的东西，我只觉得我有好多故事要写，让我安安静静去写好了。

"我一般不考虑市场、读者，这话可能听着不好听，但我觉得作家不光要适应读者，还要改造读者，让读者跟着你来阅读，如果总是去迎合，永远跟不上读者。"

舒晋瑜：您的所有作品，无论是《废都》还是《高老庄》，都是在寻找社会事件和人物内心的关系,探寻现实生存和精神生存的关系。

贾平凹:我的情结始终在当代,我的出生和我的生存环境决定了我的平民地位和写作的民间视角,关怀和忧患时下的中国是我的天职。

舒晋瑜:是什么触动了您动笔写作《古炉》?

贾平凹:我一直想写这段历史。家庭的变故对我的影响刻骨铭心,想抹也抹不掉。这一场运动如二战一样,在人类历史上是绕不过去的。"文革"的时候,当教师的父亲被打成了"历史反革命分子",开除公职被押送回村劳动改造,那一天我正在地里干活,听人说父亲回来了,就赶紧往家跑。父亲一见我就哭了,说:我把我娃害了,我把我娃害了!父亲从来没有掉过眼泪,这一幕,印在我的心里。我既然经历了那场运动,而且我快六十岁了,"文革"中我是十二三岁,比我小几岁的人大概模模糊糊知道一些,再小的就全不知道了,我应该写写,这也是责任和宿命吧。我一直关注着当代,作品都写当代生活,写完《秦腔》《高兴》,就那么强烈地冲动着要写"文革",于是就动笔了。

"文革"过去了那么多年,什么都沉淀了,许多问题都值得反思,我的兴趣在于"文革"之火虽不在基层引发,但为什么火一点,基层就熊熊燃烧了呢?我熟悉基层,我觉得社会基层的土壤应该是最重要的,也是小说最能表现的。我写的是小说,不是回忆录,不是报告文学,小说的兴趣在于人和人性。

舒晋瑜:《古炉》的写作,似乎延续了《秦腔》的写法,重整体,重细节,以实写虚,混沌而来,苍茫而去,在当今文坛上风格别树一帜,这是怎么形成的?

贾平凹：这种写法可能更适合于我吧。我一直写的是当代生活，行文上又想尽力有中国气派，这两方面结合起来其实很难，如国画很难表现现代生活一样。这需要作者必须熟悉生活，掌握生活细节，讲究节奏，把味道写足。散文可以这样写，六七十万字的长篇写下来气息绵长就不容易做到。这套写法从《废都》之后就开始了，但那时仅是试验，过渡到《高老庄》，再过渡到《秦腔》《高兴》，直到《古炉》。人常说"文如其人"，其实只有写到一定程度了才可能文如其人，又常说"得心应手"，即便心里想到的未必能应了手。《古炉》在构思时是艰难的，写作时常有一种快感。年轻时写东西，有激情，锐力外向一些，年龄大了，就可能沉淀了些，想写的都是在现实生活中真正有了个人生命体会的东西，就不讲究技法了，不起承转合了，没规律了，只想着家常话，只想着朴素了。古人讲的几个阶段，"看山是山看水是水，看山不是山看水不是水，看山还是山看水还是水"，琢磨琢磨，真是这样，可这样也真难做到。

舒晋瑜：这种变化，仅仅是年龄与经验的不同吗？跟想象力有没有关系？

贾平凹：任何写法其实跟生命有关，跟生存状态有关，跟文学观有关。而想象力不存在年龄大小，想象力是智慧的表现。智慧是在日常生活中能贯通的东西的积累。我从事写作这一行也四十多年了，写的时间长了最害怕写油了，滑到车辙里出不来。五十岁后好像才稍稍知道一些写小说的事，但年龄却大了，精力不济，人生真是悲哀，常常是有牙没饼，有饼了没牙。人的一生干不了几件事，想突破，也只能一点一点向前挪，乐趣也就在一点点的突破上。

舒晋瑜：在《古炉》中，主人公狗尿苔能闻见村人的灾祸、死亡气味，还能与飞禽走兽对话；而蚕婆用剪纸艺术复活飞禽走兽的灵魂与生命。这种表现方法是受到拉美魔幻现实主义的影响吗?

贾平凹:不如说我更多地关注了本民族的民间形态准确。因为小说中那些对待自然的事情,都是我小时候经历的或见闻的。那里的生活形态就是如此,而且培育了一种东方神秘主义的精神气质。

我的语言追求沉着、散淡、意味深长。当下纯正汉文学语言是重要的,如果没有了汉文学语言的纯正,汉民族的味道就不复存在。

舒晋瑜:您心里的好作品是什么样的? 有没有个大致的标准?

贾平凹:好作品可以是多样的,我个人觉得如果一个作品出来,不会写小说的人读了产生出他也能写的念头,而会写小说的人读了,又产生这样的小说他写不了的念头,那么这个作品就好了。标准看怎么个定法,县上有县上的标准,如老满足那个,永远上不了省上的水平。省上有省上的标准,如老满意省里的标准,也就是个省上水平。咱看一些国内的影视作品,觉得不错,在国内挺轰动呀,可当我看了一些国外的碟,就不满足国内的那些了。文学也是这样。能力够不够,那姑且不说,可这种意识你没有呀。我的这种意识可惜来得太晚,等明白了一些事,差不多年龄也到了五十岁后。

《带灯》的写作,既符合中国人的思维,又触及敏感问题。 这是世界背景下的中国化书写,是对中国经验的充分表达。贾平凹对现实的介入之深、批判之尖锐,探索之大胆,正是他的创作价值所在。

舒晋瑜:您的作品很多人物基本都有原型?

贾平凹：如果没有原型，写的时候就游离了；有原型，就像盖房子先打几个桩，怎么盖心里就有数。这也是一种习惯。《高兴》的原型刘书桢的性格好，啥都大大咧咧不在乎，天生乐观；《带灯》的原型带灯不是乐观的，她很智慧，能应付各种矛盾，很令人尊敬。他们从事的工作不一样，见识不一样，素质也不同，刘高兴是一般农民，带灯是基层干部。

舒晋瑜：《带灯》的批判很尖锐，后记里说，社会出现了严重的问题——表达比较直接大胆。

贾平凹：不在我维护或批判什么，我是完全想写出中国目前的世情、国情、民情，背后有中国文化支撑着，只有解决这个问题，才能给人类发展提供一种经验。要反映现实的东西，必须写到位，所以我分了两部分，一部分是抒发精神世界，越虚越好，写得浪漫唯美；一部分是写现实生活，越实越好，都是发生过的事情，没有一句胡编的，写得很实在，同时尽量张扬内心世界。现实中的带灯，完全是凭借对文学的爱好和对爱情的向往应对现实中的无奈和痛苦。

因为写得大胆，我担心不能发表。也做好准备不发表。没想到刚出来后，中央有文件开始正视上访问题了。

舒晋瑜：作品中带灯解决的所有问题的过程，是中国社会存在的很多问题的展示，但又不仅仅是简单地呈现，而是有一种悲悯的情怀。

贾平凹：认识带灯的原型之后，乡政府发生啥事我都知道。写带灯，实际写的是乡政府；不仅仅是写上访的故事，也不是写上访的干部，写乡政府的日常工作，透露了政府的运作过程，这样写，把社会面铺展开了，有污染的问题、改革的问题、计划生育的问题……都在里面交织。我老家有个县委书记,现在是市里的领导,一下买了近两百本《带灯》,说要送给市里每一个乡镇领导,让他们好好看看人家带灯是怎么工作的。

舒晋瑜: 写当下,在文学性的处理上更考验作家的技巧。您觉得呢?

贾平凹: 写过去怎么编都行,现实不能编,稍不注意就露馅了,还要把握准确度、深刻度的问题,但是写现实能表现你对问题的思考,把握好了痛快得很。

《古炉》都比《带灯》好写。《带灯》是眼下发生的事情,必须要熟悉。现在农村和十年前、二十年前的农村是两码事情,农民形象不一样,农村形象不一样,读者也不是老读法了,稍微不了解就不知道咋写。好多人不写现实,是因为不熟悉,不知道咋写,没有多少人愿意下去跑。《天气》就是写《古炉》和《带灯》之间,跑的过程中随手记录的东西。

很多人从贾平凹的作品中,能看到中国传统的意蕴,也能寻见西方文学的影子。他当然也从西学思潮中借鉴了许多,只是不露痕迹。他说,艺术上的学不是说要学谁,投合是天造的,一闻味儿人气、文气就贯通了。

舒晋瑜: "五四"之后,中国文学的发展呈现一个断裂,很多作家在中国古典文学的传承上是一段空白,或者说吸纳不够,但您是一个特例。

贾平凹: 我是喜欢,有意为之读一些古典文学,中国的经典起码得浏览一遍。有些咱也看不懂,尤其是学问式的,基础还不够。一旦钻进去,就发现和古人治学的办法差距远得很,读书的办法差距远得很。过去的人四书五经背得滚瓜烂熟,现在从事文学的人有多少读完过四书五经?据我所知,大部分人都不看,除非专门研究者。当然他们读外国文学、政治经济、自然科学的,阅读面广了。

有时候我们说继承民族传统,很多人连民族传统都不知啥东西,以为是50年代的传统,二三十年代或者最早到明清的传统,对明清以前了解的人太少了,实际上最传统的是明清以前的、汉唐以前的东西,那是最好的。

舒晋瑜:您作品的意象特征是无意识的吗?从早期的《卧虎说》《水意》等作品,到现在的《古炉》《带灯》,意象是您对中国传统艺术精神的一种传承方式吗?

贾平凹:几十年一直有这种意识。中国人啥东西都是意象的,中国思维就是意象思维,不管是《易经》还是其他,全部都是意象,都是说大概的故事,叫你体会道理。尤其《易经》,不像西方条理清楚,所以不停地比喻,像水面上落下一枚石子,水花不停地泛开去。张爱玲、沈从文的闲笔,用一个套一个的精妙比喻让你不停地看下去,看每个词、每个字,都有意思得很。我经常把成语反过来看,好多是司空见惯的成语,被概括出来后就毫无生命力了,实际上和原意有差别了,还原过去,增加想象力和形象感,就丰富起来了,其乐无穷。

舒晋瑜:您主张写的东西一定要从土地里长出来,但是这种写实是否也会是想象力的一种制约?

贾平凹:写现实生活,是要真正从生活中蒸腾出来的。如果在房子里编,一看就是假话。你说真话还是假话一听就听出来,写文章也是,真情还是假意,哄不了别人。素材要从生活中来,智慧的东西得自己体会出来才有意思,不是看书借用过来的。一切都必须是原创的,从生活中体会,一定有生命。

大多数病治不了,其实是在治人心,这里有善人的理想,也有贾平凹的理想。

舒晋瑜:《老生》的历史背景非常含糊。就像《水浒传》是写元代还是宋代不那么清晰,也像《金瓶梅》没有交代到底写的什么地方。而且您的作品总是人物众多(《带灯》除外),却没有明晰的主人公。

贾平凹:时间跨度大,肯定人物多。我不主张完全写一个人,我喜欢写群体人。《红楼梦》谁是主人公?贾宝玉?林黛玉?生活中谁是主角?没有主角。像在一个家里,丈夫是一家之主,他就是主要的;有孩子了,孩子是主要的,大家都围绕孩子。都是主要的,但是角色又互相转换。父母身体好,就是次要的?一旦他们病了,都是大事情。生活就是这样的伦理秩序。

舒晋瑜:人物多的作品,会使读者在开始时稍有一点阅读障碍。

贾平凹:一部分读者脑子里有一个习惯的小说观念,就是一个人不停地交代场景。原来的小说更多的是导游:这里是村支书家,这里是村长家,村长老婆叫啥,家里几头牛。我的小说里百十人出场,我不做交代。《秦腔》以后我就这么个写法,是效法自然的写法。我常举一个例子:从小在村里长大,求学或者工作后再回老家去,你可以从任何地方进到这个村子,可以从大村口,也可以从其他路径。从胡同里认识第一个人,知道她是张三的姊妹,知道哪头牛是谁家的。你了然于胸,别人在你写以后就分辨得出了。

舒晋瑜：《老生》中穿插《山海经》，有人说是两张皮贴不到一起，有人说不要也行。您认为是必需的吗？

贾平凹：作品是各个层次来看，不能让所有人看到你想要表现的所有方面。有人看故事，有人看人物，有人看写法，有人看热闹。看法不一样。所以有人说，《老生》里面的《山海经》看不懂。我说看不懂不看就对着，我小时候看《红楼梦》也不看诗词。

为什么一定要有《山海经》，是想要思维和观念上给你渗透一种东西，同时在写法和结构上起到一定作用，对人物的叙事角度都能起到一种作用。一是可以溯源，溯中国人思维的源，溯中国山水的源，从而鸟瞰这古老美好又伤痕累累的土地。二是小说结构的需要。我想引导读者去思考，有所思考了，就不至于觉得突兀。阅读有各种阅读法，不能只看到一个精巧的故事。散漫些读，可以思量更多的东西。我在《山海经》原文引用后也有老师给学生的解疑文字，就是文字外思考的东西。

舒晋瑜：《老生》中的意象非常丰富。

贾平凹：我很小就有这种思维，看啥都有生命，有灵性，一直是这样。你喜欢花，花也是爱你；你越夸它，它越长得美；你不理它，它也不理你。正常的生活就是包括奇异的，并不是一种写法，不是故意要弄个啥，也从来没觉得写魔幻。写的时候，完全按小时候看到过的、经历过的，按我平常的写法。《山海经》中就是写上古的人所见所闻，连同那些现在我们认为是神话的，那时也可能都是真实发生的事。我从小生活在商洛山区，许多别人认为不可思议的事，却都是我那时的所见所闻。

舒晋瑜：作品中后两章写到"华南虎事件"和"非典"。余华的《第七天》因为"新闻串烧"被诟病，您在写作中是怎么处理的？

贾平凹: 社会上发生的任何事情都可能成为写作的素材,当把这些素材为我所用地写进小说,就与生活中的事情毫无关系了。写这个事件的部分内容,我也考虑到会有人说这是新闻事件,就极力加以改造。以前的小说里都是大量写了生活中曾发生过的事件,那时小说有一个功能,也就是新闻功能。如今媒体发达了,社会上任何事情都被媒体爆出来,大家才会觉得小说里用了新闻事件。但小说毕竟是长久看的,过后读小说,那些新闻事件就不那么刺眼了。

舒晋瑜: 您的作品中,细节是最能打动读者的力量。为什么您会有这么独特的细节描写?

贾平凹: 文学本身就是记忆的东西,你完全表现的是你记忆中的生活,生活则是关系,你就得写出这种关系。现在强调深入生活,其实就是深入了解关系,而任何关系都一样,你要把关系表现得完整、形象、生动,就需要细节。没有细节一切就等于零、一切归于零。而细节就在于自己在现实中去观察。深入生活就是搜集细节。细节我就不用笔来记,我用脑子来记,脑子记下来的东西才是有价值的东西,用笔记下来的东西都是知识性的东西。

细节的观察就是在世界的复杂性中,既要有造物主的眼光,又要有芸芸众生的眼光,你才能观察到人的独特性。现在没有人不会编故事。你可以坐在房子里随便编故事,如果你有细节,你的故事再编,别人都说是真实的。如果你没有细节,哪怕是真实发生的事情,别人也都说你是胡编乱造的,这就是生活气息。

获奖作家访谈

迟子建：当作品染上岁月的风霜

  迟子建 1964年元宵节生于黑龙江漠河。1984年毕业于大兴安岭师范学校。1988年毕业于北京师范大学和鲁迅文学院联办的研究生班。现为中国作家协会全国委员会副主席、黑龙江省作家协会主席。著有长篇小说《伪满洲国》《额尔古纳河右岸》《白雪乌鸦》《群山之巅》，中短篇小说集《北极村童话》《雾月牛栏》，散文随笔集《伤怀之美》《听时光飞舞》等。其中，《额尔古纳河右岸》获得第七届茅盾文学奖。其作品被译成英、法、日、意、西班牙等多种语言在国外出版。

| 采访手记 |

她是开朗的,又是忧伤的;她是明快的,又是苍凉的;她的小说写尽悲伤,背后却依然四溢温暖的阳光。

迟子建,一个在文学的沃土辛勤耕耘了三十余年的写作者,在五十岁这一年收获了她的第七部长篇小说《群山之巅》。她说,进入知天命之年,她可纳入笔下的生活,依然丰饶。"虽然说春色在面貌上,正别我而去,给我留下越来越多的白发,和越来越深的皱纹,但文学的春色,一直与我水乳交融。"

她执着深情地注视着故乡的大地和底层的人民,从《北极村童话》到《伪满洲国》《额尔古纳河右岸》《白雪乌鸦》《群山之巅》……迟子建独自走在北国的原野,并不归属某个文学流派或创作群体。这种"不入流",恰恰给了她自由,给了她广阔的生长空间。

"写作不能急,要慢慢来,持之以恒,而坚持是需要勇气的。"她的这种坚持,在今天的时代大概因固守而显得孤独,但是却明明白白地昭示一种光明和值得期待的未来。

评论家谢有顺曾评价迟子建的创作态度是"忧伤而不绝望地写作"。"忧伤"是迟子建作品弥漫着的一种气息。在迟子建看来,这种"忧伤"表现在对生之挣扎的忧伤,对幸福的获得满含辛酸的忧伤,对苍茫世事变幻无常的忧伤。"不绝望"可以理解为,对生之忧伤中温情亮色的感动,对能照亮人生的一缕人性之光的向往,这些,是人活下去的巨大动力。

伏案三十年,她的腰椎颈椎成了畸形生长的树,给写作带来病痛的困扰。《群山之巅》的写作中曾两度因剧烈眩晕而中断。"这很像一棵树在深秋还挂着一些叶片,因为叶子的存在,你以为它还青春着,但实际却是枯萎的叶片了。当一场大风让它完全脱尽了叶片,你自己在心里认同告别了青春,坦然面对,这棵树反倒是精神了,洗尽铅华,安然地开始了长冬的生活。"

想象在她美丽而亲切的故乡,她坐在书房里,享受窗外的山,享受月夜下泛着银色光泽的河流。她投入地写作,非常舒展,那种幸福感洋溢在她的笔尖和纸端。

"我的写作是从大兴安岭师专开始的,那时课业不紧,我大量阅读图书馆的藏书,并开始悄悄地写作,毕业时就开始发表作品——应该说是比较顺利的一个。"

舒晋瑜:能谈谈您的创作经历吗?从作品中可以看出童年的经历对您的创作产生了深远的影响。

迟子建:小时候我是在外祖母家里长大的,那是个广阔空间,感觉人很渺小。呼吸什么空气会产生什么气息,童年的经历会不知不觉地影响你的写作。北极村是我的出生地,是中国最北的小村子。每年有多半的时间被积雪覆盖,我在那里度过了难忘的童年。我记得那里的房屋的格局、云霞四时的变化、菜园的景致和从村旁静静流过的黑龙江。记得姥爷、姥姥、小舅和二姨,记得终日守护着院子的一条名叫"傻子"的狗,记得一位生了痴呆儿的喜欢穿长裙子的苏联老太太……于是我在写《北极村童话》时充满了幻想,完全没有感觉是在写小说,而是一发而不可收地如饥似渴地追忆那短暂的梦幻般的童年生活。

当我写完它时,对它充满了信心。毕业回到家乡当山村教师,我又对它做了局部修改,然后投给两家刊物,都被退回,说它太"散文化"。1985年,黑龙江省作协在萧红故居呼兰县办了一期小说创作班,我去参加了一段时间,其间《人民文学》编辑朱伟来讲课,在他临离开呼兰的前两个小时,我忐忑不安地将《北极村童话》交给他,让他看看,这像不像小说。朱伟当时正在会议室休息,他说马上要走,只能翻翻。我很失望地回到房间,想他也许连翻也不会翻一下。即将出发前,朱伟找到我,未等我问,他就说:这篇小说不错，为什么不早些寄给《人民文学》？朱伟带走了《北极村童话》，发表在《人民文学》上。我一直认为它是我早期最具代表性的作品。

舒晋瑜：您写的每一部长篇都是大题材，《伪满洲国》《额尔古纳河右岸》《白雪乌鸦》，是否在确定长篇写作时，题材是首要考虑的？可是您又如此擅长写小人物。大题材和小人物之间，您是如何驾驭的？

迟子建：这是个很好的问题。的确，我所写的几部长篇，在别人眼里是"大题材"，《伪满洲国》写了十四年历史，《额尔古纳河右岸》写了鄂温克这支部落近百年的历史变迁，而《白雪乌鸦》写的是发生在清王朝末年的哈尔滨鼠疫。不过在我眼里，题材没有大小，也没有轻重，关键要看作家对这样的"题材"是否产生了感情。喜欢上一个题材，如同喜欢上一个人，你才愿意与之"结合"，才会有创作的冲动。否则，再大的题材，与你的心灵产生不了共鸣，融入不了感情，你就驾驭不了这个题材。好在这三部长篇的题材，都是让我动心的。我与《伪满洲国》是马拉松式的"恋爱"，资料准备了七八年，写了两年，直至它出版，我与它"相恋"了十年。《额尔古纳河右岸》也是这样，对这个题材的爱，早就埋在心头，我一天天培养它，做了大量资料和实地调查，这颗爱的种子在发芽后终于成长起来，我用两个多月的时间就完成了它。而与《白雪乌鸦》是闪电式的爱，很快就掉入了这种写作情境，开始了一次鼠疫之旅。如你所说，我的这些长篇，不管题材多么大，写的都是小人物。即便《伪满洲国》里写到溥仪这样的大人物，我都是用描写小人物的笔法。因为我坚信大人物，都有小人物的情怀。而情怀才是一个人的本真的东西。

舒晋瑜：关于"满洲国"的题材大家并不陌生，您在构思时是如何考虑的？能谈谈《伪满洲国》的创作原因吗？

迟子建：我在鲁迅文学院学习的时候就有这个想法了，那时对东北这段特殊的历史所知甚少，想写也无从下手。1991年底我去日本参加文化交流，在东京召开一个欢迎会，一位白发苍苍的日本老人走过来突然张口问我："你从'满洲国'来吗？"我听了很震惊，感到刺耳，仿佛受了污辱。那段不堪回首的历史已经结束，为什么在日本、在中国的老人中烙印这么深？我觉得伪满十四年的历史值得我去想一想，看一看。这本书的落足点不是史实，而是特定的时代，充满乡土气息、民俗文化，而人的情感经历在里面占据了主导地位。我断断续续地查资料，想法成熟了才开始闭门写作，全力以赴地写。计划写四十多万字，实际上是写了六十多万字。写完后自己都觉得吃惊，怎么会写这么长？但我觉得写得还是比较精练，因为它涉及的社会生活层面较广。我做了许多资料准备，在酝酿成熟后才动笔。

舒晋瑜：我很欣赏您的创作状态，不急不缓，每一篇拿出来都是留得住、值得放在书架上仔细回味的作品。

迟子建：我从1983年开始写作，期间经历了新时期文学种种的潮流。我不是任何一个"主义"下的人，也不是任何潮流中的人，这种不入流，恰恰给了我自由，给了我广阔的生长空间。我觉得写作不能急，要慢慢来，持之以恒，而坚持是需要勇气的。写《伪满洲国》，给我最大的启发就是，作家要不断面对有难度的写作。我每写一篇东西，发表出来后，至少要读一遍，给自己挑挑毛病。常批评自己，就会有所进步。我觉得作家最大的敌人就是他自己。我对自己的作品总有种种不满意的地方，从这点来说，我可能还会有所发展。

我们能感受到她对自己生长的那方土地、对每一个世俗的日子恒久的爱,执着地贯穿于字里行间。她甚至常常在梦里遇见大自然的景象,她怀着又敬畏又热爱的心,不由自主地书写这些真正不朽的事物。

舒晋瑜:《额尔古纳河右岸》的写作,使您进入鄂温克族人的生活世界,以温情的抒情方式诗意地讲述了一个少数民族的顽强坚守和文化变迁。这部作品像一面镜子,照耀着那些远离山林和自然的灵魂。但是单纯地把这部作品理解为历史小说,也有失偏颇吧?

迟子建:是的。我去追踪这个部落的时候,心灵受到强烈的震撼。山里的条件很艰苦,但他们却生活快乐。他们从不乱砍滥伐,打猎也决不滥杀,够一周的食物就行了,不过多索取,在知足中产生富足感,他们唱的歌旋律优美——我觉得他们的生活方式对我们是有益的启示。

舒晋瑜:看到这个行将消失的鄂温克部族、面对其文化正在逐渐消失的现状,反思现代生活和原始生活的冲突,是这部作品的真正用意吧?

迟子建:为什么一定要把这样一个朝气蓬勃的部族变得和我们一样呢? 我们为了所谓文明生活,对我们认为落伍的生活方式大加鞭挞,本身就是一种粗暴。不仅鄂温克这个部落面临如此境遇,世界上其他少数民族也面临这个问题。那些有自己生命信仰的弱小民族,在现代文明面前面临的生存艰难和文化的尴尬,值得我们反思。我们太贫血了,所以当真正的鲜血喷溅时,我们以为那是油漆!

舒晋瑜：这部作品获得第七届茅盾文学奖。授奖辞说：迟子建怀着素有的真挚澄澈的心，进入鄂温克族人的生活世界，以温情的抒情方式诗意地讲述了一个少数民族的顽强坚守和文化变迁。

迟子建：我不会刻意追求一部作品的厚重感，因为"深刻"是求不来的，只能是自然而然呈现。《额尔古纳河右岸》其实是我的中短篇小说在艺术上的一个延伸，不同的是，写作这部长篇时激情更为饱满，大约触动了我灵魂深处的一些东西。其实写它是有难度的，首先我要把自己变成一个鄂温克老女人；其次，我要在一天中把近百年的故事讲完。好在我熟悉那片山林，也了解鄂温克与鄂伦春的生活习性，写起来没有吃力的感觉。我其实想借助那片广袤的山林和游猎在山林中的这支以饲养驯鹿为生的部落，写出人类文明进程中所遇到的尴尬、悲哀和无奈。这其实是一个非常严酷的现实问题。

舒晋瑜：《白雪乌鸦》以1910年冬至1911年春哈尔滨暴发鼠疫的历史作背景，所有深藏的爱怨情仇，在死亡的重压下枝缠叶绕。起意写作《白雪乌鸦》有什么原因？书名有何寓意？

迟子建：2003年非典，当时政府采取了很多防控措施。哈尔滨的媒体报道说，这与一百年前发生鼠疫时，清政府派去防治鼠疫的医官伍连德采取的措施几乎完全一样。我查阅了资料，1910年鼠疫时，两万多人的傅家甸（也就是哈尔滨道外区）竟然有五千人死于鼠疫！我开始留意这个事件，留意伍连德，但我感兴趣的不只是他这个人物。我想知道鼠疫突来时，身处其中的普通人的心理感受，他们的喜怒哀乐。另外，当年老哈尔滨的社会状态我也特别感兴趣——中东铁路兴起没多久，有八万俄国人和几千个日本人生活在那里，城市里有很多西式建筑，剧院上演的是芭蕾舞、西洋戏剧,而傅家甸则是尘土飞扬的流民区域。如果把鼠疫放在这样的背景当中写出这段历史,会很有意思。

在生活中,我偏爱黑白色,它们对比强烈,也是最能与其他颜色达成和谐的色调。哈尔滨的冬天,最常见的是白雪,长达半年的冬天,使雪花成了从天庭来到人间的常客;而乌鸦在满族人的心目中,是报喜鸟。传说乌鸦救过清太祖,朝廷里特设"索伦杆",祭祀乌鸦。而这场大鼠疫之后,清王朝就灭亡了。我在查资料时也看到,当年的哈尔滨,尤其是松花江畔,乌鸦很多。我觉得黑白色调特别契合我这部长篇小说的气氛,所以就用《白雪乌鸦》作书名。

在《黄鸡白酒》之后,迟子建很快又完成了《晚安玫瑰》。前者来自辛弃疾的词"谁唱黄鸡白酒,犹记红旗清夜,千骑月临关",后者则不像书名那么浪漫迷人。在作品中,她融入对社会更多的体察和反思。

舒晋瑜:《晚安玫瑰》中,景物的描写由大自然转移到城市,在露台、在屋顶、在高窗上。当您笔下的舞台转移到城市,心中会有不一样的感觉吗?

迟子建: 没什么不一样的感觉。我描写的露台、高窗、坡屋顶,这样的房屋基本都在哈尔滨中央大街那一带,那里被誉为"哈尔滨建筑博物馆",都是历经沧桑的老建筑,各种风格的,是个露天艺术长廊,我的笔徜徉其间,一样滋润!因为我把这样的建筑当成了自然的一部分。能够活在这样的屋檐下,比活在一个模式建造的钢筋水泥混凝土的楼群中,要曼妙得多!当然,我的笔也书写都市里的狭窗陋巷,书写像《黄鸡白酒》的小酒馆,它们在我眼里充满了世俗烟火气,一样是动人的风景。

舒晋瑜:《白雪乌鸦》《黄鸡白酒》《晚安玫瑰》(我把这个书名理解为红与黑)。您的作品,单看书名就是诗意并且色彩绚烂的。是有意为之?

迟子建:没有。也巧了,这三部书写哈尔滨不同历史时期的作品,标题都是四个字的。《白雪乌鸦》因为写的是清朝末年发生在哈尔滨的大鼠疫,疫情恰好在冬天达到了高峰,而那个年代的哈尔滨,冬天最常见的就是白雪和乌鸦,所以就有了这个篇名,它与鼠疫的气氛也是相符的。至于《黄鸡白酒》,它来自辛弃疾的词"谁唱黄鸡白酒,犹记红旗清夜,千骑月临关"。辛弃疾是我最喜欢的词人。至于《晚安玫瑰》,原来并不是这个篇名,是发表的最后一刻改的。

舒晋瑜:《晚安玫瑰》借着描写小娥的爱情,扫射了中国百姓的生存状况,买房的压力、婚姻的矛盾甚至亲情的背离(姑姑的贪婪与自私)……我很感兴趣这个题材是从哪里来的?写作的过程,是怎样的心态?您对这部作品比较满意,满意在什么地方?

迟子建:写作《晚安玫瑰》,差不多花掉三个月的时间,是我写的篇幅最长,也是注入思考最多的中篇。小说中的每一个人,都在欲望中挣扎,通过神灵或自我救赎,走上精神的皈依之路。在这里,我们可以看到时代的风云变幻,对个人的命运的影响。这里的两个女人——流亡到哈尔滨的犹太后裔吉莲娜和报社校对员赵小娥,都有"弑父"行为,所以最早篇名是叫《弑父的玫瑰》。编辑们觉得"弑父"二字放在篇名太直露,所以我最后改成了《晚安玫瑰》。我对它最满意的地方,就是对这两个女人的塑造。她们的精神世界和情感世界是复杂的。

舒晋瑜：《额尔古纳河右岸》中有酋长的遗孀，《黄鸡白酒》有春婆婆，《晚安玫瑰》有吉莲娜，您在描写笔下的老女人的时候，是否有格外的感情？

迟子建：我希望自己也能活到她们那般年纪，宠辱不惊，宁静如水，朴素地活到人生的夕阳时分。

"我想把脸上涂上厚厚的泥巴，不让人看到我的哀伤。"迟子建获得鲁奖的小说《世界上所有的夜晚》，开头便使人一下陷入悲伤的境地，无法自拔。在她大气凝重的文字背后，始终暗含着一种淡淡的忧伤。就像她灿烂的笑容深处，流淌着隐忍的悲凉。

舒晋瑜：您作品中的任何女性，几乎都具备健康、不屈、积极向上的心态。如果有迷茫，肯定也会在某种寻找之后豁然开朗。我想这跟您本身的性格也有关系。您能总结一下作品的女性人物吗？

迟子建：其实我在写作的时候，从来没有想到笔下的女性人物是什么样的，男性人物又该是什么样的。小说如同一场戏，开场后，谁先登场，谁表演的时间长，谁是什么性格，男人、女人哪个抢眼，完全取决于他们在戏里角色的分量。我想我写过的女性人物，最典型的特征，应该是一群在"热闹"之外的人。不过让我细致地总结她们，我还是很吃力。因为在"女"字上做文章，对我来说，跟让我登珠峰一样难。

中短篇的写作能锻炼一个作家的气韵。在迟子建看来，如果没有中长跑的基础，是不会有优秀的马拉松运动员的。同样，一个作家历经了中短篇的千锤百炼，奔向长篇的时候，才会体力充沛。

舒晋瑜：中短篇的写作，其实一点都不亚于长篇所耗费的精力和心思。您确定体裁时，以怎样的标准判断？

迟子建：作品容量的大小，决定着体裁的长、中、短。比如我做《伪满洲国》和《额尔古纳河右岸》的资料，我就知道，手中握着的，是长篇的种子。因为它容量大，张力大，可塑性强。可是像《清水洗尘》《逝川》和《亲亲土豆》那样的题材，它出现时，就是短篇的姿态。

相反，类似于《世界上所有的夜晚》和《起舞》这样的小说，我打腹稿时，就知道它会以中篇的形式出现。容量大的水流，你把它注入窄小的河床，它就会泛滥成灾；而你非要把一条小溪引到大河的河床上，水流活跃不起来，势必会成为死水。所以，把短的东西拉长是臃肿乏味的；而长的东西，你想遏制它的生长，也是不可能的。

舒晋瑜：您的作品被改编成影视作品的好像很少。

迟子建：其实，我的小说出来后，想要改编影视剧的确实有很多，但真正能落到实处的寥寥无几，可能我的作品缺乏影视剧所需要的流行元素吧。因为对影视公司来说，收视率高于一切。我写作，就像你说的，只遵从内心，不会考虑它是否适合改编。作家留下来的，最终还是文字，而不是其他。

舒晋瑜：您对于小说技巧的把握、语言的精致以及讲故事的能力都让人佩服。写作素材又是怎样获知的？

迟子建：如果问我作家的命脉是什么，我会说：想象力。一个只拥有生活而缺乏想象力的作家，会灿烂一瞬，如流星；而那些拥有丰富想象力的作家，有如一颗恒星，会持久地爆发光芒。有了想象力，你就不会把生活那么快就用空，你的内心总会有激情和动力,好像一台汽车加足了油,随时都可以驰骋。所以我觉得一个作家,一生最要爱惜的,就是保护和发掘想象力,它是写作的火种。

舒晋瑜:故乡在您作品中的呈现,或者说故乡与作品的关系,这么多年来有怎样的变化?写《北极村童话》时那么清新天真,到《额尔古纳河右岸》与《白雪乌鸦》,已经具备了史诗般的厚重经典。

迟子建:没有故乡,就不会有我的写作。但是,喜欢一个人,会"爱之深、责之切";喜欢一个地方,同样如此。因为深爱那片土地,它光明背后的阴暗一面,也越来越引起我的注意。我想当一片土地由亲切变得相对陌生的时刻,那么拷问作家良心的时刻便也到了。我愿意接受这样的考验和锻炼。从《北极村童话》到《额尔古纳河右岸》《白雪乌鸦》和《黄酒白鸡》,毕竟相距二十多年的时光。创作初始的那种恬淡和忧伤,我至今迷恋着,也许那是我与生俱来的气息。我并不特别清楚写作的变化在哪一个时间节点上,就像我不知道,眼角的皱纹,究竟是哪个时刻悄悄爬上去的。

舒晋瑜:在您的很多作品中,对自然景物都有非常细致的刻画,那些美丽的自然风光像涓涓细流融入故事。这种对于自然的热爱与描写,在当代作品中越来越少了。似乎大家都没有心思去关注周围的景物了。您的这种风格,是来自俄罗斯文学的熏陶,还是受生活环境的影响?

迟子建:最主要的是生活环境的影响。你想啊,我出生在大兴安岭,十七岁之前,都没出过山,满眼看到的是大自然的风景。那里人烟稀少,四时景色不同,所以从童年起,我等于在看老天绘制的一幅幅风景油画——春日森林的嫩绿,夏日林间缤纷的野花,秋日五花山的绚烂,冬日冰河的苍茫,还有那沼泽上的水鸟,林间的溪流,变幻无穷的天空,都给我留下了深刻的记忆。我想起故乡,往往就是这一幅幅诱人的风景图画。每当写到故乡,这样的风景自然而然从笔下流淌出来了,因为我小说的人物就活在这样的风景中。

舒晋瑜:回顾三十多年的写作,您愿意做何评价?

迟子建:1983年我在大兴安岭地区师范学校开始写作时,并没有想到手中的笔,会这么让我不舍,一直到今,还牢牢在握。写作帮我打开了生活的另一扇窗——那个源自现实,又与现实有着不一样气象的天地,它是那么令我着迷!我早期的作品,确如评论家所说,是纯净忧伤的,而近期作品,有了苍凉之气。我想这与我对文学的认识的加深和人生阅历的增长有关。但我所有的变化,都是渐变,而不是一夜之间的突变,所以对自己的写作,我也很难划分明确的阶段,因为创作是有延续性的。我有个习惯,就是作品发表之后,再读上一遍。我读它是为了给自己找不足。我在很多作品中都能找到不足,所以总是寄希望于自己的下一部作品。可下一部作品出来后,我读后又发现了不足。知道自己的不足,我想或许我未来还能写得好一些。从生活的意义来说,写作帮我渡过了人生的难关,我爱人离世后,是这支笔给了我强大的支撑,为此,我要感谢写作。

也许是因为神话的滋养,迟子建记忆中的山川河流以及笔下的人物,无一不沾染了神话的色彩。也许是由于善良隐忍宽厚,生活里到处是融融暖意,当然也不乏痛苦和烦恼。迟子建从他们身上,领略最多的是随遇而安的平和与超然。

舒晋瑜:您曾在作品中不惜笔墨地描绘萨满治病招魂的全部细节,从萨满治病的禁忌(不许点灯)、萨满跳神的服饰(彩色神衣)、法具(神鼓)、萨满神歌以及神奇效果等方面细致再现了整个治病招魂的过程,让我们看到萨满跳神所具有的科学无法解释的神秘力量。

迟子建: 大自然确实有股神秘力量。我在做《额尔古纳河右岸》资料时,知道有的萨满在跳神时,能把大地踏出一个坑来。超自然的力量,是我们所不知的。而我小时生病,家长也用"烧邮票"的方式给我叫过魂。我去北京天文馆参观,看着陨石展厅中一颗微小的来自月球的岩石,我总想夜晚时它会不会发光,它会不会是嫦娥舞蹈时,衣裳落下的一颗纽扣呢?科学可以探明宇宙的奥秘,但对于一些超自然的力量,科学也无法解释。其实世界有谜团是好事,我们对世界还有敬畏之心。

舒晋瑜: 智障人物也是您作品中的常客,这些被世俗社会视为异类的人物身上,您发掘出他们纯净的思想、奇异的智慧:《额尔古纳河右岸》中的安草儿是个愚痴的孩子,《第三地晚餐》中陈青的哥哥陈墨是个遭人嘲笑的智力欠缺的人,但他却有着自己的生活理念……这样的人物,在很多经典作品中都会出现,包括世界名著。

迟子建: 我的短篇《采浆果的人》,也写了智障的人,这与我童年的生活经历有关吧。我们小镇不大,但有好几个智障的人,他们在我眼里不是"傻瓜",而是有光彩的人。他们不循规蹈矩,说出的话永远满怀天真,他们在一种"天籁"状态下生活——虽说那是病态的。我总想,我们觉得他们可笑,可他们也许觉得我们可笑。

获奖作家访谈

周大新：我想写出让人感觉温暖和美的作品

周大新 1952年生于河南邓州。曾任济南军区总后勤部政治部创作室主任。1979年开始文学创作，著有长篇小说《走出盆地》《第二十幕》《21大厦》《战争传说》《湖光山色》《曲终人在》《安魂》，中篇小说《向上的台阶》《银饰》，短篇小说《汉家女》等。其中，《湖光山色》获得第七届茅盾文学奖。其作品被译成英、法、德、朝、捷克等多种语言在国外出版。

| 采访手记 |

在文学创作上，周大新算不上快手。

自1982年初登文坛，周大新发表出版中篇小说三十余篇，短篇小说六十余篇，散文、报告文学、长篇小说四百余万字，字数算不得太多，却足以呈现他的多面性，《走出盆地》《武家祠堂》《玉器行》《老辙》等作品中，有对逃离土地的传统观念、文化心态的深刻剖析和反思，也有在《香魂女》《蝴蝶镇纪事》《屠户》《银饰》等小说中的爱情神话；《第四等父亲》《铜戟》等军旅文学作品体现了当代军人的复杂情怀，长篇小说《21大厦》又描绘当代都市社会的众生相。他潜心十年创作的《第二十幕》，通过对一个小城百年间世相的描摹，呈现了中原古城南阳一个丝织世家在20世纪这个舞台上的精彩演出场面，被认为是一部史诗性的长篇小说，是"中国的《百年孤独》"；到了2009年，《湖光山色》又把他推上茅盾文学奖辉煌的舞台。

首都师范大学文学院教授张志忠用苏轼的"大瓢贮月归春瓮，小勺分江入夜瓶"形容周大新总能把质朴、平庸的细节描写得有诗意。"并且他的作品中经常会寻找一个象征物，除了写实又有一点超越，有一点形而上的东西，使其作品更具有诗的意蕴和哲思。"张志忠说，周大新文如其人，他和他作品有使命感，又有智慧，其智慧既包含生存智慧，又包含政治智慧，体现了中原作家的特色。

20世纪八九十年代，周大新作品的格局和眼界都变得更为开阔，更具有现代意识。如果说《第二十幕》是一种心灵的还乡，那么《湖光山色》里面的暖暖，就代表周大新行动上的还乡。作为周大新的老朋友，作家李佩甫注意到，对于人生中的两次打击，周大新采用了精神转移法，分别写出《第二十幕》和《安魂》。"大新一直是受魔幻现实主义影响最小的作家，当大家都被笼罩的时候大新没有被笼罩。大新一直在跋涉，他在左冲右突，企图在文学上建立自己的文学形式。大新一直都在讲述中国故事，他是标准的中国故事的讲述家。"

成绩背后谁能想到,他曾有过在文学起步时备受打击仍不屈不挠朝着理想迈进的过去呢?周大新的第一部长篇,写完后给朋友看,朋友不屑地说:"你写的这是啥啊?"他很失望,回去就把手稿烧了。

舒晋瑜: 您是从什么时候开始写作的?

周大新: 1973年开始写作,但一开始不是写文学作品。我1970年参军后,先到了山东的一个野战部队,当炮兵团的测地兵。我当时有一个愿望,就是写一本关于测量大地的书。对写书者的崇拜一直都在心里,所以想仿效着写一本书。后来提干被调到团里政治处,不从事测地工作了,但写书的念头没断,又想写一本关于中国生产力状况的书。我写了好多关于中国生产力发展状况的论文,寄到中国社科院的《经济研究》杂志,但都被退回来了。

舒晋瑜: 那个时候怎么会对经济学有浓厚的兴趣?稿子被退,是否影响到您的积极性?

周大新: 那时主要是看到周围的老百姓都很穷,吃不饱肚子,想探究一下原因,企望找出发展经济让大家富起来的办法。稿子被退后,当然很泄气,后来才懂得,那年头你要想对经济发言,你必须有官职、有地位。

舒晋瑜: 小说创作是从什么时候开始的?是什么机缘?

周大新: 很小就喜欢看小说。1976年,我调到陆军第200师师部工作,住在山东泰安泰山脚下,接触到一些介绍台湾老兵的材料,于是就萌生出写小说的愿望,想写一部反映台湾老兵思乡的军事题材长篇小说。写了三十多万字,让朋友看,他们说:"这写的是什么东西?不像小说。"这种评价让我很气馁,后来搬家的时候,就一气之下把它烧掉了。

舒晋瑜:为什么这么决绝?烧的时候是什么心情?难过、绝望还是不甘心?

周大新:处女作刹那间化为灰烬,当然难过,可我就是不甘心,我不相信自己就写不出好看的小说,我心里要成为作家的火苗其实是烧得更旺了。我从小就对写书的人非常崇拜,书是什么不知道,就是想写书。小时候老师老拿我的作文当范文,让我觉得我也可以写书。

舒晋瑜:能谈谈您的退稿经历吗?

周大新:1979年到1982年,我的退稿比较多。1978年,我调到济南军区宣传部后,开始学写电影剧本,写了三个,也都被退回来了,那年头,电影剧本的成活率非常低,大约是5000∶1,全国一年才拍四部电影。到了1979年,才开始写短篇小说。那时各家刊物都很负责,只要不用你的稿子,就一定退给你。我们宣传部在值班室有一个信插,退稿通常就放在那里,退稿多了,我就担心遭同事们耻笑,每次去拿退稿,都觉得脸上无光。那时写稿,誊抄时我一般都用复写纸复写一到两份,就是说留有底稿,心里盼着:杂志社不用最好别退稿。

舒晋瑜:发表的处女作是哪一篇?发表的过程您还记得吧?

周大新:1979年,对越自卫反击战开始,我的一些战友去参战,他们给我写信。我以此为题材写了《前方来信》,在《济南日报》发表了。稿子写好后,直接寄给了报社,没想到真给发表了,当时很高兴,给我的稿费不多,但那年头吃饭便宜,记得用稿费请朋友们吃了一顿。

"我也可以写。"这个念头像个小苗,在周大新的头脑中顽强地生长,越来越茂盛。他悄无声息地一步步接近自己的文学梦想。

舒晋瑜:《汉家女》获得1985—1986年全国短篇小说奖。这篇小说是怎么发表的?

周大新:我把这篇小说交给《解放军文艺》刘林编辑时,心中忐忑不安。因为我自己明白,作品中的一些描写有些人可能接受不了。但是刘林说好,主编陶泰忠果断地决定刊发,发表后引起很大反响和争议。如果刘林当时pass掉我可能就不写了。《走廊》写了真正的战斗,这作品也引起很大麻烦,也是一位编辑给了我支持。他们有眼光,给我很多鼓励,如果没有他们,我可能也就不干了。我对他们充满感激。跟我交往的编辑,我都记得他们的名字。

一个作家的成长,离不开很多人的关心扶持。尤其是创作初期,在作者自信心不强时,如果不是遇见好编辑,可能就立不起来。我就曾经怀疑自己,是否是干写作这个行当的料。

舒晋瑜:这个奖相当于一颗定心丸,从此就决心走写作这条路了吗?那么最初对您写作产生影响的是谁?

周大新:获了全国奖之后,我的确是有信心了。要说文学启蒙,一个是我的远房叔叔鸭嘴叔,一个是常到我们村说大鼓书的邻村人秀成。鸭嘴叔是村里人给他起的外号,他的嘴扁,有点像鸭子,鸭嘴叔识字,会讲故事,给我们讲过《三国演义》《红楼梦》《水浒传》等，使我对文学产生了兴趣。秀成说大鼓书其实也是讲故事，讲《三侠五义》，几百个人坐那儿听。这算是最早的文学启蒙。

从文学作品上来说，托尔斯泰的《复活》我印象很深，托氏成为对我文学创作影响最大的作家。最早读《复活》是在连队，我的一个班长常偷偷躺在床上看，后来趁他出去，我悄悄拿到那本书。书没有封面，也没有封底和书脊，但里边的内容很吸引我，特别是聂赫留道夫和玛丝洛娃的感情纠葛很吸引我，这部书征服了我，让我好长时间都在想这个事。我想自己将来要能写一本这样的书该多么了不得！后来我才知道，这部没有封面的书是托尔斯泰的《复活》。"文革"结束后，我又从书店里买了托尔斯泰的《战争与和平》，一口气读完，读完之后觉得很震撼，忍不住又买来了托尔斯泰的《安娜·卡列尼娜》。他的所有作品都在呼唤爱，都体现出一种博爱的精神。他说过要无条件地去爱他人。他的主张很合我的心意。他从思想上影响了我。

沈从文对我的影响也很大。我最早读过沈从文的《萧萧》和《丈夫》，他写的人物我觉得很熟悉。像遇到托翁的作品一样，我把沈从文的所有小说散文都找来了。花城出版社出过的《沈从文文集》我全部读完了，觉得书里有对普通人生活的关注和理解，和自己的生活经历很相似。我熟悉的就是普通的农民和小镇上的人物。他写的生活和我的生活相仿，他的路子值得我研究并去走。我的很多作品也写底层小人物的悲苦无奈。

如果说此前的创作是盲目且没有任何艺术准备的话，那么1985年之后，周大新开始认真思考自己的文学道路。他想，自己必须和生活的土地联系起来，作品才有可能深刻，于是将目光从部队转向南阳的土地，关心乡亲们和伙伴们的生活。

舒晋瑜:评论认为《走出盆地》在您的写作历程中是一个高峰,但同时也是相对被低估的作品。还能回忆下当时写这部作品时的情况吗?是否在结构上有更多的考虑?而且叙述也非常从容,显示了深厚的文学功底。

周大新:《走出盆地》其实写的是人想挣脱外在束缚和寻找幸福的渴望。盆地对人的眼光是一种约束,外部环境对人的约束并不是只这一种;人人都以为幸福在别处,都想去别处寻找,我想写写人的这种境况和心理。

舒晋瑜:您潜心十年创作的《第二十幕》,通过对一个小城百年间世相的描摹,呈现了中原古城南阳一个丝织世家在20世纪这个舞台上的精彩演出场面,被认为是一部史诗性的长篇小说,是"中国的《百年孤独》"。您的创作受西方思潮影响深吗?

周大新:西方文艺思潮当然对我有影响,在世界逐渐变成一个村落的时代,一个作家不可能不受外部东西的影响。西方作家对人自身的认识,对人类处境的认识,对小说叙述方式的创新,都给了我很多启发。但我明白,我是站在中国的土地上写作,我写的是中国人的生活,我写的东西必须有中国气派。

舒晋瑜:《第二十幕》的写作同时也是一次心灵的还乡。您当时写这部作品,也是做了充分准备吧?写作时心里有标高吗?当时作品入围第六届茅盾文学奖,而且呼声很高。作品入围,您当时是怎么想的?

周大新:当时读了很多南阳的地方史志,读了中外不少关于丝织的书,也到一些县区去实地做了考察,访谈了一些从事丝织的老人。写作时是有一点雄心,想写一部能传下去的书,但这个愿望恐怕很难实现,如今的书太多了,读书的人又太少了。后来作品能入围茅奖,我当然高兴,把其看作对自己的一种鼓励。

军人气质体现在周大新的创作中,就是他勇于不断地挑战自我、变化题材,抢占不同领域的制高点。

舒晋瑜:您的作品创作主题的多元性以及您对多种题材的驾驭,显示了视野的开阔度和对社会复杂人性的深度把握。您是有意在创作中拓展题材尝试新变吗?

周大新:写完农村题材,我又想:自己十八岁出来后一直在城市生活,却没写过城市文学作品,于是就有了《21大厦》。真正写的时候我发现还是不了解城市,不像我写农村人、军人那样得心应手。写完这一部我又停下来,思考哪一个是我最能写好的。我经常反省。有一段时间没有感觉,我写了表现明朝战争生活的《战争传说》,虽然是写历史上的战争,但和军人生活联系密切。我后来还是回到了农村,农村是我最熟悉的,尤其当下农村生活变化快,震荡大,应该加以表现,这时我写了《湖光山色》。我觉得,一个作家在选择写作的题材时,应该选择那些具有挑战性的新鲜的题材领域去开掘,能否找到新的题材写作,也是作家创新能力的一个体现。

舒晋瑜:虽然有各种批评或者困惑,在往前走的过程中,您还是愿意跳出重复的圈子,所以作品也风格迥异。

周大新:我想经过不同尝试,试验自己的能力,确定自己的方向。我写完一部作品,通常就把自己全部情感生活的积蓄耗进去了,很难在这个题材领域再往前走。这也是一种挑战。变化题材容易激发作家新的思考。现在我也不后悔当年写作《21大厦》和《战争传说》,毕竟是我在另一领域的探索。除了《银饰》和《向上的台阶》这两个中篇我比较满意,其他每一篇写完我都对自己不满意,觉着没达到心里的目标,还觉得可以写得更好。心里想的和文字上呈现的是有距离的,只好想着在下一部作品里弥补。

舒晋瑜:《战争传说》与传统的描写战争的小说不同,避开了正面描写战场,而是采用民间化的视角。为什么会选取这样的视角?

周大新:我是军人,上过战场,知道战争对于普通人是怎么回事,所以我写战争,就想去写普通人的感受。很多历史小说在写到战争时,都写的是上层人物的活动,写他们运筹帷幄,没有痛感。我想要写出一种痛感来。

舒晋瑜:军旅小说大致有哪些类型? 和平年代如何创作战争题材的作品,是很多军旅作家的困扰,您是如何把握的? 能否谈谈目前军旅文学创作的困境?

周大新:军旅小说有三类:一类是战争小说,直接表现战争,历史上的战争、边界战争、自卫反击战;一类是和平年代的军营生活,这是难写的,要写出跟同行、前辈不同的作品很难。这也是我不轻易去写的原因;还有一类是军事科幻小说,对未来的战争样式进行想象的小说。我想军旅小说要发展,对于组织者来说,应该给予作品更大的宽容度,应给作家更大的空间和自由。对作家来说,要发现新的题材领域、发现新的人物、讲述新的故事。凡是别人讲过的,似曾相识的人物故事,都不应出现在自己作品中。当下军旅题材作品,相似的东西太多。"似曾相识"是创作大忌。

舒晋瑜:为什么您笔下的爱情故事多以悲剧性的结尾告终? 您本人对爱情和婚姻持一种什么态度? 不只是爱情故事,您的作品中,总有一种悲伤的情绪贯穿,您是一个悲观主义者吗?

周大新：我也不知道怎么写着写着就写成悲剧了,大概人生本身算不上高兴的事情。辛苦长大,求学求知,赚钱成家,衰老、疾病、死亡。一开始生在床上,最后再死在床上,人几十年走完这一圈确实让人伤感。因为写作要追问人生的价值,问来问去:人生最大的价值是能留下点什么,可是留下的东西最后也要毁灭,地球多少年后都要毁灭,能留下什么? 这些,大概是我不知不觉写了好多悲剧的原因。不过,我相信世上还有真爱,人生虽然最后归于无,但确有东西值得我们去活完一生,爱和被爱是人生的最大动力。我希望去写这种爱,以鼓舞自己和他人去活完充满烦恼和苦痛的人生。

舒晋瑜：很多人认为您比较擅长写女性。每一部作品都能成功地塑造出成功的女性人物形象。比如《湖光山色》中的暖暖,《第二十幕》中的盛云纬,《战争传说》中的高娃……您自己觉得呢?

周大新：小时候,我从母亲、婶婶、嫂子们那里得到了很多关爱,看到她们操持家务、哺育孩子很辛苦,所以女性给了我很美好的印象;长大了,看到酗酒打架、抢劫、偷盗、杀人包括战争等破坏性的事多是男人干的,于是又对女性多了一层好感。因此,我就认为,女性从事的多是建设性的事务,而男性,习惯于破坏。故而在写作中,我一般都愿把赞美给予女性。当然,随着阅历的增加,我的两性观得到了矫正,但,印象已经铸成。

舒晋瑜：回顾四十多年的创作,您走过了怎样的创作历程?

周大新：1985年之前,我的创作基本上是盲目的,完全凭着生活积累,没有太多艺术上的准备,几乎是跟着感觉走。1985年获奖后,我开始思考自己的文学道路。读书也越来越多,逐渐想走出一条适合自己的创作之路。思考的疆域开始拓展。总之,我走过的创作道路与我的人生道路一样,曲曲折折,充满烦恼,当然,也有快乐。

如同处于备战状态的士兵,周大新时刻警觉着,哪怕是茅奖的桂冠等等诸多荣誉和奖项冠于自己名下。

舒晋瑜:《湖光山色》获得第七届茅盾文学奖,这部作品在您的所有创作中,是最厚重的吗?

周大新:最厚重的应该是《第二十幕》。《湖光山色》是我对当下乡村生活的思考和表现,字数不多,三十万字,但是传达了我对乡村生活的设计、理念,传达了我希望农民弟兄生活好的理想。有人说带有乌托邦性质,是我对现代化进程中农村生活发生巨变、人们内心变化的真实展现,希望这种展现能给农民兄弟送去安慰,也是一种对他们启蒙性质的提醒。

舒晋瑜:那您怎么看当年的《第二十幕》在茅奖评选上的落选?在您的心目中,是否《第二十幕》更应该获得茅奖?

周大新:《第二十幕》是我用心用力最大的作品,耗去了我最好的年华,我当时写作时最怕自己的身体坚持不下去,怕没写完而死去,留下终身遗憾,所幸上帝给了我时间,为此我感谢他。能获奖当然好,不获奖也没有什么,重要的是写完了。

舒晋瑜:还记得当时是在什么情况下得知《湖光山色》获得第七届茅盾文学奖的吗?一定很开心吧?

周大新:听说后是很开心。这对自己是一种肯定。写作有时是需要一点鼓励的,大家都是凡人,走长路一直没人喝彩,有时会情绪低沉。

舒晋瑜: 茅盾文学奖对您的颁奖词是:周大新深情关注着当代农村的巨大变革,关注着当代农民物质生活与情感心灵的渴望与期待。这么多年过去,您自我评价呢?

周大新: 我是出身农家,在乡村长大,可以说,田野始终连着我的心,对乡间的变化不可能不关注。虽然长期住在城市,但天旱和暴雨都会让我替农人担心。我太希望农村的变革能给农民生活带来实实在在的变化,我的父母至今还在农村住,我经常回去,我其实是一个住在城里的农民。

舒晋瑜: 您一直关注茅盾文学奖吗?如何评价自己的作品在茅奖获奖作品中的地位和价值?

周大新: 茅奖是我们国家的一项文学大奖,是为鼓励长篇小说创作而特别设立的,我希望它越办越好,确实把最优秀的作品选出来给予表彰。几乎每个文学大国都有自己的文学奖项,我们要努力使这个奖在世界上有自己的影响。我的作品该怎么评价,应该交给读者和时间,不应该由我自己来说。

对于周大新的军龄来说,军事题材长篇小说的写作显得有些姗姗来迟。他说,一直没有写军事题材,是因为没找到能令自己激动起来的题材。

舒晋瑜: 写了那么多年,为什么军事题材的长篇小说《预警》姗姗来迟?

周大新: 我一直没写,是因为没找到能让我激动起来的题材。在大家都熟悉的题材领域,我很难写得比别人好。恐怖主义是世界性的问题,其产生甚至是人类成长史上的重大事件。人类文明发展到对生命珍视,是巨大进步。现在恐怖主义分子又开始对生命漠视,这是一种倒退。战争是成年人之间的互相搏斗,恐怖主义是让毫无过错、完全无辜的老人妇女儿童付出代价,这是人性的变异,应该成为作家关注的领域。很多军人还没意识到反恐战争近在咫尺,未料书写完还没出版,新疆的"七五事件"就发生了,这让我更觉得写这部书有意义。

这本书不仅仅是对军人的预警,也是对社会的预警,怎么根除滋生恐怖主义的土壤——腐败。我希望这部书能让世人警醒。

舒晋瑜:这与您的经历有关吗?

周大新:关系不大。要记住我是个写小说的,很多事情是虚构的。我从来没想到虚构的事件能真正应验。人类社会有很多灾难是由人的欲望失控引起的。我就想写我们这一代军人,在困难时期长大,前半生谨慎小心,事业上成功以后,有的人开始得意忘形,就像我熟悉的一些人,没能抵御住物质欲望的诱惑,最终丢了官职,甚至入狱。这种悲剧他自己没有想到,家人也没有想到。生活需要我们对灾难有思想准备,对遭遇意外有思想准备。通过这部书,我想对我的战友们发出一种预警,让他们关注这场反恐战争。其次,是想对社会的管理者发出一种预警,希望他们意识到恐怖主义滋生的土壤就在脚下。再就是对读者朋友们发出一种预警,提醒他们注意人生路上的陷阱。

舒晋瑜:这些诱惑是否不可抵御呢?您有什么建议吗?

周大新:当然不是不可抵御的。如果你很警醒,懂得对自己的欲望进行控制,给自己预先划定一些不要逾越的红线,比如,不贪财,不收非正当来路的钱,一般就不会出事。建议嘛,最好是多读点书,读书尤其读点文学书,会让你了解很多你没有经历过的人生,这样会有助于看透很多问题。

舒晋瑜: 对于很多作家来说,每一部作品都像是自己的孩子一样喜爱有加,对于自己过去的作品,您是否也是这种心态?河南文艺出版了您的中篇作品集,这套书对您来说有什么特别的意义?您发现了自己存在的问题吗?

周大新: 河南文艺出版社把我发表的所有中篇编成集子出版了,他们做了一件好事。其中很多作品,发表以后我都没再看,现在集中在一起,三十三个中篇全部收进来,能让我在比较中看看哪些有价值,哪些还很粗糙,哪些跨越的时间和空间更大一些。这套作品让我发现,自己作品涉及的生活面还不是很宽;对人性的探查收获有限;我还须继续努力。创作是没有终点的马拉松赛跑,作家的快乐只是在拿到新书的那一瞬间,很快又要进入到下一部作品的构思与创作,没时间也没法陶醉。世界上那么多优秀作家都在往前走,而且他们的每一部都有新的进步,我自己更不能停步歇息。

2008年夏天,周大新二十九岁的独子因脑瘤告别人世。周大新把对儿子的忏悔与牵挂都写进小说《安魂》里。除了真挚地倾诉,他还穷尽想象,设计出了再完美不过的天国,供儿子的灵魂栖息。

舒晋瑜:《安魂》是一部令人心碎的感人之作,也是一部具有生命启示录性质的作品。这部作品获得2012年度《当代》最佳长篇小说奖,但是您那天提前离会了。

周大新: 我那天心里难受,自己写的书自己不敢再看,别人一提就会勾起我的很多回忆,加上单位有事,就提前走了。我真的没想到那天会获奖。

舒晋瑜：作为一本小说，《安魂》并未止于追忆与倾诉，您在书中用大量笔墨刻画了一个自己心目中的天国。为何会采取这样的结构？

周大新：对天国的描述是前半部作品的自然延续。我写的是死亡，人死后会去哪里我当然得给出答案。那自然是为了安慰自己，同时也为了安慰天下所有将走近生命终点的人。有那样一个天国会让我们不再恐惧必将到来的死亡。

舒晋瑜：您写《安魂》，除了告慰儿子的亡灵，您也想让自己和妻子，以及全天下的失独父母，还有即将面对死亡的人们，能够得到安慰，不再恐惧。您并没有把《安魂》仅当成私人的情感宣泄，这部作品同样体现了您作为作家的社会责任。

周大新：这世界上活得不苦的人很少，你可以环视一下四周，你会发现每个人活得其实都不容易，大家都需要安慰，作家应该尽这个责任。

舒晋瑜：听说您和妻子向老家河南省邓州市捐献了一百万元人民币，以儿子的名字命名建立了一笔助学基金，用于资助邓州市每年升入大学的贫困学生？为什么会有这样的举措？

周大新：儿子生前一直喜欢帮助他人，我们想让这种精神延续下去。

《曲终人在》是周大新继长篇小说《预警》之后，又一部直接反映当下社会现实的力作。作品关注腐败问题，没有回避现实中的矛盾，而是直面矛盾、深入思考。

舒晋瑜：在题材上寻求多变，同时作品中也有您一贯坚守的东西，比如理想主义，您的很多作品都或多或少地涉及权力，《曲终人在》也不例外。您如何看待"权力"在您作品中的出现？还是借此反映复杂的社会？

周大新：权力，有公权力和私权力之分，我想对掌握公权力的人群的生存状况进行一次探查和表现，所以写了《曲终人在》。这些年，在我们国家，由于很复杂的原因，掌握公权力的部分人腐化严重，老百姓对这个人群的不满和议论很多，我想通过这部作品，把我对权力与人的关系的看法写出来。

舒晋瑜：在《预警》中，情感上的腐败带给军人的影响已有所涉猎，在腐败开始腐蚀人心的问题上发布了"预警"。而在《曲终人在》中，您又对腐败问题做了更深层次的探讨，并设想了人在官场有可能面临的种种压力，诸如来自亲朋好友的索取压力、来自上级的压力、商人交往的压力等。这些是否来自多年来的积累？

周大新：是的，我接触过一些官员朋友，看到了一些官员沉沦，对他们外表的光鲜和背后的苦恼也知道一些，我特别注意到一种围猎现象，就是一个人当了官之后，四周很多人想尽办法要拿下他，以便让他为自己服务，所以一个人想做一个好官并不容易。

获奖作家访谈

麦家：中国谍战走向世界

麦　家　1964年生于浙江富阳。1981年考入军校，毕业于解放军工程技术学院无线电系和解放军艺术学院文学系。1986年写作，出版有《解密》《暗算》《风声》《风语》《刀尖》等长篇小说。其中，《暗算》获得第七届茅盾文学奖。《解密》入选"企鹅经典"文库，是中国首部收入该文库的当代小说。其作品被译成英、法、德、意、日、韩、俄、西班牙、葡萄牙等三十多种语言在国外出版，并改为多部影视作品。

| 采访手记 |

2002年初次见到麦家后,我在日记里留下了这样的描述:"理平头、戴眼镜,没有太多言语的青年作家,不事张扬却无比自信的神态给我留下了非常深的印象。"十二年后采访麦家,他还是不事张扬,却被推到了文坛最热闹的漩涡。2014年3月18日,麦家长篇小说《解密》的英译本在英美等国上市,并被收入"企鹅经典"文库。《解密》英译本上市之前,企鹅前总裁马金森和亚洲区总经理周海伦来到杭州,送给麦家精装《解密》英文书和一幅《企鹅欢喜图》。

"六年"似乎可以概括为麦家的阶段性创作。从1986年开始写作,他用了六年才找准自己的定位,1991年动手写《解密》,直到2002年才出版。随着同名影视剧的热播,麦家"火"得有些措手不及。六年后的2008年,《暗算》获第七届茅盾文学奖,麦家因其小说的"特情"性质,曾被质疑为缺少"文学性";又一个六年过去,《解密》和《暗算》走向世界。

世界著名的杂志《经济学人》称《解密》是一部"伟大的中文小说",是"三十五年以来中国最精彩的作品,值得每个人阅读……麦家先生因为数以百万计的书籍销量,而被称作中国的丹·布朗。但这并不确切,《解密》这本小说有加西亚·马尔克斯的魔幻现实主义的广阔,又有像彼得·凯里的开端,他的作品完全进入一个新的领域,他的非凡的主角,友情和无情在交替更新。然而,麦家先生难能可贵的独到之处,就是他自己本身。他扮演的读者、他的故事、他的渴望,渴望是可信的。麦家提供了一个诱人的神奇和神秘的中国之旅。这是一个绝对精彩的阅读"。

也有评论称麦家是"中国当代谍战特情文学之父"。麦家坦然道:如果有可能的话我会反驳;反驳不成功也无所谓,这些称谓像商标一样,只是抬高了你。小说不会因别人的评价而更好,也不会因为有恶评而更差。作家写作过程中有一个问题必须面对,作品出版后有人会捧读你,有人会误读、贬损你。不必以此为荣或以此为耻。归根到底,作品完成以前是作家的事情,完成后就不是作家的事情了。

《解密》曾经被退稿十七次。因为题材敏感、写作技巧不够成熟,麦家在十一年的写作过程中受尽折磨。当他背着包坐上火车却不知往何处去时,压根不会想到三十年后的风光。

舒晋瑜:大家熟悉您的名字,大概从《解密》《暗算》《风声》起,但是在此之前,您曾经创作了很多"被人认为是文学的作品",但是越写越觉得没劲,仅仅是因为没有读者吗?

麦 家:我是农村长大的,从1986年开始写作,写了很多关于农村、土地等主题的文学作品,都不被人关注。"穷则思变",写作者总是希望拥有更多的读者。后来我就重新挖掘,发现自己还是有一块相对独特的生活,就转到所谓"特情小说"的写作上来,开始写《解密》。

舒晋瑜:但是《解密》的出版用了十一年,中间经历了什么?

麦 家:我是军艺快毕业时才写《解密》。这类题材也非常难写,一是过去没有人写过,二是这类题材有很多特殊情况,怎么把握军事机密、无限接近又不去触碰"红线",很折磨人。这部作品2002年才发表,十一年时间我经历了十七次退稿。一是我写作技巧不成熟,二是题材敏感,三是花了大量时间摸索,确实也锻炼了我。写别的题材可以借鉴,写特情小说完全靠自己。《解密》是我的"磨刀石",无论个人意志、写作技巧还是处理题材的能力方面,都使我得到极大的锻炼,所以说《解密》不仅是我的第一部作品,也是最珍爱的作品。

经历前两次退稿对我打击很大,我几乎完全崩溃,背着包坐火车,不知道去哪里,完全自我放逐的状态。走着走着就想明白了,我总要找一件自己喜欢的事情。后来创作中修改也好、补充也好,再经历退稿也好,就比较坦然了。我人生的底色是通过《解密》打上的。经历了这么多曲折,也"被迫"明白了人生的很多道理,比如说功利心。找到自己喜欢做的事情,其实是最大的功利心。所以所谓"成名"之后,写作和我的关系还是比较健康,没有造成太大的压力,因为喜欢,别无选择。

舒晋瑜: 在困惑的时期,有没有哪个人或哪些作品影响到您,使您豁然开朗?

麦　家: 从农村题材转到特情小说,我是从书里得到一些启发的。一般认为特情小说属于纯文学不触碰的通俗文学领域。有一天我看博尔赫斯和爱伦坡的小说,得到了鼓励。爱伦坡和博尔赫斯写了很多侦探小说,他们笔下的人物也有盗马贼或情报官,就是写怎么破案,怎么抓小偷,但他们写的侦探题材在文学圈谁敢小瞧?所以写什么不重要,关键看怎么写。我后来毅然决定尝试特情小说的写作,正是先辈给了我胆识。

舒晋瑜: 那么谁是《解密》的伯乐?又是怎么出版的?

麦　家: 中国青年出版社的李师东是最先拿到稿子的,据他说,拿到书稿的那一天,天气特别好,他下班的路上来到河边,想看几页书再回家,没想到一口气看完了。当天晚上李师东给我打电话,说这个作品写得非常好,他们要出版。后来我又交给了《当代》的编辑洪清波、周昌义,他们也觉得好,于是先在《当代》发表。幸亏他们,否则的话,也可能被废掉了。写作还是需要一些鼓励的,我通过《解密》被更多人关注,自信心强了,写作也变得更轻松了。

舒晋瑜:《暗算》获第七届茅奖,被不少人批评,认为您只会讲故事。但是我也注意到,您的作品在语言上还是很有追求的。

麦　家:我有一个大致的判断,指责我作品没有文学性的人应该是没看过我的小说。不仅仅是因为我自信。媒体把我推为"谍战小说之父",这样高的评价会使有些人产生形而上的判断,认为是通俗小说,因为谍战嘛,不就是通俗。但我相信如果他们看了我的小说,会有另外一种看法。我不能说我的小说是最好的,但至少有个底线,是文学的。哪怕是改编成了影视剧,也保留着文学性。

舒晋瑜:那您是怎样保持通俗小说的文学性的?

麦　家:首先体现在语言上,其次是人物塑造。我的人物不是扁平的,而是有强大的内心,细腻的情感,曲折的命运。很多通俗文学放弃了这些,故事直线条地推进,人物过于简单化,命运也是大众化的命运。我的小说,不论《解密》还是《暗算》,在这方面做了很多努力和尝试。我的努力也是个性化的努力。所以多年来有那么多谍战剧,《暗算》这一开山之作至今仍是最经典的,至少是最有文学性的。

舒晋瑜:您曾经谈到不愿意为自己的作品归类,宁愿归为"文学作品"。

麦　家:李师东当时推《解密》的时候叫它"新智力小说",后来演变成"特情""谍战"。从作品质地上说,我的小说逻辑关系严密,有智力的成分。

我觉得什么样的说法都是次要的,"特情"是外衣,"智力"是方式,关键是人物,我塑造了新颖别致的中国文学大家族里没有的人物。正因为没有,所以被文学界关注。

2008年,《暗算》获得茅奖,颁奖词中写道:麦家的写作对于当代中国文坛来说,无疑具有独特性……他的文字有力而简洁,仿若一种被痛楚浸满的文字,可以引向不可知的深谷,引向无限宽广的世界。他的书写,能独享一种秘密,一种幸福,一种意外之喜。

舒晋瑜: 获得茅奖之后的创作是怎样的?2011年《刀尖》出版的时候传闻您封笔了?

麦　家: 是指谍战剧的封笔。写了多年特情小说,感情积累、素材积累用得差不多了,再写下去很可能重复。荧屏上也有很多谍战剧,这个品牌被做滥了。我想趁还没太老,挑战自己。

舒晋瑜: 当时为自己设定了目标吗?

麦　家: 计划和目标都等于零。《风声》写了十几万字,一夜之间被我全部推翻。

舒晋瑜: 写了那么多重新推翻,是需要勇气的。

麦　家: 也是对自我的一种尊重。你一辈子不能保证每一部作品都满意,但至少要保证作品在当时很满意。如果带着侥幸心理拿出去发表,肯定要伤害读者,也是伤害自己。

舒晋瑜: 创作三十多年,您愿意简单总结一下自己吗?

麦　家: 这一路走过来,得奖也好,海外出版也好,作品被改编成影视剧让我走出文学圈也好,虚名更大,被更多人关注,结果一些不是你的好处,也朝你扑来了。

《暗算》得茅奖是有争议的,为什么最后得奖,主要原因肯定是同名电视剧太火了,小说卖到六十多万册。公布入围茅奖的二十部作品后,有媒体去采访路人,问了二十个,有七个人报了《暗算》,却说不上别的作品。我想这种因素多多少少会影响到评选。其实一个作家被更多人关注不是好事,这两年我有些写作是失败的。像《风语》被报天价版税,多少也影响了我的写作,受到了干扰。我觉得还是有些仓促上阵,现在是骑虎难下。这些都是自己造成的,在名利面前被左右了,诱惑了,被别人推着走了。以前《解密》修改了几十遍,现在修改都变成不必要的了,我想重新调整一下,但出版社说不必了,已经很好了,有时就会影响自己判断。过去写作有生计的考虑,有成名的渴求,现在这些不存在了,但又冒出新的麻烦,就是如何守住自己,善待作品。现在我觉得名气越小越好,被关注得越多,被消费得也越多,不好。

舒晋瑜:您笔下的人物都是心怀理想,敢于承担自己的责任和命运。过去我采访时您说过"文学要去温暖、校正人心",我想您本身就是这样一个敢于承担的、有责任感的作家吧?

麦　家:这是必需的。作品是要面对公众的,还可能面对未成年的孩子。写的时候,必须带着一种责任心,假恶丑的东西传播出去就是对别人的一种伤害,对自己也是一种不尊重。并不是迂腐,这是一个作家的基本素质。哪怕人间是灰暗的、沉重的,也要传达温暖的精神,传递向上的信念。"人生无常苦有常",这在生活中谁都可以体会,但是我们在跟读者交流的时候,过程怎么样都无所谓,结果必须要给人向上的力量,要相信真善美的力量。

有一次儿子跟我交流,他说想写一篇东西,最后坏人把好人打死了,坏人逍遥法外。我说古今中外没有一部作品是这样的。生活中不乏假恶丑大行其道,但写作时我们还是要跟这些斗争一下,真善美必须压倒假恶丑。这没有什么可商量的。

2014年3月,麦家成为美国FSG集团书单上的第一位中国作家。该集团是美国极负盛名的文学出版商业集团,旗下有二十二位诺贝尔文学奖得主。

舒晋瑜:《解密》的英译本在英美等二十一个英语国家上市,但是它的翻译充满了传奇。

麦　家:我没想到在海外这么火。火的程度完全超出我的期待。英国和美国的主要媒体把我评价得非常高。我自己很明白,一方面是他们对我的小说喜欢,一方面是他们对中国文学不了解,想不到中国有这样的文学作品。美国FSG集团总编看我的书爱不释手,但他怀疑"麦家"这个作家不是中国人。

《解密》出版十八年了,跟我同时出道的作家早有作品被翻译出去,我几乎是最后的。但我始终顺其自然,消极一点是听天由命,我想属于我的总会来,不是我的怎么争都没用,应该坦然面对文学以外的事情。

舒晋瑜:听说翻译过程中,翻译米欧敏没有和您进行过探讨。但是有些作家,把翻译家是否就作品与作家进行讨论作为评判翻译是否认真、是否准确的标准。您觉得呢?

麦　家:去年11月,我主动从代理人手上要了米欧敏的邮箱,因为她当时正在翻译《暗算》,里面有两处外国读者无法辨别的错误。但是她爱理不理,也不给我电话号码。她是非常学术的人,本身不搞翻译,而是研究先秦文化的。她出生在英国,两岁到了中东,父亲是阿拉伯语和土耳其语的教授,母亲是波斯语教授,她自小就很有语言天赋,回英国读大学时已经会六国语言。她最后上的是牛津大学,选专业时她问父亲世上最难学的语言是什么,父亲说是中文,她就选学了中文,一学就是八年,最后取得古汉语博士学位。她研读的中文书连我都看不懂。在看我的小说之前,她看的最现代的文本是冯梦龙的小说。

她不了解中国当代文学,怎么会关注到我呢?她毕业后在韩国首尔国立大学教中文,世博会时到了上海,返回时飞机晚点,在机场书店,她买了我两本书,就是《解密》和《暗算》。之所以单独看中我的书,是因为腰封上标着"写破译家的小说",而她爷爷是个破译家。

更荒唐的是,她翻译的目的是要给爷爷看。她飞机上就看完了这两本书,回去后还总惦记着,在看第三遍的时候才决定翻译。回头想想,很不可思议,如果没有遇到这个人呢?如果飞机不晚点呢?如果没有爷爷呢?回头看看挺后怕的。但这就是中国文学走出去的普遍现象,就是有太多的偶然因素。因为他们不了解中国文学,无法按正常程序去做。碰到就碰到了,是谁就是谁了,很大程度上看运气。

目前为止所有看过这两本书的人,都反映说翻译得很好。我相信我碰到了个好翻译。翻译是作品的再生父母,好的翻译可以把二流的作品变成一流,差的翻译可以把一流作品糟蹋掉。

舒晋瑜: 也有一种说法,中国作品的外译本在国外没有太多的版税。这两本作品情况如何?

麦　家: 买版权的时候有预付金,还是蛮高的,超出了我的预料。出版英文版的这两家出版社都是大牌的商业出版集团,选稿有严格的标准,一旦选中,起印数很大,待遇也很高。具体数字就不说了,既是商业机密,也俗。

评委访谈

孟繁华:评奖是文学经典化的方式之一

问:您担任了几届茅盾文学奖评委?可否谈一下您对茅盾文学奖的评选是什么印象?

孟繁华:我前后担任过四届茅奖评委——两届初评委、两届终评委。

对茅奖的评选印象也并不复杂。正如您所了解的那样,任何评奖都有它的意识形态性,都有主办者对文学的不同理解,特别是价值观的考量。诺贝尔文学奖如此,茅奖也一定如此。

当然,评奖难免有遗珠之憾。有一些很好的作品没有被评上是令人遗憾的。比如张炜的《古船》、王蒙的《活动变人形》、张贤亮的《我的菩提树》、阎真的《沧浪之水》、李佩甫的《羊的门》、余华的《活着》《许三观卖血记》、李洱的《花腔》等。王蒙和李佩甫后来虽然都获了茅奖,但获奖作品都不如他们没获奖的两部作品文学成就更高。这种情况别的文学奖项也存在。比如诺奖,左拉、托尔斯泰、勃兰兑斯、鲁迅等都没获奖,但并不妨碍他们文学大师的地位。因此,任何评奖都是衡量作品的一个尺度,而不是唯一的尺度。

问:参与茅盾文学奖的评选,您是什么心情?

孟繁华：评奖是对责任和耐心的考验。评出好作品是评委会和所有评委共同的愿望，但每个人对好作品的理解并不完全一致。我们知道，对文学作品阐释的弹性非常大，有的作品被阐释得天花乱坠，但不一定就是好作品；有的作品因各种原因受到质疑，但很可能是好作品。这时的心情非常矛盾和纠结。但是，评奖不是个人的趣味和喜好，它必须按照评选标准并且尊重多数人的原则，这是对公心的考验。因此，评选过程中的心情常有起伏；另一方面，评奖时间很漫长，评奖过程大都在三四个星期左右，这也是对耐心的考验。

问：评选结果和您的预测一致吗？

孟繁华：评选结果和个人预测完全一致几乎是不可能的。几轮评选，有的作品自己看好的，可能还没到最后一轮就已经出局了。因此，评选结果有极大的不确定性。它确实是在"过程中"产生的。

问：您认为公开评委投票的形式好吗？如果是您，更倾向于哪一种形式？

孟繁华：我觉得公开或匿名都各有利弊。公开的好处是没有秘密，评委的趣味、标准一览无余。但同时也确实得罪人。有一个作家获了奖，但我没有投他的票。我认为他参评的作品还没有达到他上一届参评作品的水准。他当然知道我没有投票。后来就与我绝交了。这是公开投票带来的后果。当然，既然做评委，就要有这方面的心理准备。要让所有人都满意，既是不可能的也是不必要的。

问：近两届评选，女作家整体实力似乎偏弱，您怎么看？

孟繁华: 这种统计学的方法可以看出本届茅奖在性别上的问题,但这是统计学的方法而不是文学评价的方法。男女作家共同面临的问题比女性性别面临的问题更重要,或者说,女性性别问题与两性共同面临的问题并不具有优先性。从2000年至2010年十年左右的时间,只有三位女作家获诺贝尔文学奖。所以评任何奖项还是看成就,评奖不是扶贫,各个方面都要照顾。在这次茅奖中也有人提出是否要考虑地区问题以及男女平衡的问题,但最后坚持的还是文学标准。文学评奖有各自的标准和尺度,茅奖没有任何附加条件,谁符合了评选标准,谁的作品文学性高,谁就会获奖。无论是描写农村生活经验还是城市或部队生活,女作家对于宏大叙事的把握毫不逊色,而且历届评奖中唯一两次获得茅奖的作家就是女作家张洁。这个奇迹男性作家不拥有,但也不能说明男性作家有什么缺欠。

问: 五六十年代出生的作家仍为中国文坛的中流砥柱,您对此现象怎么看?

孟繁华: 创作和年龄不一定完全成正比例。值得注意的是,我们的文学革命已经终结了,这给后来作家带来的困难比前辈大得多。21世纪以后,消费主义意识形态的甚嚣尘上,使严肃文学面临巨大挑战。但我们应该认识到,不是今天的小说不好,而是时代环境使然。李白、杜甫奠定的古典诗歌高峰之后,还有人能超越吗?白话文学到鲁迅之后,还有超越的可能吗?50年代的这批作家所建构起来的现代白话文学的高峰,年轻作家可以超越但会感到步履维艰,困难重重,这是对70后和80后作家的挑战。另一方面,文学达到一定的高峰后必然衰落,要有新的形式替代,所以文学革命终结后,文体形式的超越很困难,但是可以尝试在其他艺术领域获得自我肯定和社会认同。

问：有些作品虽然获得茅奖，但不见得有强大的生命力。您怎么看文学作品的生命力？

孟繁华：评奖本身是文学经典化的方式之一，如果获奖的很多作品存活的时间不长，很快被人忘记，那么这个奖项是失败的。获奖作品生命力的问题很重要，甚至涉及这个奖项存活多久。而对于有些作品生命力不够长久的问题，原因之一是存在对主旋律理解的偏差，有人认为题材决定主旋律，这可能有问题。对主旋律的认识应更宽泛些：也就是说，文学作品如果表达了对人类基本价值有一个维护的最低承诺，就应该是主旋律，比如对正义、友谊、爱情、忠诚等方面在情感、信念上的维护就是主旋律，这样对于主旋律的认识就不仅仅局限于革命历史或当代英雄等题材。任何奖项都有意识形态性，包括诺奖评委也宣称："在诺贝尔文学奖的上空，有一层挥之不去的政治阴云。"茅奖当然也要彰显它的价值观和文学方向，任何时代没有方向的文学是没有前途的。

问：您认为茅奖让我们看到了中国当代小说的哪些特征？

孟繁华：中国的社会状况是乡土中国，每一位作家最切实的经验来自乡土，中国文学最成熟、最成功的也是乡土文学。改革开放三十年以后，乡村和城市的进一步融合已经势不可当，第八届获奖的五部作品中除了《推拿》，另外四部不能说是乡土文学，但都有乡土中国的生活背景，更进一步说明中国是乡土社会。不是说都市作家写得不好，而是说我们还没有整合出被普遍认同的中国都市文化经验。因此，中国的都市文学一直写不好。城市一直处于不断调整中，我们所感受的都市文化经验也都是部分的，没有整体性，这和我们理解的巴黎、伦敦、纽约是不同的。写到城市文化经验时，好像只有张爱玲那一脉更有都市味道。离开了旧上海或上海滩,都觉得是词不达意似是而非。这种状况还要延续一段时间,还需不断整合、不断建构和体悟城市文化,现在所描述的还只是城市的表面,缺乏中国都市文化气质。如果有一天整合出大家普遍认同的都市经验,那都市文学就可以大放异彩了。

实际上,今天作家的写作很难用乡村题材还是城市题材来概括。以第八届获得茅奖的五部作品看,五部作品都有超题材性的特点,《一句顶一万句》或《推拿》属于什么题材就很难界定。所有大作家都是超越题材的写作。此外,这次评奖不仅考虑到了作品也考虑到作家,就某一部作品而言,有些人讲这不是某作家的最好作品——这就有问题了,有最好作品时不给他评奖,这时又说不是他最好的作品,那这位作家可能永远评不上奖。所以这届评选中既考虑作品又考虑作家,这奖项就让人感到欣慰和信任。欣慰是说过去早就该获奖的终于获奖了,信任就是它的公正性,既考虑作品又考虑了作家。这使茅奖有更宽阔的视野,也会让更多的人接受。

问:可否选出十部您认为能够留得住的历届茅盾文学奖作品?
孟繁华:《芙蓉镇》《许茂和他的女儿们》《穆斯林的葬礼》《白鹿原》《尘埃落定》《长恨歌》《秦腔》《蛙》《一句顶一万句》《应物兄》。

(孟繁华,担任第六届、第七届初评委,第八届、第九届茅奖终评委,沈阳师范大学特聘教授,评论家)

第八届茅盾文学奖
（2007—2010）

评奖委员会名单

主　任：铁　凝　　**副主任**：高洪波　李敬泽
委　员(按姓氏笔画排列)：

王必胜　王纪仁　王春林　王炳根　王彬彬　韦健玮
东　西　叶　梅　包明德　朱向前　刘　成　刘复生
刘晓林　次仁罗布　许　辉　麦　家　李国平　李掖平
杨　扬　杨红昆　吴义勤　吴秉杰　何　弘　何向阳
汪　政　汪守德　张未民　张志忠　张清华　张燕玲
陈世旭　陈晓明　陈福民　苑坪玉　周大新　於可训
孟繁华　欧阳友权　胡　平　柳建伟　哈若蕙　修忠一
施战军　敖　超　高叶梅　高海涛　郭宝亮　黄济人
黄桂元　盛子潮　龚旭东　阎晶明　傅　恒　彭　程
彭学明　温远辉　程金城　赖大仁　雷　达

纪律监察组名单

组　长：张　健　　**副组长**：梁鸿鹰

评奖办公室名单

主　任：胡　平　　**副主任**：彭学明　何向阳

获奖篇目

《你在高原》　　　张　炜　　作家出版社
《天行者》　　　　刘醒龙　　人民文学出版社
《蛙》　　　　　　莫　言　　上海文艺出版社
《推拿》　　　　　毕飞宇　　人民文学出版社
《一句顶一万句》　刘震云　　长江文艺出版社

获奖作家访谈

张炜:杰作不一定为文学史而写

张　炜　1956年生于山东龙口。1980年毕业于烟台师范学院。曾长期做档案资料编研工作。现为中国作家协会副主席。1975年开始发表作品。著有长篇小说《你在高原》《古船》《九月寓言》《独药师》《柏慧》《外省书》《丑行或浪漫》,大量中短篇小说、散文、长诗及诗学专著《唐代五诗人》《楚辞笔记》《读诗经》等。其中,《你在高原》获得第八届茅盾文学奖。其作品被译成英、法、德、日、韩、瑞典等多种语言在国外出版。

|采访手记|

前有《古船》《九月寓言》等重磅力作,后有集二十余年之工一次性推出的十部、三十九卷的《你在高原》,张炜如何在"高原"之上超越自我,似乎比寻常作家面临更大的难度。

《少年与海》《寻找鱼王》等所谓"儿童文学"的陆续推出,本身就显示出他的轻装上阵;《独药师》的出版,则又给我们带来新的感受。

"这不像我们所熟悉的那个张炜,其叙事方式以至于语言诸多方面,都给人以明亮耀眼别具姿容的强烈的新异感和冲击力。语言的独特魅力和情节的环环紧扣,具有迷人的美学气息,它吸引人一口气读完,简直称得上是一场酣畅淋漓的大快朵颐。"评论家宫达对作品的剖析鞭辟入里。

"独药师"带着新奇神秘又传统古典的气息扑面而来。作品以西方理性主义与东方神秘主义的交集和冲突为节点,将西风东渐带来的变乱交割做了生动逼人的描述。谁是谁的"独药师"?张炜没有给出任何答案,却似乎给出了无限丰富的答案。

"我个人给自己定的规矩,就是一部长篇小说在心里至少要埋藏十五年,就像酿酒一样,年头短了不醇厚。我心里还有新作品的种子,等待它们萌发。"《独药师》的出版在张炜心里已酝酿多年。

小说讲述了19世纪末20世纪初,中国正经历"数千年来未有之变局",基督教登陆东部半岛,教会学校及西医院初步兴起,半岛地区首富和养生世家的季府面临空前挑战。季府主人、"独药师"第六代传人季昨非陷入到长生、革命、爱欲的纠缠之中,苦闷又彷徨。《独药师》的故事有着历史的依据。《独药师》用简洁且富有张力的语言描述了半岛地区养生世家的传奇故事,因此在故事性和传奇性上更胜一筹。

"谨将此书,献给那些倔强的心灵。"张炜在书的扉页如此郑重题写。他说,书中的倔强人物太多了,他们的命运,特别是牺牲,都与这种性格有关。他怜惜古今所有的倔强人物,愿意把这部心血之作题献给他们。"因为他们起码不是机会主义者,就这一点来说很让人尊敬。"

诗歌好比文学的心脏，只有健康地跳动，文学才不会死亡；如果说各类文学题材各占一个房间的话，只有诗歌在隔壁猛烈地敲打，文学才不会沉睡。在张炜的心目中，诗歌是文学的核心。

舒晋瑜：您曾说过"一首好诗远胜于十车庸文"。您最早是以诗人的姿态登上文坛的，现在还写诗吗？

张　炜：我一直在写诗，可是苦恼于表达的困境。现在我正在克服，这也带来了喜悦。同时，我认为小说与诗内在的核心部分是一样的。诗的地位还是最高的。当然如果小说的文学纯度如诗，小说的地位也会很高。但诗不是一般人认为的花花草草，不是所谓的"空灵"之类，而是人生最敏感的一次次面对——对全部生命秘境的透彻把握，当然包含了生死幽深以及锐利、黑暗和痛苦，许多许多……

舒晋瑜：近年您不断有诗集出版，如《皈依之路》《家住万松浦》《夜宿湾园》等，这也是令人惊异的。一般看来，写诗是年轻人的事情，因为很多诗人激情或灵光一现之后，诗情难以再充沛地表达。而且诗歌是最能体现作者才思的写作。这些诗集收录的是近年创作的诗歌吗？为什么还能有这样的激情写诗？

张　炜：诗属于青年，也是中老年人的事情。有些诗意到了一定的年纪才会捕捉到。我准备越是上了年纪越是要好好写诗，并希望自己有这样的能力并保持这样的自信。诗对于文学不是别的，只是其中的核心。没有这个核心，整个的文学事业都是徒有其表的。

舒晋瑜：《楚辞笔记》中，您解读了《楚辞》里屈原创作的《离骚》《九歌》《天问》《九章》《招魂》等五篇。解读过程中，是否遇到诸多难题？

张　炜：写屈原是极难的，原因之一是时代相隔遥远。那时候留下的记录还是太少了，不过我毕竟不是写他的传记，而是从他的诗章中寻找快乐和惊异，并表达这一切。这就好办得多。近年有出版社约我写一部屈原的传记，这对我来说很难。我读了许多关于屈原的文字，还是在犹豫。这个伟大的神秘人物是一颗文学的恒星，它一直照耀在那儿，却不得丝毫接近。

舒晋瑜：最早接触《楚辞》是什么时候，为什么情有独钟？解读中您有怎样的收获？

张　炜：屈原接触得很早，所有热爱中华典籍的文学中人都不会陌生。但是要深入一些理解却必须是上了年纪才行。我写《楚辞笔记》时还不够大，如果现在写要好得多。人性的复杂，诗意的纠缠，思想的深邃，时光的渺茫，这一切加在一块儿，值得一个人研读一生。可是谁有这样的恒心和定力？

他并不是一个以大为美的人，尤其在这样一个算不得深入阅读的时代。他觉得有不同声音和质疑属于正常而且必要，作者可以从中学习和吸取经验教训，需要认真倾听。但就个人而言，获第八届茅盾文学奖的十卷本《你在高原》是他最复杂也是付出心力最大的一部作品。

舒晋瑜：《你在高原》在您所有作品中占据怎样的位置？

张　炜：这个关于葡萄园、关于行走的长长的故事讲完了。然后我会开始新的工作。二十多年,积了多少灼烫的故事,它们一直压在心里。可是我当时不能写,大多故事还不能写,因为我要集中精力,先把这部长长的书写完。事到如今,我终于可以从容地开始另一种工作了——就这点来说,《你在高原》更像是一道大坎、一扇大门,翻过了它、打开了它,我才能从这里出发,走向我自己的远处了。

舒晋瑜:我们常常形容《你在高原》是大书、一部行走之书。写作固然是自我的,但我还是想问问,通过记录这个时代,记录对于当下社会的认知与反思,您想向读者传达什么?

张　炜:文学有它特殊的记录方式,或者说主要还不是平常意义上的"记录"。如果讲记录,纪实文字或图片或许更合适一些吧。但文学是人的心灵印迹、是人性最幽深最曲折的表达,是关于人类生存状况的某些知识的扩大和延伸;比如小说,它应该是难以重复的虚构和假设。所以说简单复制生活现象并不是小说家的任务。《你在高原》尽管写了大量的现实场景,讲述了形形色色的当代故事,但可能还不是一般的文字记录。小说向外交付的永远是个人的心灵酿造,这些大致是不能重复的。我以前尝试过这样的理解:现实生活和文学的关系,是粮食和酒的关系。

舒晋瑜:回过头来看,《你在高原》对于您的创作,意味着什么?

张　炜:大概写作者都渴望一次淋漓尽致的倾诉,比如尽情地抒发,语言的最广泛的实验和运用等等。抵达这样的目标当然不完全是篇幅的问题,但体量的大小有时确实也还是重要的条件。毕竟花掉了二十二年的时间,这不能不考验自己的精神和体力。现在完成了一件较大的工作,就像当年写完了《古船》那样的感觉。

舒晋瑜：《你在高原》是为50年代出生的人"立传"，可是您同时又表达了自己对于这一代人独特性的怀疑，这种矛盾的心理，是否会影响作品的价值判断？

张　炜：因为要表达对整整一代人的看法、一些判断和探究，哪怕心存稍微一点概括的企图，都会遭遇非常复杂的情况。所以矛盾和犹豫必然包含在其中，这才是真实的，而只有真实才能深刻。一些溜直嘎巴脆的豪情壮志固然可敬，但这往往不是接近实情的最好办法。

舒晋瑜：您从1987年就开始，以一位苦行僧的生活方式创作巨作，有什么目标吗？

张　炜：写作中没有什么太多的艰苦，留在记忆里的愉悦更多。因为劳动量大，拖得时间长，有时也少不得寻一些安静和较少打扰的地方集中工作。但这些文字主要还是在市区写下来的，我在这里大致遵守着正常的作息时间，即像"上班族"一样阅读和写作。

任何一个作家内心深处的激动，我想大半都是化进了平凡的日常劳作里的。一些劳动量的积累，也一定会在这种"庸庸碌碌"之中吧。

他总是在写葡萄园。随着阅读的深入，我们渐渐发现，张炜在进行一个巨大的工程，当他把这个漫长的故事讲完，才会知道，这不是乌托邦，而是一个现代悲剧。

舒晋瑜：作为职业作家，在完成《你在高原》的二十二年中，持续性的耐力于您大概不算挑战，但是又如何保持每次创作的冲动和新鲜感，使细腻诗性的语言和饱满的情感一以贯之？

张　炜：职业写作的日子长了会有一种"职业病"。一个人安稳地过起室内案头生活，这很好；但是"精神小康"的平庸性也会出现。而创作是需要随时准备迎接陡立和峻峭的情感冲击的，是不能自抑的，所以不得不时时告别一些职业习气。通常是换一种劳动方式，比如常常深入山地平原去游走……

舒晋瑜：在您写作的时候，有没有一个明确或模糊的目标，希望《你在高原》达到怎样的高度？

张　炜：我不希望它是一个很单纯的作品，因为它是与自己过去的作品多少有些不同的路数。它的空间感应该是比较大的；如果它是粗犷和柔细的结合会更好。但我不知有没有达到那样的境界。同行们这些年有不少出色的探索，他们对我有许多启迪。

舒晋瑜：《古船》《九月寓言》到后来的《外省书》《刺猬歌》，评论界对于这些代表性作品，赞誉中总还有一些争议。到了《你在高原》，几乎是一片叫好。您觉得正常吗？您觉得他们真正读懂您的作品了吗？

张　炜：经过充分的讨论，一些深入的见解正在逐步发表出来。我实在应该静下来，好好总结，而不能多说。因为刚刚从一场较长的奔走中停下来，还有点呼吸急促。我们的阅读人口仍然是世界上最大的，作者应该充分相信他们。

在张炜的小说里，知识分子的人文理想扩大到中国的民间，他笔下的人物最后都是回到田园，回到海边。评论家陈思和评价说：张炜对理想的追求很坦然，精神上很干净，这样一种精神的追求恰恰是我们这个世界最需要的。

舒晋瑜:《你在高原》之前,《古船》等作品获奖不少。但是您觉得内心巨大的压力和张力没有释放,无论是艺术还是精神方面的探索,都还没有"掀开盖子"。《你在高原》的完成,这种压力和张力完全释放了吗?

张　炜:现在是安静的,但一旦写起来还是会很激越……我不是那种安于职业写作的人,我需要感动才能伏案。我总是觉得时间不够用。

舒晋瑜:《你在高原》一年内获得十几个奖项,包括茅盾文学奖。您怎样看待这些荣誉?

张　炜:作为一个写作者,在漫长的文学创作道路上,有点像一个人迎着北风赶路。有时候难免会感到疲惫、寒冷、沮丧,有时候也会兴致勃勃,有一种行走的快感。在这个时候给他一杯滚烫的酒,可能会把他身上的疲惫驱走一些,给他带来一点温暖。不过,如果没有这杯酒,他还是要赶路的,因为这是他的命运,他一定要奔向自己的人生目标。只是喝酒也不要喝醉,喝醉了就走不了远路。一个写作者对待荣誉,对待来自他人的宝贵的鼓励,就像赶路人对待这杯酒一样。

舒晋瑜:您曾经表达过:很少满意自己的作品。开始写的时候还算满意,发表出来放一段就感到了不足。十卷本《你在高原》出版后获得很多荣誉,回过头来看,有什么不足吗?

张　炜:任何作品都是连带着缺憾走向成功的。这十部长长的书也许应该比想象的更加芜杂才好。它很长,但还不够芜杂。不过让我今天来写,也不见得会写得更好。它耗去了我二十二年心血,全力以赴地工作,走了多远的长路,有过多少不眠之夜。它远非是自己的某个长篇单行本所能比拟的,甚至也不是为这个浮躁的年代所写。这对我来说是一件值得做的大事情。

革命秘密？养生指要？情爱笔记？无论哪一个方面都能制作出博人眼球的现代畅销书。评论家宫达认为,《独药师》中这三者之间交织成的却是至大的命题,并且以最简洁的叙述来呈现,最通俗又最形而上,有着无限的蕴藏和广阔的解读空间,足以引发现代人难以回避的诘问与沉思。

舒晋瑜：《独药师》中革命家徐竟的原型徐镜心,是同盟会创始人之一,被孙中山委任为山东主盟人。但徐镜心以及半岛地区对辛亥革命成功的贡献巨大,相对来说很少被关注。《独药师》的贡献之一,就是让读者重新认识了当年与黄兴、宋教仁齐名的徐镜心,这是否也是您的写作目的之一？您觉得自己真正理解他了吗？如何理解徐竟这个人物？

张　炜：我写《独药师》的目的很难用几句话简单概括,许多时候并不是十分清晰的。我相信真正意义上的文学写作,其动机常常是复杂的,作者自己难以说得条理分明。一本书客观上起到了什么作用,洋溢和透露出什么意味,那大概是另一回事。说到对一些历史人物的评价,也是困难的。特别是那些壮怀激烈的勇士,时过境迁,今天的人们已经很难理解他们了。实在说,我并不十分理解书中的徐竟,常常是带着无比的好奇去写他。我当然要尽可能地去理解笔下的人物,他在我眼里是一个远远超出"人"的平均值和最大公约数的时代的"异人"。尽一切努力去贴近历史,设法进入当年的语境,去细细地体味和猜悟,也只能如此了。徐竟也是一个十分爱惜自己身体的人,却随时准备将这身体献给革命。这种人物我们大概不会感到陌生,但要真正理解他们可能也不太容易。

舒晋瑜：《独药师》书写了一段鲜为人知的历史。我想大多数读者可能是通过阅读小说，才知道基督教最早的登陆地在半岛、怀麟（书中改为麒麟）医院比洛克菲勒基金会创办的北京协和医院还早二十年等历史。这使我们重新认识半岛以及半岛悠久的历史和革命英雄人物。作为山东作家，在写作中是否也充满自豪？很想知道您的写作状态。

张　炜：写到这段历史会有一些感动，也会有一些讶异。我只能说那片土地上的人，特别是当年的人，激情之大往往出人意料。他们那时候竟然会这样的激烈和冲动，果决勇毅地干出了一些大事，也付出了惊人的代价。他们对现代文明做出巨大贡献的同时，也留下了一些令人费解的东西，包括深深的遗憾。我们今天的人面对那段历史不光是自豪地缅怀，也会有其他种种思绪产生。人的勇气可以如此呈现、生命可以这样表达，这对于一个物质主义时代的人来说将是不可思议的。我是带着惊诧和痛楚写出了这本书的。

舒晋瑜：《独药师》的很多人物，都有真实的原型。这对于小说创作来说，是否也如戴着镣铐舞蹈而产生某种程度的束缚，或是完全不受影响？

张　炜：写作中，通常描叙对象离我们越远也就越困难，因为有许多东西我们不熟悉，每前进一步都有顾忌。这就不得不做许多功课，争取不犯或少犯知识性的错误。关于过去的知识越多，叙述的障碍也就越少。那些人的语言环境与我们当代不同，这要引起我们极大的注意。人是语言动物，语言环境有了差异，其他许多方面的差异也就随之出现了。语言同样具有决定意义，这一定会体现在生活细节中：用另一种语气和声调说话的人，行事方式必然不同，心理也会不同。不过他们究竟与我们当代人有哪些不同，这是需要仔细考虑的。

舒晋瑜：《独药师》的酝酿和写作都经历时间的沉淀。如何把养生、革命、爱情融入其中，又能准确巧妙地传达您的思想，考虑最多的是什么？

张　炜：在二十多年的构思筹划中，一开始只是将邱琪芝这个养生大家作为一个很不重要的角色去处理，就连主人公季昨非也是一个从属的小角色，他们并非重要。当时书中只是设定了一个"独药师"，还有他身边这一类朋友。那时准备正面去写革命党人的重大活动和牺牲，是一部所谓的波澜壮阔的大书。

后来我才发现革命党的所有行动，都与半岛"独药师"们的理念和行为发生了很大冲突，有时候甚至是水火不容。我渐渐发现，写出种种冲突也许才是更重要的，那样也就写出了革命，并且有可能从一个较少采用的视角和维度展现了革命，看到通常不容易发现的革命。于是我将"独药师"和他的朋友们做了主人公，原准备正面书写的无限复杂的内容，则全部放到了《管家手记》中。我不想确定地传达自己的思想，只是要展现和呈现。不过我对书中"爱"这种事还是敢于确定的，我赞同他们极纯洁、极热烈的情感。

舒晋瑜：通过革命获得新生，还是通过养生获得永生，《独药师》的写作触及民族精神中非常深的根脉。任何时代都会有属于那个时代的革命，在时代大潮里，什么才是最重要的，大概每个读者都会从书中找到自己的答案。那么您最想告诉读者的是什么？

张　炜：我想告诉自己：千万不能总是随着某个时期的潮流简单地追赶，比如一窝蜂地否定或肯定什么。要谨慎又谨慎地对待历史，多多思考，而不能匆忙地做出结论。悖论出现时，那就不妨凝视它、直面它。珍惜生命才是第一位的，因为每个生命只有一次。革命者说正是为了珍惜才牺牲；教化论者认为暴力从来不曾解决问题；养生者主张独立于世，尽管这难上加难……书中的慨叹太多了，因为人生太艰难了。

舒晋瑜：小说的语言延续了以往的干净、准确、凝练和诗意，不同的是基本语感充满近代小说的气息，尤其是《管家手记》部分。这样的语言对于习惯当代文学阅读的读者大概是新鲜的，于您来说是否也是一次独特的感受？

张　炜：作家的语言只能是他自己一贯的气息，若有一点点改变，也是根据写作的需要，进入这一本所需要的"调性"而已。主语调总是自己的，副语调将从属于主语调。每本书都可能是一个副语调的延伸，最终通向作者的主语调。一场找不到韵律的写作是痛苦的，它往往使一次本该是有模有样的叙述难以进行下去。如果将写作比喻成一次演奏，那么既不能有一点花哨也不能过于华丽，更不能让声动全场的高音一直往上冒：当高音从顶部的极限往下体面地滑行时，大概才是最为动人心弦的部分。

舒晋瑜：《管家手记》虽只是作为附录，但是铺陈着以反清革命为背景的历史底色。《管家手记》是完全真实的吗？

张　炜：《管家手记》全都是真实的，只是有个别人物为了和正文统一起来，不得不使用化名。其实大部分历史人物都没有必要虚拟，他们真实的行为脉络是清晰无误的。写这部分涉及一些所谓的功课，很是麻烦。读者可以想象这个手记是文史部门后来搞来的，是他们从管家的后人手中找来的，或者让他的后人再补充完整了一遍，因为以管家的身份，他在当年也不可能对战争与革命的全局、对一些细节有这样详尽无误的把握。

张炜认为,文学的固有魅力不会因为儿童的喜欢而消失,相反它只会因为儿童的喜欢而更加焕发出来。

舒晋瑜: 获得茅盾文学奖之后,您推出了《半岛哈里哈气》《少年与海》《寻找鱼王》等儿童文学作品,《寻找鱼王》一年内先后十五次入选各大媒体的图书推荐榜。很多媒体称之为您的转型写作。这么说准确吗?

张　炜: 我一直根据自己的兴趣,比如所谓的创作冲动写下去。文学写作的策略是最不足取的,而要始终由心尽性才好。我一写到童年的心情和事迹,仿佛自己又回到了童年,这是很值得珍视的一次机会。我会时而回到童年,时而回到青年或老年。将人生的不同境遇、不同语境用想象的触角去抚摸一遍,是正常的也是幸福的。

舒晋瑜:《寻找鱼王》是关于成长的传奇故事。小说里神秘莫测的"鱼王"可以是人,可以是鱼,故事中蕴藏着丰富的意象和隐喻,充满着人生智慧。在儿童文学写作中您有何独到的体会?

张　炜: 少年儿童作为生活的角色,在作品中也必不可少。作家把他们当成专门的角色就不好了,我不想这样对待他们。他们也生活在成人的世界里,他们与整个世界融为一体。有人认为童年和少年的世界是独立的,是与成人世界决然分开的,那是过于天真了。两个世界的区别当然有,但远不如想象的那么大。浑然一体地去理解儿童,可能会更准确更真实地理解他们的世界。

舒晋瑜: 无论是哪一种题材、哪一类体裁,对于人文思想的捍卫,始终隐藏在作品背后。即便是儿童文学写作,比如《寻找鱼王》,也是从人类投射于自然的欲望出发,抵达了人对自我的反诘和反思。走向并融入自然,这似乎是您一贯的姿态和坚持?

张　炜: 我个人的经验与经历决定了文字的色彩和性质。作家写作时也许并没有什么简单而清晰的思想意图,而是部分阅读者太想寻找"主题思想"的缘故。文学作品其实并没有这样的思想,文学写作到了这样的年纪(地步),早就从中学生的记叙文中解脱出来了。可能是小时候受过的教育根深蒂固,有的读者凡遇到文字作品,不管是什么体裁,一定要刨根问底地找出它的"主题思想"在哪儿,评论者就尤其如此。其实并不是这么回事。一部文学作品一旦有了"主题思想"搁在那儿,肯定是完了。作家沉浸在自己的世界里,一直讲述下去,心灵的性质也就自然而然地呈现出来了。

舒晋瑜: 多年来,您一直专注于对中国传统文化和历史的研究和思考,包括屈原、先秦诸子,出版了长篇随笔等相关的著作,这些思考对于创作,带来怎样的变化?

张　炜: 我爱好中国古典,读个不停。我读了有感触也就写出来。这不算什么深入的研究,可能永远都不会加入那些大研究之中。我觉得古代的人写出的文学经典,与今天的人许多时候是一样的:同样的心境和方法,同样的困难与欣乐。要找到二者的不同也是容易的,不过不像想象的那么多。古往今来,人生总有一些出色的慨叹、异样的认知、绝妙的记叙,就是这些丰富着我们无边无际的生活。我们今天的写作正在加入他们,不过是异常缓慢地进行着,时而有时而无,断断续续。

获奖作家访谈

刘醒龙：书写是为小说的妙不可言

  刘醒龙 1956年生于湖北古城黄州。现为中国作家协会小说委员会副主任、湖北省文联名誉主席。著有长篇小说《圣天门口》（三卷）、《天行者》、《蟠虺》，长篇散文《一滴水有多深》，中篇小说《挑担茶叶上北京》《凤凰琴》，散文《抱着父亲回故乡》等。其中，《天行者》获得第八届茅盾文学奖。其作品被译成英、法、日、韩等多种语言在国外出版。

|采访手记|

第一次采访刘醒龙是2001年4月。他说,女儿毛豆刚刚长了三颗牙。电话里抑制不住一个父亲的喜悦和自豪:"女儿比我有名,我一出去,大家只知道我是毛豆的爸爸。"时间一晃就过去了。再见刘醒龙,时光似乎在他身上没有留下太多痕迹,尤其谈起女儿,依然是那副掩饰不住的骄傲与得意。

刘醒龙说自己是这样一种人:见人言语短,遇到那些滔滔不绝的雄辩家总是心存羡慕。"好在我选择了一个不太需要动嘴巴的事来做。就我对自己的评价,这辈子最成功的选择就是下定决心写小说。文章千古事,好坏自己知。只要自己认为好就行。"实际上刘醒龙很会讲故事,尤其是无厘头的鬼故事。他的身上带着楚地的神秘,又有些率真。

他从不认为自己是个聪明人,很多人一炮走红,他却一直慢慢写下来。高中毕业后从1975年到1984年一直在阀门厂当工人,然后到县文化馆,后调到县创作室,直到现在从事专业写作……刘醒龙走得踏实稳健。无论是《凤凰琴》还是获得第八届茅盾文学奖的《天行者》,很多时候,刘醒龙在作品中充分表达他对现实的深切关注。因为在他看来,现实主义其实是一种精神,而不只是一种创作方法。

他自认为是一个有理想的现实主义作家,或者说具有浪漫精神的现实主义作家。他的小说也更多的是表达对现实的质疑。细心的读者可以发现《天行者》中的一个细节:张英才将界岭小学的情况写成了一篇新闻稿投给报社,报社派记者暗访核实之后,许诺要把这些感人事迹在省报的头版头条刊登出来。结果是,这篇报道虽然发在报纸的头版,却不是头条,头条是"大力发展养猪事业"。这个细节其实表达了一种强烈的批判。

《分享艰难》在《上海文学》发表时,周介人曾评价说,刘醒龙的小说里有一种大善。小善是爱憎分明,而大善却是对恶的包容和改造。的确,刘醒龙在他的创作中固守"大善"的文学立场,他甚至有些偏执地坚信,善和爱是不可战胜的,是最有力量的。

早期的写作,按评论家的说法,刘醒龙是湖北地区的第一个现代派所谓先锋意识的作家。80年代末以后,改变非常大。当时写了《大别山之谜》等一系列小说,写得虽然顺手,但他自己不满意,很想有所改变。当时刘醒龙还在县里,省里有人下去讲课,讲了一首小诗。他的写作风格改变受到这首小诗的影响。

舒晋瑜: 是什么诗对您有这么大的影响?

刘醒龙:《一碗油盐饭》。我固执地认为是这首我一直不知其作者姓名的小诗改变了我。诗很平白,简单明了,但意味深厚。真正的好作品应该像这首诗,不论是普通的老百姓还是学问家都会喜欢,而且会传世。

舒晋瑜: 在您的创作经历中,《痛失》是一部风格独特的作品,题目也很契合您要倾诉的心情和思索。

刘醒龙: 我要表达的是一种真情。我认为我在长篇上对自己、对读者都欠了很多债。好早就有很多构思,都没来得及写。写《痛失》之前,我正在给北京一家出版社写另外一部长篇,《痛失》是硬"挤"进来的,创作欲望太强了,会叫的孩子有奶吃,《痛失》就像会叫的孩子,我不得不把先前那部已写了十几万字的长篇放下来。

我没有想自己如何有良知,也不去想自己对社会承担着多大的责任,我只知道我是女儿的父亲,我只知道我是快十八岁了即将走向独立生活的儿子的父亲。我还没有提及我那离休在家却很久很久领不回养老金的老父亲,他已经太老了,未来如何对他已经没有真切的意义。然而,我的孩子们,他们有权要求我做一些事来清理门户,给他们一副干净的生活门槛。我甚至还觉得,他们还应该更加理直气壮地要求,一个有数千年文明史的国家,早就应该给自己的子孙留下一个比美国更好的家园。所以我要说,我写《痛失》完全为了我的孩子,引申来说就是为我自己。

舒晋瑜:您从事写作已经三十多年,从当年的现代派先锋作家到现在,您认为自己的创作经历了怎样的变化和发展?

刘醒龙:2014年初时,上海文艺出版社出版了我的一套"长篇小说系列",收入了《威风凛凛》《往事温柔》《燕子红》《一棵树的爱情史》《弥天》《圣天门口》和《天行者》,不算中短篇小说,从这些长篇小说里,就能看到文学生命力的律动。对一个作家在一定时期内作品的评判,评论家或者读者,如果有几十种,甚至上百种说法,那才是天大的好事。好的作品必须提供多种阅读的可能。一个作家一辈子只能写一类作品,要么是对自身写作才华的浪费,要么是才华有限。每次写作,都向自己写作所能达到的深度与高度发起挑战,这更能让我体会写作的魅力。

舒晋瑜:您一向以现实题材见长,《圣天门口》选择开掘历史题材是出于什么原因?三部作品共一百多万字,驾驭如此厚重的题材,您在创作中有不同的感受吗?

刘醒龙:完成这次书写之后,我才从别人那里听说,这些属于历史题材。最初那段时间,我一直在强烈地抵制这种界定,怎么也不相信,那些就在眼前的事物,怎么就变成历史了?在情感上,我也下意识地觉得岂能连带着使自己早早进入历史范畴!小说家的书写过程,只要贯注的是当代意识,就不会与一切都是当下的书写有何不同。厚重或精巧,就像年轻时当车工所使用过的车床,一台是普通的,另一台是加长到三米的。我更喜欢操纵后者,加工那些巨大的、异型的金属零件。只要磨好车刀,想好切削方法,随后的过程会轻松舒展许多。反过来,在普通车床上,一个班要加工几十根细小的不锈钢螺杆,从头到尾紧张得连和漂亮的女工友说句闲话的时间都没有。小说的书写,一如此中道理。

舒晋瑜:《圣天门口》的完成用了六年时间,我记得上次采访时您说,创作《圣天门口》到了默契的境地,每天像对待老朋友那么和"它"交流,是否整个过程都是如此?

刘醒龙:一次具有文学意义上的书写,必然是某些经验元素积累到临界点后的一次酣畅淋漓的重组、幻变而获得的新生。这样的经验,只靠肉体积淀是不行的,得有通过灵魂的升华。即便是鲁迅那样的大师,也不能成为后来者的个人经验。他的小说经验只是相对文学史而言,对于后来的个人写作,最能发挥功效的,反而是使其成为写作的诸如近亲回避机制。当下业界与媒体甚至更愿意在一个六岁的孩子的文字面前蜂拥而上,更愿意炒作一部只用六天时间写就的所谓著作。用六年写一部小说很可能是蠢材,六天的写作绝对是天才。文学界没有经历过"虚假的繁荣",还没有产生这方面的免疫机能,这些也得靠经验积累。所以我只好自我证明,是过去四十几年的个人经验成就了这部小说。这便是长篇小说的难度。

舒晋瑜:评论家王光东说,您的小说中存在一种"民间社会中人与人之间相互理解、信任、同情的一种伟大精神,它让人在残酷中看到了诗性、在疯狂的人性裸露中感受到了人之'为'人的温暖。这种'深刻'大概只有像刘醒龙这样把'心'安放于土地中的作家才能有,这是刘醒龙作品的底色,也是他作为一个作家的独特性所在。"作为一位有责任感的作家,您完成了一部史诗的刻画,这部作品对于您,对于文坛,对于社会的意义何在?

刘醒龙: 上个世纪70年代,于神农架发现的汉民族创世史诗《黑暗传》,弥补了中华文明史上,总以为汉民族没有创世史诗的缺憾。在小说中,我借用了祖宗们的才华,并对其做了适度的增删,使之成为小说中遥远文明的背影。对史诗的写作历来都是每个作家的梦想。在当下,更是成为像我这种年纪作家的责任。因为有《红楼梦》,在我们这些后人的眼里,被各种各样的功利主义者或者是既得益者阉割过的历史,才有了迷人的才情。我一直在寻找给我血脉根本的大汉民族,在经历了能在《黑暗传》中见到的惨烈杀戮,以及被称为人类历史最残暴血腥和丑陋的第二十世纪后,还能生生不息的根由所在。

无论何种功利,都是小说的天敌。试想一下,除了小说,还有哪种形式的书写能够如此地在汉民族心灵史中汪洋纵情!第二种因素,也有其不可否认的存在,那只是小说的副作用和副产品,不得刻意为之,否则,就会回到从前的老路,辜负了真正人文传统总是栖身民间的意义。所以我要强调一下以前说过的一种意思,所谓史诗,只能是指点通向民族心灵史的探幽之路。

舒晋瑜: 细心的读者会发现,书中除了描写中国南方大别山区中那座名叫天门口的小镇的镇史,还贯穿有一条大汉民族创世史诗的副线。这条副线作为小说中遥远文明的背影出现,提升了"史"的内涵和意义,看得出您用心良苦。主线与副线的架构,是在动笔之初就形成的吗?

刘醒龙: 如果下笔之前就有这样的架构,就不会有反反复复地开头,和近二十万字的废弃。除了有其他一些原因外,主要的还是第一次开头和第二次开头,与其时还于心中潜藏的小说,在旋律没有达到一致。最早时,曾考虑用一部鄂东乡村的古老戏曲来做这样一条副线,之所以放弃,也不全是受到"猫腔"的打击,问题出在它的分量上,一根烂草绳休想拉动一只石磙,这才是症结所在。直到儿子考上北京一所大学,我不用每天在武昌和汉口之间来回跑,准备将江北住所里的书籍搬一些到常住的江南这边时,突然发现那本尘封多年的《黑暗传》。那一刻,真的如同有一股灵光,将我的心灵和书写贯穿到了一起。

2011年,刘醒龙的《天行者》获第八届茅盾文学奖,其颁奖词是:刘醒龙以内敛克制的态度,精确地书写复杂纠结的生活,同时,他的人物从来不曾被沉重的生活压倒,人性在艰难困窘中的升华,如平凡日子里诗意的琴音和笛声,见证着良知和道义在人心中的运行。

舒晋瑜:2011年,您的《天行者》获第八届茅奖。其实此前您的《圣天门口》曾经呼声很高。能谈谈您所知道的茅盾文学奖吗?

刘醒龙:评奖就是让人评说的,茅盾文学奖更是某个社会事件的最终判决。接连两部作品,经历两个评奖周期,前后八年,可以说是感慨良多。茅盾文学奖越来越像太上老君的八卦炉,没有比茅盾文学奖更能见证文学品格的了。

舒晋瑜:您认为从文学艺术水准上评价,《天行者》是否高于《圣天门口》?

刘醒龙:这个问题有点像用自己的左手与右手格斗。《小说评论》主编李国平在评论《天行者》时有句话,他说,《天行者》写出了中国之痛!我女儿小时候,别人问她是最爱妈妈还是最爱爸爸,她给了一个让人开怀大笑的回答:我最爱妈妈,第一爱爸爸!所以,这种问题,最好还是由文学史来回答。

舒晋瑜：我想知道茅盾文学奖给您带来了什么？

刘醒龙：简单地说，茅盾文学奖给我带来一句我所创作的名言：写作是过日子，获奖是过年。过年是为了让人们有理由聚在一起享受欢乐，对于生活来说，一天一天地过日子更重要。

舒晋瑜：您的获奖感言非常真诚："我们这个时代作家需要对本土文学特别的坚守和坚持，文学不是自生自灭的野火，而是代代相传的薪火。此时此刻，无边无际，生命之上，诗意漫天。"

刘醒龙：很凑巧。颁奖那天，是我老父亲八十六岁生日，刚好二十天前我回到了距离黄州只有二十公里一个叫作刘家湾的小地方，在爷爷长眠的那个小山上为年迈的父亲寻找最后的安身之地，在爷爷的坟头上我长跪不起，父亲在说着我这个爷爷最爱的长孙的点点滴滴，那时候我不能丝毫记起文学，等到我一步一步离开茅草和水稻，十里百里朝着城市远去，才发现缭绕在身前身后的是文学情愫。

一个人生命之根，是感恩的依据，也是文学情怀的根源。每个读书人都有永远摆脱不了的情结，于我而言这情结的名字就叫文学，无论文学是辉煌还是寂寞，也有它永远摆脱不了的情结，这个情结的名字就叫诗意。

《蟠虺》的基本情节是一件堪称国宝的青铜重器丢失的重大文物案件及其侦破过程。故事由二十年前楚学院副院长郝嘉跳楼自尽、前途无量的青年教授郝文章莫名被捕等两个案件入手，逐渐将真相指向一件春秋战国时代的青铜重器——曾侯乙尊盘，更由此引出了一系列曲折神秘的事件。

舒晋瑜:《蟠虺》完全超出了对您的作品阅读经验之外。无论构思还是叙述,都有很大的变化。这样的突破,对您来说是否也有一定的难度?

刘醒龙:面对新的写作,从来不会没有难度。这也是我从2000年起放弃中短篇小说写作的重要原因,在那之前,所有的中短篇小说写作对我来说实在不是一件难事。及时出现的自我怀疑,使我做出全力写作长篇小说的选择。《蟠虺》的难度明显摆在那里,仅是书中小学生楚楚用来刁难成人的那三十个与青铜重器相关的汉字,能认识一半就很不容易了。况且还将考古界自身都没有结论的重大悬疑贯穿始终,这也是小说的魅力所在。小说的使命之一便是为思想与技术都不能解决的困顿引领一条情怀之路。

舒晋瑜:既往您的作品善于书写凝聚在底层民众身上的人性之光,富于思想穿透力,《蟠虺》也是如此吗?

刘醒龙:无论何时何地,我都崇尚人性中哪怕最微小的光亮,那是烛照人生的真实太阳。《蟠虺》不是写一般意义上的底层,却是依着人性的底层行走。那些曾经渴望成为院士,且几乎可以成为院士的顶级青铜重器研究者,最终视"院士"为"鼻屎",正是在这一点上,让所谓的大知识分子,在人性光辉下,与天下人殊途同归。

舒晋瑜:作品的主题宏大,对楚文化的神秘和庄严,对出土文物的真伪之辨,承载着大历史宏阔宽悯的气量,所有这些,驾驭起来顺利吗?能否说,在某种程度上也体现了您文学创作的抱负?写作这部长篇的契机是什么?

刘醒龙:《蟠虺》的写作初衷有很多种,最重要的还是曾侯乙尊盘的魅力对我的吸引。2003年夏天之前,我与太多的人一样,理所当然地将声名显赫的曾侯乙编钟当成文化崇拜。那年夏天,发生了一件事,让我赫然发现原来还有不只是藏于深闺未被人识,而是展示在博物馆中也未被人识得的国宝中的国宝。那一刻,心里就有了某种类似小说元素的灵感,之后就一直将曾侯乙尊盘藏在心头。因为博物馆就在家的附近,或自己去,或带朋友去,每隔一阵总会去寂寞的曾侯乙尊盘面前怀想一番。最终促成《蟠虺》是近几年伪文化的盛行,而带来的文化安全问题。虺五百年为蛟,蛟千年为龙。当今时代,势利者与有势力者同流合污,以文化的名义集合到一起,不是要为蛟或者为龙,其蛇蝎之心唯有将个人私利最大化,而在文化安全背后的还隐藏着国家安全的极大问题。对青铜重器辨伪也是对人心邪恶之辨,对政商奸佞之辨。商周时期的国之重器,遗存至今其经典性没有丝毫减退。玩物丧志一说,对玩青铜重器一类的人是无效的,甚至相反,成为一种野心的膨胀剂。

舒晋瑜: 小说涉及的专业内容很多,是否也做了相当的文学和专业准备?

刘醒龙: 十几年中,总在有意无意地找些关于青铜重器方面的书读,粗略地盘算了一下,仅是直接相关的书籍与材料,就花费三千多元。有些专业方面的书真的太难读了,能够读下来,还得感谢中国的高速铁路,感谢武汉成了中国的高铁中心。从离家很近的高铁车站出发,去往下一个目的地,大多在四小时左右。往来八个小时的孤单旅途,正好用来读一本平时难以读进去的专业书。

蟠虺是青铜器中一种常见的纹饰,以卷曲盘绕的小蛇形象组成连续不断的装饰。刘醒龙说,最终促成《蟠虺》源于近几年伪文化的盛行。

舒晋瑜：小说人物比较集中，主题也很突出，阅读中感觉故事结构十分严密，因为太严密了我才要说，小说中出现的不少巧合，有没有必要？比如许姬的人名，让人感觉到是精心为之。也许我的感觉有些偏颇——您如何评价自己的这部新作？

刘醒龙：巧合是一个人面对复杂人生的自信。对作家来说，巧合是灵感的一种来源。比如这部《蟠虺》，如果不是当初在博物馆被一位在武汉大学读夜大班的某女作家的同班同学认出来，并热心地客串讲解员，将藏在太多青铜重器深处的曾侯乙尊盘介绍给我，或许就不会有这样一部关于青铜重器的长篇小说出现。巧合是人生之所以美好的重要因素，天下男女，哪一段爱情的出现不是因应着巧合，大千世界，茫茫人海，只要错过一次相见，或许就是永远的陌生人，偏偏在某个时刻两个人带着爱情相遇了，然后相守白头。匠心独运和肆意编造的分野还是说得清楚的。

我喜欢这种名叫巧合的事情，巧合的出现证明时间、地点、人物、事件全部选择对了。小说人物的名字是小说趣味性的重要索引。近二三十年，中国作家中，很有一些人因为无人知晓的极其乡俗的本名与声名远播的十分优雅的笔名，成为文学界美谈。事实上，人的名字是人来到世上遇到头一件必须较真的事，传统中，姓氏后面的第二个字必须是辈分的标志，非传统中，双胞兄弟哥哥叫了大双，弟弟便叫小双，这些都是来不得丝毫马虎。在男女情事中，姓欧阳的男孩总是更招女孩喜欢。有些事情之巧，真的让人无法理解，《蟠虺》中在长江与汉江交汇的龙王庙溺亡那位，确有其人其事，过程就是如此，因为太真实了，才让人在难以置信中体味出难以言说的人生意味。还有夜晚在墓地遇上灵异的情节，我是不想多费笔墨去解释，这种在日常生活中人人都有体会的现象，本无须在小说里做太多的啰唆。你若来武汉，我一定带你去黄鹂路、翠柳街,还有白鹭街去看看——真的没有青天路——这几条街就在我家附近,是我日常出没的地方。

写作时,自己也不明白,这个城市的地名委员会为何要老早给我留下这绝妙的小说素材,这样的巧合很能让人兴奋,也很让人无奈。有一阵,那些有头有脸的人中就曾盛传和氏璧在某个地方再现了,还有传言说谁是20世纪的楚庄王之类的。说者未必无心,听者未必有意,到头来这些都成了天赐的小说元素。《水浒传》开篇就说天下合久必分,分久必合。"文革"时期最流行的话是天下大乱达到天下大治。诸如此类的历史巧合,总是包含在历史进程的必然当中。对作家来说,需要做的事情是将真实生活的巧合,关进叙述艺术的笼子里,不使它太过汪洋肆意。

舒晋瑜: 书中有句话是"青铜重器只与君子相配",而最终"国之重器"的真器归位,"老省长"、熊达世等阴谋家自以为天衣无缝,所盗得的伪器沉入长江与汉江交汇处万劫不复——您认为青铜器的品质有哪些?

刘醒龙: 小说人物马跃之所谓的"与青铜重器打交道的人,心里一定要留下足够的地方,安排良知",青铜大盗与青铜重器仿制天才老三口,在狱中彻悟之后所说的"非大德之人,非天助之力,不可为之"等话语,是对青铜重器品质很好的归纳。春秋小国随,作为春秋强豪楚的弱邻,虽然受尽欺凌,每当楚国出现危难,都坚守自己人伦底线,以四两之力拨动千斤,救楚国出绝境。楚用青铜铸造战争机器,随用青铜铸造国之重器。千年之后,历史选择的偏偏是后者。希望我与我的同时代人能够一起明白,何为国宝!何为重器!

获奖作家访谈

莫言:作家的地位是由作品而非称号奠定的

莫　言　1955年生于山东省高密县。1981年开始发表小说等文学作品,著有长篇小说《红高粱家族》《天堂蒜薹之歌》《丰乳肥臀》《酒国》《红树林》《檀香刑》等十一部,中短篇小说《透明的红萝卜》《红高粱》《牛》《拇指铐》等一百余部,并著有剧作、散文多部。其中,《蛙》获得第八届茅盾文学奖。2012年,获得诺贝尔文学奖。据不完全统计,其作品至少已被翻译成约五十余种语言在国外出版。

| 采访手记 |

诺贝尔文学奖的获得,使莫言平静的世界变得无比喧嚣。他只得把诸多话题当成一面镜子,透过这面镜子看世态人心,看另一个自己。

这就是他的高明之处。无论是批评还是赞扬,他都看作是对己有利的,他在冷眼旁观,看到大家在指指点点,看到另一个写作者莫言被放到了社会的显微镜下。

这也是他将自己"冷处理"的方式。获得诺贝尔文学奖之后,社会各界都在组织各种名义的活动。到底该表现得冷若冰霜呢,还是得意忘形?最后他决定麻木。他对自己说:被讨论的是另外一个人,是一个与你无关的人。

他常常以这种冷静的、旁观的姿态看自己。正因为有这种清醒的认识,莫言在文学之旅中走得稳健执着且心无旁骛。他一直坚定地认为,作家最重要的是作品。"只有独往独来才能够冷眼旁观,只有冷眼旁观才有可能洞察世态人情,只有洞察世态人情,才可能创作出好的小说或别的艺术作品。当然这也不绝对,大千世界,人各有志,每个人都有权利自由选择自己的生活方式和入世方式,作家从来就不是别样的人物,把作家的地位抬举得太高是对作家的伤害。"

他只想安静地写作。写出好的作品,他认为这是一个作家对社会最好的发言、最好的回报。

他经常提醒自己,一定要高度地保持头脑冷静。"一些人比我有才华,个人经验比我丰富,但是没能在文学上获得太大的名声,是机遇的原因。从这一点来讲我非常幸运。所以要经常向别人学习,不要忘本。"

有时候,他会说自己是个写小说的,他甚至不太愿意用小说家这样的字眼。"标榜自己是小说家实际上很冒险。"莫言说:"不能因为名声大一点就目空一切,应该对别的作家、别人的作品持有尊敬的态度,不是伪装,而是发自内心。只有看到别人的长处,你才有可能进步。如果把自己的作品看得比谁都好,那这个作家也就到此为止了。"

20世纪80年代初期,莫言在河北的《莲池》发表了处女作,时在《花山》当编辑的铁凝从自然来稿中编发了他的第一篇散文。

舒晋瑜: 能简单谈一下您的创作经历吗?

莫　言: 我的创作经历跟很多人都相似,一开始是喜欢读小人书,小人书读完了就半通不通地硬读大人书。书读得多了,就跃跃欲试地想写。最初的写作动机很功利、很世俗,希望能靠写作改变自己的命运,吃饱饭,跳出农村。后来真正地走上了创作道路,创作的动机也就发生了很大的变化。

80年代初期,我在河北的《莲池》发表了处女作,时在《花山》当编辑的铁凝还从自然来稿中编发了我的第一篇散文。1984年我考上了解放军艺术学院,在老师的指导和文学热潮的刺激下,觉悟到很多东西。《透明的红萝卜》《爆炸》《金发婴儿》,更使我"名声大震",改编成电影后,又一次推波助澜。现在我去参加什么活动,主持人在介绍我的时候,总是把我和《红高粱》联系起来。这也是没有办法的事情,一个作家一辈子可能写出很多作品,但人们记住的,也就是那么几部,甚至只有一部。而被记住的这一部,往往并不是作家最好的作品。这也就是说:每部作品都有它自己的命运。进入90年代后,我把精力主要放在了长篇创作上。写出了《十三步》《酒国》《丰乳肥臀》等作品。1996年到现在,我的主要精力放在了创作中短篇小说上,写出了《牛》《我们的七叔》《三十年前的一次长跑比赛》《野骡子》《师傅越来越幽默》《司令的女人》《拇指铐》等。

舒晋瑜：您的每一部作品出版，在文坛上都会有较大反响，当然包括争议。尤其是《蛙》获得第八届茅盾文学奖，这种争议的声音也仍然存在。

莫　言：跌跌撞撞一路走来，总觉得应该写得更好，但是没写好，每一部都觉得遗憾。《蛙》写得单薄了，应该更阔大更厚重；指向也太明确，一下子让人联想到计划生育——应该更多义，给读者更复杂的感受。我是写人类的生育史，生是起点，生老病死几十年的历史中，有多少令人感叹不已的事情，多少悲喜剧，都是围绕生的。如果写成四五十万字比较理想。但是作品写完后就像出了窑的砖，不可能再回炉了。

舒晋瑜：有没有考虑过再版时修订？

莫　言：修订的东西总是有点不真实，不如当时的原生态。所以，过去的很多作品即使再版，除了技术错误我也没有修订过。这也是作家走过的轨迹的见证，一改，就不是当初的想法了。实际上，单看前辈作家的修订本，很少有修订得比原来更好的。

舒晋瑜：无论故事的氛围是荒诞无稽还是鬼怪精灵，作品丰富的想象空间与澎湃辗转的词锋总是能叫人惊叹不已——一提到您的作品，评价总离不开想象力。尤其在《学习蒲松龄》中，从书名到内容都是对中国民间想象传统的一种回归。有评论说"莫言的想象力之独一无二在小说界可谓是尽人皆晓"。您怎么看？

莫　言：每一个时代的作家都有独特的想象力。我是比较土的想象，离开乡村和农业就没有想象的材料。有人说写作就是天马行空，这是狂妄之言。创作必须借助物质的材料才可展翅飞翔。

每个人的想象力是有限的，想象是很物质的东西，即使胡思乱想，也要有物质依托。我的想象力凭借什么？马牛羊鸡犬豕，高粱地玉米田……写这些得心应手；一进入城市生活、科幻领域，一进入特殊的历史题材领域，就不是我的长项了。这也是作家应该注意的方面。

舒晋瑜：您的创作，总体上看来是比较顺利的，为什么会说是"跌跌撞撞"？

莫　言：有时也会歪打正着，但作品质量和理论水平不一定成正比。写得越来越多，看得越来越多，了解的理论越来越多，未必就能保证作品质量。早期的作品，是初生牛犊的状态下写的。写《红高粱》的年代，现在看可以挑出很多毛病：语言不规范，结构方面有模仿的痕迹，对人物情感把握有偏差，但是有不可挡的锐气，有敢跟权威挑战的精神，这些在今天的作品中没有了。即使我想像当初一样写，也不可能，那时候二三十岁，跟现在精神状态不一样。

很多人认为，小说《蛙》是为莫言获得诺奖加分的重要作品。作品通过讲述一位乡村女医生的人生经历，既反映了乡土中国六十年的生育史，也揭示了当代中国知识分子灵魂深处的尴尬与矛盾。

舒晋瑜：在阅读您的作品时，常常感觉到一种激情，从故事到语言，有一种一泻千里的畅快。这种畅快的感觉，是"有如神助"还是刻意安排？按差不多两年一部新作的节奏，有人提到您的创作速度是偏快的，您认为呢？写作速度对作品质量有影响吗？

莫　言：《蛙》是很技术的写作，写得很冷静，很慢；写《生死疲劳》的时候感受到激情和灵感，是感性的写作，可遇而不可求。我也希望能有像《生死疲劳》的放松和灵感，一年哪怕来一次也行。

我写得越来越慢,《生死疲劳》是2006年出版的,《蛙》是2009年年底出版的。我不勉强自己。有时候也没必要跟自己较劲,不一定非要写什么,当你感觉哪一部作品一瞬间让你非常激动时,只能去写它。创作道路很难设计,有些作家为十年或几年写作排了计划,但是大多数作家跟我一样,计划往往难以落实,往往不由自主,被现实打乱。下一部写家庭伦理小说,或战争小说,也可能是官场小说。

舒晋瑜:在《蛙》中,您通过蝌蚪这一人物的塑造,展示了知识分子的善良和软弱。您对中国知识分子的认识是怎样的?蝌蚪退休后从北京回乡定居,发现触目所及已不再是他记忆中的高密东北乡的印象。而他曾经如此熟悉的形形色色的人物,也发生了很大的改变。这是您本人的真实体会吧?

莫　言:应该慎用"知识分子"这个词,蝌蚪只是有一点文化,应该说是"准知识分子",不及格的知识分子,是中国文化人中的大多数。论正直他们还算正直,论善良也还善良,但他们的懦弱是天生的,他们不敢与人争锋,能够忍气吞声。这样的人,是中国人的大多数,也是文化人的大多数,要允许他们生存,毕竟是他们在做着最基本的工作,做工、从医、教书……

《蛙》前面的几部分,还是写我熟悉的高密。第四部分,蝌蚪回乡后,是把高密当作中国社会的缩影来写。关于东北乡的描写是中国现实的描写,凌空展翅的高架桥,河两岸鳞次栉比的小区,各种现代化的医院,重建的古老庙宇——一方面是中美合资的医院,旁边是象征古老传统的娘娘庙。把高密东北乡当成中国当下社会的缩影来写,这是我的野心。

整体来说,文学经过了这么长时间的发展和变化,形成了各种

流派。但是各种各样的流派和风格对作家而言,有时候也是一种无可奈何。

舒晋瑜:写作多年,您在自己的创作中体悟到什么?

莫　言:在早期的作品中,我作为一个现代的说书人,是隐藏在文本背后的。从《檀香刑》开始,我从后台跳到了前台。如果说我早期的作品是自言自语,目无读者,从这本书开始,我感觉到自己是站在一个广场上,面对着许多听众,绘声绘色地讲述。这是世界小说的传统,更是中国小说的传统。

我也曾积极地向西方的现代派小说学习,也曾经玩弄过形形色色的叙事花样,但我最终回归了传统。当然,这种回归,不是一成不变的回归,《檀香刑》和之后的小说,是继承了中国古典小说传统又借鉴了西方小说技术的混合文本。小说领域的所谓创新,基本上都是这种混合的产物。不仅仅是本国文学传统与外国小说技巧的混合,也是小说与其他的艺术门类的混合,就像《檀香刑》是与民间戏曲的混合,就像我早期的一些小说从美术、音乐甚至杂技中汲取了营养一样。

舒晋瑜:愿意谈谈您对于写作技巧的认识么?

莫　言:越写越觉得没有技巧了。越写越觉得笨拙。刚开始时像刚学会开车的人,觉得熟练。后来,越来越小心翼翼。如果老让人觉得你是在炫技,老让人觉得你是玩花架子,其实不是成熟的表现。像金庸的小说中,真正高手不玩花架子,一剑封喉。到了最高的技巧,让人看不出来,但是要命。

舒晋瑜:在写不出来的时候,是不是也会有焦虑之感?

莫　言:我只能按自己的想法来,不要非几年内出一部长篇,作家写得再多，能留下的也就那么几部。十部中上水平的作品，还不如写一部好作品。我把写十部作品的精力集中起来写一部，写起来可能不由自主，还是希望下一部小说能够有所变化，和前一部有所区别。不能脱胎换骨，至少能改头换面。否则写作的意义不大。

很多时候因为参加评奖，会集中读到不错的作品，单独读一篇，感觉语言机智，人物塑造栩栩如生，故事很好，几十篇读了一遍，很难说哪一篇小说好，没有让我太兴奋的作品，也没有太失望的作品，像是一个作家写的。这很可怕。我们老说纯文学，其实哪有纯文学、通俗文学之分。一直是你中有我、我中有你，而且地位也在不断变化，当年的纯文学，现在可能无人问津；当年的通俗文学可能成为阳春白雪。就像当年写唐诗的人认为宋词通俗，写宋词的人认为小说通俗。现在通俗小说反而是纯粹的，比如写盗墓就是盗墓，纯文学反而是不纯粹的。好的文学应该包罗万象，马尔克斯的《百年孤独》就包罗很多思想、包容了很多艺术的风格，它的伟大就在于不纯粹，兼容并蓄，但是又把各种因素很好地融合在一起。

舒晋瑜：写了这么多年，写作的技巧越来越纯熟，创作中还存在什么困惑吗？

莫　言：困惑太多了，越写越困惑。当年写《红高粱》时没有困惑，感觉到手握真理，脚踏祥云，天马行空。现在越写越老实，老觉得当初的写法不对。自己作品的数量不断增加，重复的可能性越来越大。这是当代生活对作家创作生命力的一种挑战，如果不能跟当代生活保持亲密无间的关系，就只能去写历史。不是不可以写，但是即使写几千年的历史，当代的生活气息也要贯注其间。当代生活气息应成为历史题材的灵魂。对当下把握越准确，写历史题材越有当下性。我越来越认识到,生活确实非常重要。我这样的作家要想获得新生,写出超越自己的作品,只能自己救自己,趴下身子,沉入到生活的底下。

这么说可能会有人嘲笑。跟最底层的老百姓建立不分彼此的亲密关系,难度很大,但是必须这么做。我一直努力这么做。但是一回去就"被隔绝"。同年代的人,认为我混好了;晚辈们认为我高高在上,无论辈分还是年纪都难以接近。

最重要的是自我调控。不要把自己想象成了不起的人物衣锦还乡——虽然这样可以获得虚荣的满足。我永远知道自己是从哪里来的,不要忘了自己的根本,不要忘了吃几碗干饭。

莫言认为,作家从来就不是别样的人物,把作家的地位抬得太高是对作家的伤害。

舒晋瑜: 您近几年不断地获奖,身份也有一些变化。您怎么看待?

莫　言: 对我的生活,没添加什么也没减少什么,我把它当作一种鞭策,是作家朋友对我的信任。但是,头衔只是一种称谓,就像一个外号,谁拿这当真就变成一种讽刺。读者在看书时,不会想什么主席、副主席,对将来的读者来说更没有用。说一千道一万,作家最重要的还是写作,地位是由作品奠定的,不是称号奠定的。作品不能服众,再高的头衔,哪怕你是世界作家协会的主席,也说明不了什么,这一方面我一直比较清醒。

舒晋瑜: 除了鲁迅文学院这样以服务作家、培养作家为宗旨的教学与研究机构外,近些年,各大高校也都增设了作家班和写作课,您认为作家可以培养吗?当年您在军艺的学习,对您的写作有哪些影响？

莫　言：我当时是在解放军艺术学院文学系，收获非常大，那时候是文学比较热的时代。老百姓心目中，诗歌、小说非常庄严神圣，那两年对我的成长发挥了巨大的作用。没有军艺的两年，就没有今天的我。在军艺那两年，也是我一生中创作的黄金时间，热情之高是空前的，后来再没有这种机会了。

1986年我从军艺毕业，1988年参加北师大和鲁院合办的作家班，那时有些动荡，没有太多心思来搞文学。过了几十年回头看，当时听了毫无感觉的课，多年后突然回忆起来，觉得很有收获。高校开设文学研究班、作家班，还是有作用的，会形成一种氛围，形成一种气场，大家会互相影响。即使没有讨论作品，每天也在感受作品，这对作家非常重要。

　　自2001年推出潜心五年完成的长篇《檀香刑》后，莫言开始匀速拓展长篇创作，完成了《四十一炮》《生死疲劳》。他的很多作品，其故事背景都打着"高密"的标签。对此，莫言解释说，得先把乡村的"旧账"写清楚再说，如果有时间再来写城市。

舒晋瑜：您比较有影响的作品，其故事背景几乎都是高密。在城市生活多年，有没有尝试在写作题材上有所变化？

莫　言：想法一直很多，城里的人，我了解几十年了，排着号呢。我得先把乡村的旧账写清楚再说，如果有时间再来写城市。《蛙》里的姑姑、《生死疲劳》里的蓝脸，这些都是我生活里忘记不了的人，我不敢说为他们树碑立传，但要把他们写出来。城里也有很多让我忘记不了的人，慢慢来，生活肯定是朝前走的，写作也是生活。

舒晋瑜： 您的作品中很多都打着故乡的烙印，能否说说故乡对您的影响？

莫　言： 故乡像影子一样摆脱不了。哪怕到了天南海北，到欧洲美国，离得越远，跟故乡联系越密切。这跟年龄的增长有关，年轻时离开还来不及，老了就开始怀念。人过五十，梦境全跟故乡有关，由此可见故乡对人的影响。我当年跟故乡毫无感情，觉得故乡落后愚昧，逃离它是最大的理想。后来感觉到这种想法是不对的，心还是在那个地方，梦还是在那个地方。尤其搞文学的人，故乡更重要。

文学意义上的故乡，理解不必那么狭隘，过去一说故乡，就是偏远的农村。故乡就是从小生活的地方，我有高密东北乡，陈忠实有白鹿原，王安忆有上海小里弄，史铁生有北京胡同，这都是故乡。哪有没有故乡的人？故乡对创作有很大的影响。我们还要清醒一点，故乡的资源不是无穷尽，需要充实丰富，借助外部的东西照亮故乡。我到外面学习获得新的思想，发现故乡被遮蔽的东西，对故乡的发现更丰富、更细致，眼光更独特。故乡也是开放的概念，一方面离不开自身经历，一方面也需要不断往里补充，这样写作才能有后劲，才能源源不断。对我们这个年纪的作家，重要的是生活，投入到当下丰富的、复杂的生活中去，写作的活力才可能得到继续。

舒晋瑜： 关于语言，小说中有些方言，我读来觉得特别亲切，但是作为小说，是否会使读者有一点阅读障碍？这么表达是为了刻意要保留您的语言风格吗？

莫　言： 这是为了让人物语言个性化的需要。每个人物都有自己的声腔，这是中国古典小说的法宝。所有人物都说一样的话不符合人物的性格，也放弃了中国小说的拿手好戏。《水浒传》不仅仅通过肖像刻画来塑造人物,更通过与性格相匹配的语言风格。小说用了乡言土语,山东人能看懂,南方人读懂也没问题。小说家处理语言有自己的准则,可以用乡土话的语言,但是必须考虑普通话的基础。叙述语言当然还是尽量使用书面话,个性化的语言应该从人物口说出来,这样比较好。

"翻译家被我小说中的描写'忽悠'了。吉田富夫去高密,想去看我小说中的磨坊、河流、高粱地等场景,但只看到一条干涸了的小河沟,根本没有我小说中那样的澎湃奔流的大河。他问我大河呢?我说,就是长江黄河啊!森林呢?我说在长白山;沙漠呢?我说在内蒙古。"

舒晋瑜:您是受汉学家们关注最多的作家。在您的作品被翻译的过程中,是否和他们交流也比较多?

莫　言:藤井省三在翻译《酒国》时就自己摸着去了高密,吉田富夫在翻译《丰乳肥臀》时我也带他去过,他每年都会带学生来北京,所以见面比较多。翻译过我的《酒国》《丰乳肥臀》《四十一炮》的法国汉学家杜特莱夫妇也去过高密。韩国翻译《生死疲劳》的翻译家自己去过高密。很多留学生去过。英、法、意、瑞典、日、韩等国的翻译家比较熟悉,但像德国、荷兰、西班牙等国翻译我的作品,都是由英文转译的,翻译家不需要与我交流,所以从来都没见过。

舒晋瑜:但是有些作家对葛浩文的翻译风格提出疑义,认为他像外科医生。如果翻译要删改您的作品,您本人有什么原则吗?

莫　言:作为资深翻译家,葛浩文对文本的处理是有丰富经验的。考虑西方读者的习惯,对拖沓或雷同的文本删节,对政治历史背景性的内容删减,应该有积极意义。当然这得经过作家同意。

在西方来讲,经纪人往往是作家的第一个读者,会提出很多修改意见,这都是商业化操作,但有的意见也许是对的。总之,我和西方翻译家合作很愉快,他们对我的作品的删节,都跟我进行过反复磋商,并得到了我的同意。

我们这个年龄段的作家,大多数不懂外文,作品翻译得好或不好,只能听第三者的反映。有些是在外国生活了多年的中国朋友读到译本,有些是外国人中懂中文的朋友,我还是相信后者,他们的判断可信度更高。一个中国人即使在国外生活多年,在非母语的译本中对语言风格微妙的感受,恐怕很难做出判断。也有的作家通过朗读的效果来判断译本的优劣,但这并不可靠。他们找来朗读的多半是话剧演员,有很高的朗读技巧,拙劣的文本也能读得声情并茂引起强烈反响。而一些好的文本,鲁迅深沉委婉的小说或郭沫若激情澎湃的诗歌,如果让我朗读,也不会有什么好的效果。

舒晋瑜:在作品走出去的过程中,作家只是被动地被选择、被翻译吗?

莫　言:这个没办法,碰运气。碰到优秀的翻译家,能更多地保存原作风貌甚至可能加分;碰到不好的翻译,一流作品也可能变成二流的。有些外国人汉语口语流畅,不代表有好的母语写作能力;有的汉学家,讲中文结结巴巴,但翻译出来的文本很漂亮。

舒晋瑜:您理想中的翻译和作家的关系,是怎样的?

莫　言:翻译过程本身是流失的过程。意大利翻译家李莎认为,翻译家和作家之间应该有内心隐秘的交流。翻译是充满冒险的创造性活动,一定要在外文中找到和中文独特的对应物。对翻译家来讲,翻译故事并不困难,最难的是语言,作家的语言风格。

葛浩文说他翻译王朔的作品时,就试图用纽约街头的痞子语言来置换北京痞子语言。比如《檀香刑》的日文翻译就很成功,吉田富夫在翻译时和我交流过,他的故乡也有民间戏曲,于是就找到了一种对应的东西,他翻译得舒服,读者读得舒服,也更能传达小说原来的风貌。日本读者谈他们读《檀香刑》之后的感受,说感觉很多声音在耳边,余音缭绕。

作品出现在不同国家的读者面前,应该没有障碍,并且能产生一种呼应,这是理想境界。作家和翻译家就有相同的体验,那么翻译家就会把自己的经验移植到作品中去。比如《丰乳肥臀》中女主人公上官吕氏是个铁匠,光着膀子打铁,这个形象本是我艺术化的编造,但是吉田看了很兴奋,因为他的母亲恰恰是个掌钳的铁匠,他本人也当过小铁匠,所以他翻译到有关打铁的章节时,时时会心而笑。这样的翻译家,理解作家描写的生活,翻译起来自然也得心应手。这也就涉及了一个老问题:有的翻译家用三个月翻译完一部小说,有的翻译家用了三十年,一个字一个字地抠。用了三十年时间的翻译,难道就真的比用了三个月的好吗?

舒晋瑜: 获诺奖之前,您的作品在国外读者中接受情况如何?

莫　言: 跟国内情况差不多,《红高粱》是翻译最多、最早、影响最大的作品。冷门的小说像《十三步》翻译成法文,读过的读者也很少,也偶尔有读者看过这部作品,认为是我作品中技术含量最高的;有人认为《酒国》是我最好的小说,也有些翻译家认为不该这么写,传达的观念不正确。像《檀香刑》,国外和国内的读者认知都差不多,一类认为非常好,一类认为太残酷。德国奥格斯堡有一位教授写了一篇关于《檀香刑》的评论文章,在他看来,被绑在木桩上受刑的人是中国版的耶稣——国外读者理解小说会有奇怪的角度,让你感觉到新奇而惊喜。

舒晋瑜：您在媒体曾有一篇文章，提到自己成为中国作家中外文译本最多的作家时，说这"很可能是个历史性的错误"，是否言重了？

莫　言：有些人认为更优秀的作品还没有翻译出去，认为我们这些被翻译得比较多的作家的作品，并不代表中国当代最优秀的作品。

舒晋瑜：那么您本人怎么认为？

莫　言：国外翻译家选择我的作品翻译，有必然性。必须承认新时期文学那批作家，作品被翻译是跟电影有关系，准确地说是跟张艺谋有关系。但是慢慢地就不受电影的牵引。翻译家们有自己的眼光和文学标准，他们选择翻译谁不翻译谁，是根据自己的文学爱好。西方的商业市场并没有影响到严肃的翻译家的自我选择。我们这一批作家，应该是靠作品的艺术质量，也是靠作品的思想力量引起了西方翻译家的注意。

舒晋瑜：中国作品走向国外，大致有几种状况？

莫　言：几种状况都有：有的翻译是为了谋生，完成出版社交给的任务，有的是喜欢作品而翻译。出版社看好某部书，如果翻译家也非常喜欢，那是两全其美；如果翻译家不喜欢，那么翻译的过程会很痛苦，用心的程度也大打折扣。

我也知道，翻译过程中存在一种现象：当某部作品受到批评或禁止时，西方出版商会一拥而上，这不关翻译家的事，而是西方的商业出版操作发挥作用。

"获奖其实是给作家头上戴上一个花冠，看着很光彩鲜亮，它很快就会枯萎的,很快就被抛到一边。如果你获奖之后写不出更好的作品,读者也会离你而去的。作品才是作家的命根子。"

舒晋瑜:2000年,您在南京书市签名售书,人数算不得多;现在炙手可热,恐怕要处处想法躲着这些事情了。

莫　言:当时签名,我的右边是台湾的刘墉,左边是上海的韩寒。他们面前都排着长长的队伍。韩寒的队伍里有许多少女;刘墉的队伍里有许多少妇。我的队伍中多半是一些面色苍茫的中年人。我的队伍人少,我签名速度又快,所以不到一个小时就签完了,韩寒和刘墉的队伍还是那样漫长。但我的心中很坦然,一个作家有多少自己的读者,这是你还没成为作家时就已经确定了的,炒作能使书的销售量上升,但是属于你的读者并没有增加。只要我还有自己的读者,我的存在就是有价值的,我的创作就是必要的。

我什么活动都不想参加,我就想在家待着,回高密老家去。但是没有办法,我希望大家最好不要邀请我,无论多么光彩的事儿我不参加。大家各干各的,然后,我用我的新作来回报读者。

舒晋瑜:2011年您获得茅盾文学奖(此前曾多次与茅奖失之交臂)在感谢评委辛苦劳动和读者拥戴的同时,还向没有获奖的兄弟姐妹表示问候。2012年又获得诺奖。现在您如何看待这些荣誉?

莫　言:如果来得太容易,这奖反而没分量,也不珍贵。对于茅盾文学奖,我把进入茅奖的评选看作对自己的激励,每次评选都是对作品的评判过程,可以借此了解作品中这样那样的问题和缺憾,对自己也是一种促进。正因为如此,获得茅奖才是最有价值的。

获奖作家访谈

毕飞宇：别相信自己的才华有多少

毕飞宇 1964年生于江苏兴化。1987年毕业于扬州师范学院中文系。现为南京大学教授。著有长篇小说《平原》《推拿》《玉米》，中篇小说《青衣》《上海往事》，短篇小说《哺乳期的女人》等。其中，《推拿》获得第八届茅盾文学奖。其作品被翻译成英、法、意、西班牙等多种语言在国外出版。

|采访手记|

毕飞宇还是老样子。阳光、健康……你尽可以把形容大学生的词语用在他身上。这次我们谈话的主题是《苏北少年"堂吉诃德"》。这是毕飞宇的第一本非虚构小说。他诚实地坦白少年的梦想、渴望甚至虚荣,他在少年的田野上守望,守望他不可企及的童话。

"我要和我的马在一起。我要做骑兵。我需要马的速度、马的尾巴。"苏北少年"堂吉诃德"就是这么诞生的。毕飞宇用灵动活泼的语言,挥洒出苏北大地变幻的色彩,生动的画面似乎能够触手可及,那些似曾相识的生活场景,更是恍若昨日。其中也不乏对社会诸多诟病的犀利笔锋,虽然点到为止,却不失酣畅。对农业文明逝去的怀念,也淡淡流淌在字里行间。

在众多的作家当中,他似乎是一位评论界和读者评价比较一致的作家,也因此,这几年,毕飞宇频频获奖,两次获鲁迅文学奖,曾获冯牧文学奖、三届《小说月报》百花奖、两届《小说选刊》中篇小说奖、首届中国小说学会奖……但他又是位不愿张扬的作家。他总是低下头来,从最基本的生活写起。他的作品的依据是自己所走过的路。

这对作家是个考验。毕飞宇对自己说,踏实一点,别耍滑头,别蒙自己。活到哪儿,你就写到哪儿,认识到哪儿,你就写到哪儿。他的作品因此有相当深厚的思考力度。

作为20世纪90年代以来最具魅力的叙事者之一,毕飞宇锤炼出一种能够被明确识别的声音:音律流畅,机锋凌厉,指意多端,把对人类经验的冷酷分析变成了华丽炫目的剑术。小说不以复杂的情节取胜,而是充分发挥摹写细部的长处,着意于诗化情怀的铺衍。作家下笔时而惜墨如金,时而浓墨重彩,叙事节奏不急不缓,语言明快俏皮,体现出简约丰盈的魅力。有评论家认为,《平原》是一部新奇的、极具艺术品质与阅读魅力的小说,是作家近年来愈益成熟的小说艺术的一个集中展现,也是新世纪文学的一个重要收获。

为20世纪70年代写书,是毕飞宇一生挥之不去的情结。他说:"我答应过自己,起码要为上世纪70年代留下两本书。有了《玉米》和《平原》,我踏实了许多。"

舒晋瑜:看完了《平原》,感觉到整部作品浑然天成,从叙事到语言,都是一种纯熟自然的流畅。我记得您说过,《青衣》以后《玉米》对您的创作是一个突破,那么您现在如何评价《平原》呢?

毕飞宇:《平原》的写作是一个完美的旅程,我做了我想做的一切。写完了《平原》,我爱上了长篇小说这个东西,就在完稿的第二天,我还想写。我习惯性地坐在了写字桌前,打开了电脑,直到这个时候我才发现,我的作品已经不再要我了,它和我无关了,我很难过。一个完美的旅行就这样结束了。

舒晋瑜:您的写作虽然是从先锋小说起步,但是《玉米》和《平原》更接近现实主义的风格,这种调整和变化是有意为之吗?

毕飞宇:事实上,现代主义、现实主义、浪漫主义、古典主义,这些概念对我的意义已经不大了,我只遵循我的性格。我就喜爱性格主义写作,我是什么样的人,我是怎样的神经类型,我就写什么样的作品。作品像我,而我的表情也越来越像父亲。

舒晋瑜:作品最抓人的还是故事情节,但是人物的命运却有些悲惨。阅读的过程中我在想,您在创作中到底是怀着一种怎样的心态,要把人物塑造得如此压抑?

毕飞宇:还是说一个常识吧,中国的历史有一个特点,每一次狂欢过后,总有两个人要被揪出来买单,一是农民,二是妇女。这几年我所描述的对象正是农民和妇女,那样的调子是必然的。

舒晋瑜:您的语言的魅力更是让人迷恋,正是我喜欢的那种风格,那么细腻,丝丝入扣。尤其是读到红粉出嫁时父亲的心理活动,太感人了。真是佩服您怎么把握得那么准确。

毕飞宇:从语言去谈语言,谈不出什么来,语言就是洋葱,剥到最后一定是空的,当然,还有两行泪,语言首先是个生理问题,你的器官尤其是大脑有没有生锈。我们的教育有一个功能,那就是锈化,比如说,"农民"这个词,我们时常用"淳朴"去和他搭配,这一来农民和"淳朴"这两个词就全部锈死了。我所见到的"农民"和成百上千的汉语词语有关,恰恰和"淳朴"无关。我在使用语言的时候有一个体会,让它从身子骨上过一遍,一看,二慢,三通过,只有这样你的语言才能行驶在正确的道路上,而不会成为一堆废铁。

跟《玉米》一样,毕飞宇让《平原》的故事发生在王家庄,不过王家庄的主人不再是王连方和玉米一家,而是端方和一群年轻人——囊括了那个年代的记忆、经验和知识。

舒晋瑜:您过去的一些作品,如《武松打虎》《枸杞子》《受伤的猫头鹰》《白夜》等,包括这次的《平原》,写的都是老家兴化,甚至连地名都是真实的,出于什么想法呢? 现实中的兴化是什么样的?

毕飞宇:你说得对,我的乡村背景小说用的都是兴化的地名,主要还是图方便,现成的嘛,拿来就用,其实是不相干的。

现实中的兴化是我出生的地方,我却从来没有勇气去描绘它。我相信一个作家和他故乡的关系是复杂的,要看你从哪一个角度切进去,我比较有把握的是,故乡的每一个侧面其实都是被放大的。

舒晋瑜：如果说《玉米》系列和《平原》来自您所熟悉的农村生活，童年的视角给予您很多的创作资源，那么《青衣》呢？

毕飞宇：和大部分作家不一样，我从来也没有把童年经验看得多么重要，经验的重要性不在经验本身，而在于经验的整合。还有一点也许更重要，那就是哪一类的经验能够激起你的愿望。《青衣》是一部和我的个人经验一点都不擦边的小说，经验重要，但一定不是死穴，要不然阿姆斯特朗和杨利伟就上不了天。阿姆斯特朗敢上天，我就敢写《青衣》。

舒晋瑜：对于自己创作的作品，可以回过头来评价一下吗？

毕飞宇：乡村背景和都市背景的小说在我的作品中各占了二分之一，这个比例关系是恰当的，原因很简单，我一只脚在城里，一只脚在乡下。你不能说我脚踩两只船，你必须承认我的确长了两只脚。我很高兴我两边都可以发言，按照一般的常识，一只脚跨出去了，另一只脚马上就要跟上。

《平原》不仅是写给上世纪70年代的书，它也是一部关于当下的书，更是一部"权力"之书，权力被系统深入地检视和想象，身体的权力、精神的权力、政治的权力，权力的暴烈和软弱、真实和虚妄，在我们心中、我们之间涌动着的错综复杂的"力"被华美而精确地展现。

舒晋瑜：您的家庭成员都是教师，本人又有五年的从教经历。这种经历对自己的创作有帮助吗？隐约觉得您似乎还应该创作点儿童题材或给青少年看的作品。

毕飞宇：是的，我一直渴望写一本关于孩子的书，还有一本关于老人和更年期的书。你知道写作的人是贪婪的，恨不得把他感兴趣的东西都写一遍，但是，这样的念头我从来都不敢强化它，它会使人浮躁。我必须定下心来，一个一个地来。

舒晋瑜：您曾经担任《雨花》的编辑，作家的身份对编辑来说是否也有优势，比如是否更容易约到好作品？编辑的身份对您的创作是否也有帮助呢？

毕飞宇：我在《雨花》做编辑，《雨花》也不是什么名刊，一直踏踏实实的，主要是发现新人。我看的稿件主要是自由来稿，很少去约。做编辑挺好，我喜欢我的工作。

舒晋瑜：写作在整个生活中处于什么位置？是否可说是业余的创作？因为我看有关报道，说您拒绝做专业作家，为什么？专业作家可以完全沉浸于写作啊！

毕飞宇：我在《雨花》工作和生活都很愉快，为什么要改变它呢？我不愿意做专业作家是因为我写得少，如果不写长篇的话，我每年也就写四五个月，一旦成了专业，余下来的七八个月是很可怕的。我这个人很奇怪，写作我坐得住，十个小时都没问题，读书也坐得住，可别的就不行。我好动，所以我不敢做专业。如果我在《雨花》的工作丢了，我一定会再找一份。

舒晋瑜：您最近在读什么书吗？您的阅读是不是有计划性的，阅读对您一段时期的创作是否产生一定的影响？

毕飞宇：法国作家福雷的《纸上的精灵》。似乎有，其实没有。我说似乎有，指的是我偏爱某一类的图书，一般来说是比较集中的。我说没有，那是因为真的没有。

读书对我的写作一定有影响,如果不读书,我不知道我还会不会写作。不过读书对写作的影响是很悠远的,你不能指望今晚读完了《红楼梦》的前八十回,明天就把后四十回给写出来。

舒晋瑜: 听说您在写完《平原》后,全家去青海旅游,是一种彻底的放松吗,有何收获?

毕飞宇: 有收获,我看到了天。在南京,我不知道头顶上的东西叫不叫天。在青藏高原,我看到了一种极其简单的组合,令人震惊,天、地、我。

舒晋瑜: 您有语言洁癖?对语言有怎样的追求?

毕飞宇: 上世纪90年代以后我的语言丰繁,新世纪后做了大量减法。上海的一个读者说,毕飞宇么,就是"主语+谓语+了"。她太年轻了,没看过我年轻时代的语言,特别丰富繁杂。简单其实并不容易,如何让它有味道,有很多工作要做。简单有两种,一种是数学意义上的简单,一种是美学意义上的简单。前者毫无意义,后者可能需要融入作家的心血。

"《苏北少年'堂吉诃德'》很简单,在写作上没提太多要求。写作难度最高的是《平原》,那时候我对写作要求提得最高。《平原》写作的三年七个月,就像一个人在隧道里步行了三年,写完后才好不容易看到阳光。再就是90年代的《叙事》,从名字就看出来,我跟自己多么较劲。"

舒晋瑜: 《苏北少年"堂吉诃德"》就不较劲了吧?这样的题材,对于作家来说是不是类似滑翔运动般的轻松?

毕飞宇: 一点儿不轻松。难度在于,一是我习惯了虚构思维,面对非虚构题材,按原来的面目写其实是不放松的,我指的不是语言,是内心的感受;二是情感问题,这本书的写作中,真实的人和事一点点被挖出来,情感消耗特别大,每天从电脑前离开,人都特别累。许许多多的章节,碰触到那儿时我特别克制。我在写的时候始终给自己一个要求,就是看完之后不能流泪。作为乡村小学教师的儿子,我的生活要比那些农村的孩子好很多,不能利用这样一个机会,成为苦难的言说者。写小说也会有动感情的时候,但你心里知道这是虚构的人和事,和日常生活没关系;《苏北少年"堂吉诃德"》是非虚构,每个事情都是真正发生过的。

舒晋瑜: 这次写作是一次命题作文吗?是非虚构丛书"我们小时候"里的一种?

毕飞宇: 是命题作文,但对我来讲并不可怕,我有这个计划,总要有非虚构的作品出现,只是这次写法上有点变化。我从职业写作到现在,从来没有间断过写小说,小说之外没有写过其他非虚构。间断一下对我来讲是一个特别好的游荡。这套书的策划陈丰对我的性格比较了解,约了七八年了,我都没有接茬。写《苏北少年"堂吉诃德"》是想为今天的孩子留下上一代人、上上代人的童年模本,我有责任留下来;还有一个很重要的原因是,手头的一个长篇太折磨我,让我看不到出路。

舒晋瑜: 我记得写作《推拿》时您曾中断了一个难写的长篇。

毕飞宇: 就是同一部长篇。其实过去的几年里,非常悲摧。我一直告诉自己放弃,一直放不下。我现在特别清晰,写出来也不是好东西,因为完全成了在跟自己较劲,就像走错了房间,到外都是问题:调子没找好,涉及的人物知识准备不够,耗费我无穷无尽的精力,是我写作生涯里最惨的经历。我面对的是自己跟自己闹腾。

所有同行都羡慕我写作很快乐,其实都一样,只是我不爱倾诉,倾诉没有意义,别人帮不上你。对我来说多一个少一个长篇不重要,但是它对我内心构成了伤害。写作这个长篇出现第一个问题时,我就写了《推拿》。某种程度上,写《苏北少年》是一个逃离。作家都脆弱,我也一样,我在不停地找理由说,你不写这个作品是正确的。不幸的是,你们总是放大了我强悍的一面。

汉语不虚伪,言语很虚伪。

舒晋瑜:您的作品中那种对于故乡的热爱洋溢在字里行间。比如"大地在那儿,还在那儿,一直在那儿,永远在那儿。这是泪流满面的事实。"整体节奏也很舒缓,但还是有很多的问题意识。比如提到当年学木工的那帮人已经成为大款,但是木匠这门手艺已经死了。行文中,有一种对于逝去的农业文明的怀念。

毕飞宇:只是点到为止,没有大面积的思辨,那不是主旨。我内心特别想写卢梭的《忏悔录》式的作品。交代生平,也交代自己的想法,有些地方也尝试进行思辨。

卢梭的《忏悔录》打动我,是因为那是我看的第一本外国书。我人生里西方的一切是从这本书开始的,是人生的第一块石头。当年我看《忏悔录》时吓了一跳,一个人怎么可以这么对自己,他怎么做到的?! 后来在大学阶段,我理解了一些,还是非常震撼。这可以构成一个美学话题,即一个人与个人史的关系。很多人强调童年经验对一个作家成长的重要,童年经验只是酵母,不能看成是历史。这是很重要的问题,时代变了,人的自我认知也始终在变。周作人在四十岁的时候觉得自己老了,苏东坡、韩愈他们在四十岁的时候都觉得自己老了。现在人们在四十岁时大概不会有这样的认识。

舒晋瑜：您的作品中有一章是《九月的云》，看的时候我不由得想起萧红的《火烧云》。类似的故事，很多作家写过，那么您在写作的时候，会不会感到有压力？

毕飞宇：我写这个作品的时候，时刻告诉自己：踏踏实实地写，要诚实。写《玉米》时，当时《人民文学》的主编李敬泽告诉我，每个编辑至少处理过五十篇这样的题材。但是我没有压力。我不需要看外部的东西，我知道个人体验是独特的，哪怕两个作家面对同一个事实，他们的感受和表达也完全不一样。

舒晋瑜：书中的很多细节令人觉得亲切，比如母亲的裤缝。

毕飞宇：我写的不仅仅是裤缝，是母亲对生活的讲究。在我的印象里，过去哪怕穷都有讲究，现在这些讲究在中国人身上丧失掉了，这种隐藏在生活里的仪式感，对一个人是蛮重要的。母亲的裤缝构成了家庭的文化。任何时候她对我们要求非常严，不允许她的孩子粗鲁无礼、邋里邋遢。让一个孩子从小懂得一个道理：生活是有要求的。

舒晋瑜："在我的认知范围内，中国人是最不能说话同时又是最能制造言语的人。"怎么理解？

毕飞宇：中国人很多时候是在说别人的话，不说自己的话；说场面的话不说内心的话。汉语不虚伪，言语很虚伪。比如吃饭，按道理吃饭是最放松的，中国人在任何时候都要把完备的政治程序走完，把吃饭弄得如此不堪，如果不按那个程序走，所有人觉得你是荒谬的。学会了这些程序，就像可以带着一把剑走上江湖。我们都是这样的人，也做过这样的事，这种文化很可怕。汉语多么美，可是在日常生活中产生大量废话，浪费了多少人的时间，经历一堆废话,赢来一堆掌声,毫无意义。我写到这里时有些生气,控制不住自己捎带写了几句。

好多人讲,无论写小说还是写散文,不要讲道理,讲道理是写文学作品的大忌,我从来不信,我在《苏北少年》里,讲了许多道理。写小说就是描写和叙述,能体会到生命中感性的生动,讲道理有理性的美,这就构成了我的特点。谁批评我都可以一笑带过。

自己的写作特别健康。毕飞宇说,写作的时候,有一个阶段觉得自己是行尸走肉,那是最幸福的时候。

舒晋瑜:《苏北少年》属于"我们小时候"这套丛书,但是这一本我觉得适合各个年龄层的人读。写作的过程,您有怎样的体会?

毕飞宇:我懂事太早。许多时候,大人们讲话,他们以为我听不懂,其实我都明白。所以在我做了父亲之后特别留意这个事情,我刻意在儿子面前露出一些话,有些话可以当面说,有些不好当面说,就在打电话或聊天时露给他,我想他会知道。

写这本书还有一个内容,这几年透露出来一种现象,就是三口之家对中国人生活伤害太多。一个五口之家,几个孩子会始终处在矛盾和消解矛盾之间,小矛盾构成了家庭的特殊氛围。可是现在这种感觉在每个家庭中都消失了。三口之家把人与人之间的同构关系打破了,不构成人际关系。人的成长,最早的成长就是在小纠纷中学会的。就像一头狮子之所以长大了会捕猎,是因为从小在母亲身边你咬我、我咬你,这既是游戏,又是对未来社会的戏仿,但不构成伤害。现在孤零零的孩子失去了小狮子撕咬的对象,丧失了感受人间温暖的能力。我在写的过程中,不断停下来想小时候的事情,觉得特别温暖。

比如睡觉前和姐姐们打架,从这个被窝跳到那个被窝去打,最后我们解决的办法是"告诉爸爸",希望得到公正的判决。人的求诉愿望从小就有。

舒晋瑜: 有那么深刻的体会,您在家里肯定是称职的父亲。

毕飞宇: 不算是多么称职,主要和职业有关,我是作家,"坐在家里"的人,有时间陪他,可以用一下午的时间陪他踢球。在我们家写作不神圣,只是日常生活的一部分。在我还住集体宿舍的时候,那间只有十七八平方米的房子成了我的第一个家,我的写字台和冰箱挤在一块,我老婆在旁边和人聊天,只隔两三米远。我照样写作——我太适合写作这个行业了,写作在我身上不是娇气的事情,不是一个神经质的行为。我的写作特别健康。

舒晋瑜: 我比较欣赏您的理论:一个人只能做一件事,两只脚只能踏在一条船上,如果一只脚踏一只,"你会把自己撕了"。听说您本人不参与自己的小说改编,更不愿意写影视剧,无论制片方给出多高的价格都拒绝?

毕飞宇: 乡下长大的孩子不需要读多少书就能懂很多道理,比如贪欲的问题。每年冬天我都能看到一个人拿剪刀到果树上剪枝,为什么要剪掉?剪掉之后,第二年桃子的数量会少,但是会更大更甜。结八十个桃子和结两百个桃子,养料是固定的,所以我们要学会给自己剪枝。道理人人都懂,就看你能否下得去手,因为你剪的是自己。我认为,剪枝是一个聪明的行为,不是道德的行为。大部分人只对今年感兴趣,剪枝是对第二年更有信心的表现。

2001年,在我三十七八岁的时候,如果不意识到这些,人生就改变了。当时每个省里都要有四十岁以下的人才库。只要我嘴巴一松,可能就做官去了。如果当初我的人生改变了方向,2005年的《平原》和2008年的《推拿》一定还会有,但一定不会是现在这样。我自己可以评判。因为写的时候,就像在海里潜水,你的心往下潜,潜到多深,自己知道。越深、越静,说明这个作品越是可靠的,一个猛子扎下去反而是不可靠的。

舒晋瑜:那么《苏北少年"堂吉诃德"》有多深?您怎么评价这部作品?

毕飞宇:这部书有点闹腾,不如《推拿》静。但对我影响不大,毕竟是短文。

这部作品是我第一次小说之外的尝试。写完之后觉得没过瘾,就给陈丰打电话说我收不住了,越写东西越多,我想写二十万字。陈丰说太厚就和整套丛书不押韵了,那个时候我特别不舒服,只能收回来。这跟我以往的小说有很大的区别,小说必须到结尾才停。这个没有封闭。

舒晋瑜:您说"没有封闭",还要接下去写吗?

毕飞宇:这本书我写到1976年——少年怎么可以在十二岁结束了?都没写呢,有些没来得及细想,写的时候只是粗线条地捋一下,还有好多不显眼的东西,回过头去能找到很多。

可能会再多写个十多万字,重新出一本,可是,不是那个气场了。描绘得再美好也有厌倦的时候,就是想离开那个不存在的气球——1998年春节联欢晚会,那英和王菲唱《相约一九九八》时在气球里走,我第一次看到那个画面就想,那是描写的小说家的生活,就是一个场,一个大气球,我写的时候,是在那里走。一定是把书稿投出去了,拿出打火机,自己会引爆那个气球,然后再写别的东西。

从毕飞宇开始写作时起,兴奋点就在内部而非外部。因此,他提出"真正的宏大在人物内部"的观点,并不意外。

舒晋瑜:您被归为里下河文学流派的代表作家,汪曾祺、毕飞宇等等,您怎么看?

毕飞宇:作为写作者,我不敢出现在那个会议上。作家群和文学流派不同,流派是一个非常严格、非常重要的美学概念,是有硬性条件的。

舒晋瑜:《推拿》获得茅奖已早成过去时,您怎么看当时外界的一些评价?

毕飞宇:《推拿》最大的意义是描绘了一个世界。其实,外面经常有人跟我说《推拿》,潜台词是它得了茅盾文学奖,但它不是我最好的作品。那么谁规定了作家最好的作品一定得茅奖?许多人都认为,《平原》是我最好的长篇,那么为什么当时没得茅奖呢?是否得了茅奖就应该是我最好的作品,我不这么看。《平原》这样的小说有很多作家可以写,《推拿》这样的作品,有能力写的不多。中国有八千五百万残障人士,但是没有人描绘这个世界,《推拿》是否是好小说不重要,它的出现还是有意义的。《推拿》不是才华能解决的问题,必须要有日常生活的积累。如果没有我特殊的个人经历是写不出来的。

舒晋瑜:以往获得茅奖的作品,多是宏大叙事。但《推拿》不算是。

毕飞宇:我非常热爱宏大,但问题是对宏大的理解可能不一样。所谓史诗模式是宏大,我个人认为是非常小的,跟叙事者内心的宏大几乎无关,真正的宏大是留在人物的内部。内部的宏大是非常惊人的。我职业写作的开始阶段,一个问题总缠绕着我:这是一个心理描写的人,好像心理描写的人非常猥琐。从我写作开始,兴奋点就在内部而不是外部。写一个小说,写战争,写来写去都是外部不涉及内心、不涉及感受,对我来说不可想象。王安忆评价迟子建的时候,说:"她知道小说在哪儿。"这个话说得特别好,每个人都有一个判断,每个写作的人都知道"在哪儿",因为这个判断,导致每个作家不一样,我所理解的宏大,永远在内部。所以你在我的小说里,永远都看不到外部的戏剧冲突。我到现在为止,小说切口无论多小,写的都是大事。《家事》里我喜欢把故事写得特别小,但是落实到人物上,都是大故事。

话说到这里,我必须冷静下来,我也五十岁了,人也变得越来越客观,写故事是我的一个弱项,即使我五十岁了,也渴望在这上面有所加强。无论你做什么,你的兴奋点永远是在不足上面,你的能量会更充沛,你的生命会更长。我是非常习惯于盯着自己的短板。别相信自己的才华有多少,对短板永远保持高度兴奋,补救它,总能进步。写到现在,虚荣心能得到最大满足的时候,就是听到有人评价我说:这个人在进步。

在我的作品里,你一定读不到颓势。

舒晋瑜: 您觉得文学可以训练吗?您在南京大学文学院,也在教授写作。

毕飞宇: 所谓训练,就是意识到哪里不行,刻意强化它。我总是带着目的去写作,强化自己的弱项,而且任何时候都要允许自己失败。

文学教育一定是个好事情,也许不能给你才华,但一定会把才华放大到最大程度。跟作家谈才华是没有意义的,我几乎永远不跟作家谈才华。但是文学教育教你如何使用才华,这有很大的不一样。教育是不可能把才华教出去的。所谓人尽其才就是管理好才华,组织好才华。文学教育也是一样。

舒晋瑜: 您如何评价自己的创作历程?有评论说您经历了历史小说、都市小说、"文革"小说三个阶段,只有90年代的都市小说最接近新生代小说。

毕飞宇: 我的直觉,还没到自我总结的时候。以我对我的个性的了解,不出意外的话,我估计是创作周期非常长的作家。为什么这么自信?我做事情可以做很长时期。我身边的朋友,我第一次得鲁奖的时候,说这家伙如日中天,这么年轻写出了代表作;1999年写出《青衣》后,又有人说这家伙如日中天。现在看这些作品完全被我后面的作品覆盖了,现在都没人提了。《平原》写出来的时候,没有人再提《玉米》;面对《推拿》的时候,《平原》又没人提了。我不从美学风格和写作区域去看待自己,我只说,其实我对五十岁之前的写作生涯非常满足、满意,我没有虚度光阴,一直在努力,非常勤奋,心无旁骛,除了写之外没有干别的事情。

事实是,前五十章写完了,能否对五十一章提出要求,给自己更高的希望,就是必须回头检查你的油箱。我告诉你的是,油箱里面还有油。我对写作这个职业的热爱,没有减退。虽然现在处在被一个作品折磨的过程当中,现在碰到了问题,什么时候没碰到过问题呢?我相信五十岁以后可以延续得很好。

舒晋瑜: 您说过渴望做个骑兵是来自童年的梦想,现在的梦想是什么?

毕飞宇: 我特别希望五十岁以后写一部书,这部书出来后,前边所有的作品统统可以被遗忘。

获奖作家访谈

刘震云:不断把自己归零

刘震云　1958年生于河南延津。北京大学中文系毕业。现任中国人民大学文学院教授。著有长篇小说《故乡天下黄花》《一腔废话》《一句顶一万句》《我不是潘金莲》等,中短篇小说《一地鸡毛》《温故一九四二》等。其中,《一句顶一万句》获得第八届茅盾文学奖。其作品被译成英、法、德、意、俄、匈、塞尔维亚、阿拉伯、日、越等多种语言在国外出版。

采访手记

　　大多数时候，刘震云是不动声色的，包括他的幽默。他沉浸在自己的世界里，目光平和，有时候看着你，有时候也不知道看谁，旁若无人地自顾自地说。在平常的闲聊中，刘震云大概是使用对话最多的作家。他会随口编一段对话，涉及的两个人，也许一个是上海人、北京人或其他人，但另一个肯定是河南人。他甚至会用不同的方言（也许不太准确）去完成这个对话，扯着扯着，眼看不着边际了，一句话就能给你带回到原来的主题。你这才发觉，被他绕了一个大弯子，虽然绕远了，但却饶有兴趣，就是你心甘情愿跟着他的语言走迷宫，到了终点还意犹未尽。

　　这就是刘震云的魅力。所有他在的场合，能带给大家无穷的乐子。你就听他讲故事，听得懂就会心地笑，听不懂的也能被他的神态迷住。他比较常用的口头语是，"这样的话呢"，说完这个就表示故事又有了递进。他是一个会讲故事，更会写故事的作家。从《一腔废话》《手机》到《一句顶一万句》，都是围绕"说话"展开。"说话"成了刘震云小说反复打击的一个点。但他说，自己无意要把这些做成一个系列。他在写作中逐渐退到少年写作和童年写作，越来越退到返璞归真、赤诚之心，而不是走向很深的城府。虽然写作被评价为"中国最绕"，但他在生活中特别讨厌这种城府很深、说话绕来绕去的人。

　　为什么是刘震云？我一直在思索这个问题。

　　平常不写作时看书，或者出门见人，要么就去买菜，和菜市场的人交朋友，刘震云的寻常日子很普通。他喜欢有生活品质的人，这与职业无关。他和卖水果的胖子成了朋友，胖子可以支使他帮忙挪水果箱，也会邀请他去水果摊后的大帐篷里尝尝刚出锅的饺子；他和钉鞋的湖北师傅成了朋友，湖北师傅习惯戴着手套钉鞋，缝完拉链会反复用肥皂打磨，特别认真，这使那份工作看上去有一种尊严感。装修房子，他又和卖石材的老赵成为朋友，老赵只跟他说心里话："像我一个卖石头的，能有什么呀，就剩下心里话了。"这让刘震云无比感动，那一刻，他觉得自己是世界上最富有的人。

写出好作品,在写作前和写作时深入思考,写作后迅速遗忘也特别重要。就像重新登上另一个山头,从零开始。不断把自己归零,也是刘震云的习惯,不管是生活还是写作,他习惯不断重新开始。

舒晋瑜:任何人的成长,与童年的经历都密切相关。在谈及对自己产生影响的人时,您比较多地从姥姥、母亲、舅舅们身上找到榜样的力量,也从身边的朋友中受益颇多,比如冯小刚、王朔……您还更多地谈及在身边修自行车的、干装修的、卖菜的中间发现生存的困惑以及活着的尊严。我觉得您是一个特别谦虚的作家,谦虚到愿意伏在故乡泥土上吻她的芬芳。尤其是您独特的思维方式和语言方式,您说过直接的影响者是外祖母。

刘震云:我受外祖母影响非常深。她的身高只有一米五五,但她年轻的时候,在我们那儿是特别大牌的明星,她的名气相当于朱丽娅·罗伯茨,朱丽娅成为明星不奇怪,因为她是演员。外祖母成为明星不容易,她是长工。那时她在地里割麦子,三里路长的麦子割到头不直腰。她的"转会费"非常高,像罗纳尔多。外祖母说:"我为什么比别人割得快?我知道不直腰。直第一次,就想直第二次,直第二次就有第二十次。我知道干什么事都得伏下身子不直腰,所以我割得比别人快。"

舒晋瑜:写作总是从阅读开始。您对阅读有怎样的体会?
刘震云:我把书分三类:一类像白开水,作品和生活一样,不读也罢;一类像酒,但喝多了会变形;一类是酒精、酵母,这才是真正的好作品,不是作者写完就完成了,而是读者读完也没完成,只完成一半,好多年过去,又读了两遍,和作者的心相通了,会心一笑,这时作品才完成了。

过去有一句话,叫功夫在诗外,同样,功夫在书外。《论语》并不长,为什么不懂?是因为字之外的东西多,越读越多,这样的书费劲。这个费劲就证明,读者和作者的碰撞是一次完成不了的。真正的好书不是作者一个人完成的,是激发读者思考感受的触发点,这样的书,才真正能够使读者和作者一起完成共同的写作。书读完了,真正的读书才刚刚开始。这是读书的比较好的境界。

舒晋瑜: 您觉得当年的大学生活,给予了自己什么?

刘震云: 我上大学的时候,在北大的校刊上发表了处女作《瓜地一夜》。我在北大学到了特别重要的东西。我投了几十篇稿子,从来没用。有一天,我正上课,77级的一个女生和我说:我看了你的稿子,挺好。优点就不说了,谈谈修改意见吧。结果她给我提了十条修改意见。如果按她的意见改,就是另外一篇作品。我一个字没改,原封不动把稿子交给她。我问她:看了吗?她说,看了,改得挺好的。后来就发表了。

那时我们班五十多人都在写东西,都写得挺好。故事一个比一个编得热乎,一个比一个编得圆满,但这确实不是一个作家所要达到的好小说的标准。

舒晋瑜: 在您眼里,什么样的作品是好作品?

刘震云: 一、得对世界有新的发现,说的是不同的话;二、书中的人物,是自己的知心朋友,说的是知心话;三、技术层面,用宋朝的话说,还得写得一手"锦绣文章";四、要写出好作品,还得有非凡的胸襟和气度。技术层面是多数人能达到的,非凡的胸襟和气度,是少数人才能修炼出来的。

舒晋瑜：您怎么理解"好作家"？

刘震云：真正的好作家首先得是思想家，见识是考验作者的最根本的标尺。作者的写作手段都是差不多的，真正的考验不在写作中，而是在写作前，在于你能不能从相同的生活中有不同的发现。就是作者的见识是否独特，凡是好作者，见识与其他人必然不同。

考量一个作者，看其是否具有深入持久的思考能力至关重要。这里的思考有两个层面：一是整体思考。开始写之前要想好到底写多深多长，思考两天和两个月不同，思考两个月和两年又不同；二是写作时的具体思考，细节、人物、情节、对话都要照顾到。还有一个是持久思考，要对自己的创作体系有整体考虑，不能乱枪打鸟。

写完《一地鸡毛》，如果再写《一地鸭毛》，读者喜欢，评论家也喜欢。但是刘震云希望改变。写完《一地鸡毛》，谁也不会想到他会写三百万灾民。以刘震云的创作轨迹，写完《我叫刘跃进》，绝不会有《我叫李跃进》。"我再有什么作品，也是大家没有想到的。意想不到，不但对读者重要，对我也重要。"

舒晋瑜：您是怎么想到写《我叫刘跃进》的？

刘震云：我常拿结伴去汴梁打比方，俩人在一个路口相遇了，"大哥，去哪里？"原来都是去汴梁。吸烟，说话，又投脾气，于是结伴而行。走着走着，更熟了，开始说些各自的烦恼和压在心底的话。到了汴梁，一个往东，一个往西，揖手而别。过了多少年，再相互想起，那人兴许磕着烟袋想，"老刘也不知怎么样了？"

舒晋瑜：《我不是潘金莲》的幽默处处可见，但是幽默之外尽是悲凉。这本书序言有十七万字，正文才三千字，怎么会有这么奇怪的序言和正文的比例方式，您是怎么考虑的？

刘震云：这部小说直面生活，直面当下，直面社会，直面政治，但不是一本政治小说，也不是一本女性小说，而是"底线小说"——探一探当下的喜剧生活中幽默和荒诞的底线。我写的不只是官司，更是官司背后的生活逻辑。

李雪莲原本想解决的就是芝麻大的事情。她和丈夫为了生第二个小孩，假离婚，谁知离婚之后，丈夫跟了别的女人，成了真离婚。她要告丈夫甚至自己，纠正假离婚这件事情。这本来是她跟丈夫的事，很快变成了她跟法院的事，接着变成她跟县政府、市政府、省政府的事，她一路上访，最后闹到北京，闹到了人民大会堂。各级官员都没理她，结果是，阴差阳错地全被撤了职。政治的逻辑、社会的逻辑、生活的逻辑，全插到家务事中去了。这样的结果，就是因为"没有倾听"。这些官员，关心的是升官发财的事，没有人倾听像李雪莲这样的人的内心活动。平常不听老百姓的声音，什么时候听呢？这是整个社会的毛病。

舒晋瑜：能谈谈《一九四二》吗？这部电影在罗马电影节上摘得最佳摄影奖和青年评审团最佳影片金蝴蝶奖。特别是后一个奖项，由十九个意大利高三学生评审。电影为何能引起年轻人的共鸣？

刘震云：我在生活中碰到一个朋友，他要编一部百年灾难史。其中有1942年河南旱灾饿死了三百万人，作为河南人我觉得自己有责任去调查这场灾难。我去问活下来的当事人，问我外祖母当年的情况，我外祖母就问："哪一年？"我说是饿死人的那一年。外祖母还是问:"饿死人的年头多了,到底是哪一年?"

深重的灾难竟然瞬间转变成另一个事:遗忘。你们家死了这么多人都不知道?忘了。我就急了,遗忘使我震撼。这种态度比前面的考察都重要得多。

这证明在世界各个角落隐藏的东西有它共通的地方。对于灾难的反思,黑暗面的呈现,这些东西我们总觉得它是负面的,其实不管什么灾难,思考这个灾难本身就是一个积极的信号。

爱情和爱是人类得以延续的一个特别重要的方面,其实在《一九四二》这部电影里边就能看出来,爱情和爱是贯穿始终的。男女之间说"我喜欢你"是一种爱,一个女人在那样一种情况下说"我嫁给你是为了让你卖我"是不是一种爱呢?我觉得如果要说这部片子的积极因素的话,这就是积极因素。

从《一腔废话》《手机》到《一句顶一万句》,都是围绕"说话"展开。"说话"成了刘震云小说的关键词。

舒晋瑜:《一腔废话》说废话,《手机》说谎言,《一句顶一万句》是说讲真话不容易,《我不是潘金莲》里要纠正一句话……"绕"成了您的特点,您被评价是"中国最绕的作家"。这种"绕",是必需的吗?为什么您对于语言如此着迷?

刘震云:我读了二十多遍《论语》,总结孔子有三大特点:第一,孔子是非常刻薄的人。过去我认为他是忠厚的人,其实不是。"有朋自远方来,不亦说乎?"是因为孔子和身边的人没有话说。刻薄的人有见识,刻薄的背后,藏着对所有人的悲悯。可能刻薄的人更忠厚。第二,孔子是大作家、大思想家,他不是把事儿往深刻里说,是把深刻的东西往家常里说,这种境界也了不得。把事往深刻里说的,过去我觉得是大师,但现在我意识到其实那是学徒。第三,孔子说话绕,绕半天就不知绕到哪儿去了。这三个特点,经琢磨。

写作不是要变得复杂和绕,而是要变得特别简单,写作就是聊天,就是跟小说中的人物聊天。比如说这段时间我想跟李雪莲聊聊,想跟史为民聊聊,想跟王公道、董宪法、荀正义、储清廉这些人聊一聊。在聊的过程中,人物自己一定能说出你没有认识到的东西。而且,这个时候你已经把你的认识化解了,化解成对整个生活的认识。这个认识是一种无形的认识,没有具体化的认识,而这种无形的认识是从人物关系的缝隙里透露出来的。

舒晋瑜:回顾自己的创作过程,您愿意做何评价?

刘震云:我一直努力坚持我在文学和生活圈子的关系,我喜欢就不能零碎地做这些事。要全面、整体、多方位地找书中的朋友,调整文学生活和自己的关系。我的创作大致有四个系列,一是故乡系列;二是"一"字头系列,比如《一地鸡毛》《一腔废话》《一句顶一万句》;三是官场系列,有《官人》《单位》,后来看到好多人在写,我就不写了;四是"我叫某某某"系列。

舒晋瑜:您的工作状态是怎样的?

刘震云:我一般上午工作两小时,下午工作两个半小时,不写作时看书,或者出门见人,要么就去买菜,和菜市场的人交朋友。我喜欢有生活品质的人,这跟职业无关。我和卖水果的胖子成了朋友,胖子会让我帮忙挪水果箱,也请我去水果摊后的大帐篷里尝尝刚出锅的饺子;我和钉鞋的湖北师傅成了朋友,湖北师傅习惯戴着手套钉鞋,缝完拉链会反复用肥皂打磨,特别认真,让那份工作看上去有一种尊严。装修房子,我又和卖石材的老赵成为朋友,老赵只跟我说心里话,他说:"像我一个卖石头的,能有什么呀,就剩下心里话了。"我特别感动。那一刻,我觉得自己是世界上最富有的人。

舒晋瑜：写作给您带来什么？

刘震云：写作让我意识到，写小说是认识朋友的过程。写《一地鸡毛》的时候我认识了小林，他告诉我，家里的一斤豆腐馊了也不扔，比八国首脑还重要，我就说这是一件大事；写《手机》的时候，严守一问我：你觉得谎话好不好？我说不好。严守一说：你错了，是谎话而不是真理支撑着我们的人生，每一天、每一分、每一秒；写《我叫刘跃进》时，刘跃进问我：世上是狼吃羊还是羊吃狼？我说废话，当然是狼吃羊。刘跃进说错了！他在北京长安街上看到羊吃狼。羊是食草动物，但羊多，每只羊吐口唾沫，狼就死了；到《一句顶一万句》时，杨百顺和牛爱国告诉我：朋友的意思是危险，知心的话儿是凶险。我说有道理，我吃这亏吃得特别大。

这种相遇不是偶然的，《一地鸡毛》《温故一九四二》《故乡面和花朵》《一腔废话》《我叫刘跃进》体现的是我的思考与创作处于不同阶段时的状态。我一路走过来，在那段路上碰到小林，经过一段路又碰到三百万灾民，再走再碰到一大批胡思乱想的人，走到现在就碰到刘跃进，这种相遇不是乱竿打枣。这个变化在外人看突然，在我内心是必然。这是作者创作体系的问题。

写作对我最大的吸引力和魅力，是可以在书中找到知心朋友。书中的知心朋友和现实中的不一样，书中的朋友永远是有耐心的，《一句顶一万句》中的人物可以说是我最真心的朋友。什么时候去找他们，他们都在那儿等着你。这是我写作的动机。

刘震云把自己比喻成搬运工，但在"搬运"的时候，他表现的是无形的东西。"我不觉着我幽默，我老实，搬运工是特别需要老实的，在中间不偷东西，也不落下东西。"但是，搬的过程中需要有巨大的创造性和想象力,这是一个作者应该干的活。

舒晋瑜:"一句顶一万句"是林彪1966年说过的话,时隔四十三年,您把它拿出来做书名,有何用意?

刘震云:我说这句话,跟林彪的话是同音不同意。他的话是政治指向,要达到政治目的,我指向的是生活。我这部作品中的人物,皆是卖豆腐的、剃头的、杀猪的、贩驴的、喊丧的、染布的、开饭铺的,还有提刀上路杀人的……我对他们说的,是一句知心话。

"一句顶一万句",也不是林彪和他的发明,这意思古来有之,已被人说过几千年。比如说"一智能破千年愚""一语定乾坤""听君一席话,胜读十年书"说的都是"一智""一语"的重要。

舒晋瑜:您如何概括《一句顶一万句》?创作过程中有怎样独特的体会?

刘震云:两个杀人犯,一个人特别想找到另一个人,找到他就是想和他说知心话。

好朋友的意思,不是你缺钱的时候他借钱给你,而是面对事情、面对世界、面对生活的态度相同,具体到某一件事上有默契。在生活中找一个朋友不容易。人神社会和人人社会的最大区别,是多出一个可以说话的地方。也许神不存在,也许无处不在。神可以使你痛苦、忧愁,想忏悔的时候,有个落脚的地方。中国的社会,如果你有忏悔、有忧愁,没有上帝,只好在人与人之间找一个知心朋友。"人找人容易,话找话不容易。"神不会背叛人,但是朋友会变得不是朋友,如果他把你的话兜出去,知心朋友会变成一把刀扎向你的胸口。所以,知心的朋友是危险的。

舒晋瑜:表面是语言,背后其实隐含着精神的孤独,想找个知心朋友,在生活中有多么困难。在生活中,您是否也是一个孤独中只能与笔下人物交心的人?

刘震云:《一句顶一万句》是在讲一个区别:中国社会是个无神社会,我们对神和鬼有极大的功利性,凡去庙里拜佛的,一定是有事相求。但是有神社会和无神社会最大区别不在功利上。而在于,有神社会想找一个朋友诉说心事的时候,他可以去找上帝、找真主、找佛祖。上帝最大的特点是嘴比较严,我找上帝忏悔,上帝一定可以原谅我。但是在无神社会,你如果想把自己的话说出来,一定要找一个知心朋友,而朋友跟上帝最大的区别是,他可以把你说的话告诉别人。

所以说中国人的孤独和西方人的孤独是不一样的,西方人的孤独是倾诉之后的孤独,中国人的孤独是无处倾诉的孤独。中国人一般上吊的人都是憋死的。

舒晋瑜:具体在《一句顶一万句》中呢?

刘震云:在《一句顶一万句》中,杨百顺和牛爱国戴"绿帽子",原因并不在杨百顺和牛爱国身上,而是他们的老婆出了问题。杨百顺和牛爱国发现自己身边出了西门庆和潘金莲时,提刀上路就要杀人,当找到时又突然发现错不在他们,而在自己。自己的"绿帽子",原来是自个儿缝制的。杨百顺和牛爱国发现,"绿帽子"只是个表象,看似是男女间的事,根子却不在这里,而是因为他们跟他们的老婆之间没话,老婆与给他戴"绿帽子"的人,倒能说到一起。偷汉子的女人和奸夫,话语如滔滔江水。说了一夜,还不停歇:"咱再说些别的?""说些别的就说些别的。"从有话无话的角度讲,给他戴"绿帽子"的两个人,做得倒是对的。当他们认识到这一点的时候,从腰里拔出的刀子,又掖了回去。

从男女关系的角度说,潘金莲该杀,但从有话无话的角度,从知性的层面讲,他们是对了。我不是给潘金莲平反,是角度不同。我采取的是公众视角,从虚的角度讲这个故事,西门庆和潘金莲冲破了所有的束缚和规矩,冲破了人类所有的道德底线,奋不顾身,越过高山大海也要到一起去,他们是英雄。

舒晋瑜: 关于《一句顶一万句》的获奖,您知道多少?是在什么情况下得知消息的?

刘震云: 是长江文艺出版社报送的,我根本没指望能评上,还跟出版社的人说,报啥啊,别跟人家掺和了。出版社说,试试吧,没坏处。这边试试,那边的民主选举也试试,这俩试碰到一块了。这是民主的力量、倾听的力量。

得知获得第八届茅盾文学奖的消息时,我正在菜市场,犹豫着是买西红柿呢还是买茄子,中午是吃西红柿打卤面呢还是茄子打卤面。西红柿比茄子贵。这时,出版社的人来电告诉我,《一句顶一万句》获奖了,奖金比过去高很多,我当即决定:买西红柿。

在《甲方乙方》中,刘震云扮演了一个失意青年;在《我叫刘跃进》中,他扮演了只露了一面的打哈欠的人。虽然镜头不多,刘震云却又学到无数东西。

舒晋瑜: 您是文学界与影视接触最为亲密的作家。不但自己的作品屡屡被改编为影视剧,而且多次在剧中出演角色。对于作家与影视的关系太密切,总会有些议论。您怎么看待自己和影视的关系?在电影和小说创作的选择上,您把什么放在首位?

刘震云: 这跟我的创作没关系,跟生活有关系。这就像家里有个萝卜,一直是生拌吃,突然有人说可以炸丸子,就这样做了,可多得一点散碎银两,补贴家用。我说这个前提是,我是一个自由作者,我是以写作为生的,这是我跟"专业作家"的区别。我在这方面没有道德负担。

我把见识放在首位。有见识的话我觉得人物和故事已经不重要了。电影给我最大的好处是我同一篇作品,能得第二次稿费。这个稿费对于一个自由职业者来说,能够反哺文学。一个作者,一个民族那么优秀的作者,应该让他保持起码的体面和尊严。这个体面和尊严是通过你自己的努力得来的,而不是像一些专业作家一样,是拿纳税人的钱来的。

刘震云对自己的新作充满自信。在他看来,单把故事写得好还称不上好作家,把事物背后的联系写出来才叫好作家,《吃瓜时代的儿女们》做到了。

舒晋瑜:关于《吃瓜时代的儿女们》,一些人认为幽默,我却觉得荒诞悲凉。

刘震云:这部小说和我以前的小说不同。以前的小说主角是一个,《一地鸡毛》中的小林,《我不是潘金莲》中的李雪莲……《吃瓜时代的儿女们》不同。"吃瓜"群众是谁?就是读这本书的人,围观的人有不同的心情。就像有人要跳楼,那些在下面围观的群众,有人喊快点往下跳,也有人捂着眼觉得太可怜。笑不起来的人是思考深刻的,是看到了荒诞背后的惨不忍睹。

舒晋瑜:余华《第七天》被诟病最多的是"新闻串烧"。您也关注了现实生活的矛盾和热点,但是处理得非常巧妙、智慧。

刘震云:无所谓处理巧妙和智慧。生活中发生的事是细节,不能夸大细节的能力和作用,不用利用。如果利用,读者马上就知道了。生活中的真实放到细节的范围内,不能往上扩大。如果扩大到整体结构上来，撑不住。《温故一九四二》中有很多细节完全是从生活中来，《民国日报》的细节、美国国务院的资料、国民政府的资料原封不动地用了，没人说是"新闻串烧"。当然我会有灾民的角度，有国民政府的角度，有英国人的角度，有新闻的角度，有中国的角度，有《时代周刊》战地记者白修德的角度，不同的角度用的全是生活中的细节，运用到小说里，就跟吃饺子加点醋一样，不能让他起到真正小说的主干和主体作用。怎么放得恰当，这是需要考虑的。

舒晋瑜：让我特别佩服的是，对于生活中的大量新鲜的现实矛盾，您没有回避，提供了密集的信息和深度的思考，带来特别有力量的冲击。从《我不是潘金莲》到"吃瓜群众"，在处理敏感的社会话题上，您也积累了丰富的经验吧？

刘震云：不需要经验。敏感的话题是一个社会层面，但是到文学里，不存在敏感不敏感，就是一个人物。要这么说，《一地鸡毛》小林也敏感，一盘豆腐把八国首脑会议否了——这是小林的认识，是此情此景的认识。《吃瓜时代的儿女们》李安邦、马忠诚，也是此时此地的心情，这个人物不可能揭露自己。我写东西从来尊重笔下的人物，所以他不揭露自己，我也不会出来揭露或批判什么。如果是批判或揭露，不如当记者。毒奶粉事件，烟花爆竹事件，记者可以卧底，可以写出揭露黑幕的报道。小说的话，还是写人，写人性的复杂性，包括灵魂的复杂性，写的不是社会层面的黑暗。

评委访谈

李掖平：只评作品不论人

问：您担任了几届茅盾文学奖评委？可否谈一下您对茅盾文学奖的评选是什么印象？

李掖平：我担任了第八届、第九届两届茅盾文学奖评委。我认为茅盾文学奖的评选工作是非常阳光、透明、公开、公正、严肃、严谨的。这两届的全部五轮六次投票都实行评委实名制投票，第八届第三轮起（即由三十部推进二十部提名作品时）对社会公布评委实名投票情况；第九届第六轮对社会公布评委实名投票情况。

六十二名评委来自全国四面八方，每省都有一名评委参加。评委主要由三部分人员组成：一是中国作协创研部的当代文学研究专家和驻京高校的教授；二是由各省作协推荐的"地方"评委；三是在当代文坛颇有创作成就的专职作家。中国作协主席铁凝担任评委会主任不参与投票，所以实际投票的评委是六十一人。中国作协已在6月初就通知各位评委先行在家阅读，评委们第八届是8月1日至20日赴京进行封闭式讨论评选，第九届是7月28日到8月16日赴京进行封闭式讨论评选。六十一名评委共分为三个大组六个小组，一轮一轮地阅读、评议、再阅读、再评议，整个会期天天如此，非常充实也非常紧张。

问：参与茅盾文学奖的评选，您是什么心情？

李掖平：参与茅盾文学奖的评选，心情中既有激动和兴奋，但更多的还是认真、严肃、审慎。因为既然来当茅奖评委，就得承担其职责和使命，就要对得住自己的艺术良心，对得住"文学"这两个字。就必须理直气壮地推辞关乎人情、托付、关系等一切非文学因素，以精益求精的工作态度，评选出最有影响力和最有深度的作品。

问：评选结果和您的预测一致吗？

李掖平：实事求是地说，第八届和第九届茅奖的评选结果和我的预测基本一致。

问：在您所参与的茅盾文学奖评选中，您经历过什么印象深刻的事情？能否多透露些内幕？

李掖平：两届茅奖评选中给我留下印象最深的是绝大多数评委都能实事求是地针对作品实际坦率交流意见。评委们讨论的议题都是围绕着参评作品展开的。比如某部作品好，好在哪里？某部作品有缺陷，缺陷是什么？评委们开诚布公亮出自己的观点与其他人交流。在餐桌上也说，在散步时也谈。当意见相左时，评委们经常争论得面红耳赤。这里刚提出对某一作品某个细节的质疑，那边马上就有人回应和解释。但无论是被质疑的一方，还是应对质疑的一方，表达观点的前提都是从文本的实际出发。很多评委在讨论时还拿出厚厚的阅读笔记援引例证，观点有理有据。有的评委还情不自禁地在讨论会上大声朗读他所喜爱的作品。

在集中评审的时间里，绝大多数评委夜里12点以前没睡过觉。很多评委是带着眼药水在看作品，阅读量之大，简直不可想象。"干净的写作""有深度的写作""温暖的写作""文学性""审美魅力"被反复提到，是评委们点击率最高的关键词。而纯正的文学立场、有思想有高度的艺术创新，是评委对那些优秀感人的作家作品的一致赞誉。本着文学至上、艺术至上的原则，评委们还往往通过对一部具体作品的分析点评，引出对文学创作理论规律的探索。

问：您认为公开评委投票的形式好吗？如果是您，更倾向于哪一种形式？

李掖平：我认为公开评委投票的形式较好。我更倾向于公开评委投票这种形式。因为公开评委投票的意义是非常积极的，它更加坚定了评委们坚持文学第一、艺术第一的评选思路，针对作品实际，负责任地投出自己神圣的一票，随时接受社会广大民众的监督检阅或者质疑。这样可以最大限度地保持纯正的文学立场，最大限度地稀释、化解掉某些非文学因素参与到评选中来，把茅盾文学奖评得公开、公正、透明。

问：近两年的评选中，似乎女作家实力偏弱。您如何看待这一现象？

李掖平：这两届茅奖获奖作家中的确没有女作家，但我认为这并不能说女作家实力偏弱。因为在历届获奖作家中常见女作家的身影，如张洁（第二届、第六届茅奖）、凌力（第三届茅奖）、霍达（第三届茅奖）、王安忆（第五届茅奖）、宗璞（第六届茅奖）、迟子建（第七届茅奖）都是女作家。而且，茅奖开评以来荣获过两次大奖的只有一位作家，就是女作家张洁。

作为茅盾文学奖的女性评委，我在阅读和评审作品时并没有特别注意是男作家还是女作家。因为每一位评委都清楚我们评茅奖的任务，就是评选出这四年以来的长篇小说中最优秀的作品，既不去特别区分作家是男是女，也不考虑这个作家的身份和职务。大家共同遵守一个标准，就是平中选好，好中选优，优中选最优。

从这个意义上说，评委们其实都是只评作品不论人。所以，这两届茅奖获得者中没有女作家，绝对没有轻视或者有意遮蔽的问题。

具体说来，参加第八届和第九届茅奖评选的女作家作品，有一些还是相当好的。如第八届茅奖二十部入围作品中的《水在时间之下》(方方)、《赤脚医生万泉和》(范小青)、《青木川》(叶广芩)和入选三十部的《秉德女人》(孙慧芬);第九届茅奖十部提名作品中的《北去来辞》(林白)和二十部入围作品中的《我的名字叫王村》(范小青)等。我个人非常喜欢这些小说，认为这些作品无论是思想立意还是艺术水准都达到了一定的高度。

问:可否选出十部您认为能够留得住的历届茅盾文学奖作品?

李掖平:《芙蓉镇》《沉重的翅膀》《穆斯林的葬礼》《白鹿原》《尘埃落定》《东藏记》《秦腔》《你在高原》《蛙》《江南三部曲》。

(李掖平,担任第八届、第九届茅奖评委,山东师范大学教授、博导,曾任山东省作协副主席)

第九届茅盾文学奖
(2011—2014)

评奖委员会名单

主　任：铁　凝　　副主任：李敬泽　阎晶明
委　员（按姓氏笔画排列）：

马步升　王力平　王春林　王炳根　王鸿生　王彬彬
丰　收　韦健玮　水运宪　叶　梅　包明德　朱向前
孙甘露　任芙康　刘川鄂　刘玉琴　刘复生　刘晓林
李一鸣　李国平　李掖平　李朝全　克珠群佩　杨　克
杨　扬　杨庆祥　吴秉杰　何　弘　何向阳　汪　政
汪守德　张　柠　张　莉　张未民　张志忠　张清华
张燕玲　陈晓明　陈福民　范咏戈　欧阳友权　欧阳黔森
罗　勇　季　宇　周大新　郎　伟　孟繁华　胡　平
胡性能　洪治纲　高海涛　黄济人　梁鸿鹰　彭　程
彭学明　董立勃　谢有顺　赖大仁　额尔敦哈达

纪律监察组名单

组　长：陈崎嵘　　成　员：陈德龙　彭　云　郑苏伊

评奖办公室名单

主　任：何向阳　　副主任：李朝全　赵　宁

获奖篇目

《江南三部曲》　格　非　　上海文艺出版社
《这边风景》　　王　蒙　　花城出版社
《生命册》　　　李佩甫　　作家出版社
《繁花》　　　　金宇澄　　上海文艺出版社
《黄雀记》　　　苏　童　　作家出版社

获奖作家访谈

格非：一生只在写一部作品

格　非　1964年生于江苏丹徒。1981年考入华东师范大学中文系，毕业后留校任教。2000年获文学博士学位，并于同年转入清华大学中文系任教。著有长篇小说《敌人》《边缘》《欲望的旗帜》以及"江南三部曲"系列，中短篇小说集《迷舟》《唿哨》《雨季的感觉》《青黄》《戒指花》等。另有论著和散文随笔多部。其中，"江南三部曲"系列获得第九届茅盾文学奖。其作品被翻译成英、法、意、日等多种语言在国外出版。

| 采访手记 |

尽管对格非和他的作品已经比较熟悉，但是真正面对面采访时，还是略微有一些紧张。这种适度的紧张，促使我保持高度集中的注意力。我猜测这种感觉格非也有。因为最后一个问题结束，他如释重负。

为什么喜欢格非的小说？毋庸讳言他的小说故事性很强，每个章节都不动声色地留有悬念；他的语言充满诗意且凝练干净，寥寥数笔勾勒出富有画面感的大小场景；故事背后又充满忧患意识和悲悯情怀，你尽可从中解读无数种可能性的答案，它或者不能改变什么，但至少提供了多种思考：我们的时代怎么了？这些故事给我们的精神生活造成怎样的影响？我们的未来在哪里？

格非的讲话和他的故事一样，出其不意的一个"突然"，让你不由得凝神听下去；他还喜欢用一个词：迷人。他形容某个作家时会说"很迷人"；他说写作的状态"很迷人"，后来我发现这个词形容他本人最合适不过。

是的，采访格非，以及阅读他的作品，这个过程"很迷人"。

这一次采访，我们从他的新作《望春风》谈起。

好比攀缘在墙上的常春藤，格非在讲述《望春风》的过程中，被缠绕，被依附，被过往的青葱岁月召唤，被古朴的民风和纯粹的人情深深地打动。

尽管每一次写作都会开启新的经验，但《望春风》的写作，对格非而言仍是一次独特的体悟。他没想到情感的聚集如此浓厚，以至于写作时常常一坐五六个小时，心跳加速，始终处于亢奋之中。

他曾经将故事起名为《浮生余情》，但感觉流于直白。台湾作曲家邓雨贤的《望春风》带给他一些启发，这是作曲家青睐的词名，却十分契合格非写作这部小说的心境。

一个具有传统文化意味的村庄消失了，那些曾和他一起生活过的人物消失了，几千年来是建立在乡村伦理的基础上的中国乡村社会，突然间只剩下了废墟。站在废墟上时，格非想到了什么？"一边看废墟在倒塌，一边匆匆在废墟中记录下你所看到的一切；有生之年你已经死了，但你却是真正的幸存者。"或许本雅明解读卡夫卡的一段话，最能概括他此时的心情。

1984年,格非在大学三年级时发表短篇小说。但他知道这只是一篇"他们喜欢的"作品,也从来没觉得这篇小说重要。之后他陆续发表《敌人》《边缘》《唿哨》等,成为先锋文学阵营里的标志性的代表作家。

舒晋瑜:回顾当年的大学生活,是怎样的印象?

格　非:大学生活成为我的人生最大的磨难。我反复阅读沈从文,在沈从文的作品中寻找对于故乡相同的慰藉;我阅读德国诗人里尔克,"一切存在者都处于无庇护状态,人尤其如此"。里尔克说,人在最困难的时刻一定要顶住;我读蒂里希的《存在的勇气》,"不顾非存在之威胁而进行自我肯定"。蒂里希说,人要有勇气肯定自己。阅读修正着我,鼓励着我。所以我从唯美和现代主义学到的东西,对我后来的写作有很大的支撑力。

舒晋瑜:20世纪80年代,中国处处涌动着热情而执着的文学浪潮。华东师范大学的校园是否也活跃着各种文学社团?

格　非:其中不乏已经非常著名的诗人作家,我参与并见证了文学激情四射的氛围。常常是一帮人被带到某个人的住处,各路人马汇齐,通宵达旦地讨论,不仅是诗歌,小说也是如此,有时有题目,有时没题目,比谁更有想象力。那时的写作特别放松。写诗一定要别出心裁的,往往是诗一读出来,大家就笑翻过去。有时候,我们为一句话怎么表述恰当争得面红耳赤。比如是"没有人住的房子总归有人住",还是"总要有人住",双方引经据典驳斥对方,批评起来毫不客气。常常以"优点就不说了"开头,直接进入主题探讨缺点，没有人觉得这么说不对。马原有一篇小说受到《收获》编辑部的批评，他有些不服，拿来让朋友们看，好几个人都认为批评得对，对马原说：你就认了吧。

舒晋瑜：当年的环境应该是非常有利于创作。

格　非：各个行业全部打通了，信息量很大。我很怀念那时的文学氛围。《诗经》里讲"如切如磋"，如果一个人关起门来写作，往往容易偏枯。

20世纪80年代，作家潘军曾在三亚组织过一次笔会，聚集了余华、王朔等诸多著名作家，大家讨论最多的是，时代变了，作家怎么办？文学有没有出路？在一个精神大分化的时代，每个人都感受到时代突变的恐慌。

舒晋瑜：《人面桃花》《山河入梦》和《春尽江南》，这三部曲讲述了几代中国人特别是知识分子命运起伏与思想历程。作品时间跨度从清末民初直到当下，写作也经历了十几年的过程，这三部之间有怎样的关联和表述方向？

格　非：我希望作品能越来越简单，越来越适合大多数人读。一方面我想写一本大家都能看得懂的书，另外，从文学实践的角度，我希望我的小说语言能一本比一本更自然，更加接近日常生活。这三部曲发生在三个不同的年代，跟我们靠得越来越近，所以我对于用什么样的笔调来写是有所考虑的。

舒晋瑜：无论是《山河入梦》的谭功达，还是《春尽江南》的谭端午，他们内心都有知识分子的某种理想主义。如小说《春尽江南》中所说："端午已经清楚地意识到，秀蓉在改掉她名字的同时，也改变了整整一个时代。"

格　非: 不是渐变,而是突变。很多人抛弃了原来的信念,很多人痛苦地调整自己。这种焦虑,使我一度停止了小说创作。《废名的意义》作为我的博士论文,其实也与我创作上遇到的问题有关。无可否认,先锋小说家的写作受到西方文学尤其是现代小说的影响,但是随着写作的深入,我开始重新审视中国的传统文学,试图寻找汉语叙事新的可能性。我发现西方很多学者在谈到中国小说和文化时都非常谨慎。比如热奈特,他会特别强调说:我的理论不包括中国小说。他们看待中国小说非常尊重,作为另案处理。相反,国内还有很多人不觉得我们的文化有特性,认为中国小说是垃圾,要扫除。

舒晋瑜: 因为和您以往作品相比叙事方式等方面的转变,有人将《春尽江南》称为先锋文学"退场"的标志。作为三部曲,《春尽江南》与前面的《人面桃花》《山河入梦》有断裂之感。

格　非: 其实作家一生只在写一部作品。即便是十年之前的《敌人》,也是讲述面对外界信心丧失的困惑和恐惧。所有的恐怖都来源于一种心理上的东西,最大的敌人正是自己。

舒晋瑜: 萨特说,作家应该直接干预现实。在这三部曲中,您的确做到了。

格　非: 我的痛苦也在于此。以我的性格,我愿意再含蓄一些;可是我所格外关注的真实感,又不得不处理成现在这个样子。当代的问题用一个字概括,就是乱,一个社会乱,首先乱在我们心里。所以小说要有乱的样子。

舒晋瑜: 三部曲中的"花家舍",寄托了很多人的梦想,既隐含着您所追求的世外桃源,也是整个人类的精神追求和最高的理想,还暗含了变革的源头。在《春尽江南》中,"花家舍"到处存在,虽然表面看来美丽而干净,实则更加奢靡、浮华。如此,"乌托邦"的陷落成为必然,您是在以特有的方式为那个时代的逝去吟咏悲伤的挽歌吗?

格　非:我在《春尽江南》中,将主人公谭端午设置为诗人,这个"和整个时代作对"的人,反复阅读着一本《新五代史》,这也是我喜欢的作品,我认同欧阳修所关心的,不是国家的兴亡,而是世道人心。陈寅恪甚至说,欧阳修几乎是用一本书的力量,使时代的风尚重返醇正。

我感到失落和遗憾的是,在关注现实、释放理想主义的书写中,所有的神秘都在褪色,时间不能提供任何有价值的东西,似乎现在就完全可以看见遥远的未来。

好作家的基本素质,是对社会对世界有独到的看法,而非单纯地表达个人经验。拉什迪、帕慕克都是这样的,格非在"乌托邦三部曲"中对于存在世界的认知和表现,也是如此。

舒晋瑜:是否也常常面临写作上的困惑?

格　非:人都是有惰性的,一不留神会滑到以过往成功的惯性方法写作。而且我们这样的年龄,任何微小的改变都很难。比如写《春尽江南》,如果我采取这种方法,是否要付出代价?《人面桃花》中古典主义的美在新的写作中要不要延续?叙事节奏和基调怎么控制,要不要尝试速度更快地写作?我隐约觉得有内在的要求需要自己做出调整,才采取了目前的叙事姿态。

舒晋瑜:到底是变还是不变,决定改变的最终因素是什么?

格　非：哪怕失败也要变。对有一些影响的作家来说，不要担心你的读者怎么看，要不断提醒自己有勇气改变，也不断提醒自己不要在乎过去的东西。现代社会有不同的思想范畴，每个人的意见针锋相对，如何处理当代问题就要涉及当代思想，这也是困惑之一，如果把小说变成大杂烩也很麻烦。最后我还是决定从自己内心开始追寻，从情感入手表达，因为情感包容了所有的思想。

舒晋瑜：《春尽江南》出版后无论读者还是评论界，都给予非常高的评价。这部作品的确触动了社会弊端，打动了很多人的内心。

格　非：我个人的判断，希望通过《春尽江南》来表现、记录当代的精神生活，也尝试在叙事上有新的变化，使得它不要有太大的语言文字上的门槛，使得叙事更清晰一些。原来作品中的很多迷雾，现在正慢慢拨开。

舒晋瑜：您一向被誉为设置故事圈套的高手，这在三部曲中同样一以贯之。那么，在不同时代，"讲故事"的侧重有何不同？

格　非：故事的复魅正在进行。故事和小说是完全不同的概念，过去没有小说只有故事。小说的出现把故事的魅力去掉了，普鲁斯特是反故事的，是"祛魅"。现在，从保罗·柯艾略的《牧羊少年奇幻之旅》到马尔克斯的作品全是故事，当代作家开始求助于故事，如何用上故事的因素，成为全世界作家的追求。过去的故事是口口相传的，在流传中磨得玲珑剔透，时间累积重新赋予故事新的魅力。故事是和解的，小说是不和解的，是写困惑的。小说家要提供另外的智慧和价值，小说需要重新借助故事的力量。我希望在某种程度上跟社会和解，又不能轻易和解，哪怕分离和死亡。

艾略特笔下的《荒原》，英文原意是"被荒废的土地"，是被遗弃的荒原,但艾略特没有放弃对圣杯的寻找,或者说,废墟的存在同时也暗示了它的复苏。

舒晋瑜: 写作《望春风》的缘起是什么?

格　非: 这部作品我想了很多年。过去村子里有河流、有庄稼,每次回到村庄,感觉村子是永远不会变的,它的存在不断印证着家的感觉。村庄拆掉后变成荒原,和丘陵地带连在一起,没有任何标属。

有一次我弟弟开车带我回老家。当时下着小雨,我一个人在村子里待了两个小时,想了很多。我想起《诗经》里"不知我者谓我何求",心里很难过。先民们从北方来到江南,寻找栖息地,家谱里曾详细记录了这一支,我祖父也曾经不断地给我讲述这个故事。现在村子突然被拆掉了,成为一片平原。

又过了两三年,我问我父母,老家拆房后是否建了工厂。他们说因为资金链断了,一直荒着。我又回去看了一趟,发现原来生产队里开辟出来的新田,全部长满了树,植被茂密,只有池塘里的荷花还在。艾略特笔下的《荒原》,英文原意是"被荒废的土地",是被遗弃的荒原,但艾略特没有放弃对圣杯的寻找,或者说,废墟的存在同时也暗示了它的复苏。

我决心要写一部小说,就从五六十年代写起。如果不写,用不了多少年,在那片土地上生活的人也许都不会知道,长江腹地曾经有过这些村子,有过这些人,这些人和这片土地曾有过这样一种关系。从那之后我每次回家都做一些笔录,主要是找父母以及他们同一时代的朋友们聊。

舒晋瑜: 主要记录什么?

格　非: 记录我了解的所有,包括风俗民俗、人的过往、地理、人物、气候、农具……都要考证。因为那些事物的名称都是用方言记忆的,与现代普通话对不上,不能直接变成普通话。直到现在,我们记忆中的一些事物仍然没办法变成普通话。我已经确定写哪几个人物,但细节需要考证。比如我小时候看见过一两次狐狸,那个年代狐狸不多,我的记忆可不可靠?我问过父亲,他说我们那里确实有狐狸窝,有红的或灰的狐狸。

舒晋瑜: 您确定要写的人物,有来处吗?

格 非: 曹雪芹说,他写《红楼梦》是因为记忆中的女子,不想让她们消失。我要写的就是村子里的人物,他们的存在不可辩驳。可是突然之间这些人都在面临消逝或湮灭的命运。我父母那一辈的人,至少已经有一半已不在世上了。有时想想挺恐惧的。

我不是可惜村子不见了。沧海变桑田,历史的变换不是特别奇怪的。奇怪的是一个有历史感觉的地方突然终结,一些重要的记忆,它们仍然鲜活地呈现在我眼前,可眼下遭到人为的、轻浮的忽略。这一巨变对我而言到底意味着什么?这才是思考的重点。我小时候所接触的那些人,他们有才华、有性格,他们的一举一动、一颦一笑,在记忆里都还闪光,犹如昨日。现在他们大多已衰老,或者说正在死去,表情木讷,蹲在墙角跟人聊天。他们曾经做过的事,说过的话,都随青烟散去。不过无论如何,他们的一生需要得到某种记述或说明。

舒晋瑜: 是不是写作时还有一种责任感驱使?

格 非: 说一句高调的话,我真的觉得对这个地方有责任感。我突然觉得有一种冲动,想要把正在消失的这些人记录下来。他们的存在,对于解释我的生活和生命,仍然非常重要。最近一个时期,我只要闭上眼睛就能想起他们。

我不是作为一个文化人记录这个地方。我自己就是从这里走出来的,这块土地养育了我;我从事写作,我来写这个地方是最合适也是最可能的。我不会追溯一个村庄的历史,写一个地方志式的乡村生活画卷。我要写的故事是我亲历的;和我一起生活过的那些人,有形有貌,多年后他们说的话还能穿透时间,回到我的耳边。他们的过往和今天的状态构成极大的反讽和巨大的变异。他们代表着一个正在衰竭的声音,这声音包含着非常重要的信息。

舒晋瑜: 写作《望春风》,和过往的写作有何不同的感受?

格 非: 写这些人物,我很难控制自己。这些人会用记忆中的语调和你说话。我写的人物是虚构的,和我的记忆没有关系,但是我的那些邻居们,童年时的伙伴们,父母、亲戚和朋友,这些人会有直观的图像,都能和小说中的人物对上号。每次写作时,小说中的人物和真实的人物构成一种复杂的关系,带给我强烈的情感上的刺激和震动。

舒晋瑜: 书里专门有一章写"天命靡常",透露了父亲作为"算命先生"的一些天机。为何将父亲设置为这样一个角色?

格 非: 我小时候生活在算命先生的世界里。在村子里,算命先生非常多。其中的一些人受过专业的训练,他们算得非常准,也许是他们的技艺和训练极为出色。我也被人家算过,当你在他们面前不可能拥有任何秘密时,你不可能不感到惊奇。所以说,算命先生的形象对我还是有吸引力的。以前的作品中也出现过。

我和父亲讨论了几个算命先生的经历。为什么会算得准?父亲有他自己的解释。他知道其中的机关,包括怎么察言观色,怎么从你的话里探听相关的信息,如何"做局"等等。

对于算命这件事，我觉得可以从两个层面上来探讨。除了为生存的需要采用一些骗术来从事这个古老的职业之外，我们或许可还以从哲学的角度，来思考人类对自己命运的思考。比如说，中国人很早就把人和天作了区分。当然，"天命"这个概念在中国古代文化哲学中也特别重要。

舒晋瑜：作品中的父子情感人至深。父亲的形象在作品有何独特的意义？

格　非：儒家文化中"三纲五常"讲"父为子纲"，在中国的文史作品里，父亲的形象是极为重要的文化符号，但我觉得奇怪的是，到了近代以来，母亲形象的重要性在显著上升。一旦我们要追述自己的本源，我们首先想到的象征之物，便是母亲的形象。

在我个人的经历中也是如此。我父亲是个沉默寡言的人，家里的事都是母亲掌管——这样的事在中国乡村很普遍。父亲似乎是可以忽略的人。但是我直到中年以后，才会慢慢发现父亲在我成长过程中的影响。

也就是说，我自己有了孩子以后，才重新发现了"父亲"。小说里的"父亲"和我的父亲有一点关系：很少说话，但是很细腻，情感丰富。

舒晋瑜：作品中的很多细节非常感人，也许是非常朴素的感情，但是很有人情味。

格　非：这种朴素的感情，可以是父母和孩子，可以是生产队社员之间，也可以发生在陌生人之间。当年大量逃荒的人会来到我们村庄——南方的村子即使再穷，也还有鱼虾，有野菜和野萝卜。所以我们那个地方，成为安徽等地逃荒人的聚集地。

有一次我弟弟发烧，母亲给他煮好粥后就出门了。这时冲进来一帮难民,一看锅里有粥,拿着碗就扑上去抢。那是我第一次看到饥饿的情景。每次有逃荒的人到我家,母亲总会想方设法找东西给他们吃,过年的话还会送一点馒头。家里做了好吃的,也都会挨家送去给邻居们尝尝。那个年代,乡村的互助关系,在我的记忆里印象很深。如果说,那个时候的乡村社会和今天有什么不同,大概就是浓郁的人情。我很反感"人情味"这个词——似乎人情是一种表演。我记忆中的人情是一种坚固的伦理关系,寄托着乡人对于生存最朴素的理解。

舒晋瑜:作品中的几个女性角色,让人过目不忘。尤其是美艳无比的妓女王曼卿,一直让村里大小男人魂牵梦萦。我觉得古今中外优秀的男作家写女性,一点儿不亚于女性作家。您认为自己对女性了解吗?

格 非:小时候我接触最多的女性是母亲。我没有姐妹。我母亲和我的关系非常亲密,她干活、赶集、看戏、看电影都会带着我,我十六岁之前,几乎所有的道德教育都来自母亲。她成了我的作品中无数女性形象最重要的源头。在现实生活中我和女人打交道比较害羞。也许正因为如此,我在与她们接触时,反而会对她们的言行和心理更为敏感。这可能对写作有些帮助。

舒晋瑜:《望春风》里,是否也延续了《江南三部曲》的一些情绪?

格 非:《人面桃花》讲述晚清末年、民国初年的故事,《山河入梦》的故事是五六十年代的江南农村,《春尽江南》讲述的是主人公近二十年的人生际遇。《春尽江南》写完以后,我很长时间被结尾处的悲伤气氛所笼罩。鲁迅先生曾说过,如果说希望是虚妄的,那么绝望同样是虚妄的。差不多同一时间,我开始考虑用一种新的视角来观察社会,那就是重新使绝望相对化。

舒晋瑜:《望春风》中,您对乡村的情感是否得以充分表达?

格　非:简单化地对中国社会生存状况加以观察,不管是歌功颂德,还是审视批判都没有意义。我的整个童年记忆告诉我,生活中有时充满暴力、倾轧和欺骗,但也有美好情感的流露。

《望春风》可能是我最后一次大规模地描写乡村生活。乡村已边缘到连根端掉,成无根之木、无源之水。我的家乡仅存在我记忆之中。日本学者柄谷行人说,只有当某个事物到了它的终结之时,我们才有资格追述它的起始。我想,即便中国的乡村生活还远远没有结束,但它对我来说,是彻彻底底地结束了。这一点没有什么疑问。换句话说,我个人意义上的乡村生活的彻底结束,迫使我开始认真地回顾我的童年。不过,这部小说从内容上来说完全是虚构的,你当然也可以把这种追溯过程理解为我对乡村的告别。

舒晋瑜:您的很多作品,包括《望春风》,关于妓女的角色不算少。您如何看待性描写在作品中的作用?

格　非:至少,在成人的世界里,性是生活的一部分。这是没有必要能回避的事情。在我的记忆里,江南一带民风还是相对开放的。我要写出那个时代的氛围,如果把这部分内容去掉,感觉就不太对。

作为写作者,必须关注人的基本存在,无论就人文环境还是社会环境而言,性描写无法回避。有的写作把性当成小说的调味品。我不希望把性作为小说的催化剂或者噱头,我把它当成日常生活本身的内容,不回避也不人为地强化。

舒晋瑜：作品中"文革"书写比较出人预料。在外界因为"文革"翻天覆地时,村子里却因为村领导的种种善意让大家较为平稳地度过了这段极端年代。

格　非：从政治化的角度讲,乡村的"文革"和城市没太大差别。但是,政治化的暴力,一旦进入乡村,也会出现某种变化。一是变得更为残酷,二是降低力度,被柔化。在我的乡村记忆中,这两种变化兼而有之。我的祖父过去当过保长,和当地的新四军、日本人和国民党的很多重要人物都有来往,后来他成了"历史反革命"。只要公社或大队开大会,我祖父必然会被押到台上批斗,和村里十几个"富""反""坏"站在一起。每次开会,我自然成了小伙伴嘲笑的对象而惶惶不可终日。实际上,每次我祖父被批之前,村里总会有干部上门动员,或者通过亲戚朋友不停地劝说,请他上台做做样子。这是后一种变化,也就是说被柔化处理。"文革"刚结束,他就作为对革命有贡献的人员,获得了政府民政部门按月发放的抚恤金,令村里的很多人大感不解。

舒晋瑜：同样是写"文革",您的描写和同时代作家笔下的"文革"也大不一样。您认为怎样才能使自己的写作避免同质化经验?

格　非：我上大学的时候,寝室里每个同学所讲的故事和经历都完全不同。也就是说,每个人的经验都不一样。现在的写作,经验越来越同质化、碎片化。所有人拥有的经验差不多都是一样的。

我赶上了大时代的尾巴,经历过完整的乡村生活,但是当我写那段历史,毕竟已经隔了三四十年。虽然我自以为对那段生活十分了解,我还是告诫自己不能想当然。因为个人记忆往往很不可靠。我要走访不同的人,有的跟你关系近,有的关系远。事实证明了我的判断。

所以我觉得避免同质化的方法之一,就是必须重新重视调查走访。不能依赖自己的记忆。关于这一点,应当向巴尔扎克学习。

除此之外,我觉得要避免同质化,还必须对自己描述对象拥有专门的、精深的知识。你大概知道,福楼拜为了写《布法与白居榭》,至少读了一千五百本书。

舒晋瑜:判断一部好小说的标准有哪些?

格 非:好的小说像一个好的建筑,有厅有堂有房间有走廊,整体和局部的关系要处理好。你有什么样的世界观,你要表达什么,作品中的人与人、时间和时间、空间和空间、先后次序、作品的寓意等等,都非常重要;其次看工,就是细节。厅和堂都合理,布局合理,但是工不好,细节打磨不好也出不了好作品。有的作家有细节没有世界观,对世界没有看法,这样的作品不算是好的作品。有的作家有好的世界观但是没有细节,最终会觉得粗糙,好房子也浪费了。能兼顾这两方面的作家不多。

舒晋瑜:您是什么样的世界观?

格 非:我的世界观是农民的世界观,我的身上有很多农民的特质。在过去,我以农民的身份为耻,总是希望洗掉这个身份。以前,如果有人骂我乡巴佬,我一定会被激怒。这种自卑的感觉一直存在。也就是说,我希望通过知识积累,通过学习,变成城市人。不知从什么时候起,作为农民的过往成为我值得珍视的财富。在一个普通的农民身上,你不仅可以看到乡村生活的全部印记,甚至还能找到整个乡村文明在农民身上的凝聚和投影。

舒晋瑜:您很怀念六七十年代的农村生活。《人面桃花》里您曾写到过桃花源,《望春风》又里出现了一个真实的古风盎然的村庄。

格 非:实际上几千年前的风俗礼仪,一直在乡村延续。江南更是如此。如果说有什么事让我难忘,那就是,我和那些乡村老学究、读书人来往,他们把我当成一个成年人来对待,给我泡茶,保持谦恭的礼仪,说话适可而止,送客时一定是送到大路上——你会感觉受到尊重。中国古典文学和传统文化,我在乡村里的那些读书人身上见到一点影子,也许是浮光掠影。

舒晋瑜: 拥有这些经历,是否成为您的优势?

格　非: 每个人都各有优势。最近一个时期以来,我看到的都是我的劣势。90年代以后中国社会发生了巨大变革,大家能够明显地意识到世界已经完全不同。中国文学的未来是属于年轻人的,文学一定会有新的面貌。一方面我们应该看到自身很多优势正在失去,一方面也要保持对新的社会生活的敏感性。作家要时刻提醒自己保持谦虚的态度,不能狂妄自负。

舒晋瑜: 您的作品情节非常紧凑,一环接一环扣人心弦。

格　非: 支撑着小说的基本的动力也许是悬念。直到今天,我才真正理解所谓的"一波未平、一波又起",到底是什么意思。以前,我对悬念设置的理解,仅仅是铺垫和埋伏,这是一知半解的看法。在优秀的章回小说中,有一个基本的悬念安排的程式。一是草蛇灰线,千里设伏。另外一点,我称之为"忙中设伏"或"乱中设伏"。一般来说,忙和乱都是高潮,是对悬念的照应和解除,如果在这个时候继续设伏,一波未平,一波又起,层层叠叠,文章就会显得波诡云谲,花团锦簇。我认为后一种方法是《金瓶梅》和《红楼梦》的叙事精髓,因为它们特别擅长"忙中下针脚"。

获奖作家访谈

王蒙：我从来都有几套笔墨

　　王　蒙　1934年生于北京。曾任中华人民共和国文化部部长。著有长篇小说《青春万岁》《活动变人形》《这边风景》等，中短篇小说集《组织部来了个年轻人》《尴尬风流》等，另有散文随笔集、诗集、评论集等多部。其中，《这边风景》获得第九届茅盾文学奖。其作品被翻译为二十多种语言在国外出版。

| 采访手记 |

  2015年9月29日,八十一岁的王蒙站在第九届茅盾文学奖颁奖台上。他的获奖感言一如既往是他汪洋恣肆的风格:"这次获得茅盾文学奖,第一,我感动的是对于四十年前动笔、近年才定稿出版的这部作品的肯定。历史并未切断与摘除,文学不相信空白,不怕事后诸葛亮。"

  的确如他所说,该连续的自然要连续,该弥合的也不难弥合。青春能万岁,生活就能万岁,文学也能万岁。当王蒙过完十九岁生日决定写《青春万岁》时,觉得写出草稿的过程简直就和得了热病一样。他后来回想道:"如果当初就知道文学有这么大的胃口,文学需要这么多的投入,文学要用去我的这么多生命;如果知道文学需要我冒这么多风险,需要我放弃青云直上、颐指气使、驾轻就熟、八面威风的可能,我当初还敢做出那样的决定吗?"

  然而这里并没有如果,他只能也一定会那样决定:我以我血荐文学。"我压根就期待着翻山越海、乘风破浪,全力搏击,一显身手。向自己挑战,向自己提出大大超标的要求的正是我自己!这就是我的人生,这就是我的价值,这就是我的选择,这就是我的快乐,这也就是我的痛苦。"

  他始终相信,文学会有一种免疫力,不会因一时的夸张而混乱,不会因一时的冷遇而沮丧,不会因特殊的局限而失落它的真诚与动人。局限也可以成为平台,也可以成就风格,如果你有足够强大与自由的文心,条条框框可以成为彩绸花棍式的道具。因为文学的力量来自人民、生活,还有我们从《诗经》开始的文学传统与全人类的语言艺术宝藏。它能突破能超越,能起死回生,显示真情真知真理,给读者以历久弥新的感动。

  "写作对我来说,是极大的快乐。"他幽默地说,连续两个月不写食欲下降,连续三个月不写失眠,连续四个月不写各种功能全没了。他以无可替代的巨大的热情和力量提供给读者新奇、驳杂、阔大的世界,在这个巨变的年代里扮演着重要的角色。

澳门大学教授朱寿桐认为,王蒙先生2014年出版的《闷与狂》是一部自传体"手记",与《王蒙自传》可以匹配阅读。所不同的是,《王蒙自传》是王蒙人生经历和文学生平的叙写,而《闷与狂》是王蒙近八十年心路历程及生命感性的忆述,两者正好构成内容的互补。《闷与狂》应该是作家人生况味的最大深度和烈度的写照,那种恣肆汪洋的情绪抒发,无微不至的感觉表现,畅想无垠的心灵激荡,其对于作家生命况味的传达,远远超过《王蒙自传》。

舒晋瑜:《闷与狂》中排山倒海、信马由缰的语言体现了您一贯的风格。这种独特的意识流语言风格,其形成来源于什么?这种风格在您的所有作品中,似乎都比较张扬,但是在《奇葩奇葩处处哀》中,似略有收敛。您自己觉得呢?

王　蒙:我从来都有几套笔墨,可能同时操作,可能先后变化,就像乒乓球一样,能拉能削能推挡能旋转能放高球,其间没有什么张扬与收敛的含义。

《闷与狂》是我的非常尽兴的作品,是潜小说,故事情节与人物潜伏在水下,水面上是感觉与情绪,语言与节奏,灵感、诗、舞蹈。尤其是舞蹈!

舒晋瑜:其实无论语言还是文体,您的写作一向自由洒脱,似乎从不受什么限制。但实际上,无论怎么挥洒怎么调侃,您的主旨仍是赞颂美好、光明。您对人性有着如此深刻的洞察,同时又无比宽容平和;总是勇于超越创新,同时又有自己的坚守。我想了解的是,您在写作时是否已达到信手拈来、完全由笔下人物牵引如入无人之境的境界？

王　蒙: 不能说完全如入无人之境,但也绝对不枯涩与较劲,行云流水,浪花四溅,字引字,句推句,煞是快乐。同时也有所推敲,有所寻觅。

舒晋瑜: 2015年,您又出版了《奇葩奇葩处处哀》。这部中篇集看着既令人会心,又有些心酸。当下老龄化社会的背景下,这部作品关注了老年人的生存处境和心理,平静的叙述背后,却展现了世间百态。在写作这部作品中,您有何独特的体会？

王　蒙: 悲悯与调侃融为一体。世俗与超越并无缝隙。有刻薄也有宽容。不怕题材俗,怕的是自己俗,更怕俗中带恶与丑。

舒晋瑜: 长篇小说《活动变人形》出版后即参加茅盾文学奖的评选,还记得当时是在什么情况下参评吗？您对当时的评选情况,了解多少？

王　蒙: 我都知道,此书多次被初评选中,当时有一些其他情况,时过境迁,不提也罢。毕竟,得奖好,写好更重要。文学奖项做得好,不如文学作品好。

"我找到了,我发现了:那个过往的岁月,过往的王蒙,过往的乡村和朋友。黑洞当中亮起了一盏光影错落的奇灯。"(《这边风景》前言)2013年,王蒙写于四十年前的长篇小说《这边风景》出版,两年后获得第九届茅盾文学奖。

舒晋瑜: 您认为《这边风景》是您最具有代表性的作品吗？

王　蒙:《青春万岁》是我最激昂与诗情的小说。《活动变人形》是我最痛苦与严厉的小说。《这边风景》是我最生活、最描摹、最人物性格、最情节、最民俗、最现实主义,也是背景最宏大同时写作最不自由的小说。《闷与狂》是我最感觉、最深潜、最新奇、最艺术的作品。

舒晋瑜:获得第九届茅奖,您觉得主要原因是什么?您如何看待此次获奖?

王　蒙:《这边风景》毕竟写于我的盛年。逆境、盛年、纯真、深扎、完全按照讲话要求与各族人民打成一片,填补了文学不相信、历史也不容许的空白。这也算天网恢恢,疏而不漏啊。

舒晋瑜:《这边风景》写于1974年至1978年,四十年来一直未曾出版,对于读者来说是新作,但对您本人来说,是四十年前的旧作,为什么不想对这部旧作做过多的改动?

王　蒙:第一我没有这个能力,第二就会使那个时代的很多时代特色都消失了。但是另一方面,作为新作,2012年我对它重新做了整理归纳和某些小改动,我需要有一个21世纪的态度和立场,需要给读者一个交代。

舒晋瑜:《这边风景》这么处理忠于自我和历史的意识,保留了时代、生活、语言、思维的原貌,没有按照今天的思想认识水平进行拔高和重写。这不仅显示了对历史的负责态度,也显示了对生活、文学和自我的自信。

王　蒙:《史记》有"太史公曰",《聊斋志异》有"异史氏",所以想来想去,今天出版旧作时,每章后面加一段"小说人语"是最灵动的办法。

舒晋瑜:在当时的环境下,创作是否也有一定的压力?能够沉静下来创作这样一部作品,有什么契机?

王　蒙:1974年我读了一篇安徒生的童话,大意是在一个墓碑上写道:死者是一个大作家,但是尚未来得及写出作品;是一位大医师,但是尚未来得及给人治病;是一个大科学家,但是尚未来得及做出发明。我受到很大刺激,我在妻子的鼓励下,决心把自己远赴新疆、破釜沉舟、一竿子插到底、与农民打成一片的所见所闻所历所感所想写成了一部大的长篇小说。

压力问题还好,我相信自己的能力,是能写出不往枪口上撞,同时仍然是绝对只有我写得出来的作品来的。

舒晋瑜:创作中既要考虑当时的政治背景,一些话语会贴着"文革"的标签,但是依然保有丰富的文学性。在当时,您就有清醒的认识吗?在写作中是如何驾驭的?

王　蒙:我的想法就是,大框子需要符合当时的政治标签政治口号,写到生活细节,写到人物命运,当然只能是文学的,不能是令人产生生理的厌恶的图解与声嘶力竭的狂喊。

舒晋瑜:《这边风景》在四十年前开始写作,整个创作完成于"文革"期间。您后来的创作进入"反思文学",那么,您如何评价完成于盛年的《这边风景》在自己创作史上的地位?您认为它的生命力体现在哪些方面?

王　蒙:它是我写在盛年的一部奇怪的书,它沾满了极左口号,却又具有极丰富的生活资源、文化资源,有细致入微的现实主义的描写与当时的中国梦的理想,有大的规模体量,光人物表上列举的人物就有八十多个,写的给人印象深刻的至少二十多个。它是戴着镣铐的动情之舞。它是相隔近四十年后出土的一件文物,却仍然因生活的真实生动而依然活着,我面对它是百感交集,是幸福的痛苦。并不是每一件作品都能经得住四十年的考验。

舒晋瑜：您曾经表达过自己有着光明的底色。这一特点在《这边风景》中也依然存在。作品中所表现出的健康乐观而且积极向上的基调,很具有感染力。这种"正能量"来自什么?

王　蒙：来自我自幼革命的童子功,来自人民的奋斗前进的生活,来自老一辈革命家的理想主义,尤其是来自边疆人民的乐观豁达的性格。

舒晋瑜：作品中,在小说人语之外,既有后记,还有非常独特的情况简介,您是怎么处理现实和既往、心灵和历史、政治和生活之间的关系?用当代目光和历史对话,是怎样的心情?

王　蒙：我的心情是:第一仍然怀念历史;第二仍然愿意重温历史;第三已经跨越了历史;第四今天是历史的今天,历史是今天以前的准备的结果;第五叫作故国正堪回首月明中。

"我就是把《红楼梦》还原成生活,研究它、分析它,打人是怎么打法,喝酒是怎么喝法,是如何说笑,让人如闻其声,如见其人,像是参与了当时的盛况一样。这种心情,有一种把书本上的东西还原成生活的生动亲切的感觉,又包含着无尽的内蕴。"

舒晋瑜：随着年龄的增长,您觉得自己对《红楼梦》的写作和理解有什么变化吗?

王　蒙：有变化,也算与时俱进,越是"进"越觉得对于《红楼梦》的探讨无边无涯,这是一个永远闹不尽的课题与话题。《红楼梦》里有两条线,一是谈情,一是谈政。《红楼梦》的好处,是当生活发生变化时,总能在里面找到一点参照。比如说冷子兴是一个皮货商人,很关心政治文化,贾雨村是一个文人,又是没落官僚,冷子兴愿意跟贾雨村结交,这就令我想到80年代初期,讲文艺家和企业家联姻——这不就是联姻吗?那时我读《红楼梦》,对一些大的关节更为注意。

舒晋瑜:现在讲《红楼梦》更重视细节?您不止一次反复地评说"宝玉摔玉"。

王　蒙:也不完全走向细节,是新的知识新的启发。"宝玉摔玉"是《红楼梦》最关键的情节,此前我始终没有得到也没有做出一个满意的解释。这回一讲,就有了新发现:这是少年之恋,是天生的绝配之恋,是天真无邪的互相认同。贾宝玉初次见到林黛玉就问:"妹妹,有玉没有?"这是一种亲切感。就像小孩间相互问:我们家有土鳖,你们家有土鳖吗?这里没有价值判断,而是寻求共同话题。这块玉是一个符号,贯穿了全书,曹雪芹这样写是要从符号上就证明贾宝玉和林黛玉的爱情是不对称的,是注定坎坷的。宝玉摔玉是作者构思的核心情节,表现了核心悲剧。

"如果跟我较真,非要和我讨论什么佛学,问我佛教的历史我答不出。但佛教中的故事,作为读者我爱不释手。"

舒晋瑜:您对道家哲学也很有研究。能谈谈您在这方面的体会吗?

王　蒙:从审美的角度,我很喜欢读老庄的书,喜欢读佛学有关的书。如果跟我较真,非要和我讨论什么佛学,问我佛教的历史我答不出。但佛教中的故事,作为读者我爱不释手。人生中最好的故事之一是瞎子摸象,就是《大般涅槃经》上的。文学上尤其这样。很多争论真是瞎子摸象。摸到鼻子说像柱子,摸到耳朵说像扇子,摸到腿说像墙。文学包含的故事是领会不完的。

用审美的态度读书是最好的,特别快乐。老子主张"治大国,若烹小鲜",一种说治大国就跟熬小鱼,不能频繁地翻,意思是治国要稳;还有一种看法,一定要来回翻,否则就煳了。我不想掺和这种是非辩。作为一个审美的标准不能作为治国的标准。再比如说"仁者乐山,智者乐水",这不用考证,就是一个审美。山稳定从容,水凝练轻灵。有这种感受就行了,如果非要论证,说明你太呆,根本就不懂,不配读《论语》。应该求甚解,还要慎解。

舒晋瑜:自传三部中,引用了大量您创作的诗词。这些诗词让我们增加了对您的全面认识:不仅是个好的小说家,更是位好诗人。但是曾经有人提出来,说一个作家往往不能在诗和小说两个领域同时取得巨大的成就。您能分别评价一下自己的诗和小说吗?如果打比方的话,诗歌、小说、随笔等不同题材,您愿意分别比作什么?

王　蒙:陆文夫特别爱说,王蒙首先是一个诗人。因为即使是写小说,我也羞于去编故事,而常常是更多地去追求情调和余味。我的作品主体仍是小说。我说过,遇到特别自我感觉良好的时候我会去写诗。遇到思索与情绪的同时活跃而且多半是包含着挫折感的酸甜苦辣的时候我当然是写小说。会开得多了,书看得多了,就出评论。当下印象或突然的回忆——对不起,常常是自觉没有多少东西可写的时候是散文。此话曾经引起某评论家的反感,而且以唐宋八大家为例来批评我。但是我无意贬低散文,更没有影射韩愈。我说的只是我个人写散文的散的状态。懒散状态对于写作人不完全是负面含义,有时候懒散可能比过分激动时写得好。诗是我的骄傲的公主。小说是我的安身立命的大树、树林——包括乔木、灌木、荆棘。评论是我对于概念的拥抱与组合的深情。散文是我或有的放松。此外还有古典文学研究,是对于话题的开拓,也是对于"文友"的开拓。我喜欢与学富五车的老秀才们交友,胜过结交一鸣惊人的纨绔子弟。还有翻译呢,有点小儿科的卖弄炫耀吗?这叫作裤腰里揣死耗子,假充打猎的。外语其实是我的弱项,却又是纯真的乐趣,以知识的温习与运用为最大快乐。每个作家都不一样,难以一概而论。

舒晋瑜:《尴尬风流》中的老王是您自己吗?我觉得尴尬风流是种人生态度,这种态度是自嘲还是无奈?

王　蒙:《尴尬风流》写的就是些鸡毛蒜皮的事,书中充满着我对这个世界善意的理解。如果离开了人间烟火,表现很深刻的思想就会产生"便秘"的结果。你算什么都行,你把它算成一个长篇小说也行,把它算微型小说也可以,都是老王的事迹,老王事迹大观,老王一世大全,都没关系,有的地方像散文,有的地方像诗,反正都是我撒着欢儿写下的。我本来是叫"笑而不答"的,后来叫"尴尬风流",我自己还挺喜欢这四个字,因为我自从想出这四个字之后,无事不尴尬风流,有时我觉得用"尴尬风流"可以概括很多东西,比如度过了"尴尬风流"的一天,生活在"尴尬风流"的世界里。

"真相摆在那里了,不管你是不是喜欢,我觉得我是做了一件我必须做的事情,而且我要说,其中许多话,甚至于是大部分话,我不说,再没有第二个人会这样说。"

舒晋瑜:您的文学创作贯穿于中国当代文学史。自传以及其他作品,体现了时代变迁以及政治风云与文化动态。语言和叙事风格别具才情,但是另一方面,题材上是否也存在50年代苏联文学中常见主题,比如个人命运与政治生活,时代与价值理想等等?

王　蒙：当然会有这样的题材,同时也有全然不同的,例如一大批微短小说与诗歌。顺便说一下,有人有兴趣评说我的排比句,但是在上述作品中绝无排比的踪迹。

舒晋瑜：看完自传三部,我个人认为,这不仅是研究中国当代文学史和思想史不可或缺的重要文本,更可以当作年轻人的励志书。您的人生如此坎坷曲折,可是向来处乱不惊,一直都那么乐观自信,积极进取,无论何时都没有丧失过斗志。相信不同层次、不同领域的读者,都会从中吸收到不同的营养。我想知道的是,这种性格是您与生俱来的吗？是什么成就了您？

王　蒙：我其实是一个生性急躁的人,但同时自幼有一种内在的自信。50年代的青年亲历了新中国的诞生,造就了我们的基本性格:不是"我们不信",而是"我们相信！"这是我的光明的基调。各种挫折更使我别无选择,反而幽默并且不可救药地乐观起来。如果不是用幽默和乐观回应挫折,而是用哭天抢地怒火如焚回应,我早就完蛋了。

舒晋瑜：书中对于父亲严苛的态度有些令人难以理解,是什么原因造成对父亲的这种态度？您对于父亲的理解会不会有所变化？

王　蒙：对于我来说,说出事实真相的愿望,说出我如果不说就再不会有人说出的事实,比一切其他考量都更重要。当然我的父亲有他的特别可爱之处。我的一位异母弟弟,恰恰是读了我的自传才感到了我对于父亲的善意,并缩短了与我的距离。

舒晋瑜：自传汪洋恣肆的挥洒中、气势磅礴的排比句中,还是有一些刻薄和不原谅。虽然您自己觉得是做到了或尽量做到宽容和中庸。这和您的本意是否相违背?您怎么分析出现的这种理解的偏差?

王　蒙:还是自己的修养不到家,有笔下冒火气的时候,还需要加强学习与修身的功夫。

"只要关注就好。没人关注就考虑歇菜也将很有趣。作品属于世界,它们是客观的存在,我不宜多说多道。"

舒晋瑜:您曾经被四次提名诺奖,每次都引起很大的关注。为什么中国作家有大师情结?

王　蒙:我不知道。诺奖是有投票的,评委只有一个马悦然。北岛、高行健、李锐几个作家是被关注的,李锐曾经被多次提出,但没有通过。上海的朱大可在《上海作家》写过一篇文章,认为诺奖有二流化的趋势。可以设想,近十年、二十年以来,获得诺奖的作家,至少对中国作家的影响越来越小。但是奖的影响是越来越大,诺奖的奖金是二十万欧元,我们的茅盾文学奖的奖金从第八届开始由过去的三万元人民币提高到五十万元。但是获诺奖的文学作品,对中国的作家读者有什么影响?我有一个观点,应该把文学看成生活的一部分。诺奖毕竟是一个奖,奖是一部分,学者、专家对作家的奖励和认可,并不代表文学。我很多次讲过,诺奖好,文学更好。就像一个广告叫"广告做得好,还是新飞冰箱好"。我希望中国的评奖越来越好。我希望中国起码也关注一下世界。我们也可以设立汉语、华语的文学奖,我们的眼界也放宽一下,把其他地区的中文写作也容纳进来。

舒晋瑜:您获得的荣誉很多,诸如日本创作学会和平文化奖和意大利蒙德罗国际文学奖等等。作为一名国际影响的作家,您把握世界的方式是什么？

王　蒙：我对世界有兴趣，有善意。尽管很多事情我不能得出结论，作家不是审判官。虽然有人认为是世界的审判官。我认为作家对世界来说，首先是一个感受者，是表达者，是世界的情人。作家有各式各样的。有的是世界的诅咒者，这是特殊的。从我个人来说，我不希望和诅咒者接触太多，影响健康和食欲。

舒晋瑜：您给读者的感觉是一向比较时尚，什么时髦新潮的东西都想尝试，比如学外语、上网等等。

王　蒙：我上网主要是浏览，还有新加坡的《联合早报》，和中国友好的国家的相关信息，比较容易看到。新浪网、人民网我也经常看，常用Google搜索一些资料，对写读书笔记很有帮助。涂黑了点复制，一粘贴就行，好像读了好多书，但贴之前一定找到出处，注上，就好像你亲自读过一样，实际上就是从网上找来贴的。

舒晋瑜：铁凝说您是"高龄少男"，有无穷的创作精力和男孩般的好奇。作为一个作家，您和世界的关系是怎样的？

王　蒙：世界是丰富的，搞文学创作的人不要把自个儿的目光弄得太狭隘。好像言情小说一见面就是调情，侦探小说一翻开就是杀人一样。我的《尴尬风流》描写的就是人生的一个个侧面。

舒晋瑜：您怎么看待获得茅盾文学奖？

王　蒙：我觉得是奖励了一个中国新疆故事，激活了四十年前在新疆的岁月。我怀念新疆的新老友人，尤其是各族人民。在一个并不快乐的年代，与新疆各族人民尤其是维吾尔农民同吃同住同劳动，手拉手，心连心，使我得到了莫大快慰，脚踏实地，增加知识，开了眼界。在一个找不着北与几乎无事可做的时期，我来到了风姿绰约的新疆,我为自己找到了最有意义的事情:学语言,学历史,学地理,学民族文化,学贫下中农;写人民,写边疆,写生活;知实际,知艰难,知祖国之大,知人生之多彩多姿。有生活作根基,有火热的爱,即使在相对冷冻的环境中,人仍然活泛,文思仍然泉涌,追求的仍然是精神生活的美好与高扬。

舒晋瑜:您如何评价奖对于写作者的意义?

王　蒙:奖的可爱来自文学,获奖的意义在于推动文学,不是相反,不是为了奖而文学。奖重要,文学更重要。作品好,没有得奖,仍然是好作品;得了奖,却暴露了作品的缺陷,一时沾奖的光,于人于己于文学无补,有愧。李白、曹雪芹、托尔斯泰,都没有得过奖。奖不能八卦化、浅薄化、低俗化。奖不是注意目标,更不能用一肚子脏水来涂抹一个本应珍惜、却绝不可孜孜以求的奖。在我们强调程序的公正性、廉洁性的同时,更要强调评奖结果的文学意义、文学内涵、文学判断,即评奖的深厚的文学性。我期盼有更多的对于文学的关注,对于作家与作品的关注,有对于作品的公开公正的批评与针砭,而不是庸俗的无聊的对于文学奖的信口开河加嘀嘀咕咕。

获奖作家访谈

李佩甫：作品中的每一个人物，都是我的亲人

李佩甫 1953年生于河南许昌。历任《莽原》杂志副主编、河南省作协主席等职。著有长篇小说《羊的门》《城的灯》《生命册》《城市白皮书》《等等灵魂》，中篇小说集《黑蜻蜓》《无边无际的早晨》，剧本《颖河故事》《平平常常的故事》等。其中，《生命册》获得第九届茅盾文学奖。其作品被译成英、日、韩等多种语言在国外出版。

| 采访手记 |

席殊书屋组织一流专家评出1999年"十大好书",并于2000年1月在北京新大都饭店发布,其中《羊的门》赫然在目。

我还记得当时热烈的场面,谈到《羊的门》时人们兴奋的表情。回家的路上,我一直捧着这本书在看,这是我第一次接触李佩甫的作品。

记住了《羊的门》,也亲历了当时这部作品被禁的前前后后。现在看,当时将这部作品定位于官场小说是不准确的。直到看完他2012年出版的《生命册》,才逐渐形成新的认识。李佩甫的作品,实际是在写"土地与人"的关系,或者说是写"土壤与植物"的关系,他是把人作为"植物"来写的,主要是写生命的丰富性,展现"人"的内心世界的多色调。《羊的门》中,他把人当作"草"来写,写这块土壤的生命状态;《城的灯》主要写人逃离乡村;到了《生命册》,是从人性的角度,写一个人的生命史、成长史,写土壤和植物的关系,是全方位的对这块土地的认识。

从1999年开始阅读李佩甫,到2012年第一次面对面采访,一个读者的阅读从浅层的表象认识到逐渐深入试图体会作家的深刻表达,需要时间累积,需要文字的浸润,需要对文学耐心的追随,而这种追随,与作家的思想、才华和文学表达不无相关。

第九届茅盾文学奖颁奖时,我在场。颁奖的时刻总是庄严神圣的,但是李佩甫的发言让人温暖、感动而会心。他说:

"我出身工人家庭,父亲是个鞋匠,父亲自十二岁进城当学徒,先是给老板打工,后成了国营鞋厂的工人,六十岁退休,整整干了四十八年。父亲生前曾给我做过一双皮棉鞋,二十二年了,这双皮棉鞋如今还在鞋柜里放着,每年冬天都穿。应该说,父亲是个好鞋匠。

我不知道我的作品,二十二年后还有没有人看。记得一次下乡,一个农民问我:你干啥的?我说,作协的。他问哪个厂,我笑了。他说:哦,个体户。是啊,我也算是手工劳动者,只是不知道,我的产品能不能超过父亲。父亲做了四十八年的鞋,我才写了三十八年。人一辈子能做好一件事儿,已很不容易,我庆幸的是,写作是我的选择,写作是我喜欢做的事情。"

《生命册》获第九届茅盾文学奖。获奖之后,李佩甫又进入新的长篇写作。他说,创作不能太功利,首先要把它变成精神的事情,变成产生快乐的事情,虽然创作在某一个阶段是苦的。

舒晋瑜:《生命册》参评第九届茅盾文学奖,当时您有多少胜算?

李佩甫:没有算。所以不知道如何胜。我写作时间长达三十八年,三十八年来,作品曾多次参评各种奖项,也获过很多奖项。从未算过。有那么五六次,全国中短篇小说评奖时都是差了一票(是评后别人告诉我的)。所以,有那么一段时间,我曾被文友们称为"差一票"作家。这是笑谈。

舒晋瑜:关于作品参评、评选的过程,您了解多少?有争议吗?

李佩甫:到目前为止,完全不了解。但从网上、报纸上看到过公开报道。

舒晋瑜:您是在什么情况下得知获奖消息的?用什么方式庆祝获奖?

李佩甫:终评的当天上午11点左右。河南作协秘书长乔叶打电话告诉我的。她说:你获奖了。我说:真的吗?她说:真的。当时我正在电脑前坐着。这当然是好事。但说实话,写作已成了我的生活习惯。评上评不上都是要写的。但评上了,还是高兴吧。当天中午,我并没有想到要庆祝。只是到街头小店吃了一碗烩面。平时,我也常去吃。

舒晋瑜：此前您也有作品参评，能谈谈您和茅奖的渊源吗？您如何看待自己的作品和茅奖的关系？

李佩甫：当年，我的长篇小说《羊的门》曾参加过评选。因为某种原因，没有评上。当时，中国作协的一位领导打电话说要来看我，并当面解释。我在电话中说，不评就不评吧。我理解你们的好意。您也别来了。我不会有情绪。后来，我又写了长篇小说《城的灯》。那一年，我干脆就没有申报。

舒晋瑜：时隔多年，您如何评价《生命册》这部作品在您创作历程中的价值和意义？

李佩甫：我认为《生命册》是我目前最好的作品。我为写这部作品准备了很多年。

舒晋瑜：能谈谈获奖之后您近几年的创作状态吗？

李佩甫：《生命册》出版后，我又写了一个中篇《寂寞许由》和一个短篇《麻雀在开会》和一些散文等。两篇小说也先后被《小说选刊》《中华文学选刊》选载过。其余时间到各处采风，为下一部长篇做些准备。

他曾经"像狼一样在各个街头徘徊，想写好作品，想找好素材，想找好方向"。如何能找到真正的创作源泉，打一口属于自己的"井"，李佩甫曾经被重重的迷茫和反思包裹，无法突出重围。

舒晋瑜：改革开放对中国作家们的影响与浸润，多是来自西学。您那会儿也写过意识流，而且被《新华文摘》转摘。那时候您的写作是处于怎样的状态？当时河南有怎样的文学氛围？

李佩甫：整个80年代都是一个读书学习借鉴的年代。我们张开所有的毛孔吸收西方各种文学流派的营养,那时候河南文学界办了很多讲习班,大家经常在一起讨论阅读的感受,谈构思、谈想法……一个个就像打了鸡血一样兴奋!比如,看了《百年孤独》后,我们一个个目瞪口呆!原来文学也可以这样写?面前仿佛有了一千条路,可哪一条是我们的呢?那是一个既激动又迷茫的时刻。社会上仿制品很多,几乎所有的作家都不同程度地受到了影响。我必须说,我的记忆有误,我是学着写过意识流作品,可终于没好意思发出去。我的那篇被当年《新华文摘》转载的小说不是意识流,它只是一个名叫《蛐蛐》的短篇。

舒晋瑜：从80年代理想氛围中走出,很多作家都会经历一个精神的适应期。咱们上次对话时谈到,有一段时间是"像狼一样在各个街头徘徊,想写好作品,想找好素材,想找好方向",您是怎么度过这一适应期的?其间做了怎样的思考?这种苦闷与焦虑的状态,现在看似乎也是一个作家走向成熟必须经历的。

李佩甫：80年代中期,可以说我吃了一肚子"洋面包",肚子一直很胀,却没有消化的能力。是的,那时候,每天晚上,我像狼一样地在街头徘徊,漫无目的地走,不知道该往哪里去。那时候我已经知道文学不仅仅是写好一个故事的问题了,敢说"创作"的,必然是一种创新,或是"人人心中有、个个笔下无"的东西。这需要一种独一无二的表述和认知方式。可你是个笨人,你并不比别人聪明,你凭什么呢?有一段时间,转来转去,走着走着,我会走到省体育馆,那是个大院子,大院子有大锅式的屋顶。大锅旁是用钢丝网围起的一个溜冰场。那个溜冰场上有很多年轻人在滑旱冰。在这个旱冰场上,有一个最受注目的人。他有一个无限重复的、让围观的人耻笑的动作:"燕飞"……他是个男人,却一次次地以女性的姿态

"燕飞"……人人都知道他"飞"不起来,可他想"飞",飞得忸怩。我真的很害怕,在文学创作上,也成了飞不起来的"四不像"。"洋面包"很好吃,可我却长了一个食草动物的胃。这就是我当时的痛苦。

舒晋瑜:在《红蚂蚱 绿蚂蚱》中,您找到了更为丰富的资源——您的源泉就是平原,无论是四季变化、植物生长还是人的生命状态都是您最熟悉的。其实这也代表了当时一批作家的变化:逐渐回归传统。

李佩甫:我个人认为,不是回归传统,是寻找认知的方向,寻找自己的创作源泉,打一口属于自己的"井"。

认知或者说创造性地透视一个特定的地域是需要时间的。不光需要时间,还需要认识。时间是磨,认识是光。于是才有了《红蚂蚱 绿蚂蚱》。

在文学创作上,李佩甫找到了属于自己的"平原",就有了一种"家"的感觉。当然,这已经不是具象的平原,这是心中的。他执着地书写人与土地,作品中的每一个人物,都是他的亲人。

舒晋瑜:80年代中,您完成第一部长篇《李氏家族》。很多作家通过"家族史"表达中国的沧桑变化,像陈忠实的《白鹿原》、张炜的《你在高原》、台湾作家陈玉慧的《海神家族》。您认为《李氏家族》在"家族"书写中有怎样的特色?与国外的比如托马斯·曼的《布登勃洛克一家》及雨果的《悲惨世界》等相比,中国的家族书写具有怎样的特点?

李佩甫:对于中国文学来说,80年代中后期是一个"回头看"的时代。也是文学经过"反思"后"寻根"的开始。记得有一天,我脱了鞋上床,不经意间忽然发现,我的小脚指甲盖是双的。从"小脚指甲为什么是双的"开始,我有了《李氏家族》的初步构想……当然,外国文学的影响仍然存在。但中国的家族小说,是从"反思"到"寻根"的认识基础上发酵而起的。

舒晋瑜:您的长篇《金屋》也是一部探讨人类如何在大地上栖居的小说。它的思想内涵呼应了《送你一朵苦楝花》中"哥哥"对于金钱和人性关系的困惑;从情节上又延续了《李氏家族》的故事。我特别认同您所说的"一个作家一生其实是在写一部作品"。

李佩甫:我说过,"平原"是生我养我的地方,是我的精神家园,也是我的写作领地。在一些时间里,我的写作方向一直着力于"人与土地"的对话,或者说是写"土壤与植物"的关系。我是把人当作植物来写的。

在文学创作上,我找到了属于自己的"平原",就有了一种"家"的感觉。当然,这已经不是具象的平原,这是心中的。可以说,我作品中的每一个人物,都是我的亲人,当我写他们的时候,我是有疼感的。因为,实实在在地说,我就是他们中的一个。

李佩甫认为,对于一个民族来说,有真正意义上的信仰,才会有神性的存在。一个民族,要有"灯"。没有"灯",就只有"罪"的苦海。

舒晋瑜:《羊的门》《城的灯》——您的作品不只是题目与《圣经》有关,更重要的是,有一种神性的力量。如此游走在人性的卑微和神圣间的意识,又如此充满诗意与激情,这种意识,有源头吗?

李佩甫:对于我来说,《圣经》不是源头,只是借用。有那么一个时期,《圣经》一直在我枕头旁放着,我是作为文学作品来读的,晚上睡不着的时候会翻一翻,仅此。从本质上说,我们的源头或者说我的源头,仍然是中华文化,或者说是五千年的文明史,这是流淌在血管里的东西,洗不掉的东西。也许,更多的是儒家文化的浸泡或者说是桎梏,是锁链也是营养钵,走不出的。汉文化的一个个文字都是用血肉喂出来的,先是刻在龟背上,后又长在人心里,都是有背景的。我认为文字是文明的开始。在时间中,生活会演变成传说,传说会演变成寓言,寓言会演变成神话,一个个放大了的民族的神话。也许,我们正在重新寻找一个民族的思维神性。

舒晋瑜:不止于此,在所有作品中,还有一种"罪"的探寻与反思:人类最深沉的罪孽感不是源于对具体的条文规范的违反,而在于切断了自身和大地的关联。从早期《金屋》中的人物的疯狂和走火入魔,到近期《生命册》中骆驼从腰缠万贯却最后跳楼自杀,隐含着一种"罪"的提醒。

李佩甫:对于一个民族来说,有真正意义上的信仰,才会有神性的存在。可我们"神"太多,乱神,就等于没有神。一个民族,要有"灯"。没有"灯",就只有"罪"的苦海。

舒晋瑜:从《李氏家族》开始,您的长篇小说大多是表现乡村或农民题材的。《等等灵魂》以都市商战为背景,与前几部小说比较有什么异同?您觉得成功吗?

李佩甫:许多年来,在我的创作意识里是没有题材概念的,我只是在回忆中写作,在写作中回忆。这是一个缓慢的认知过程,不是要翻题材的"山",而是在掘生活的"井"。平原,我是指记忆中的"平原",一直是我创作中需要一次次重新认知的"大地",是我创作的源泉。

《等等灵魂》和《城市白皮书》,之前还有《学习微笑》,是写城市精神状态,是纯城市化的作品。而《生命册》写树的成长过程,写它赖以生存的土壤,写它生活在什么样的背景下。我期望自己对根的关注更多一些,写人与土地的对话。在这块土地,我是把人作为植物来写,为什么是这个样子,怎么长成了这个样子,可以生长到什么样子,为什么局限在这里？我关注"土壤学"更多一些。

舒晋瑜: 80年代,我们把文学的功能看成是批判性功能,把知识分子看成是批判性知识分子,也有评论认为,李佩甫是典型的、鲁迅所开创的"国民性批判"衣钵在现代的继承者。

李佩甫: 我在七八十年代虽然也读过鲁迅,但我与鲁迅先生无关。我读书乱、杂,不止鲁迅先生一人。我只是在研究"平原"这块土壤。在写作时,我手里没有"刀",我感同身受,我同他们同呼吸共命运,是用"疼"来写"痛"。

舒晋瑜: 在您的作品中,体现出对大地包容的情怀,但是当您面对城市时,却有清晰的价值判断。从《城市白皮书》《无边无际的早晨》里主人公对城市的感受可以看出骨子里的排斥和否定感。到了《城的灯》,似乎感觉您在试图弥合城乡差距,解决城乡矛盾。

李佩甫: 我要说的是,古老的、有传统意义的、纯粹的乡村已经不存在了。

早期,对于乡人来说,城里有"灯"。羊是寻灯来的。现在羊群大批进城,羊狼不分了,城市成了新的圈。只有疼是背着的,永远背着。

"中国文学在亚洲并不落后,比如印度裔的奈保尔、土耳其的帕慕克,日本的大江健三郎,中国一线作家的作品跟这些作家相差无几……"这话说过不久,莫言就获得诺贝尔文学奖。李佩甫感到由衷的高兴,为同行者莫言,也为自己的文学眼光。

舒晋瑜: 很多人怀念上世纪80年代的文坛,但是我注意到,您80年代的作品反而不如后来的《羊的门》更有冲击力。

李佩甫: 80年代是中国作家的阅读期,所有的作家都张开毛孔吸收西方所有的文学元素和营养,中国作家被加西亚·马尔克斯《百年孤独》里的一句"多年之后"打垮了,走不出这个"多年之后"。作家们都在模仿,这里有个"化"的问题,仿制很多,完全本土的作品还没有"化"过来。中国作家拿出本民族的文本是一个难题,这是50年代出生的作家的困境,也是瓶颈。所谓先锋小说就是仿制好的产品。包括我自己也写过意识流,但是我认为并不成功。

我个人认为,中国文学在亚洲并不落后,比如印度裔的奈保尔、土耳其的帕慕克、日本的大江健三郎,中国一线作家的作品跟这些作家相差无几,但是跟世界上最好的作品相比还是有差距,瓶颈就是文本建设。

舒晋瑜:《生命册》在文本上尝试了新的探索。

李佩甫: 我用树状结构的写法,以一个人的内心独白作为树干,主写一个人的成长背景。树状结构很容易写散,所以书中埋藏了很多隐笔和伏笔,比如说"见字如面""给口奶吃""汗血石榴",都是隐笔,是结构上的铺垫,是开启这部长篇的钥匙。有些人物尽量贯穿始终,情绪是完整的,语言走向比较一致。

我在文本形式上做了探索和实验,用内心独白写一个人五十年的心灵史、成长史,他身后的巨大背景作为树枝的分权来表现,就是写土壤与植物的关系,我把人当作植物来写。

舒晋瑜: 与河南文坛的朋友接触,我发现无论是作家还是评论家,大家都很关注文本的问题。

李佩甫:我曾经有一个观点。我认为,在这个世界上,凡是有实用价值的东西,都是有价的;凡是没有实用价值的,都是无价的。比如一把椅子,哪怕是金子做的,也都可以计算出它的价值。相反,比如百米赛跑,跑了世界第一;足球赛踢进了一个好球;或是一首名曲;一幅凡·高的油画,这都是在现实生活中没有实际用途的。你很难定价,也就说是无价的。因为它体现的是人类体能、智能和想象力的极限。诚然,文学是一种创造性的劳动。它不仅仅是要讲好一个故事,不仅仅是现实生活的反映,它是一个民族语言的先导和方向。它是民族精神的滋养源,体现的是一个民族思维力、想象力的宽度和极限。所以,我所说的"文体",指的是文学语言特有的想象力的高度和思维的方向。定然不是足球和篮球的差别。

应该说,中国作家在"文本"的探索上已做出了很大的努力,甚至可以说与一些亚洲国家的获奖作家差距并不大。比如:有些优秀作家在深挖民族魂魄根源上已走得非常远了;有些优秀作家在本民族文学形态创作方面已经做过勇敢的探索和实践;有些优秀作家也已对中国知识分子心理有过全新的研究和阐释,这些作品在文本方面都有突破性的试验和尝试,他们都是我学习的榜样。这应是中国时代文学里最难能可贵也是最应该肯定的,却仍然不能得到评论界的赞扬和理解。居然有人说,这还是受了什么什么的影响等等。可见,在文学意义上的创新和探索之难。

我要说,人类,是先有神话意义上的飞天、神灯、飞毯……才有了电、有了飞机的。在此意义上说,文学想象力是人类一切创造力的源泉。

舒晋瑜:我想很多作家都意识到了这个问题,难道这么多年一直没有成功的尝试?

李佩甫:20世纪八九十年代,一批作家写出一批很好的作品。中国改革开放后变得多元了,社会生活丰富了,中国作家失语了。一个民族的文学应该走在时代前面,可是当代生活中,作家思考的时间不够,文学不可能跟生活同步。

曾经有一个晚上,好像满天空都是飞舞的钞票,但是很快被一阵大风吹得一张不剩。《羊的门》所引发的争议,使当时李佩甫多少感到有些沮丧。

舒晋瑜:当年《羊的门》引发的争议,对您的创作有没有影响?

李佩甫:《羊的门》其实是写土地的,我集中了这块土地最尖锐的问题,更多的是对阶段性的社会生活的反思,更多的是批判意义。文学本身就是对社会的批判和修正。写完后书出了,我觉得这是我要写的。曾经有一个晚上,好像满天空都是飞舞的钞票,但是很快被一阵大风吹得一张不剩。当时我有点沮丧。但是对我的创作没有太大的影响。我仍然一直想写"平原"。我清楚我是写"平原"的,不可能有人超越"我"的"平原"。

舒晋瑜:在您的小说中,大地万物都有生命和灵魂。《黑蜻蜓》甚至说:"土坯是活的灵魂。"乡土是您所有创作的出发点和归宿,但是另一方面,您也是在借着乡土表达您对于人性的理解,对于社会中各种丑陋现象的批判。您的小说创作比较突出地体现了河南作家关于乡土的状态:情感上的依恋、行动上的背离和理性上的超越。

李佩甫:从形而上说,在平原上生活是没有依托的。可平原人又是活精神的。那日子是撑出来的,是"以气作骨"的。这里的山,是"屋山"或者叫"房山",这里的水,是井水或者是形而上的"龙"。是具象,也是想象。所以说,在这里人的精神不是活出来的,是练出来的。这个练,也可以是炼。人,在练或炼的过程中,很难说他会长成什么样子。五千年文明史,也许就是五千条锁链。反过来说,这里又有着生生不息的根底。在这块土地上,生存是第一位的。是的,我写他们或者说我们,就是一块块有灵的"土坯"。

舒晋瑜: 上世纪90年代,文学创作的兴奋点出现了转移,您也从先锋小说中走出来,《羊的门》轰动全国。这部作品通过一个村支部书记在四十年时间里利用各种"人脉"经营"人场"的描写,营建了一个从乡到县、从省城到首都的巨大关系网。这种关注在您后来的作品也有持续,中原乡村根深蒂固的权力崇拜意识、权力一族获取权力的非正常通道……您对基层权力运作机制如此的熟悉,探究与焦虑也展示了您的小说对权力批判的力度。一方面描写了乡土民间的人们在种种现实权力网络控制下的生存窘境;另一方面还看到了由于这块土地上的历史文化积淀造成的民间的劣根性。

李佩甫: 当年,作为知青队的队长,我也常和一些村干部们去公社开会。那时候,在公社大院或是公社在礼堂里,我常和他们一起蹲在地上,或是要一支"老炮"(自己卷的旱烟)"喷大空"……那时我接触了一个公社的几十个大队支书,他们各有特点。后来,我也经常到农村去,见了很多村一级的干部。在中国乡村,村一级组织不具备政权形态,他们也不是国家干部,也没有人给他们发工资。所以,这里活的是"集体经济"。这个所谓的"集体经济"既不是国家的,也不是个人的,这就有了巨大的空间……他们唯一可以依赖的是智慧。所以,每一个村干部都是能人、智者。由此,也可以说他们是这块土地上长势较好的植物。我说过,我研究的是"植物"的生长环境和生长状态,不分好与坏,仅此。

舒晋瑜: 很多作家不大愿意描写当下,是因为距离太近,但是您的写作却直面现实。周立波的《山乡巨变》描写当下,成为经典之作,但是当代作家却始终没有写出能够反映中国巨大变化的大作品。

李佩甫: 应该说,中国作家生逢其时,遭遇到了社会大变革的时代。可巨大的变化同时又使人目不暇接,眼花缭乱,使人迷失。80年代,曾经出现过文学的大繁荣时期,这期间出现了许多好的优秀作品,名篇佳作不断涌现。好像文学这只"鹿"就在眼前了,眼看着就要逐到那只"鹿"了。可走着走着,前方突然失去了目标。一切都与我们想象的不一样了……这是一个巨大的挑战。文学是社会生活的沙盘。面对急剧变化中的社会生活,或许可以这样说,我们思考的时间还远远不够。当然,文学是不开药方的。文学也不可能成为时代生活的药方。文学只有认知和发现的功能。文学只能写出一个时代精神语言的方向及高度。

这是敲钟人的活。

获奖作家访谈

金宇澄：低姿态的写作非常重要

金宇澄 1952年生于上海。曾任《上海文学》杂志执行主编。1985年开始写作。著有长篇小说《繁花》，短篇小说《风中鸟》《欲望》《不死鸟传说》《苍凉纪念日》，散文集《迷夜》，随笔集《洗牌年代》，非虚构作品《火鸟：时光对照录》《回望》等。其中，《繁花》获得第九届茅盾文学奖。

| 采访手记 |

《繁花》盛开自2012年秋季的《收获》,迅即蔓延成一片花海,覆盖了略显沉闷的文坛。

"独上阁楼,最好是夜里。"作品借《阿飞正传》结尾展开叙事,絮絮叨叨,却如夜空中闪烁的星星,此明彼暗,琐屑却怡然自得地热闹着。

金宇澄,这个近二十年来只出现在《上海文学》编辑栏里的名字,突然之间被屡屡提及并交口称赞——2012年中国小说学会"长篇排行榜"榜首;2012年"华语文学传媒大奖·年度小说奖";2013年"施耐庵文学奖";2013年"文化中国年度人物大奖·小说奖";2013年"鲁迅文化奖·小说大奖";2013年上海书展及深圳读书月的"十大好书"……2015年9月,《繁花》再次骤然绽放,成为第九届茅盾文学奖的获奖作品。

直到今天,《繁花》的话题依然被屡屡提及,金宇澄缓慢细致的城市叙述何以在碎片化阅读的多媒体时代征服读者?

当然,《繁花》得到众多肯定的同时,也不乏抱怨之声。诗人巫昂在网上写道:"读了几十页《繁花》,顿觉胸闷气短,这个不让人歇口气的金师傅啊……"

"金师傅"对此很歉疚,但他坚持认为,这样的写法是对的。"城市在我的笔下,能否生动一次,是我唯一的写作愿望。"

陈丹青曾讲过,一个小孩子翻跟头,大家围观鼓掌,小孩不知疲倦,翻个不停……精神的力量是很强大的,大概正是这种力量成就了《繁花》。《繁花》的语言特征、散点样式、轻浮与沉重的世相,都得到了读者的认同。有读者甚至说,金老师可以凭此终老了,金宇澄听了有点伤心,但他又觉得,目前确实不可能再写出第二部同类小说了,这也是他为什么反复修改的原因,"因为舍不得,我不会再有这样的机会了,这可能是我对小说的个人认识,《繁花》是自然到来的,自然的机会,很少会再有,感谢上帝给我的机会,得让它更厚实,更充分,才对得起喜欢这本书的读者。"

《繁花》描述的上海,是曾经存在然而已经基本消失的场景,它那么亲切,唤起了很多人温馨的回忆,却又那么无奈,落尽后是无望的悲凉。

舒晋瑜：您的写作是从什么时候开始？

金宇澄：三十多年前，上海初雪，写了一个怀念北方大雪的散文给《新民晚报》，很快发表了，让我感到自己的想法真能变成实实在在的铅字。

舒晋瑜：能谈谈80年代中期您的写作状态吗？

金宇澄：在《萌芽》发过几个短篇，得了"上海青年小说奖"和两届《萌芽》奖。之后参加上海青创班，短篇《风中鸟》和孙甘露的《访问梦境》同期发在《上海文学》，得了《上海文学》奖，再以后就调到《上海文学》当编辑。在1990年前后发的小说，包括《收获》发的那些个中短篇、散文之后，就感觉不能再写了。当编辑容易挑剔别人的文字，写作则是要全力来鼓励自己，那时我经常晚上写一节，早上起来就觉得很差，挑剔别人，也挑剔了自己，很分裂，感到很难继续真正的写作了。

舒晋瑜：那个时期的作品，是怎样的风格？

金宇澄：开初喜欢用接近口语的北方话叙事，因为写东北嘛，1986年《萌芽》开过一个会，记得当时程德培讲，光看我的小说，他以为我不是上海人，是北方人。以后写的，一直是注意文体、叙事特征，那时作者比较求变。1990年发在《收获》的《轻寒》，四万字的江南小镇旧故事，都不写明白的人物线，用暗示延伸，人物都像牵线木偶，但我的责编肖元敏还是看懂了，我自己也挺满意。包括也是发在《收获》的《欲望》《不死鸟传说》《苍凉纪念日》那几个短篇，都是不讲明故事主线，四处留白。不到三千字的散文《迷夜》，也完全是打乱了拼接的,《收获》也用了。

舒晋瑜：正处于写作的上升时期,果断地"觉得不能再写"——为什么会对自己有如此清醒的认识？很多作家经历过写作同时也是编辑的经历,如韩少功、刘恒、毕飞宇、李洱等等,似乎少有因为编辑放弃写作的例子,或许我的视野有限,没有注意到更多的作家,和您有类似的选择。我很想知道,您认为什么才是"真正意义的写作"？

金宇澄：简单讲就是,要么做作家,要么做编辑,我是徘徊的,也没把写作当成重要事,不觉得写作那么重要。刚到编辑部,老主编周介人让我编个稿子,结果被我改成了大花脸,当时都是手写稿,满篇都改成红的了,周老师很吃惊,这稿子确实很差,但他也真没见过能这样改的。那阶段我自己在写,白天挑剔他人晚上鼓励自己——写作得有百分百的自勉,后来就觉得做不到了,做不到真正地写作,遇到了"极点",这是运动员的词。记得有一次我收到了一本《世界文学》,那时都注意西方文学,一打开目录是"越南小说专辑",本能就扫兴,之后我自问,为什么这样扫兴？也就想到我们的小说在西方读者眼里,就是看这专辑的态度吧,仿佛从那时起,我就解脱了,平静了。总之,那时期我遇到了瓶颈,然后找理由退出,尤其编辑工作的干扰,自我退出。

舒晋瑜：谈到"那时期我遇到了瓶颈"——感觉您面对瓶颈并没有急于改变,还是曾经也试图拿出更好的作品证明自己？瓶颈的突破,是经历多年积淀之后自然而然解决的吗？有追求的作家无一例外希望不断地突破不断有所进步。希望您给同行一些启示。

金宇澄：当然也有过希望自己"越写越好"的阶段。有一年,我天天待在家里写,吃饭马虎,形容枯槁,邻居有一位老大夫,偶然见我大惊,警告说,我再这样下去,身体肯定出问题。然后就是编辑工作对写作的干扰。《世界文学》给我在心理上一个退却的理由,这过程是复杂的,也因人而异,既可以攻城略地,柳暗花明,也可能一直是败走麦城的。记得当年青创班一个朋友,坚持写作到什么程度,家里一大堆一大沓的稿件,那时都是手写,一个都发不出去,后来老婆见他写字,就上来撕碎,因此他只能到邮局写信的座位上写,他这样努力,仍然收效甚微……年轻作者往往容易逼迫自己,向自己索要灵感,无视种种局限,良性的获取是水到渠成的,牵涉条件、方法等等无数复杂的问题——简单说,就是写自己最熟悉的生活。通常所谓的焦虑是,写你难以把控的内容,人不能逼自己写一个陌生的东西。

金宇澄曾在东北待过七年。在50年代出生一批作家中,农村是多数人重视的经验,而城市被忽略。按理说,金宇澄也可以一直写乡村,但《繁花》集中描写了城市生活。他一直记得盖满白雪的田野,也很难忘记当时自己渴望进入城市的心情,这是他的人生轨迹。

舒晋瑜:当年在农村的生活经历,对您有怎样的影响?您并没有像同时代作家那样痴迷于农村题材。

金宇澄:"出生地"对人有重要的影响,我和我母亲都生在上海,我很难再选另一个目的地,很难忘本。迁去农场是非自愿的,是一种"大雁飞几千里路,也要返回出生地"的心情,对"接受贫下中农再教育""农村是第二故乡"等口号,也一直是怀疑的,我小说里的北方乡野,因此难免都是陌生的灰颜色——如今我不少的同伙都去看过北方老农场了,我心里知道,他们都是在那边谈的恋爱,那地方就会出现玫瑰颜色,我没有。

舒晋瑜: 有二十年时间,您几乎没写东西。

金宇澄: 基本不写,改稿子,注意来稿语言、方言、润色,《上海文学》面向全国,来稿方言写过了头,不自然,就改,包括上海话很难拿捏,不小心就俗,直接就发,外地读者肯定不懂,这一块我经常动笔。那时已盛行所谓"报告文学",为企业写文章、出书得赞助,社会上也有这种邀请,我们杂志在那段时期,同样苦心经营搞创收,文学杂志在经济上一般都困难——因此说《上海文学》的几次变动,并不是因为小说编不下去、编辑没能力的一种变动,都是因为经济实在支撑不下去发生的所谓变动。从1984年起,《上海文学》就没"人头费"了,自负盈亏,经常要"拉赞助",我和同事们甚至被叫去山西写潞安煤矿,采写一大本各煤矿的光荣事迹出书,或是被朋友拉去写电视剧(《相亲相爱》)等等,为香港导演潘文杰写剧本……不写小说,写这些。

舒晋瑜: 您说过,这些并不特别的零碎事,所有无意义的经验,到写《繁花》的时候,都起了作用——起了怎样的作用?

金宇澄: 了解很多事,对这个社会看到了底。包括写作的其他方式,比如香港人那时的剧本思维,二十集就是二十张纸的一个结构,一直就是在二十张里反复讨论改动,烂熟于胸,最后写起来就快。所谓的"报告文学",是可以在大堆材料里,一眼选出重要内容。见识这个社会的各种零碎经验,繁复烦乱,时代的细枝末节。

舒晋瑜: 那后来是什么原因促使您动笔?《繁花》是在什么背景下完成的?

金宇澄: 2011年5月,有朋友在"弄堂网"写真人真事,我看后觉得,写普通老百姓会更有趣,就开了一个闲聊的帖子,非功利,用"独上阁楼"的网名,很是新鲜。没想到以后每天就被读者催了,要我多写。陈丹青讲一个上海小孩翻跟头,假如大家围观鼓掌,他就能不知疲倦地翻个不停,可以说是这样的环境成就了《繁花》。还有就是,网络特别的自由自在,就好像你完全脱离了圈子和自己,有陌生名字,同很多陌生人来往,触角特别灵敏,六个月里,这闲聊成了长篇初稿。

舒晋瑜: 作为传统文学作家,在网络上写作有什么意义?

金宇澄: 我觉得网上写作,就等于是连载文学的传统,我是这样看的,比如狄更斯、陀思妥耶夫斯基几乎所有的作品,包括鲁迅《阿Q正传》都是连载,写一截就发,我曾经很不理解或者很佩服的民初旧文人,一个作者一天可以写三张报纸的俗小说连载,我也不理解当下网络写手夜以继日的写作,之后就体验到了,因为,这完全是裸写,不容易,必须全身心地来,初稿直接面对读者。

作为20世纪的过来人,我怀念那时文学实验氛围,除了空前的读者热情,编辑给予的支持也有作用。我对这网上的初稿,等于也是做实验,"编辑"换成了一群热心网民。如今时髦的"作品朗读会",其实就是源自欧洲传统的,那时作家就喜欢写一段立刻读给朋友听,朋友逐段、逐句提意见,即时、即兴的过程和网友们的反馈相似,难道不是吗?过去的连载小说天天刊出,读者天天议论,韩国电视边写边拍边播,甚至会随观众意见变化,这都有积极的一面。另外就是,这个方式当然不适合所有的作者,我是无意之间的进入,并且是感觉很合适的一种人。这个网也不是靠点击吃饭的大网,没什么压力,读者都很友好,不骂人,如果有人骂、拍砖,我肯定是写不下来的。这样每天两三千字一整块,一天六千字也写过,都是一整块的字,有网友觉得眼累,为我仔细分行,一般不予理会,但作者和读者的联系就这样直接建立了。

在网络那片自由自在的天空,金宇澄脱离了所谓文学圈,摇身一变,拥有了另一个陌生的名字,同很多陌生人来往。尘封多年的触角突然间打开了,思维变得特别灵敏,正如张屏瑾所描述的《繁花》:"一万个好故事争先恐后地起跑,向终点冲刺——那不可估量的人生的尽头。"

舒晋瑜:《繁花》在网上发表时曾暂用名《独上阁楼》,您是以游戏而喜悦的心态写的,是非书斋、非功利的一种状态。能谈谈您在网络上写作的体会吗?

金宇澄:比如说连载文学的传统,至少在圈内是遗忘的,我个人觉得,写作不一定就是私密、高深的,或是庙堂,可以很平凡,可以直接面对读者,可以经受精神、环境双面的压力,这里边有"书斋写作"难以感受的责任感,非常清醒,也经常陶醉。说老实话,我们所谓的小说,就是给读者看的,我们的作者也都希望看到更多的读后感,但常规意义上,你写一个长篇比如两年,你只会看到一个读后感,也就是编辑谈论的读稿感受。但是你网上每天写每一节,都会得到反馈,最近评论家吴亮也在我熟悉的"弄堂网"洋洋洒洒大写小说,半年写了二十多万字了,有时我上去看,感受这小说的出生欲望。这个著名评论家曾经在80年代也写过小说,之后已憋了几十年,等于尘封的古董级茶砖,沏出来浓。有次看了他一段,心里忽然有跳起来的感觉,我是想到了自己曾在网上的感受,非常自由自得,众目睽睽之下、高度警觉下一种超常的挥洒,这个过程,现在想想非常奢侈,很怀念那个时期。

舒晋瑜:这种状态和您丰富的文学经验,是否特别容易在网络小说中脱颖而出？

金宇澄：在圈子里这么多年，肯定是按照文学经验来做，有底线，有清醒的谋划……积压很久的对小说样式、方法的疑虑，"叙事趋同化"、寻求个性……都起了作用，这小说里也因此有那么多的故意，故意反着做。

只是目前如何看待"网络写作"，一般还是在"非黑即白"的低端状态——网络写作乌七八糟，圈内写作严肃真挚——其实呢，圈内的垃圾文字还少吗？应该说我们目前一直是在过渡的时代、分化的时代，一切在变，变得更复杂更多元，"网络写作"的大背景，我个人觉得，很接近民初那种踊跃的俗小说浪潮，它们同样都是那么吸引一般读者眼球，也同样容易被编成一般的戏剧和电影，或者说，这就是一种富有生命力的"新文学"的基础，相信会分流，会产生文学新面孔，我乐观其成。

舒晋瑜：面对形形色色的读者，面对已经发生巨变的写作环境和时代背景，您的写作受影响吗？

金宇澄：这世界真的在变，我们都清楚80年代之后，中文好的学生都不考中文系了，因此如今潜在的好作者、好读者，肯定已不是80年代水平，我们常可以看到网上陌生高文、"豆瓣"陌生读者留言也是藏龙卧虎。如果我们所谓的"严肃"作者以为自己还活在80年代，面对还是80年代的读者，可以随便耳提面命，高高在上，无所不晓，下笔就是金句，那是非常可笑的。因为今非昔比了，读者完全变了，现在也真是历朝历代中国最有文化的时代——无数人大学的背景，无数人的世界周游，精通外语，博览群书，与地球保持那么紧密的联络，个人爱好那么无限制细化，见识更多更复杂更跳跃的内容，相比而言，如果是处于固态的文学作者，难免更容易狭隘，更容易孤陋寡闻。

作者的位置理应低下来,我们的读者完全成长了,网上一般的无名文章都比一般的作协会员写得好,有什么冤屈可言,有什么事读者没见过?什么花招名堂他们不懂?低姿态的写作,因此非常重要,写作,就是把我知道的事,仔细告诉读者,就可以了,这是我的立场。另要说明所谓"网络写手",也只占"网上写作"一部分,网上的区分非常丰富,高手如林,就等于圈内写作那样,有三六九等之分。

在这座上海市井博物馆内,陈列着半个卢湾区,从香山路到茂名路,从上世纪60年代起始的近半个世纪的一百多位食色男女的生活面貌,尤其是他们对待感情的态度,让人看到传统海派小说的新风尚。但是,也有一部分人评价,《繁花》令人"读不下去"。

舒晋瑜:诗人巫昂的"胸闷气短"或可代表一部分读者的感受。有读者说"读不下去",您怎么看?

金宇澄:读惯了西式叙事,习惯翻译腔小说的原因?西式小说进入中国其实只一百年,我们一般的口味就这样了。《繁花》有意复古,从头到尾"胸闷气短"的陌生,话本的传统气息,明显和西式小说很隔,文字也不分行,一大块一大块,用最简单的句、逗,大量录用鸳鸯蝴蝶派的词语,引旧书就用繁体字,包括方言思维而非普通话书面语,是一种提醒:中国有自家的传统。总之,它是西方文学的反面。我不是号召都这样写,是因为目前没人这样做,可以这样写。我非常理解"读不下去"的说法。

舒晋瑜:"金宇澄的写作缓慢、谦恭,如同一次漫长的等待。……《繁花》新旧交错,雅俗同体,以后撤和迂回的方式前进,以沪语的软与韧,抵抗话语潮流中的陈词滥调。经由他的讲述,一衣一饭的琐屑,皆有了情致;市井与俗世的庸常,亦隐含着意义……"华语文学传媒大奖评价您把传统资源、方言叙事、现代精神汇聚于一炉,为小说如何讲述中国生活创造了新的典范。其实,不止于中国生活,对于中国的城市题材,《繁花》也是一种新的拓展。

金宇澄: 现在纸媒面临困境,种种压力,文学杂志还可以,但文学杂志很多,文学的作者也相应很多,是一种特点,容易形成大量的业余作者和翻译者,都和发表园地的多少有关,大量各个级别,甚至最低端杂志的存在,容易形成大范围的低水平阅读和写作氛围,难以全面得到提升,也就是说再差的小说也可能发表,意味着都会拥有读者。包括"叙事同质化"的现象,和刚才讲的这些都有关系。

80年代的作者,对文本怎么写、写什么感兴趣,形式、语言这一块很热衷。90年代搞经济,影视或者外来翻译的吸引,使语言形式相对就淡薄了,作品译出去,拍电视剧,和形式、语言没多大关系,有"好故事"就行。此外就是,作者一直处于努力学习的"好学生"心态,永远学西方经典写作,也就永远和西方文学一直不对等。举例魔幻主义,"很多年前"这样的小说开头语,编辑一直是多见的,"相濡以沫"这种大团圆模式,老一代优秀短篇如此,之后大家一直效仿至今,人与人的最终关系其实非常复杂,都需要个人的发现,个体的写作特征、语言,该有更多的内容……

80年代我写的就是乡野小说,我在城里住,写乡下的事情,是乡野经验的挥发期。30年代以来,作者一直是这样的"城市化"过程,基本住在城里,写乡下的事。如果社会安稳,没有战争,这个"城市化惯性"也要过渡两到三代,等到我们的后代全都储存了城市经验,城市题材才可以成为大宗,也许到了那阶段,大伙会住到乡下去,专写城市的思考,这进程一旦到终点,就像西方那样没了城乡差别,普鲁斯特、孙甘露、小白这样的个案才多一些。

舒晋瑜：《繁花》的写作过程中您多次修改，主要是改哪些方面？

金宇澄：句子的修订，整本书都是口语的语态，每一句我都会用上海话读一次，普通话读一次，难免疏漏。另外是关于工人阶级部分的修订，在上海，这个生态非常丰富。

舒晋瑜："静静地／我们拥抱在／用语言照明的世界里／而那未成形的黑暗是可怕的／那可能和不可能使我们沉迷／那窒息我们的／是甜蜜的未生即死的语言／它底幽灵笼罩，使我们游离／游进混乱的爱底自由和美丽"，作品中三次引用穆旦的爱情诗，有何用意？

金宇澄：《繁花》原稿的上海味更浓，接受面就会更窄，因此一直在语言上折腾，做无数次的改动。原诗是爱情诗，引于小说人物的一段朗诵，也发现了它是在反映我的写作，自愿接受语言的种种折磨。比如读者很少会发现，这本书基本没有"他，你，你们，我们，他们"这类的人称词——上海话录下来就是"伊，侬，那，阿拉，伊拉"，都被我转换了。

按照上海话思维，我必须这样原封不动写出，胡适先生讲"我手写我口"，在《海上花列传》的年代，可以这样自然为之，到了40年代张爱玲时代，因为流行"国语"，读者对方言的听力和辨识力就减弱，因此她不翻译这本书，很少人会懂。等到50年代，全面实行普通话的教育，读者对方言的敏感就进一步减弱，因此这些常用方言词，如果每页频繁出现"伊，侬，那，阿拉，伊拉"，即使上海的读者也很厌倦。我必须去掉，用其他方法转换、代替，在很长一段时间里我都在拥抱语言，它使我沉迷、窒息、混乱和甜蜜，仿佛只有诗人本尊，才能真正理解这份苦心。

舒晋瑜：网友的意见会影响到您的构思吗？

金宇澄：有一次看到网友意见："不要死那么多人，阿婆死得太早了。"引起我注意，之后在《繁花》新一稿里，绍兴阿婆穿了寿衣，忽然活过来，开口说话想吃一根热油条，唱一段民歌，病就好了，蓓蒂的爸爸只能退了棺材和坟地……这个提醒很重要，提醒阿婆确实有表现的更大空间，因此小说里她活到1966年秋才消失，这是读者建议引发的变化。狄更斯的《远大前程》，包括张恨水都架不住读者的要求，改变人物结局。这是经过作者思考的一种改变。

《繁花》基本上毫无悬念地获得第九届茅盾文学奖。其授奖词说：金宇澄遥承近代小说传统，将满含文化记忆和生活气息的方言重新擦亮，反复调适，如盐融水般汇入现代汉语的修辞系统，如一个生动的说书人将独特的音色和腔调赋予世界，将人们代入现代都市生活的夹层和皱褶……

舒晋瑜：能否谈谈《繁花》出版后的反响，是否出乎您的预料？

金宇澄：原以为我这一代的读者会喜欢这小说，后来发现80后、90后、00后读者也非常喜欢，尤其不少非文学读者喜欢，出乎我预料。也无法解释是为什么，我经常发问。上一回笛安来做访问，我问她为什么喜欢这本书，她说，以前她看村上一个小说，一个玩具店老板给女孩子介绍店里的玩具，架子上方是什么型号玩具，下面哪层是哪一年型号的玩具，前面是什么，后面是什么……笛安说，当时看到这里就掉了眼泪，因为城市太丰富了，《繁花》有这种丰富性。

舒晋瑜：有评论认为，《繁花》是得《红楼梦》之真正精髓。是这样吗？

金宇澄:这是过誉的,《红楼梦》是章回小说气息,《繁花》经过了口语过滤,话本气重,此外中国传统小说人物都多,散点透视,虚无的意识,应该算是本土意识整体的影响。

舒晋瑜:《繁花》回到民初小说的方式,能够看得出来您对传统的敬重。而那么多读者都喜欢这种"复古",除了小说本身的魅力,是否也有其他的原因?

金宇澄:小说有文本追求,也是西方作者的普遍自觉。有一回李敬泽跟我同事小甫说过:"你们老金如果不用这个形式,这小说没人看。"他说得完全对——我们每年出那么多长篇,比如说人人穿衣服就都应该不同,应该显眼一些才行,这很重要。

舒晋瑜:《繁花》参评茅奖,您当时是怎么想的?有没有想到会得到茅奖?

金宇澄:确实有不少朋友说这小说会得奖,我清楚这不是容易的,《繁花》已经得到不少的奖和媒体年度排行,已经很满足很感恩。看待茅奖,我更在意的是它对这一类非主流写作的权威认可。

舒晋瑜:是在什么情况下得知获奖的消息?您对茅奖的评奖方式怎么看?

金宇澄:那天是在印刷厂看随笔集《洗牌年代》图样,突然电话不断,现在我所知道的获奖记忆,就是和这些源源不断的电话采访混淆在一起,真实的第一感受就是,这个奖的社会影响力如此巨大。对于评奖方式,确实我一直是不关心的,写《繁花》之前也完全不关注,一直不在这样的状态里。

舒晋瑜:您在获奖感言中表达了什么?

金宇澄:讲得很简短,提到茅盾先生曾使用"多个坐标"表现的上海,我曾经从上海迁移到黑河务农,这个"城市坐标"在我心里,始终没有远去,它更是深刻和诱人。尤其到了城市化进程的当下,借鉴前辈的观照方式,我再看待上海这座城市,它仍然显现了原始森林的复杂和丰富,毫发毕见,也是深不可测。它的喧哗骚动,沉默无言,让我感悟到城市和乡野是密不可分的,它们同样是普通生活最重要的聚集地,同样需要作者沉浸其中,不断积累和最忠实的表达,需要作者投入更多的热情和感情,让我明白,城市的主题同样是打开文学视野的一把钥匙。

舒晋瑜:《繁花》销量在2015年底已达五十万册,这一销量大概出乎很多人预料。在历届茅盾文学奖获奖作品中,城市题材不多,能否谈谈您对城市题材的看法?

金宇澄:城市写作一直是被边缘化的,总被指为腐朽温床,上海一直这样被看轻,认为它历史短,原只是个渔村,但几代的上海人,真也不是这小渔村的子孙。在我眼里,上海吸收了周边苏、杭、江南千年的历史,是写不胜写的。民国之前,上海就被认定是个"坏地方",现代小说家包天笑曾经回忆说,当时苏州所有的"好人家"都不许子弟去上海,等到了民国,苏州成立政府了,需要干部,但是一个人才都找不到了——当时苏州最优秀的人才,早都跑去上海了。包先生当年是陪一位上海中学校长去苏州应聘县长,记下这段感想。

上海一直有巨大的吸引力,所谓中国文化仍然源自乡村的结论,可以说此一时彼一时,这个根脉的乡绅阶级,也是早被连根掘除了,它或许是回流隐避到比如上海的复杂皱褶里,近代无数的文化裂变,使上海日益丰富,聚拢了中西最优异的人文底蕴,生动驳杂,也是盘根错节。作为单独的个人,我只能见到目力所及的风景罢了,《繁花》只写到上海的局部——根本无法代表上海,没一位小说家可以写一部囊括上海的小说。

《繁花》第一句话是王家卫电影里半夜数钱出门打牌的角色,小说的最后一句是流行歌词"不如温柔同眠",这两个点,划定了上海某一类人群。我略有所知,上海这座大金字塔,市民阶层的根基极其庞杂,包括"夜不归宿"的种种城市游荡者、种种落魄男女,各种生意人,包括第三、第四者的城市暧昧层面,这块模糊的灰色部分,并没有作者注意过他们,没有这样的写作兴趣。它一直是一个老式人造革"上海牌"旅行袋,拉开它的拉链,里面五光十色。这个人群内容,没有所谓的知识阶级,但藏龙卧虎,不乏展露丰富阅历的人事。即使经历无数的政治运动,他们仍然活在海洋的底部,海面生发种种气象,他们则是在另一个生存法则里,在一个基层生活面中,包括我了解的产业工人,也并不是通常政治解读的阶级。

舒晋瑜: 茅盾文学奖的获得,给您带来了什么?

金宇澄: 无数的采访和讲座。

舒晋瑜: 此后的创作情况可否谈谈?非虚构作品《火鸟——父亲的时光对照录》是《繁花》之后创作的吗?

金宇澄: 是一个关于父辈的纪实,它的引文方式有点像七嘴八舌的插话,很有形式感。最近的创作,就是修订很多访谈和对话吧,主要是和王家卫导演合作的电影梗概——我对电影没感觉,但必须配合。

获奖作家访谈

苏童：我一直在挽留事物的敏感

苏　童　1963年生于江苏苏州。毕业于北京师范大学中文系，当过教师、编辑，现为北京师范大学文学院教授、中国作家协会主席团委员。从1983年开始发表文学作品，著有长篇小说《米》《我的帝王生涯》《城北地带》《碧奴》《河岸》《黄雀记》，中篇小说《妻妾成群》《红粉》《罂粟之家》《三盏灯》。其中，《黄雀记》获得第九届茅盾文学奖。其作品被译成英、法、德、意、日、荷、韩等多种语言在国外出版。

采访手记

2015年3月，作家苏童成为北京师范大学第四位驻校作家；同年7月底，他正式成为北师大教授一员。

这是他一生中唯一的一次调动。以他的性格，其实懒得动；但是在北师大国际写作中心的老朋友们一再邀请下，苏童动心了。他想，几十年在作协，遇见的都是老面孔；生活改变一下，大概也蛮有一些意思。

不开课，只带三个写作方向的硕士，平时多在南京，有事情时则来北师大。听上去苏童的新生活并没有太大变化，他也不觉得换工作会对写作有何影响。"我还是优哉游哉地写东西。这十年来写得少，我不需要数量，不需要热闹，唯一想的是，能出新，能写出更好的东西。"苏童说，他想写得好一点，再好一点。要想达到这个目标，唯一的方式还是写。年轻时还是每隔一段时间就要出新作，希望别人不断地看到你的作品，需要有在场感。现在的写作变得非常个人，不需要别人参与。

努力不是对自己的催促，不是每两三年必须一个长篇。苏童从来不认为这就代表努力。他差不多每天都在写，也许只写一千字，这一千字后来变成废物也属常见。因为他对自己设置的要求越来越高。"常常是写出来的东西来之高阁，很久以后再回头去看。还能'抢救'就发表；不能'抢救'就废掉。"

作家对自己的自我认定和自我判断，是容易有误区的。年轻时的苏童总是充满自信，现在他则写得越来越慢，他希望把一部作品——不论长或短，写到觉得自己能力到顶的情况。

2015年，苏童的《黄雀记》获第九届茅奖。苏童在获奖感言中表达自己不仅感到高兴，也感到温暖与光荣的心情。"茅盾先生留给世人的一支文学火炬，几十年来的获奖者很像火炬手，我很荣幸成为其中一员……一切都还要从字与词开始，我们的努力，就是以我们神圣的汉字，讲好更精彩的中国故事、讲好人类未被讲述的严肃的故事。所有这些故事，其最终价值将交由未来评判，没有人知道那个未来评审团设在何时何处。我们只知道那是一个沉默的评审团，而它的沉默，对于无数写作者来说，构成了永恒的诱惑和召唤。"

2013年,苏童完成长篇《黄雀记》。作为"香椿树街系列"风格上的延续,小说讲述了上世纪80年代发生的一个错综复杂的强奸案,通过案子三个不同的当事人的视角,反映了时代的变迁。

舒晋瑜:《河岸》写"文革",写70年代的背景;《黄雀记》借着三个孩子的成长,反映了80年代到2000年中国社会的震荡和变化。它们除了时间上的延续,在内容上有什么有关联吗?

苏　童:这只是我的一个创作规划,已经完成两部了,另一部还要酝酿一段时间。我有意模糊了小说的系列性,不想设置三部曲,但是我心中很清楚:在五十岁之前写完这三部长篇。

在创作观念上,我以前的小说,对现实的态度若即若离,从《河岸》开始,尽管是写四十年前的故事,其实是大量使用现实主义手法的创作实践。之前的《蛇为什么会飞》也是这样一种类型,现在重新回到这个路子上来。

舒晋瑜:《黄雀记》是以前乡村的故事的延续和发展,仍然是街头市民的生活。

苏　童:故事的类型不是完全写实的,跟《河岸》有点相似,有夸张变形的幻想现实主义的风格,也是我多少年来写作当中的——不是追求,而是自然流露的写作趣味。

舒晋瑜:那么之前的写作是怎样的目标?

苏　童:很多时间是花在短篇小说上,谈不上有特别清晰的规划和计划。如果对自己的写作面目认识得清晰的话,就不用写作了。作家也会老，首先是体力的下降，必须承认写长篇是体力活，所以在体力允许的情况下，安排先写长篇。

舒晋瑜：《河岸》是您本人比较满意的长篇，在读者中的反响，是否还是有别于您以往的作品？

苏　童：作品完成就是终极目标。写完了，就是小说写作的最后一站，所谓的反响，跟你无关。《河岸》无论从发行和所获的奖项看，已经超乎我的预料。《河岸》之前我从来没有获过奖。

"孩子是旁观者，是无辜的。正因为是旁观者，对那个时代的细节记忆比参与者更加清晰。特别原始的生命，没有什么意识形态的负担，对事物的本质会有直觉，那种记忆值得保存，值得追寻，是难以训练的。"

舒晋瑜：虽然经历过"文革"的人，对"文革"有共同的记忆，但是很显然，在不同年代的作家笔下，有不同的特点和描写。您写的《河岸》和韩东的《小城好汉之英特迈往》所表现的"文革"，就和50年代出生的作家所表现的不同。

苏　童：《河岸》的写作，是要解决我的好几种个人情结的。关于对"文革"的描述，可能都觉得"文革"是大家共有的记忆，已经被利用很多。在我这里始终没有触碰过，这是我的情结，迟早要写，怎么写只是方法。我有河流情结，对于水，对于可以流动的事物的敬畏，也是我必须破解的。在河边生长以后，所谓的河水、河流对我整个莫名的影响，是我要在这个小说里解决的问题。河流情结和"文革"情结，这是小说创作背后的动机。

60年代出生的作家，赶上了"文革"的尾巴。好多人会说，60年代出生的作家，写"文革"的作品很暴力，在我们的记忆当中，暴力是普通的日常生活的细节。我并没有渲染暴力的方式,也不是刻意冷静,而是尊重生活,在暴力生活的时代,如何还原记忆,这是我们那一代人的共同特点。为什么会有漫不经心的态度?因为你当时还是个孩子。对于他人的灾难、他人的苦难,并没有太多的思考能力,只是通过孩子的眼睛去观察,很少去想为什么会这样。

变态的社会生活,人与人之间残酷的斗争,为了政治理念,互相不信任、互相提防甚至互相残杀,在孩子的眼睛里,也跟成年人是不一样的。即使是在这样的情况下,五六十年代对"文革"的记忆,不遗漏对美的感受。姜文的《阳光灿烂的日子》是忠实于那一代人的"文革"记忆的,"哗"的一下镜头切换,天空特别蓝——那个时候天空就是特别蓝,孩子的记忆特别清晰。宁静扮演的米兰的腿——孩子眼睛中的性就是这么朦胧。在残酷的背景下,还有美好的东西。这就是我们那一代人对"文革"特有的记忆。

孩子是旁观者,是无辜的。正因为是旁观者,所谓意识形态是干净的,对那个时代的细节记忆比参与者更加清晰。特别原始的生命,对事物的本质会有直觉,那种记忆值得保存,值得追寻,是难以训练的。

《碧奴》和《武则天》的写作,是幻想现实主义的实现。苏童说,他看重写作中的这个环节。"对于现实的态度,作家不是踩在现实的泥潭里,必须一只脚拔出来,离地三公尺飞行。"

舒晋瑜:历史题材在您的创作中也占很大比例。《碧奴》是命题作文吗?

苏　童:一个作家写那么多作品,尝试命题作文也未尝不可。没有一个作家能脱离想象力,从某种意义上,想象比现实社会更真实,更接近社会生活的本质。写作不是现实生活的一个照相机,眼睛也不是摄影师的眼睛。幻想对现实主义作家来说特别重要,在现实主义的小说写作中是鉴别作品高低的标准,基本也是对一部小说判断的标准之一。最好的现实主义是带有个人幻想性质的现实主义,恰好是因为带有个人幻想性质,这个作家才和那个作家区分出来。

我个人看重写作中这一环,要我把作品归类,我是现实主义,我希望是一个非常完美地利用幻想现实主义写作的作家,说他是超现实也好,魔幻主义也好,对于现实的态度,作家不是踩在现实的泥潭里,必须一只脚拔出来,离地三公尺飞行。如果在创作中贯彻实行这样的态度,要看每个作家在具体文体中的创作和能力。

舒晋瑜:离开熟悉的香椿树街,写作《武则天》和《碧奴》这类的题材是怎样的感觉?

苏　童:我没觉得我写必然经历过的、我熟悉的生活才是创作。我写作的线条,始终在写人的命运,写我喜欢的主题。我熟悉小街生活,也常写南京生活。在我的世界里,比较忽略大主题的坚持和开掘,题材其实不重要。一方面我觉得无所不能,一方面又觉得处处受限,这关乎一个作家的能力问题。

我们只有两只手,一个有野心的作家要尽量长出第三只手——利用你所拥有的生活信息创造第三只手。如果有能力写自己不擅长的,才是好作家。

"我还没写出心目中我能写出来的伟大作品。" 苏童说,这恰恰是一种力量。不写,可能是没有那个愿望,没有设置自己写作的高度,或者有的人以为自己已经写出来了。

舒晋瑜:您是怎样走上文学之路的?

苏　童：所谓走写作之路，有一个大背景：我们这一年代的作家，赶上了80年代文学的黄金时期。文学特别受宠，作家也特别受宠，你喜欢文学，当你有机会因为写出某些作品得到认可，走上成功的时候（那个时代比现在容易一些），那个时候，你所从事的文学万众瞩目。

我必须要说，能够坚持到现在，还能在写作的，能够所谓"坚守"的作家并不多。这和个人的遭遇、境遇不同，对文学的态度影响他和文学保留多大关系。

我从来不觉得世界缺了你，文学会蒙受多少损失，我也不以为一个以写作为生的人不写作会死。当你把写作作为职业，还对文学充满敬畏，当你觉得还没完成你心目中的伟大作品时，写作的劲头还在，还会有一种欲望。这恰恰是一种力量。不写，可能是没有那个愿望，没有设置自己写作的高度，或者有的人以为我已经写出来了。我总觉得我还可以写得更好。

舒晋瑜：您是从什么时候明确自己想当作家的意识？

苏　童：当然这都与天赋有关。我高中时代就有这个想法，想当诗人想当作家。首先文字创作，在青年时代对我有很神奇的吸引力。

处女作发表之前，我已经写了很长时间，那是80年代的事情。80年代写作的土壤好，无数人在写作，一个学校别说中文系，物理系的学生也在写诗。开始写作时，我就意识到自己的写作才能，但需要别人替你佐证。如果老是退稿，就没有信心；如果有作品发表在一个正规的文学刊物中，就可以说自己是作家。

舒晋瑜：很多作家写作自诗歌起步，但大多是新诗。您觉得你们这一代人，和老一辈自旧学传统里走出来的作家相比，有何不同?

苏　童: 现代文学史上的一些老作家,有旧学的功底,又吸收了外来的文学营养,成就了他们所谓的写作平台。我们这一代,尤其是五六十年代出生的一代人,旧学在青年时代以前是不允许接触的,基本是生长在无供应或供应紧缺的时代,要求我们这一代人要有很好的旧学的熏陶和训练不可能。80年代以后才有这样的机会和接触。而童子功毕竟是影响深远的,我们青年时期接触的营养非常庞杂,无法分辨西方的、传统的,哪个更重要;无法分辨《红楼梦》还是福楼拜、卡夫卡对我影响大,我说不出来。因为这一代人在传统这一方面,天生缺失。但这不是缺点,而是特点。但是每个作家有向传统致敬的方式。我从《妻妾成群》就开始了,但没有那么机械。所谓传统的本土的,分不清,也没有必要去分。

在苏童的创作中,童年是个独特的视角。他似乎一直在孜孜不倦地透过童年的望远镜照见现实的生活,这是他感知生活的途径。

舒晋瑜: 您的创作中,童年是个独特的视角。

苏　童: 童年视角是我小说里一直运用的,是我最原始的小说创作的契机,是碎片式的东西,对我来说是感知生活的途径或角度。不是通过社会学的意识,不是通过成年人的世界观,更不是刻意模仿孩子的眼睛。我是比较相信童年记忆保留到现在还在脑子里一亮的,是有价值的东西,更接近我所理解的小说生产方式的真谛。我觉得直觉很重要。

舒晋瑜:《1934年的逃亡》《少年血》以及《河岸》,"逃亡"都是一贯的主题。《我的帝王生涯》写君主从宫廷到民间,《河岸》写库文轩从岸上被放逐到河里……在《黄雀记》里,是不是这种放逐依然存在?

苏　童: 放逐是我小说中出现比较多的主题,主动地逃和被动地逃,是我比较迷恋的小说主题。有好多小说会不由自主地契合这个主题。逃亡是一种颠覆,颠覆他人所说的小说秩序。一批作家都有一种潜意识和潜规则,有意做一个破坏者。基本上是从故事常规或形式上出发,做出破坏,它的目的会各种各样。对我来说,《1934年的逃亡》就是寻根小说,我不想和别人的"寻根"重复,我想将一切打碎打乱。像一个调皮的孩子闯入讲故事的圈子,用自己的方式讲了一个表达,然后就走了。目的仅在于此。用自己的尖叫引起别人的注意。

在苏童的个人写作史上,《妻妾成群》是一个重大转折。此前他的写作先锋到让人看不懂,以至于有朋友劝他:写一篇别人能看得懂的小说吧!他想,文学最广阔的天地,也许不是一味往前冲。于是选择了往后退一步。《妻妾成群》讲了一个最中国的故事,并成为苏童的代表作。

舒晋瑜: 但是也没有一直"尖叫"。

苏　童: "尖叫"完了不想尖叫,《妻妾成群》是明显的变化。我一直比较喜欢说的观点是,所谓前进的方式其实是后退。

《妻妾成群》是我后退一步的结果。刚才说到变,几十年小说创作,对我简单来说,小说无折腾就是无小说。对别人来说是回归,参照我自己的经历来说恰好是创造。在那之前我没有按照传统的路数写过小说,没有认真塑造过一个人物,没有好好讲过故事。《妻妾成群》是讲故事的开始,之后,我又变成一个新来者。

我在故事中发现其中的乐趣。我在小说里培育生命,小说写完后和他们分手，像一场场艳遇，但是跟欲望无关。古典小说是写人情世故，以小见大。尤其是以《红楼梦》《三言二拍》一直到张爱玲、沈从文，以小见大的手法，其实是颠扑不破的创作原则，我也在遵循这个准则。

舒晋瑜：很多人注意到，您"后退"的表现，不仅在于小说重拾传统，也非常强调故事情节与人物，还表现在叙述方法的回归上。有什么契机吗？

苏　童：跟周围的环境有关，跟朋友的交流有关。我当时在《钟山》当编辑，向马原组稿，通信中马原说，他会写一篇小说，古典小说。我琢磨什么是"古典"，他是想用传统的小说手法写小说。他的话触动了我。我比较喜欢出乎别人预料，最好也能出乎自己的预料。如果都满足，我的创作比较有成就感。

"所有的小说作者都在经营自己的园子，在他们的内心深处，这个园子影射整个世界的版图……"短篇《茨菰》获得鲁迅文学奖，苏童以"园子"来比拟每个作家的创作天地，而这个天地的格局、规模和境界不仅折射着作家的世界观，也是作家感受与理解现实世界的直接产物。

舒晋瑜：您写了很多短篇，但是很多时候衡量创作的尺度依然是长篇？

苏　童：我做其他没有常性，只有在写作这件事上有足够的耐性和毅力。我写了很多短篇，自己很得意。很多文学记者，问我为什么不写东西——他们对你的印象完全来自长篇，只有长篇才辐射到他们那里。我很努力地写作，很多人认为你一个字都不写，这就是信息和实际的背离。

舒晋瑜：您觉得自己三十年的写作，有什么特别之处？

苏　童：我的写作延续性很强，从1984年到现在，纵贯了几十年。有的人物在80年代中就开始出现。我其实是在经营一个我想象中的小社会，好多东西在延续。唯一比较特别的是，大多数读者比较关心我的女性题材，其实我只写了《妻妾成群》《红粉》等四个中篇，却给读者留下深刻的印象。这一批作品，对我来说是奇特的现象，我不认为是重要的部分，反而构成了被别人所认定的重要标签，提到我的名字就说写女性，听了几十年。很奇怪，可能是电影的缘故，电影做了有效的传播。很多作品，尤其短篇小说，在小说的系统中自生自灭。

舒晋瑜：评论家王干认为："苏童写男人基本是不成功的，都是畏畏缩缩、颓废的类型，即使成年男人也像是长不大的病态的孩子一样。所以苏童对女性形象的塑造对后来很多作家的女性写作是很有影响的。"甚至有人将您视作"女性小说的精神源头"。您的精神源头来自哪里？

苏　童：没有特别的源头。对于每一个男作家，基本要分清楚一个问题，要写人，不是男人就是女人，不能因为你是男人就逃避对女人深入细致的观察。你要写人，逃不过写女人的功课。我不知道别的作家是怎么逃避的，怎么绕过这个圈子。所有文学史上有光彩的，我们今天所能记住的女性形象，多数是男性作家写的：包法利夫人、安娜·卡列尼娜、林黛玉……这不是奇怪的事情，除非你不写人。

舒晋瑜：经历新世纪以后，作家的立场、精神走向、日常生活的状态都发生了很大的变化。您是比较少有的坚持个人文学立场和精神的作家之一。这种坚定来自哪里?

苏　童:《蛇为什么会飞》是被打扰、被转移的一部作品,是刻意改变的,创作态度也不一样。回头审视,哪种写作是和你生命个体有血肉联系的,自己会有判断。

舒晋瑜:这部作品引起过一些争议。相对中短篇而言,您的长篇小说批评的声音更多一些?

苏　童:我自己反思过这种创作。我不后悔,这也构成我创作履历的一页,这为我更加看清自己的写作提供了一个角度和机会。

批评永远有合理的成分。我没有表达过不赞同什么批评。都是别人在说你的作品,我自己都说不准确,有什么理由去辩驳反对的意见?没有必要。

写作的历程,苏童被贴上过很多标签:寻根小说、先锋小说……他始终在某流派盛行的时候,逆流而上。不论这种方式成功与否,总之,他做到了"苏童式的写作"。

舒晋瑜:您怎么评价自己当年作为先锋小说的代表?

苏　童:没有什么作家为先锋写作。我从来没想过,我所谓先锋的时期,写过《1934年的逃亡》等几个短篇,所谓先锋文学的梳理者,需要这些文本,需要作家类型,有必要把一些作品拉进去。我始终觉得早就身在曹营心在汉,没想为先锋做什么贡献。比较符合先锋的特点是,我有破坏者的心态,比如讲故事,传统怎么样,我就倒过来,走的是反极。这一点可能符合了先锋的特质。我从来没想成为什么流派的作家。

每个作家都有他特殊的成长环境和文学影响,我们那一批作家,因为当时处在80年代改革开放时期,什么东西最新鲜,那部分文化营养会最先被你接受。那个时代，比如马尔克斯刚刚驾临中国时对所有中国作家都产生过或多或少的影响。我们那个时候的文学形态中，突然来了这样强悍的文本，势必会被他影响，西方文化的影响主导了先锋，寻根文学的盛行也来自西方文学的影响。这个时期是我们经历的一个特别正常的时期，写作是必然要发展的，到了《妻妾成群》之后，再也不能说苏童是先锋派。后来我写《碧奴》《武则天》又有人说是新历史主义，这个我更不能，我的写作是架空的，和历史没关系。批评家总在分析你，其实一个作家在写作，不需要这么多的旗帜，不需要站队。

舒晋瑜：您现在处于怎样的写作状态？

苏　童：我比较平稳，尤其在长篇小说创作中，每部长篇都会遇到几个甚至几十个具体的瓶颈，会觉得怎么写都不对。如果觉得我写出来后总是被埋没，就不写了；如果有评论说这个作家犯了A型或B型的错误，如果都去听，就会迷失了方向……这是你的缺点或遗憾，真正的瓶颈在于，作家的创作有某种延续性，所以会在惯性中挣扎：我到底要改变，还是按本能写，这样的挣扎是有意义的，这是值得探讨的瓶颈。所谓的瓶颈真的是要作家体会。

刚开始写作的时候，是泥沙俱写下，精华和垃圾一起喷发，越往后越难，是因为写作离身体越来越远，离脑子越来越近。年轻时是本能的写作，到了写作要延续下去的时候，如何延续、有无必要延续，对文学的兴趣有多大，关系写作者的理想和追求。

舒晋瑜：但是所谓突破可能失败。

苏　童：一旦被认可，一定是认可你的外衣，如果换掉外衣，被包裹的这个人不漂亮了，大家就不习惯了。改变不仅是挑战你，也挑战习惯你的读者的品位。这不是两难，是三难四难。一是有的读者会说喜欢你的作品,老看这些东西没意思;二是有的读者喜欢你写的女人,说你写的男人不对头,不如写女人好看;三是评论界,摆脱标签很难,考虑太多反而无所适从。

舒晋瑜:在反复尝试之后,很多作家还是回到自己熟悉的领域。

苏　童:我不认为哪个领域最熟悉,反倒是,我也不知道我的写作要写哪个领域的东西。对于我来说,不能呼之欲出的时候就是写得不好。我写时看到了所有的人物、听到了所有人说话,看到的、听到的跟我凭经验写出来的不一样,肯定是好的,而且被证明是成功的。凭自己所谓经验想出来的人物,被自己强加于那个人物的语言,通常是不好的。

舒晋瑜:您的小说带有自觉创作的性质,与一般的小说家创作很不一样。

苏　童:我是不太希望自己在潮流之中写作,不太希望写作带着潮流的印迹,别人说这是苏童式的写作,我会很感谢,不论"苏童式写作"代表什么。

舒晋瑜:职业作家的技巧也许非常成熟,但是很容易按着自己的写作惯性去写。

苏　童:作家很容易进入自己的圈套,要防止自己不被惯性牵着走,不但要警惕别人设置的圈套,还要警惕自己所设置的圈套。厌倦和倦怠是大瓶颈,必须要克服,那个过程是很艰辛的。认为写出了心目中伟大的作品,这才是一个作家最要面对的难题和绝境。我从来不考虑我写完这个长篇别人会怎么看我,只考虑文本本身。我对文本的希望和设想,包含了所有的自我警惕。

舒晋瑜：您的小说中，隐喻的手法也很常见。材料的运用决定写作者的气质和精神体系，童年生活的利用在您的作品中比较充分。

苏　童：尤其是写少年，写香椿树街，更大程度是利用童年生活的记忆。那些所谓狭窄封闭又充满野性的孩子的生活状态，他感知社会的、世界的生活方式独特，不能说浪漫，但是独特的，有时不是碎片，有时是垃圾或者香烟壳，它带来世界的另外一个气味。一个孩子从未出过苏州城，但他对这些事物非常敏感——我一直在挽留这个敏感，通过小说的方式。挽留的渠道差不多，但有时会在刹那间突然想到，几十年来从来没有想过的一个人或一件小事，我特别珍惜这样的时刻，这意味着：小说来了。

舒晋瑜：《黄雀记》中，父亲早逝，爷爷失魂。结尾又写到一个失魂的老人抱着孩子，这是怎样的隐喻？

苏　童：孩子是他的希望，这是希望吗？孩子被抱在失魂的老人怀里，是希望的结局。孩子怎么成长，成为怎样的中国人，既是一种安慰，也是更大的悬念。

在传统的稳固的家庭模式，如何看待我们的父辈及祖辈，我在小说中做过一些努力。对于这一代孩子，两男一女三个人物，不代表现实中主流的中国人。小说对"丢了魂"的父辈是一个关照，也是我另外着力的一个方面，希望有弹性地塑造社会伦理，以及背后潜藏的东西。

苏童自称"宅男"。他很怀念上世纪80年代，那时候读者只通过作品认识作家，因为文风的关系，苏童经常被当作白发苍苍的老年人，甚至是"已故作家"。"这样挺好，读者看到什么样的苏童，我就是什么样的苏童。"

舒晋瑜:您那么喜欢居家生活,有没有觉得信息不够,需要"深入生活"?

苏　童:看一份报纸就知道最重要的事情。我从来不觉得我的生活信息太少,而是太多,需要滤掉。托尔斯泰、马尔克斯等很多大作家讲过,任何一个生命,只要活到十八岁,就可以写到八十岁,这个规律符合所有的作家。文学本质上的运用,是对生命、对社会的体验。青少年的记忆够你写到八十岁,只不过你要找到开头那一句话。很多人老为作家的信息量担忧,写作不是要你天天坐公交车面对社会才能写作。纪实文学需要这样,小说的微妙或美妙之处就是可以不需要这样。普鲁斯特是个不出门的人,因为他身体不好,从小到大关在家里,但是他写的《追忆似水年华》成为经典之作。不是为了反驳"深入生活",我们的盲区,或者说陈规陋习、陈词滥调太多,腐蚀了很多人的直觉。我特别喜欢对一个作品的评价:我说不来有多好,我的某个细胞在欢呼,文字特别好,比如我喜欢的作家,看了他的作品我觉得我很伤感,我发现他所淡淡渲染的哀伤被我接受了,被打到了,是打到了你的细胞,这是理想的作家与读者之间的关系。作家与生活之间的关系没有那么多的陈规陋习,作家不必担心生活不够用,而是没有好好利用。

舒晋瑜:江南在您的笔下是诗意的,同时您也曾明确表现出自己与南方在情绪上的对抗。

苏　童:创作中更多是写不愉快。愉快通常不能形成小说的情绪和记忆。压抑,来自自己的街区生活,对成长环境压抑不满可能是怀乡、望乡,是小说的触角,不快导致望乡的文学式回忆,这种情绪恰恰是正确的。

评 委 访 谈

王春林：实名制其实是一把双刃剑

问：您担任茅盾文学奖评委时，恰逢实行大评委制。在第八届、第九届茅奖评选中，对茅盾文学奖评选印象如何？

王春林：应中国作家协会的邀请，我个人有幸参加了最近两届茅盾文学奖的评选。依照评奖规则，两届评奖，共产生了十部获奖作品。对于这两届茅盾文学奖的评选过程，我的总体评价是最不离谱。任何评奖，第一，不会绝对公正；第二，评奖结果不可能没有争议。

最初的几届茅奖争议较少，是因为当时的长篇小说创作尚未形成一个引人注目的文学现象，长篇小说创作数量相对较少；并且由于改革开放刚刚开始，我们的作家、评论家思想解放程度还不够，自由与民主的意识也较为薄弱，再加上对权威的盲从与膜拜，很少对评奖结果进行反思。

近年来，我们的文化环境、文化语境都发生了变化，所以每届结果出来争议都很大。例如第三届茅盾文学奖，共评出了五部作品，分别是《平凡的世界》（路遥），《少年天子》（凌力），《都市风流》（孙力、余小惠），《第二个太阳》（刘白羽）和《穆斯林的葬礼》（霍达），争议就比较大。除了路遥实至名归，凌力与霍达差强人意之外，另外的两部作品很显然算不上出色，获茅奖的确显得相当勉强。还有第四届刘玉民的长篇《骚动之秋》，除了在列举茅奖获奖作品的时候会提到它之外，好多人根本就不记得曾经有过这么一部获奖小说。据我的了解，圈里的作家、评论家对第八、九届茅盾文学奖总体的一个评价，就是认为它是最不离谱的两届评奖。大家都觉得这十部作品均达到了相当高的思想艺术水平，是应该获奖的。丘吉尔曾经说："资本主义制度不是最好的制度，但它是目前人类所能找到的最不坏的制度。"我们在这里简单地套用一下丘吉尔的话，不能说这两届评奖就是最完美的评奖，但它从根本上说却是最不离谱的。

问：参与茅盾文学奖的评选，您是什么心情？对于大评委制度，有何看法？

王春林：这两届茅盾文学奖的评选，一个显著特色就是大评委制的采用，评委人数由原来的二十多人一下子就增加到了六十一人。原来的评奖制度分为初评和终评，评委人数加起来也和这两届差不多，但以前是分两步走的，并且有规定，京外评委不少于三分之一。而这两届是每个省各推荐一名评委，而且解放军总政治部还要推荐评委，最终选定六十一个评委，一半是地方推荐的，一半是中国作协指定的，而且中国作协所指定的这些评委也不全是北京的，这样就有超过一半的评委都是京外的。原来的评奖制度还存在一个脱节的问题。文学向来"仁者见仁，智者见智"，所谓仁智之见，就是说每部作品，这个人看着好，那个人未必觉得好。所以说，初评委觉得好的作品，终评委的感觉往往正好相反。这涉及评委的组成问题，年龄的差距等原因导致评委们的评选标准不一致。但这两届茅奖评委年龄最高不超过七十岁，就是说五六十年代出生的人占评委的大多数，四五十岁的人为主体。他们的文学经验更加丰富，与整个文坛的创作也基本同步，这样就能保证评委对作品的理解和把握更加到位。此外，评委人数少的话，还存在个别人操控评选的问题,而大评委制则能有效防止评奖被操纵。

问:评选结果和您的预测一致吗?

王春林:不完全一致,大体上一致。比如,第八届茅盾文学奖,除了获奖的五部作品之外,我个人比较看好的另外几部作品分别是蒋子龙的《农民帝国》、方方的《水在时间之下》、关仁山的《麦河》、宁肯的《天·藏》、秦巴子的《身体课》等。一方面,我们固然无法断言获奖的作品就一定比这些未获奖的作品思想艺术水平高;另一方面,也同样难以断言这些未获奖的作品,思想艺术成就就一定比不上那些获奖的作品。到底哪些作品到最后能够成为真正的文学经典,其实更需要经过时间与历史的残酷检验。同样的道理,第九届茅盾文学奖,除了五部获奖作品外,我个人比较喜欢的分别是徐则臣的《耶路撒冷》、韩少功的《日夜书》、关仁山的《日头》、宁肯的《三个三重奏》、葛水平的《裸地》、阎真的《活着之上》等。某种意义上,你必须承认,获奖其实也存在着运气好坏的问题。

问:在参与两届评选中,您还了解到什么?能否多透露些内幕?

王春林:其实也谈不上什么内幕。我个人认为,因为实行了大评委制,实行了实名制投票,同时也引入了公证员的现场监督公证制度,这两届茅盾文学奖的评选过程其透明度已经有了极其明显的加强。透明度增加的一个直接后果,就是所谓为公众所不了解的内幕的显著减少。如果一定要披露所谓内幕的话,我想起了这样两点。其一,并不是所谓的参选作品,我们全都进行通读。有一些比较差劲儿的作品,你根本就不需要从头读到尾,很多时候,你只需要读一半或者读三分之一,就可以对这部作品的思想艺术水准做出相对准确的定位。其二,对于其中的一些作品,评委之间因为认识的不一致,也会产生相对比较激烈的争议,有时候甚至会达到面红耳赤的地步。

问:您认为公开评委投票的形式好吗?如果是您,更倾向于哪一种形式?

王春林:这两届评奖,从第一轮到最后一轮,都是一共投六次票,每次投票都是实名的。就是说你给哪些作品投了票是瞒不了人的,尤其是到后面几轮的投票结果都是要在报纸上公布的,这样大家就会判断你是不是投得有道理,是不是在徇私舞弊。实名制其实是一把双刃剑,一方面它会起到监督的作用,对一部大家都读过的小说,你投得合理不合理,是不是投了一部很差的作品,大家一目了然。但它也有负面效应。中国是一个人情社会,我可能和张三关系特别铁,而张三的作品正好参加这次评奖。假如他的作品是不够格的,如果不是实名制的话,我还有逃避的可能,但现在你是没法跑的。大评委制最终还是保证了评奖的公正性。从总体上看,我个人认为,公开评委投票的实名制形式还是利大于弊。

问:可否选出十部您认为能够留得住的历届茅盾文学奖作品?

王春林:细细捡拾从第一届到第十届的全部获奖作品,我个人心目中的前十部作品分别是:《白鹿原》《秦腔》《平凡的世界》《长恨歌》《尘埃落定》《芙蓉镇》《繁花》《江南三部曲》《蛙》《应物兄》。

(王春林,担任第八届、第九届茅奖
评委,山西大学文学院教授)

第十届茅盾文学奖
(2015—2018)

评奖委员会名单

主　任：铁　凝　**副主任**：李敬泽　阎晶明
委　员（按姓氏笔画排列）：

马步升	王本朝	王彬彬	韦健玮	石才夫	叶立文
丛治辰	包斯钦	吉米平阶	刘华	刘琼	刘大先
刘复生	刘晓林	孙甘露	李一鸣	李延青	李国平
李掖平	李朝全	杨扬	杨青	杨少衡	杨庆祥
吴俊	邱华栋	何平	何弘	何向阳	汪政
张莉	张丽军	张清华	张新颖	陈晓明	陈福民
邵丽	欧阳友权	欧阳黔森	季宇	岳雯	
金仁顺	孟繁华	胡平	洪治纲	贺仲明	徐兆寿
徐贵祥	郭文斌	黄桂元	黄德海	曹启文	梁鸿鹰
董立勃	韩春燕	鲁敏	鲁顺民	谢有顺	潘灵

纪律监察组名单

组　长：吉狄马加　**成　员**：李梅　陈德龙　胡友笋　纳杨

评奖办公室名单

主　任：何向阳　**副主任**：李朝全　赵宁

获奖篇目

《人世间》　梁晓声　中国青年出版社
《牵风记》　徐怀中　人民文学出版社
《北上》　徐则臣　北京十月文艺出版社
《主角》　陈彦　作家出版社
《应物兄》　李洱　人民文学出版社

获奖作家访谈

梁晓声：我从未怀疑过真善美

梁晓声 原名梁绍生，1949年出生于哈尔滨，祖籍山东荣成。当代著名作家、学者。北京语言大学人文学院资深教授，中央文史研究馆馆员。著有长篇小说《今夜有暴风雪》《这是一片神奇的土地》《雪城》《返城年代》《年轮》《知青》《人世间》等作品数十部，多部作品被译介到海外。2019年，长篇小说《人世间》获第十届茅盾文学奖。

| 采访手记 |

二十年前采访梁晓声时的细节还历历在目。他送走一波前来采访的记者,转身对我说:"再和小朋友谈谈。"

家里摆设很简单,甚至有些简陋,几处墙皮已剥落,桌上摆着一个吃了一半的面包。我担心他误了饭点儿,他体贴地说,没关系,习惯了。

还有次采访是在一个7月的雨后,黄昏比平日更显清洁与宁静。如约到达黄亭子时,恰巧遇见刚从电视台赶回的梁晓声。上身着一件藏蓝色的中山装,与季节有点格格不入,里面T恤衫的领子偏偏又立起来,再加上怀里抱着一摞厚厚的杂志,右手臂挂着一个白帆布的手提袋,又斜挂上一把长柄的伞,这些负重之下,梁晓声依然步履从容,颇有些"五四"时期老先生的做派。

在我印象中,他一贯的朴素、善良、真诚。这位因知青文学而蜚声文坛的作家,伴随着共和国的风风雨雨,在文坛跋涉了四十多年。他的《这是一片神奇的土地》《今夜有暴风雪》等作品,风靡大江南北,《凝视九七》《中国社会各阶层分析》也引起广泛影响。而全国政协委员的身份,又使他比一般的作家有更广阔的视角。他坦诚而恳切地表达着自己的声音:"植根于内心的修养,无需提醒的自觉,以约束为前提的自由,为别人着想的善良。"这样的价值理念始终体现在他的文学创作中。

与共和国同龄的梁晓声,任何时候作品都与国家紧紧联系在一起。多年来,他始终秉持着知识分子的良知,关注百姓生活状态,关注中国文化建设,倡导现实主义题材创作。第十届茅盾文学奖的获奖作品《人世间》,就是一部关于苦难、奋斗、担当、正直和温情的现实主义题材小说。文学的生态园不论何等的多种多样,如果偏偏缺少为文化之沉重的使命而分担一点儿作用的文学,文学的生态将是有缺憾的。他以自己的作品参与了为中国当代文学的"拾遗补缺"。

有人说梁晓声是"北大荒走来的理想斗士"。虽然只有几年的知青经历,却成为梁晓声的标签之一。

舒晋瑜:这么多年来,知青文学一直不断地出版,也不断地产生一些影响,为什么您的作品能够成为引领知青文学的一面旗帜?

梁晓声:可能跟我个人的经历有太多的关系,我是1966年老初三毕业的,经历"文革"两年后下乡。我是戴过红卫兵袖标的人,任何人都可以就此质问。德国电视台来采访,镜头对着我,问:"请你谈谈'文革'时期的你。"我说:"许多红卫兵做的事,我从不曾做过。"恰恰是"文革"中,我和同学们的关系是好的,和所有老师的关系空前好。当看到被批斗过的老师,我向我的老师鞠躬问好。我的语文老师多年后仍打听我在哪儿,就因为一次鞠躬问好。我要感谢文学。我在"文革"前看了那么多文学作品,文学艺术潜移默化的人道主义和美好人性的影响在我身上发挥了作用,我接触了某些知识分子,我对所有受伤害的人表现出友善。没有一个同学或同事能够站出来说:我来揭发我所认识的梁晓声。

我不是说我这个人有多好,我是说好的文学有多么重要。我从团部下放到连队,那时候没有书,晚上我就给大家讲故事,讲现实中的另一面——好人依然存在的一面。后来上复旦大学,因为肝炎住传染病医院,在医院里我也给其他病人讲名著故事,文学能影响我,我把我看到的再讲给别人,这不很好吗?我能创作了,我不能只做投枪和匕首,也要做蜜蜂。文学的意义不是单向度的。

知青文学也分几种。作家不只是讲故事的人。很多人都能讲故事,《鬼吹灯》也有吸引力。但我们写作这么长时间,对自己的要求不应仅仅是讲故事,还要使故事里承载一些什么。有几件事,一直对我有震撼。我的朋友秦晓鹰,曾对我讲过一个细节,他说自己在山西插队,返城告别时,老房东一家给他准备了鸡蛋、小米、枣子等等那个年代他们认为最好的东西。他走了很远,回头看时,还能远远地看到大爷、大娘站在路口目送他。他隔着若干山头跪了下去……这一跪,意味着很多。那样的画面引发我很多想象。知青一代受了很多苦,但是和最中国特色的农民结合过,和土地结合过,和人类最基本的劳动结合过,亲眼看到过什么叫贫穷,亲眼看到过劳苦大众在贫穷状态中生生不息,也算是思想收获。我笔下的作品不只是写自己的小经历,而要把以上那些包容进来。

舒晋瑜: 作为与共和国同龄的作家,您的创作历程和创作环境伴随时代的发展,您能谈谈创作和时代的关系吗?改革开放四十年,您走过了怎样的历程?

梁晓声: 我这样一个作家,底子很薄,不过勤奋一点。对作家来说,本身从一个时代过渡到一个时代,作品肯定会有各个时代不同的烙印。

近年来,我的一些朋友会经常说,你是不是变了?写过《九三断想》《九五随想》,那些书有投枪和匕首的品相。现在的风格肯定和从前不一样了,《上蹿下跳的人们》开头几篇都是谈民主,民主是国家的必修课。以我的眼看来、以我的耳听来,今日之中国的文化使命相当沉重。参与到这种使命中,是我今天的责任。我认为,更大的责任不在于写出某些腐败,也不能满足于描写"丑陋的中国人"。首先知识分子自身要做得好一点,进而是一个国家、一个民族的文化进步。换种说法,如果知识分子在一个国家、一个民族中的形象成为无足轻重的甚至招人嫌厌的群体,对于国家尤其是发展中国家,是令人忧虑的一件事情。我个人觉得,知识分子要有担当,不只是科技救国,不只是繁荣经济,不只是社会稳定,不只是丰富文化生活,不只是提供娱乐。第二点,炒明星、炒故事、炒学术丑闻,民众对于知识分子不信任……如果一直这样漫延下去的话是什么状况?问题还不是大学里出了做假论文、师德沦丧的教授。为什么大家对这个的兴趣超过了对国家前景的关心?超过了思考整个国家构建社会公正、呼唤良知?

我认为我看得是准的。《上蹿下跳的人们》没有故事,没有搞笑,没有可以作为谈资的腐败,我个人认为这是我要做的。由此我会感到孤独。有时候我会在想,这个是犯忌的。靠写这些也许改变不了什么,但是如果写得多,不断地写,或者说大家来讨论,发出自己的声音,总还是有一点效果的。

以梁晓声的经验,凡是哪部作品好一点,都由于他在创作中没考虑到市场、稿费、印数、改编成影视收入多少。

舒晋瑜:您本人创作的心态,发生了怎样的变化?

梁晓声:最初从事创作时,我非常崇尚鲁迅。我们强调鲁迅的投枪匕首,其实就是社会批判的功能。由于我们曾经把鲁迅摆放在那么高的位置,这种社会批判的功能几乎成了我们认为的文艺最光荣的功能。但事实上在创作实践中,倘若批判不能深入下去,那么投枪和匕首就成为了一种情结。

巴尔扎克说小说是民族的秘史,那么文学应该是史外之史。历史没有细节,文学中有毛茸茸的细节,文学工作者是时代的书记员。这个观点,和仅仅持鲁迅的投枪匕首观点不同,书记员不仅把握文学批判唯一的功能,还要记录真善美,传播导人向善的价值观,这是即使在特殊年代也不应放弃的固守。我了解这一点,要求自己的作品不要一味批判,也要给予。我要求自己同时是猫头鹰和蜜蜂。猫头鹰本身有着警示的象征，蜜蜂却要酿蜜，这两者不是鱼与熊掌不可兼得。我作为作家，这两方面的文艺功能都要争取实践一下，而且要实践得好一些。

我从少年时期就热爱文学，从兵团创作员一路走过来，四十多年写了两千几百万字。写作是我此生唯一每天都在尽心来做的事情。回顾以前，我有两点总结：凡是我的哪部作品好一点，都由于我在创作中没考虑到市场、稿费、印数、改编成影视收入多少，我只是相对真诚地把我的感受呈现出来；凡是我的作品中我个人觉得不好的、失败的，都是由于后一些因素进入了我的创作意识。有时候有些因素会产生诱惑。

舒晋瑜：不论这个时代如何变化，您的善良和真诚始终没有改变过。您对这个社会的真善美从来没有怀疑过？

梁晓声：从来没怀疑过。我认为人世间的生活从没变得只剩假丑恶了。包括"文革"时期。关键在于我们的眼睛能够发现什么。比如，费孝通和潘光旦是师友，潘光旦年长费孝通十一岁，"文革"前都被打成右派，多少人不再承认师生关系从此背转身，但费孝通没有。潘光旦一家被赶出家门，全家住在一间破房子里，腿有残疾的潘光旦只能睡在光席子上。能想象得到，将近六十岁的费孝通给老师亲自织一双袜子吗？那样的年代，避之唯恐不及，费孝通不但没有回避潘光旦，反而尤其关爱他的老师——我们能发现这一点并为之感动么？

舒晋瑜：为什么会有这样的认识，与您的经历有关吗？

梁晓声：我是城市里的穷孩子，儿时父亲常年在外，哥哥生病，家庭居住条件也不好，自己赶上了自然灾害和下乡。但我之生活的画布上，底色仍是温暖。处在那种环境下，点滴的温暖我都记忆深刻,最后记住的全是他人对我的好。正因为此,我的作品也很少刻意描述人性的恶。文学的终极功用,对我而言,并非仅在于揭示人性中的恶。我关注时代如何扭曲人性,重点在"如何扭曲"。

舒晋瑜:"目前之中国,思想仿佛不合时宜,仿佛到处都在泛着故事的泡沫,又仿佛以挤干了思想的为最好……"在这种情况下,您的写作是什么样的心态?

梁晓声:整体的文学包括通过文学衍生出来的文艺,使我看到,对我们生活品质的影响任重道远,我还是想做拾遗补缺的事情。

梁晓声说,我们不能要求自己仅仅讲故事,还要使故事里承载一些什么。《人世间》具有向现实主义致敬、向新时期文学致敬的夙愿。

舒晋瑜:您的现实主义题材写作一以贯之。在书写现实主义题材时,您觉得最大的难度是什么?

梁晓声:我一直对现实主义非常有敬意,主要由于我在文学少年和文学青年时期所读的文学作品大部分是现实题材。下乡前看了相当多的外国文学。为什么会是这样?实际上在70年代以前,我们国家出版的长篇小说中革命历史题材占到十之八九,农村题材也多,比如《艳阳天》《创业史》,工业题材和商业题材少。我读的很多外国文学恰恰有现实主义的品质。到了80年代,我们这一批作家初上文坛,经历了新时期文学十年,基本上还是现实主义题材为主,老中青都在秉持现实主义精神。现在电视剧和电影中的现实题材越来越少,这是不争的事实。在八九十年代,现实题材的电视剧和电影都很多,但是2000年以后发生的变化是,文学中的现实题材少了,尤其是有年代感的现实题材少了。我写《人世间》,也有向现实主义致敬、向新时期文学致敬的夙愿。

舒晋瑜:您认为现实题材少的原因是什么?

梁晓声:大家都有一些知难而退。我的性格是愿意知难而上。除了向现实主义、向新时期文学十年致敬,还有一个情愫:我对于中国当年的大三线建筑工人心存敬意,希望用作品为大三线工人画一幅肖像。

我父亲是大三线建筑工人,他几乎走遍了大西北的各个地方。当年知识青年上山上乡,多子女的家庭可以有一位子女留城。因为学历低,留城的子女从事的多是城市底层的体力劳动,而且心灵孤寂。底层人家的父辈,多是沉默寡言,而且很严厉,小儿女们不会跟父辈交流。如果没有书信,和哥哥姐姐们也没有交流。这种孤寂中成长的小儿女较少被人关心过,文学作品画廊里这样的人物不多,我愿意为他们画一组素描。

一路写下来,会遇到自己纠结的方面,常会觉得:这样写行吗?但我还是认为,应该按照心中所想,尽量呈现出来。

舒晋瑜:您有过什么样的纠结?

梁晓声:从起笔的时候就有纠结。小说从1972年写起。这在很多人看来不明智。但是写这部书的时候,我去除了心中的一些杂念,这比技巧更重要。写三卷本,这么长的篇幅,可能市场也不接受,我也要排除市场的因素。我不想通过写作证明自己的才华,也不想满足市场了不起的期许。甚至对于评奖,也保持了敬而远之。只想完成我所认为的现实主义在今天所能够最大程度达到的状态。

《人世间》出版后获得过吴承恩文学奖,评委认为小说的品质是诚实的、切实的、朴实的,和现实生活贴得比较紧。我希望它的品相是底层的,而不是庙堂式的,只给评论家看。

我们所理解的文学作品高于生活，不是将生活粉饰之后高于生活，而是在人应该怎样这一点上有所秉持；这样的作品需要寻找的眼睛去发现。

舒晋瑜：《人世间》成功塑造了一批底层人物，比如周秉昆，通过他的生活遭遇和为人处世，写出了时代变迁与人生命运的关联，也写出了不同社会阶层的生存状态。其实小说中的很多细节也很尖锐，并没有回避社会矛盾。

梁晓声：周秉昆从木材加工厂到酱油厂，一直在做卖力气的苦工。他没有离开过一起摸爬滚打的社会阶层。他的哥哥周秉义改革开放后考上大学，后来走上领导岗位，快退休时回到家乡，就是要干成一件事，进行棚户区改造，改变贫困区百姓的生活处境，他是一个忠诚的有担当的领导干部。我对民间特别是城市底层的生活比较熟悉，我与中国社会之城市底层的人们的关系始终是剪不断的。我的中学同学都是普通劳动者，他们中下岗的很多。我家里的弟弟妹妹加上他们的爱人有六个职工，最多的时候五人下岗，上有父母下有还在读书的孩子——我有大量的随笔散文写他们。我也比较熟悉知识分子近五十年来的心路历程，与老革命式的干部们也曾有过亲密接触。小说里也写到了高级干部的形象，我觉得触到了他们思想意识深处的某些点。

我们相当一部分有才华的作家对农村熟悉，和普通农民的关系剪不断。如果对城市不太熟悉，写来不太得心应手。我确实觉得，这样的题材只有我来写。

舒晋瑜：《人世间》的内容是其他小说中不常见的，人物是文学画廊中少有的，一些生活片段也无法仅靠创作经验编出来。这些素材的积累,来自什么?是不是也与您之前写的《中国社会各阶层分析》有关?

梁晓声: 我希望自己能创作一部有文学性的、跨度五十年的各阶层分析,包括中国社会发展中出现过的上山下乡、三线建设、工农兵上大学、知青返城、恢复高考、出国潮、下海热、国企改革、工人下岗、个体经营、棚户区改造、反腐倡廉等重大社会动向和重要社会现象。另外可能和我的阅读有关,我读书不是只读小说,也读历史、读回忆录、读社会学方面的书。

舒晋瑜:《人世间》写完之后您满意吗?

梁晓声: 一直到现在还是很累,身体有些恢复不过来。我现在还戴着颈托。写完整部作品后,我已经拿不动钢笔在方格纸上写字,开始用上了铅笔和A4纸。《人世间》下部还没写完的时候,我感觉非常不好,就在北医三院化验科做化验。做过就忘了,北医三院电话通知我到医院时,我还以为是骗子。医生说情况很不好,又让我做了第二次胃镜,建议三个月以后做手术。实际不到三个月我转到肿瘤医院,那时就商量动手术的事,要全部切除。

医生说有两种可能,一种是有家族史的(我父亲就是晚期胃癌),选择胃癌前期全部切除,防止扩散;也有另一种可能,是五年十年没有发展。我当时的想法是,既然有两种可能,我应该是后一种。

我的书还没写完,胃如果切除,一切都要停下。离开肿瘤医院的路上我吸了两支烟。我相信自己的抵抗力,还是选择了保守治疗。我宁可相信后一种。

童真有趣的故事、丰富的想象力、故事中传达出思辨和哲理,以及对城市文明发展的深层解读,《梁晓声童话》全面诠释了作者倡导的"寓教于乐"儿童文学创作理念。

舒晋瑜：您出版的《梁晓声童话》很受欢迎，是怎么想起来写童话的？您小时候看的童话是哪些？

梁晓声：刚写完长篇会比较疲劳，借机调整一下。写童话一直是我的愿望。我常做读书大使，推荐父母和孩子一起读书，发现儿童文学作品中写实的很少，低龄读物、父母可以读给孩子听的更少。较多是读国外的，比如《窗边的小豆豆》那类的儿童文学作品。我想不如自己动手写。

我小时候没接触过童话，直接越过了童话接触民间故事。各个国家的童话不一样。有的童话专讲故事，对儿童没有寓教于乐的功能，《格林童话》就是这样。安徒生童话主张教育，儿童时期是给人生刷底色的时候。我主张把善良和爱放在第一位，善良、友爱、助人为乐。

舒晋瑜：您认为写童话最重要的是什么？

梁晓声：能写童话要有童心。除了童心，还要有儿童的语言。对我来说，也不是个问题。我发现一年级的孩子就在看美国大片《复仇者联盟》《雷神》。我会想现在提供给孩子的故事是否太简单了。他们的眼界太宽了，但是某些作品对孩子们心灵的养成有营养的作用吗？说到底是感观的奉献。

舒晋瑜：儿童文学也好，成人文学也好，实际贯穿了您一贯提倡的善良真诚和理想主义。比如《咪尼与凯迪》《白鸭阿呷》里就饱含一个理想主义者的呼唤，没有流浪猫和流浪狗的现象，食肉动物开始食草，包括《"小飞蛾"漫游记》中"相信未来的世界肯定是那样的"，是"人类每朝善良的方向迈出一小步，世界就会朝着美好的方向迈出一大步"。

梁晓声：我不是把文学放在文坛。这是次要的。我都写了四五十年了，大家没有了不起的差别。别的国家，大多数有宗教的影响。宗教史本身有血污的一面，但也在与时俱进，正能量发挥得较好，对世道人心影响非常重要。这使我们看到一种现象，在那些国家，文化本身显得轻松，可以是知识也可以是大量娱乐。但是在中国，宗教的影响既不漫长，又断断续续时有时无，那靠什么影响世道人心？我们靠的是文化。文化完成这个使命多么沉重，力有不逮，谁能助文化一臂之力？文学。文学，我给自己的定义是拾遗补缺。若觉少了什么，我来做。

当然也不能让所有文学一致这样做。即使自认为某种文学理念是对的，也不能将之确定为唯一的文学理念，必须是多样化的，否则作茧自缚，而且作茧也变不出蝴蝶，甚至有可能窒息。

从《聊斋志异》这部作品隐约显露的文字和内容线索中，梁晓声透析出当时中国社会情态和历史真相，完成了《狐鬼启示录》。

舒晋瑜：您对《聊斋志异》有怎样的评价？

梁晓声：我不喜欢、现在评价也不高的是《画皮》。无非就是告诫男青年万不可被女性的外表美所迷惑，那是很危险的。我当年喜欢的是《婴宁》《青凤》《聂小倩》等，因为那类故事中的仁与义、施恩与报恩是其他故事少有的，不仅使男女之间的爱情显得极为特殊，即使以人与人之间的关系而论，对我也有潜移默化的作用。我的"好人"文学观的形成，少年时受蒲松龄的"好鬼"小说影响甚深，青年时受雨果作品熏陶。《王六郎》一篇，是我在作品中不惜笔墨来评价的，它是写男人之间绵长友谊的最初范文，是男人间的《人鬼情未了》。《田七郎》对现代人亦有警示意义。

更多的故事无非是写了狐鬼女性,男性对于女性的审美愿望在《聊斋》里呈现得很全面。也能间接地说明被科举冷落的读书人寄情于什么,在这一点蒲松龄和曹雪芹一样。作家不但以文学疗人、疗社会,也以文学疗自己,这是关于作家与文学的关系的真相之一。但后一种真相往往被忽略,一向不怎么被研究。

舒晋瑜: 解读《聊斋志异》有什么机缘?

梁晓声: 有的时候,写作有我们想说的"动念"。写儿童文学,是希望将影响孩子心性成长的营养给予孩子们;写《人世间》《从前那些事》也有这样的动念。写《狐鬼启示录》是我的心结。《红楼梦》有那么多解读,那些解读对人的心性的养成有什么营养吗?我从少年时代看《聊斋志异》就始终有兴趣,我想把我的心得写出来,是作家从职业感出发的一件事情。

舒晋瑜: 90年代前后,您曾写过几篇半文半白的短篇小说,散见于几家刊物。

梁晓声: 我自诩《新编聊斋志异》,并收入过自己的小说集中,足可见我对《聊斋》的喜欢是多么非比寻常。

读书这件事,我是主张读闲书的,因为读闲书也是放松,闲书中有些知识点、趣味性,另外也有一些读书人的见解和思想。我写的这部书,是典型的闲书,是我对自己一个心结的完成。当然,要读原著的话,如果你读三页不翻字典,那说明你的文言文水平比我高。我今天重读的时候,手边没有字典也不行。蒲松龄为了显示他的文学功力,用了很多生僻字,在一般字典都查不出来,比如关于"鞋"就有几种写法——有些是没有必要的。《聊斋志异》是男人写的书,但主人公多是女性,因此分析两性之间,男人看女人的审美状态,以及文学故事、人物塑造的倾向,是有很多可谈的,我觉得甚至比《红楼梦》还要更可谈一些。

舒晋瑜：解读《聊斋》的过程中，您有新的发现吗？

梁晓声：我贸然地猜测，曹雪芹一定读过《聊斋志异》。没有证据，也不是没有道理。我重新看《红楼梦》，那些女子身上有狐性，贾母像一只炼丹成功修成正果的老雌狐，贾府大小之事皆心中有数，只不过常睁只眼闭只眼装出置之度外的样子。凤姐身上的狐性最明显，是喜欢掌握人的狡诈狐，有使阴招的坏狐狸的习性。湘云与婴宁有相似处，袭人身上可见良妾狐心性。黛玉身上无狐性，却有鬼气，像极了《聊斋》中的聂小倩，幽怨气太重。总之会觉得，蒲松龄寄托于狐鬼身上的种种理想主义的美德，是"男子中心主义"的。在他的笔下，狐也是有尊严的，《聊斋》在清代初年能够把女性的自由恋爱写得淋漓尽致，是有时代进步思想的。如异史氏的评语："问耻于狐，则德与日进矣！"

舒晋瑜：2019年，您先后出版多部著作，又获得茅奖，是不是对您而言这个年份格外特殊？

梁晓声：不获奖的话也一直是这么写作过来的。我自己对于文学已经形成了某种理念，我总得抓住写作的意义。这个意义，如果七十岁的时候还仅仅是印了多少册、得了多少稿费、文坛怎么看自己，是很可悲的。实际上文学本身是文化的副产品，又应该是文化的长子。假如是长子的话，生活中的长子，都要替家庭承担一些责任，文化的长子看到了文化发挥作用发挥得那么沉重，也要做些什么。我是把文学创作放在文化背景上，而不仅仅是文坛上。

获奖作家访谈

徐怀中：我希望创造出一番激越浩荡的生命气象

徐怀中 1929年生于河北邯郸，1945年参加八路军。著有中篇小说《地上的长虹》，长篇小说《我们播种爱情》，中短篇小说集《没有翅膀的天使》，长篇纪实文学《底色》，电影文学剧本《无情的情人》等。短篇小说《西线轶事》获1980年全国优秀短篇小说奖，《底色》获第六届鲁迅文学奖报告文学奖。2019年，长篇小说《牵风记》获第十届茅盾文学奖。

| 采访手记 |

　　战地摄影师罗伯特·卡帕说,如果你的照片拍得不够好,那是你向前线靠得还不够近。

　　徐怀中靠得太近了。他看见拖着长尾巴、腆着大肚子的美军直升战斗机蝌蚪般一群一群在头顶游来游去,螺旋桨搅动的声音也如夏日河边的蛙群呱呱叫个不停。他举起照相机要拍摄,被越方陪同人员阻止了。直升机不停地在抛下迫击炮弹压制地面,不让"越共"抬起头来。

　　这是1966年初他在西贡附近经历美军八千人大扫荡的一幕。他还多次近距离经受过美军B-52战略轰炸机的"地毯式"轰炸。那时,他作为"中国作家记者组"组长,率组从金边秘密进入越南南方,自1965年冬至次年春,经历了四个多月战地采访。1979年2月17日对越还击战打响,徐怀中作为战地记者赶赴云南前线,写出《西线轶事》《阮氏丁香》等具有广泛影响的作品,《西线轶事》以九万余读者直接票选获得1980年全国优秀短篇小说奖第一名,以至于被誉为"启蒙了整个军旅文学的春天"。因为有"抗美援越"以及1979年"对越还击"两次参战经历的换位思考,加之拉开了近半个世纪的时空距离,徐怀中获得了在以往从未有过的一些深思明悟。

　　"我是文学写作上的一个爬行者,回首望去,土地上哩哩啦啦留下了两行我的手模足印。"徐怀中说。2018年底,他完成了《牵风记》,郑重地在首页写下"献给我的妻子于增湘"。是的,没有妻子的鼓励,他不可能在九十岁的年纪还能完成这部长篇。本来年老多病,写作只能是时断时续,又是以写诗的功夫没完没了在文字上抠抠搜搜。十多万字的一部小长篇,徐怀中在手上团弄了四个年头。

　　《牵风记》"牵"的什么风?徐怀中寄寓了很多想法。可以理解为牵引从战略防御转变为战略进攻之风;也可理解为牵引了个人写作风格转变之风;又不妨延伸至《诗经》六义之首属于"风"的诗歌,看作这是一部"国风"式的战地浪漫交响曲。总之,十几万字的《牵风记》看上去很薄,却凝聚了作家对人生、对战争的终极思考。

在炮火硝烟的战场上，徐怀中飞舞着手中的笔，记录下战争中那些平平常常又颇有声色的逸闻趣事，也描绘了击沉美军"卡德号"航母之役等重大事件。

舒晋瑜：《西线轶事》曾被誉为"启蒙了整个军旅文学的春天"，无愧于"当代战争小说的换代之作"。当时是在怎样的背景下写作与出版的？

徐怀中：讲"战争文学"或"军旅文学"，是中国文学艺术领域特殊的分类，其实文学很难截然划分，我也没有意识到写的是战争文学。当时"文革"刚刚结束，思想解放运动潮涌般到来，《西线轶事》实际上是十年浩劫后在心中积郁已久的沉思愤懑，通过那场边界战争井口喷发出来。有个说法，如果将战争比作一株大树的树冠，引发战争的社会原因就是深扎在泥土中大树的根须。如果把一株树的根须连接起来，可以绕地球若干周。写作《西线轶事》，我并没有过多描绘那场战争的树冠，而是着力于地面以下的根须部分。

当年，我接到电话通知，领导决定组成一个战地采访小组赶赴云南前线。那时我刚刚大病初愈，身体非常虚弱，提着几大包中药丸子上了飞机。1979年2月17日对越还击战打响，3月16日战争结束，部队采用"倒卷帘"（交替掩护）战术撤回国，我又随着作战部队到四川乐山访问某师有线电话通信连女兵班。《西线轶事》在连队写出一部分，读给女电话兵们听，得到了她们认可。初稿为中篇，六万多字，是把中越两方面人物交叉在一起写的。那时《人民文学》只登载短篇，编辑建议把描写我方人物故事的章节抽出，紧缩为不超过三万字的短篇。从初稿中抽出描写越方的另一部分文字,我重新整理,标题《阮氏丁香》,作为《西线轶事》的姊妹篇,发表在《十月》杂志。

这一来,倒产生了一种鲜明的视觉效果,两个短篇如同两面视频,对比之下能够清晰看出中越两国是在怎样一种特定社会状况下投入这场战争的:中国刚刚经历了十年动乱,是最需要休养生息的时候;越南刚刚结束二十年战争,未及疗治创伤。这两个毗邻的社会主义国家战士却用刚刚学会的对方民族语言,彼此大叫"缴枪不杀"。

在《西线轶事》里,我迫不及待地写到了一件事:"文革"中有关部门发出通知,征集新的国歌歌词。随即便发现周围的一些词作者都已经兴高采烈地投入创作,我觉得可笑,也很气愤。国歌是可以随便修改的吗?虽然聂耳、田汉的《义勇军进行曲》原是电影插曲,但就像是预先准备好的新中国的国歌。建国多年了,我仍然感觉"中华民族到了最危险的时候"。所谓"文革",即是中国害的一场政治天花,但上帝没把免疫性给予我们。一个国家混乱、落后、贫困,是要挨打的,我们再经受不起了。

舒晋瑜: 今天再看《西线轶事》,您有怎样的评价?

徐怀中: 当时《人民文学》收集了很多读者的反应,读者和作者完全心心相印,这不能不说是给我一个小小的满足。不是小说写得多么好,也并非作者自视颇高,但这篇东西以及《底色》,包括刊载于1966年3月3日《人民日报》《解放军报》的一篇通讯——《坚贞不屈的女英雄阮氏珠》,我都十分珍视。这篇通讯拿给现在的年轻读者,他们会感觉枯燥无味,难以下咽。但我后来得知,通讯被译为越语,在南方丛林中广为传播,南方军民每天傍晚准时集体收听连续广播,令我感动不已。这就够了。作为一名战地记者,还要什么?这两次战争,我作为亲历者,自会产生感情上的某种特殊联系。我总是自作多情地想,我的这些文字,是为战争中失去生命者和苟活至今的人,保留下来他们彼此相通的一线信息。

舒晋瑜:《西线轶事》给您带来了很高的声誉,之后您的创作是怎样的情况?

徐怀中:此后几年身体一直不好,只写了《没有翅膀的天使》《那泪汪汪的一对杏核眼》《没有战功的老军人》等几个短篇,且写得很苦,力不从心。1984年受命担任解放军艺术学院文学系主任,从此周旋于行政职务,只得暂时放弃写作。至1993年退下来,才又构思了《来也匆匆去也匆匆》《或许你曾见到过日出》两个短篇。如果说在小说创作上,我能够彻底从以往的窠臼中挣脱出来,不再受到某种固有观念有形无形的束缚,真正放开了手脚,即自这两个短篇始。虽然这两篇东西不成气候,引不起多大反响,但我甚至想要虚张声势说,我仿佛自觉不自觉地经历了一个羽化过程。尽管这一过程来得太晚了些,却也并未因此挫伤我的兴致。我希望再往前去,还能进一步延伸这种放松状态。

《底色》的写法,融小说、散文、通讯、政论于一体,同时又显示出作家长期的知识储备、文化修养和战争思考的底蕴。

舒晋瑜:《底色》在阅读上需要不断变化思维,主要是因为时间的表述。比如第一段谈到越南同志向我们泄密,说明天几点几点有B-52轰炸,注意防空。第二段就写"莫斯科和北京的通报又是怎么来的呢?直到不久前,读美国驻越军援总司令威斯特摩兰将军的回忆录《一个军人的报告》,意外从一处细节找到了答案。"作品不单纯是往事的回忆,还加入了分析和判断。这样的表达,是否也存在一定的写作难度？您是怎么处理的？对于目前呈现出来的这种方式,您满意吗？

徐怀中: 我确定用纪实文学形式呈现,严格排除虚构,要做到观察高度真实、客观、公正,强调作者的亲历性；又要宏观上展现更开阔,揭示冷战的复杂多变与诡异。于是形成了这样的格局,既有一条时间顺序线索,又力争打破呆板的回忆,尽可能适应叙事的需要。现在看还应该写得更活脱灵动一些。有关冷战与大国关系的议论部分还应该更加鲜明犀利,进一步强化思辨意义。

舒晋瑜: 最让我感动的是您的反思。您在作品中坦承:"我不能不承认,自己并没有真正感知这一场战争,并没有真正感知越南南方。作为一名战地记者,我缺少内心情感的充分投入,我太麻木、太冷漠,我太轻松愉快了。"反思自己"麻木"的原因是什么？

徐怀中: 根本上讲,还是有做客思想,毕竟战争是在人家国土上打,真情投入不能与越方人员相比。在我们之前,八一电影厂黄宗江他们走过胡志明小道,行军九个月才到南方。我们小组去的时候,已经和金边打通了关系,不必由北方南下走胡志明小道,而是直接从金边潜入越南南方民族解放阵线总部。正因"胡志明小道"我没有亲历生活,是间接采访,感同身受差欠一层,导致顺流而下的描写,我一直感到很愧疚,所幸的是及时改正了。

舒晋瑜: 《底色》的书名,我理解为战争的底色,您能谈谈"底色"的用意吗？

徐怀中：没有什么深义，我无非发出一个警告：战争，无论是以任何名义启动这一部历史的永动机，它的底色不会有任何区别，那就是死亡，是残酷，是灭绝。卡帕的摄影作品，被誉为"战地摄影不朽之作"，他总是善于捕捉战争中稍纵即逝的动感形象，将人在生死交替的一瞬间定格为永恒。他希望出现在他镜头下的种种惨剧，不至于无休止上演。我很悲观，卡帕的一番苦心恐怕也只能是付诸东流。如卡帕的挚友唐·麦库里所说："我不再生活在幻影中，人类只能一直遭受苦难，直到时间尽头。"

评论家朱向前认为，《牵风记》的启示性和创新性，一定会引起人们的沉思，它确实将中国当代战争文学引入了更大的想象空间。

舒晋瑜：《牵风记》在《人民文学》发表之后，由人民文学出版社推出，很快引起很大反响。对于这些反响，哪些是在您意料之中，哪些又是在您意料之外的？

徐怀中：有人不吝掌声，也有人颇多质疑。这两种反应相去甚远。可以说，都在意料之中。我有这个思想准备。以前我写的短篇《来也匆匆去也匆匆》《或许你看到过日出》，分别发表在1999年第1期和2001年第1期的《人民文学》杂志。一位无话不谈的部队作家老友说："不知道你云山雾罩的什么意思。因为你是作协副主席，人家才给你登出来了。""文革"以后，随着思想解放运动大潮，我尽可能摆脱了文学创作上有形无形的思想禁锢，努力克服自身局限。我想，写小说没有什么玄奥神秘的方法，也没有什么新奇取巧的路数，只能是回归到小说创作固有的规律上来。按这个规律去自由发挥，才有可能实现自己追求的文学梦想。一条河断流了干涸了，只有溯源而上，回到三江源头，才能找到活命之水。我晚年的创作，就有这种感觉，仿佛成为一个植物人多年之后,终于又苏醒过来了。

舒晋瑜:那些不同意见的读者是怎样的评价?

徐怀中:《牵风记》出来,有老同志说,这就是刘邓野战军挺进大别山吗?也有人说,我们部队出现曹水儿这样的人物,还是我们的英雄部队吗?等等。这样的反应很自然。我知道他们对我的期待,那完全是另外一部书。正如1962年我写出的那部初稿,是正面的、全景式地记述这场战争。那样,读者何如去看军史呢?军史更加翔实可信,富于历史的纵深感。这部书稿如果当时出版了,不过是留下了我写作生涯中的一大遗憾而已。

舒晋瑜:《牵风记》融入了您对于战争文学的全部思考,也凝聚了您的全部气力,写得艰难,然而是真有力量。这部作品在创作中,对您来说最难处理的是哪一部分?对一些细节处理,有过顾虑吗?

徐怀中:我已经用了几十年的时间,来克服思想上的重重顾虑与迷惑。孔子讲"四十不惑",我过了两个不惑之年还要多,就像一棵老树,树干都空了,终于发出了新枝。随着须眉完全变白,我的写作姿态彻底放松下来了。否则我写不到现在这个样子,诸多疑虑之下,又只得节节后退,降格以求。那样,《牵风记》就是截然不同的一种面貌了。

舒晋瑜:您有多年来生活积累的优势,所以写起来得心应手。

徐怀中:失去了这个优势,写出来的只能空空洞洞一番说教,读者是不会接受的。我希望能够借助多年来战地生活的积累,抽丝剥茧,把它织成一番激越浩荡的生命气象。《牵风记》立意,是建筑在作者生命体验基础之上的,而非凭空设想要达到怎样深远的哲理高度。缺失了坚实的生活基础,无论文字多么漂亮,也是写不上去的。就如同全力发起冲锋,却未能夺取制高点。

舒晋瑜:您说"夺取制高点"是指什么?
徐怀中:如何将小说整体寓意,与具体细微而又十分真切的战地生活紧密结合,即所谓形而上与形而下有机地融汇一体,实现写作的初衷,攻下这个制高点。这正是我始终在苦苦追求的一个课题,却总还是意犹未尽,我不敢说我夺取了制高点。

徐怀中保持了他一贯的风格,抒情、唯美,从人性、人情的角度切入战争生活,在他的笔下,战争生活残酷,又是唯美且充满传奇的。

舒晋瑜:《牵风记》中汪可逾的生命姿态是自然纯净的。在这个人物身上,您有怎样的寄托?
徐怀中:汪可逾是不同的生命符号,"汪"在《辞海》中的解释是:"汪然平静,寂然清澄。"她的生命姿态就是这样自然而然的。不是大自然的自然,是不知其然而然。她没有害人之心,没有防人之意,没有攻略意识,如同一棵小草,永远处于柔弱地位,无声无息地生长在大地上。而这样一种生命体又是最坚强的,你污染不了她,伤害不了她。最后时刻,她在岩洞里清洗完自己的身体,平平静静地走了。

舒晋瑜:小说塑造的汪可逾、齐竞、曹水儿等人物,都是战争文学史上鲜有的典型人物,这些人物的出现,颠覆了我们对战争文学的认识。他们的描写如此真实可信,是否确有原型?

徐怀中：要讲小说人物原型，我难以具体化。我只能说，几个主要人物，在生活中都是我很熟悉的。工作环境的关系，我接触众多部队女性。她们之中，便不乏汪可逾那样单纯本真，富于人生的"天然"色彩。齐竞这样有过出国留学经历的，在我们野战军至少三四位，都是各个总队的宣传部长，在部队声望很高。姓张，便被称呼为"张马克思"，姓王，被称呼为"王马克思"，是说他们有很好的理论水平和个人修养。随着卢沟桥事变，优秀的知识分子百鸟朝凤一般都来到部队，成为优秀的军事指挥员。这个知识群体，过去在文学作品中是被忽略的。作为一名小宣传员，我经常下部队采访，参加战地勤务工作，与连队战士近距离接触，对他们太熟悉了。在大别山时，文工团成员全分下去搞地方工作，我被分配在一个乡任武装工作队队长。手下二十多个战士，多是受伤或掉队下来的，我收留了他们，成为武工队骨干。我和他们共同经历了多少艰难险恶的日日夜夜。他们当中便有曹水儿那样的兵，作为纪律严明的解放军一员，他远远够不上。但作为个体的人，率性坦荡，飞扬跳脱，他活出了自我。

舒晋瑜：小说中对于汪可逾的三次裸体描写，包括"裸女过河"一章，这在当时的情境下，可行性有多少，可信度又有多少，可能这也是很多读者关心的问题。是不是只有这么处理，才能表达对美学的追求，才能体现对禁锢的突破？还是人物塑造本身的需求？

徐怀中：你的问题有一点尖锐性，理应如此。我先讲汪可逾，她被暴雨浇透，在一家门洞里支起门板，光着身子睡下——这种情况在我们文工团就出现过，一个老司务长看见了，绕着走了。至于汪可逾被齐竞拍照，依照人物的特殊个性，也并非不可理解。这一章我给以足够的篇幅,用意其实是在于后面一段,写屋檐下的灰鸽站在窝边抡挲着翅膀,抖落掉残留的雨水,还写到门墩旁的一簇蒲公英,淋干了茎叶上的雨水渐渐挺立起来,只待太阳出来。或许读者可以意识到,一个裸体女孩,跟一只灰鸽一簇蒲公英是一样的,她们生息与共,共同经历了一场暴风骤雨的洗礼,一起迎来冀鲁大平原又一个空气清新的早晨。

你特别提到百名女工过黄河这个情节,出于作者虚构。抢渡黄河,部队并没有要求脱掉衣服。汪可逾知道汛期黄河的水势不同平时,说服妇女脱衣服过河是很自然的,她一心想的是保证安全。不难理解,作者的着眼点还不在这里。汪可逾说,人类因为裸体害羞不是因为不穿衣服,而是因为穿上衣服才有的。相比人类的进化历程,穿起衣服的时间,不过是剥根葱的工夫。所以一点也不奇怪,我们现代人很容易找回赤身裸体无拘无束的初始记忆。写这一个章节,也是小说的整体寓意需要。再一次裸体的呈现,是汪可逾在岩洞里告别人世。我们在前边谈到了,不再啰唆。

舒晋瑜: 小说写战马带给我们的冲击很强烈,写出了战马在军事中的重要地位,人马关系也写得很有人情味。

徐怀中: 我们第二野战军文工团有一匹马,用来驮道具。老饲养员整天牵着它,很爱护这匹马,山路特别陡峭,饲养员把马垛子扛在自己肩上。这匹马给我留下了深刻印象。不妨说,它是《牵风记》中老军马的模特。枪杀战马不是虚构,军史资料上多有记载。我对马有特殊的好感。所有的动物,老虎狮子奔跑得快是为捕食,只有马的奔跑没有目的,只是自由奔放兴之所至。马的聪明、高贵的姿态令人神往。什么时候我们去草原上旅游,一大群野马从身边跑过去,这样的情景该是多好啊!

舒晋瑜: 战争给您带来了什么?

徐怀中: 从我个人的历史来说,战争带给我的是成长。从十七岁入伍,至今没有离开军队。能写出几本文学作品,也是战争给我带来的。

徐怀中以鲐背之年,将孙犁的精神命脉融入自己的作品,以抒情笔墨写战争风云,为当下的文坛增添了难能可贵的风姿。

舒晋瑜:《牵风记》的语言是诗意的、耐人寻味的,有评论认为是继承了孙犁、汪曾祺一脉风格,但是也融入了您自己的语言特质。

徐怀中: 孙犁对我影响很大,他写的晋察冀和我的家乡社会情况相近,他的语言我特别欣赏,初学写作时,我经常流连在孙犁的瓜棚豆架之下,他的一些著名小说我不止读过一遍。我认为他的长篇《风云初记》是当时出版的所有长篇小说中最好的一部,但是没有得到应有的评价。孙犁从一开始就坚持独立思考,不受种种空洞概念的约束。但他的作品也曾受到某些人的批判,多少有些影响,没有得到完全发挥。我也特别赞赏汪曾祺先生,上世纪七八十年代,他的小说散文影响力很大。我努力学习和继承前人具有鲜明个性的文学品格,同时注重自己特有的生活阅历,要求自己的文学语言能够达到纯朴平实而又不失灵动和幽默,字斟句酌,却又看不到有斧凿的痕迹。

舒晋瑜: 无论是汪可逾自然、自由的生命状态,曹水儿不愿被五花大绑的心理,还是老军马的自由奔跑,都是一种自然生长的姿态,这是否和您阅读老庄、道家等古典文学有关?

徐怀中：是这样的，阅读老庄使我思想更为开阔起来。我希望《牵风记》这一部战争小说的主题能够有所延伸，字里行间闪现出中华民族五千年文化深厚的底蕴，照耀着东方古老哲理的光芒。现在，自然科学发展趋势肯定是不可阻挡的，一天一天飞越向前，但自然科学并不反映人们的精神世界，并不回答人类应该向何处去的问题。多年前我在《中国作家》写过一篇散文，记述游览都江堰的感想，标题是《回返未来》。我以为，都江堰工程最能体现中国古代经典中有关顺任自然的哲学理念，这也是我在小说《牵风记》力图去探索的课题之一。

舒晋瑜：您对当前的战争文学如何看待？您认为好的战争文学应该具备哪些因素？

徐怀中：参加战争的人，有战地生活，有亲身的经历和切身的感受，一般说来，总是比没有经历过的人对于战争的了解更丰富更深入一些。但不是说，没有经过战争的人写不出好的战争文学。社会生活是互通的，思想达到什么样的高度才是最重要的。托尔斯泰写《战争与和平》也是后来走访战地寻访战场。今后的战争文学也多是会出自没有经过战争的作家之手。特别是小说，更多是仰仗于虚构，不是拼经历。有人误以为经历战争就可以有恃无恐，不愁写不出好东西来。那也未必，最终取决于高远的思想立意，靠文学的修养，也还是应该相信灵感与天分，即作家们常说的，跟着感觉走。莫言的《丰乳肥臀》前面写战争的部分，我当时看了非常吃惊，这段战争生活正是我童年经历过的。那时候他还没有出生，但他写得如此逼真，如此丰富多彩，你到哪里说理去？

舒晋瑜：您写战争文学，主要受到谁的影响？

徐怀中：我最早看的是普希金《上尉的女儿》，写得太纯净了，不足十万字，胜于几百万言的长篇。作品写尽了战争中人性的张扬，写尽了人情的冷暖。并且为战争背景如何展开男欢女爱的浪漫故事提供了一个范例。虚构情节与刻画历史人物形象有机结合，也多为后辈作家借鉴。我也喜欢梅里美的短篇，至今仍可清晰回忆当年阅读《卡尔曼》《高龙巴》时爱不释手的情景。

获奖作家访谈

徐则臣:大运河对我来说是个私事

徐则臣 1978年生于江苏东海。毕业于北京大学中文系。现为《人民文学》杂志副主编。著有长篇小说《北上》《耶路撒冷》《王城如海》《跑步穿过中关村》等。曾获庄重文文学奖、冯牧文学奖。《如果大雪封门》获第六届鲁迅文学奖短篇小说奖。长篇小说《北上》获2018"中国好书"奖、中宣部"五个一工程"奖、第十届茅盾文学奖。

采访手记

"我想把自己推到小说的前台来，不戴面具，不含含糊糊，不躲躲闪闪，我想让所有读到我小说的朋友知道：徐则臣之所以写这些小说，是因为他有话要说，这就是一个叫徐则臣的人想说的，这也是只有徐则臣一个人才能说出来的。"从短篇小说《这些年我一直在路上》《小城市》开始，徐则臣的写作和过去有了明显的区别，个体的声音越来越强。

很多年里，徐则臣都在追求"完美"，近年却对这种"完美"有了厌倦和怀疑，他希望在艺术允许的范围内，真实地自我表达，不再削足适履。他说，在公共性方面，无数人有求全责备的才华，也有无数人能够制造出以假乱真的赝品；擅长把自己藏在小说后面的人多得是，喜欢绕着圈子说话的人也多得是，而他所做的，是希望以"非法之举"的写作，逐渐接近自己。

作品中呈现出的大气象、大格局和大视野，使徐则臣一直领跑于70后作家。他的中篇小说《跑步穿过中关村》已经成为新北漂小说的标杆性作品；长篇小说《耶路撒冷》成为呈现70后精神履历的代表作。《王城如海》多维度、多侧面的写作方式，成为呈现新北京复杂现实的代表作。2018年，徐则臣完成了他最重要的作品之一《北上》。

《北上》之于徐则臣，既是偶然的——始于和北京十月文艺出版社总编辑韩敬群的一次聊天；又是必然的——作为生命中的河流，他在《耶路撒冷》等多部作品中写到过运河，运河早已不自觉地成为小说中的符号。

于是，徐则臣的故事开始了。在他的笔下，京杭大运河是历史的河流，也是文学的河流：公元1901年，意大利旅行冒险家保罗·迪马克以文化考察的名义来到中国，与翻译谢平遥开始了一段运河之旅。这一路，既有学术考察，也有对于知识分子身份和命运的反思。当谢平遥的后人谢望和与当年先辈们的后代阴差阳错重新相聚时，各个运河人之间原来孤立的故事片段，最终拼接成了一部完整的叙事长卷。

在《耶路撒冷》中,徐则臣力图全景式地观照70后这一代人在成长过程中表现出的生活现状和精神困惑,探索他们进入中年之后的心路历程。

舒晋瑜:小说采取了人物小传式的结构,是出于怎样的考虑?每一章都以故事的主人公命名,并且以景天赐为中心,前后故事的主人公是对称的。这么富有匠心的设计,使我猜测您在写作开端就画出一幅人物关系表。

徐则臣:这个结构的确是写作之初就设计好了,我有一个比较清晰的人物关系表。倒没有刻意要去做一个关系图,构思多年,在心里盘桓久了,人物自己就慢慢浮出了水面。这个对称的结构是想突出一个人的死对这群人的重要性。景天赐很小就死掉了,但他很多年里都坚硬地矗立在活着的人内心最隐秘的角落,他们在"到世界去"的过程里,一直是扭着头盯着这个死去的发小,而"到世界去"意味着"出故乡",也意味着"回故乡",这一出一回,都以景天赐为原点,所以用了这个对称的、人物小传式的结构。当然,这样的一个结构也跟我对当下世界的理解有关系,网络时代,高度发达的科技和资讯,世界是平的,也是透明的,就一件事而言,说是历时性的,毋宁说是共时性的,小说的结构也力图印证这一理解。

舒晋瑜:小说以开放的视角描述70年代人的命运,标题却是《耶路撒冷》。我想如果一般的70后作家的写作,多会止于向"内"的视角。然而"耶路撒冷"出现了,它的出现,有何更深的寓意?

徐则臣:在我,是必须的,我找不到比它更合适的题目。我写小说,多半先有题目,题目取不好,写不下去,题目规定了我写什么、如何写。在小说整个写作过程中,我一直笼罩在这题目的气场下,这种感觉让我相信,取对了。向"内"有两种:一是局限于自我的"内";二是深入自我的"内"之后再出发,源于"内"又超越"内",进入一种更宽阔、复杂、普遍意义上的,具有质疑、反思和寻找能力的"内",《耶路撒冷》是朝这个方向努力。耶路撒冷跟宗教有关,但我更愿意把它理解为一种信仰的象征,一种理想主义,一种能够让我们内心安妥的可能,在这个意义上,每个人内心里都有一个耶路撒冷。

舒晋瑜: 我想主人公身上应该有些您的影子。作品其他几个70后人物写得很有特点,比如一个因办假证发财,一个有精神问题,也突出了这个时代的弊病。在人物设置上,您有怎样的想法?是否更多地考虑当今社会的精神状态?

徐则臣: 很多人都觉得初平阳是我的替身,其实不是,但气质上可能比较接近,都是没事儿找纠结型的。几个人物我安排了不同的身份、出身和生活,意在尽可能开阔考察的视野,在不同类型的人物身上寻找他们的异质性和共同性。我不敢说每个人都是一类人的典型,但还是希望他们身上呈现出的问题有其代表性。个体只对自身负责,但他们肯定也对应了时代的某种状态和病象:就与时代之关系而言,一点隐喻功能都无法承担的个体不值得去写,可能也不存在。

舒晋瑜: 秦福小的奶奶秦环是小说中隐秘的主角。是她让初平阳第一次知道"耶路撒冷"这个词,以至于读完博士之后申请去耶路撒冷留学。但是,在阅读中总能感觉出某些刻意。您觉得呢?

徐则臣: 之前也有朋友跟我提到这个问题,我尝试给出自己的答案。假若仅仅是那时候听到这个词,接下来没有足够的故事和细节支撑,去耶路撒冷的确相当牵强。对初平阳来说,耶路撒冷在此后的很多年里一直在他耳边响,在他的脑子里转,他不断完善对这个词的理解,开始是一个声音,然后是文字、地名,然后是与宗教有关的三教圣城,然后是信仰,然后遇到来自以色列的塞缪尔教授,这其中,最重要的是,他和发小们内心里都隐匿着一桩"罪",就是景天赐之死,不管他们是否清醒地意识到了,他们都需要救赎。耶路撒冷是个精神符号,不仅是救赎的象征,还是进入中年以后,每个人追求内心安妥的不同路径的象征,也就是说,在形而上的意义上,每个人内心里都有一个耶路撒冷。

徐则臣的写作是循序渐进的,从短篇、中篇到长篇,这个历练保证了他对每一种文体都有一种基本的平衡感。他不掩饰自己写作的野心,因为如果眼不高,手便会更低。

舒晋瑜: 年轻的作家,起点都相对较高,能谈谈您在中国传统文学和西方小说中汲取的营养,对自己的创作形成怎样的影响吗?

徐则臣: 实话实说,西方小说对我的影响更大,正如很多作家和评论家所言,我们是喝狼奶长大的。这是没办法的事。现代小说是个舶来品,针对世道与人心的现代性,西方有一整套极为成熟的技巧和理论,拿过来就能用。而中国传统文学中现代性恰恰是缺失的一个环节,直接从传统文学中寻找可资利用的叙事资源,难度极大,接不上头,所以对我们的写作影响相对较小。但用汉字,写中国,背离传统无论如何是需要深思和反省的,也因此,在当下的写作中如何实现我们传统的现代性转化,就成了中国作家和学者的一个非常重要和迫切的任务。

舒晋瑜：在小说人物及地名上，您也用了很多心思。语言尤其精到。您追求的语言风格是怎样的？在写作上，以写实见长的风格笔法，对于作家来说有怎样的利弊？

徐则臣：我喜欢的语言是：开阔，朴素，从容，自然，饱满有光，但那光是哑光。不管处理何种题材，作家在细节上的落实能力都最要紧，你不一定非得多么写实，但写实肯定是基本功，缺少写实基本功的飘逸那就只能"飘"了，好的飘逸是语言和细节落实前提下的飘逸。我有一个长期的写作规划，比如在未来的十年里，要写的几部长篇的构想都有了，但哪一部突然挤到前面来让我先写，说不准。

在《王城如海》中，徐则臣写的是藏在这个城市中的人。他们带着各自的过往，奔涌到北京，奔波在北京的大街上，奔向自己的未来，追寻自己的价值感。

舒晋瑜：能否谈谈《王城如海》的写作起因？这部作品的创作状态如何？

徐则臣：《耶路撒冷》让我学会了写作长篇。但写作者多半喜欢自虐，更擅长喜新厌旧，一招用溜了就想换另一招：我想试试不需要那么殚精竭虑地去谋篇布局的一个长篇。简短，精悍，用减法。就像一圈长跑下来，兴之所至要自由发挥，跑个短程，无须教练和场外指导，也不必预设谋划，撒开腿就跑，看能跑出个什么状态。

写作小说的那段时间，正值北京旷日持久的大雾霾。那可能是我三十多年来最为煎熬的多事之秋，我努力让小说调子坚韧明朗，但雾霾深重的灰暗心境还是殃及了笔下的文字……该来的、能来的、冒冒失失撞上来的，让它们都来。这在我的写作里是一次百无禁忌的大撒把,这一步走得未必好看,但迈出的距离着实不小。

舒晋瑜:《王城如海》的写作如此切近现实,甚至将真实的生活照搬进小说,对您来说,这次创作应该是比较特殊的吧?

徐则臣: 这个小说纠结很久,尤其是结构。每个长篇小说在结构上我都纠结很久,总想找到一个既切合故事内容又能有所创新的形式。很多年前有个搞先锋话剧的朋友约我写一个关于北京的剧本,折腾了好长时间,还是没整出来,但功夫没白费,写《王城如海》时我把话剧的元素带进来了。对我来说,如此大规模地动用戏剧资源,尚属首次。对《王城如海》是否真正合宜,我也不知道。聊可安慰的是,我的确于奔突中努力寻自己的路,我也的确看见了这个小说因此从一个漫长的小说队列里挺身而出,向前走出了一步。当然,也可能我的方向感失灵,或者干脆眼睛看反了,非往前走,实乃后退,撤回了那么一步。那又如何?就艺术而言,与其淹没在一个正确的队伍里,毋宁单独站成错误的一行。

作为一部书写运河书写历史的文学作品,《北上》阔大开展,气韵沉雄,以历史与当下两条线索,讲述了发生在京杭大运河之上几个家族之间的百年秘史。

舒晋瑜: 熟悉您作品的读者可能会留意到,运河作为书写背景很早就存在于您的作品中。包括距离最近的《耶路撒冷》也写到运河。这次写《北上》算是命题作文吗?对您来说,写作《北上》有哪些动力?

徐则臣: 不知道是不是因为这两年大运河突然成了显学,很多人就认为这是个命题作文。准备写这个小说时,运河还是个冷门,没人关注;在准备和写作的过程中,它的突然升温让我惊讶,竟然

"蹭"了个热点,但更让我惊喜:大运河配得上"显学"这两个字,我也希望能有更多读者因为《北上》增进对这条伟大的河流的感知和理解。

　　写它首先是基于兴趣。有了兴趣,顺其自然,然后水到渠成。你永远不会知道一个故事、一个人物什么时候会在你的头脑里真正长成,所以只能等。在此之前,我写了二十年的运河,水与船都只是小说的背景,主人公是河边和水上的人家,是穿行在千里大运河上的一个个人。这一次,背景走到前台,这条河流要成为主人公。对我来说这既是意料之外,又在情理之中。写作就这样,某个配角你盯久了,他就有了自主成长的意志,暗地里缓慢地丰满、立体,哪一天冷不丁地站到你面前,你方恍然,一个新主角诞生了。那些作为小说背景的元素也一样,当它们羽翼渐丰,也会悄无声息地从后方突围到前台,你不得不正视。《北上》之前的长篇小说《王城如海》就是这样:主人公其实不是话剧导演余松坡,而是我所生活的这座城市;北京城被我写了十几年后,已经不甘于只做背景,挺身冲到了前台。《北上》亦如此:小波罗、马福德、谢平遥、邵常来、谢望和、孙宴临、邵秉义、胡念之、周海阔他们固然也重要,需要浓墨重彩歌之蹈之,但更重要的是他们生活中最大的背景,浩浩荡荡的一条长河,这一次,它进阶到小说的最前沿。

　　此外,就是这条河流的确极其重要。它的价值和意义无须我赘言,如今它已经成为显学,专家的阐发比我更有说服力。因为我自身的生活和写作经验,能够有机会面对这条河,与有荣焉。

　　舒晋瑜:《北上》涉及了很多历史文化知识,您做了哪些准备?
　　徐则臣:写《北上》还真有点无知者无畏,以为自己写运河写了很多年,对运河的了解已经很深入了,但真到写的时候,面临的困难远超我的预料。我过去对这条运河的熟悉只是宏观上的,就像拿着望远镜看运河的轮廓,它的起伏、转折都能看得很清楚,但小说不能只写轮廓,得一段段、一环环地落实到细部。除了望远镜,还需要放大镜,甚至是显微镜。

我在四年里读了六七十本关于运河的书,但还是不行,就重新又走了一遍运河,从南到北,把运河沿途的重要水利枢纽、水利工程全都走了个遍,认真地走、认真地看,甚至去感受水的流向、岸边的植被。边看边再读书,再做些案头工作,因为有些历史在现场是看不见的。

亲身经历是无可替代的,这一旷日持久的田野调查改变了我对运河的很多想法。过去对运河的想象太笼统了,比如镇水兽的摆放和表情,每个地方都不一样,有的地方是石头的,有的地方是铁的,每只镇水兽都有它自己的传说。

再比如水流。最初我看史料时感到很奇怪,说从杭州到北京,怎么一会儿写今天船是上行,明天又变成下行了,后天又变回上行了?上行是逆水,下行是顺水,为什么一艘从南往北走的船会忽而顺水忽而逆水?实地走了才知道,运河是人工河,不是自然的河流,是活生生在大地的肌体上挖出来的一道伤口。它要借别的水源,它的水流方向由它与水源的位置关系和海拔关系决定。水源在它前面,且地势比它高,它就从前面流下来,船往上走就是逆水;水源在它后面,船往前走,这就是顺水。

舒晋瑜:关于《北上》的结构,不同的读者各有看法。小说中几条叙事线索穿插,既有历史的又有现实中的,能谈谈您在小说布局上的思路吗?采取这种结构,希望达到什么样的效果?

徐则臣:小说跨越百年,肯定不能写一个一百多年的流水账,那就得在结构上做调整。既要能够展现一百多年里小说需要的历史,又要在长篇的结构上有所创新,我花了两年的时间来推敲,推翻了多次构思。小说选取的几个时间节点,我个人都比较看重。1900年为叙述起点,是因为这一年发生了义和团运动和八国联军进北京,这两件事直接影响了小说中过去这一条线的人物的命运。意大利人马福德是八国联军的士兵之一,他留在了中国,而他哥哥小波罗1901年来中国,为寻他才沿运河北上。1900年孙过程是拳民,1901年他才会讨生计,随船保卫小波罗,也因为曾是拳民,才可能睁一只眼闭一只眼任拳民老乡劫伤了小波罗,最终导致小波罗的死。而谢平遥,也因为1900年的时世变故,才辞职北上。1900年的庚子国变带来清政府财政上的危机,也成为光绪帝1901年颁布漕运废止令的重要原因之一。

2012年作为当下故事线的起点,是因为孙宴临沿运河摄影和绘画创作,她的艺术创作最终把1901年那一拨北上人员的后代团聚到了一起。2014年,大运河申遗成功,他们因缘际会,相遇在了京杭大运河边。

1901年漕运废止,成为大运河命运的转折点;2014年大运河申遗成功,可能会成为其命运的另外一个转折点。我想从这两个节点切入,整体上考察百年运河和中国的近现代史。这两条线,正好借运河互为镜像,过去和现在相映成趣、相得益彰。

舒晋瑜: 既要反映运河在世界格局中近百年来的历史风云,又要体现其申遗成果的价值和意义,这种多层次的写作对您来说是否形成挑战?

徐则臣: 说实话,这些对我都不重要,我只关心我感兴趣的、有疑问的那些历史、价值和意义。一段历史不管多重大,只要它跟我的小说人物和生活没有关系,对我来说它就没有意义;大运河申遗成功,当然有它一系列价值和意义作为支撑,但这些价值和意义如果在我的理解里无感,我绝不会牵强附会地往上靠,我只忠实于自己对这条河的理解,按照我的理解去结构整部作品。小说所呈现出来的是我与这条河的契约,所以,所有的挑战都是内在,外挂的挑战我一概不会接受。

舒晋瑜:作品从1900年写到2014年,四个家族一百年以后又相见,是否过于巧合?在完成其叙述逻辑上,您做了怎样的努力?

徐则臣:可能是小说最后那部分没交代清楚,不少朋友有这个疑问。其实小说前面几个家族历史的展开,在一定程度是最后部分他们的后代在一起时推演出来的。时光浩荡,运河上行经的无数的人与事,各有其传奇,但无论传奇多么独特,总有相似处,太阳底下无新事,姓孙的很多,姓谢的很多,姓邵、周、马的也很多,想象和推演家族往事时,我们免不了会有预设,所以,也许不相干的孙姓、谢姓、邵姓、周姓、马姓的先人的故事就被后代们说到了一起。构思时,我想在小说后部做一个颠覆性的处理,让整个故事呈现出元小说的特点,就是告诉读者过去的故事完全是几个人聚在一起时通过想象与推演连缀成为一个整体。但真写到此处,还是放弃了,觉得这么处理太刻意了,意义不大,就弱化了"想象和推演"的戏份儿没有过分强调。看来我在小说中提醒得还是不够。

舒晋瑜:从《跑步穿过中关村》开始,有很长一段时间,您的写作风格是相对稳定的,但从《耶路撒冷》开始,《王城如海》《北上》都显示出不俗的艺术探索,比如《王城如海》中运用戏剧,《北上》的叙述结构等方面的突破——您是否格外追求创新和艺术探索?

徐则臣:从《耶路撒冷》开始,我开始进入了一个文体自觉的写作阶段。这种文体自觉,很大程度体现在对结构和故事表现形式的探索和创新上。一个作家一辈子写不了几部长篇,每一部长篇都会耗费你若干年的时间。它既是你对世界理解与认知的阶段性总结,也是你以文学的形式对时代与事件的同构性呈现,世易时移,理解与认知在变,结构世界的形式肯定也得变,我希望能捕捉到这种变。此外,长篇小说发展到今天,诸多方面的可能性已被我们穷尽,作为一种独特文体的疆域,亟须开拓。我希望能本着对文学的理解,做一点努力的尝试。

舒晋瑜: 这部作品获得茅盾文学奖,是否感觉意外?您最想表达的是什么?

徐则臣: 结果公布时,我正在上海书展活动现场,很多人突然拥上台来向我祝贺。就像一个足球运动员在满场跑,临门一脚,球进了。有点意外。这世上没有必进的球,我想梅西和C罗也不敢夸这个口。我很高兴当时正值文学现场,跟读者朋友们在一起,他们以文学的名义向我祝贺,让我强烈地体验到吾道不孤的幸福感。但祝贺之后,活动该怎么做还是怎么做。我这个球员还得平常心地继续满场跑。对一个球员来说,进球很重要,满场跑更重要。

舒晋瑜: 您如何评价近年来的长篇创作?有人认为获得大奖对作家来说也是一个挑战,您会有这种危机意识吗?

徐则臣: 基本上稳定:良莠并存,优劣互证,没有奇迹,也不至于让人大跌眼镜。这等于没说,但情况就是这么个情况。可能大家对大奖附加了过多该奖不能承受之重,我们都需要平常心。为什么一个球员进球后,我们从不担心接下来他会因为荣誉的重负突然技术失灵,依然期待他上演帽子戏法,却对一个作家如此地不信任?我只做我想做的事,也会努力做好我想做的事;我这个球员将继续平常心地满场跑。

获奖作家访谈

陈彦：现实主义需要面对日常的残酷

陈　彦　1963年生于陕西镇安。一级编剧，中国作家协会副主席，中国戏剧家协会副主席。曾创作《迟开的玫瑰》《大树西迁》《西京故事》等戏剧作品数十部，著有长篇小说《装台》《主角》《喜剧》《星空与半棵树》等。三次获曹禺戏剧文学奖、文华编剧奖，作品三度入选国家舞台艺术精品工程"十大精品剧目"，多次获得全国"五个一工程"奖。国务院特殊津贴专家，文化部优秀专家，全国宣传文化系统"四个一批"人才，首届中华艺文奖获得者。2019年，长篇小说《主角》获第十届茅盾文学奖。

| 采访手记 |

2018年4月，第一次见陈彦。谦和、儒雅，然而一谈到创作，他的热情和专注富有感染力。他说，从舞台剧转向小说创作，感觉自己如同突然到了一望无际的草原，恨不得让马长出八只蹄子飞奔。

我想象那是怎样洒脱不羁的创作状态！

可又不止如此。陈彦的写作，分明是博大的、诚恳的、思考的。"我们得迫近生活、迫近现实、迫近人物、迫近山川物理，得努力让自己的作品有点力量感、洞穿感与真切感，同时也得有点艺术的浪漫感。我们得直面我们的现实故事，从这些故事中，挦出我们理想与社会现实担当的头绪。面对复杂纷纭的社会生活，面对光怪陆离、丰富驳杂的人性，我们得开出方子，哪怕这个方子是有历史局限性的，但总得有几味药，让我们不至于显得过于束手无策、浮毛潦草，甚或背痒挠腿、牛头不对马嘴。"陈彦说，他感谢生活，感谢生活的恩赐，感谢那二十几年在文艺团体里摸爬滚打过的琐碎日子。

他倾其全部思考和经验融入创作，以至于那些丰富的细节和情节扑面而来时，他不得不进行删改，将和主干命脉血肉联系不够紧密的部分全部剔除。

评论家李敬泽说，陈彦似乎从来不担心不焦虑的一件事，就是他作为小说家的说服力。陈彦的本行是戏剧，他似乎自然而然地就具备一种能力，就像舞台上的角儿，站到那里，一张口，便是一江春水，百鸟朝凤……取信于人的说服力首先取决于语调。好的小说家必有他自己的语调——那是在西安或小说里的西京锤炼出来的语调：是锋利入微，是光棍眼里不揉沙子，是老戏骨评说人生的戏，是雅俗不拘、跌宕自喜，你能感到这样的语调本身就是兴奋的，它沉浸于人间烟火，它自己对自己都入了迷。

2019年，陈彦离开生活三十年的西安来到北京，担任中国剧协副主席。

童年于陈彦的意义,就在于打下了生活的底色,每每写到山区时,他都有一种信手拈来的感觉。

舒晋瑜:您对于文学的热爱受谁的影响?

陈　彦:准确地说,是受时代的影响。在我十七八岁的时候,镇安县的文学青年特别多,好像搞文学是一种时尚。那时经济建设还在摇摆期,全民经商的时代还没到来。读书成为青年的一种时尚。能写点东西,在外面发表一下,那简直是轰动全城的事。那时还有一个特点,就是县工会这些组织,会经常请些省城的作家诗人来授课,或者开改稿会。《延河》这类杂志会专门编一期类似"镇安文学专号",就把一城的青年都能搅动起来,朝文学的路上狂奔。我十八岁在省报文艺副刊发了一篇散文,激动得一天到街上转三圈,看人都是啥反应。文学是好东西,也是害人的东西,成了就成了,不成的,害得一辈子疯疯癫癫找不着北,最后连普通人的日子都没得过。在我的印象中,镇安文学当时很厉害,后来就逐渐分化,各弄各的事,坚持下来的人不多。我以为,干啥事都重在坚持。坚持总是有收获的。

舒晋瑜:陕西名家很多,你们之间的交往多吗?您的创作有无受到他们的影响?

陈　彦:影响是很明显的。柳青先生我无缘见面,但读他的《创业史》和系列作品,尤其是在文学圈子读他的人,读他的人格,读他对创作与生活的认识处理方法,受益匪浅。路遥也接触不多,在一起开过会,听过他的讲座,最近距离的接触,就是在一起吃过一次烤羊肉。是老乡请他,我蹭吃。我听他说创作,说朋友,说小吃,说身体状况。时间不久,我就在广播里听到他去世的消息。我感觉他的身体很壮实啊!他的作品当时炙手可热,只要发表的,我几乎全都找来读了。前几年我又重读了他的《平凡的世界》,因工作关系,连《平凡的世界》电视剧本都通读过一遍,还参加过各种研讨会,滋养是巨大的。再就是陈忠实老师。我们接触颇多。那些年我在陕西省戏曲研究院当院长,常请他来看戏。他特别爱秦腔。我写的《留下真情》《迟开的玫瑰》《大树西迁》《西京故事》等舞台剧,他都看过,并且还都写了评论文章。后来写长篇小说《西京故事》《装台》,他也都看了,《西京故事》写了文章。《装台》他一直说写,病情却越来越严重,还是以题字的方式加以鼓励。他像一个文学父辈一样,总是在提携、呵护着我。他去世时,因工作原因,我是治丧小组的组长,送他遗体进火化炉的那一刻,我泪眼模糊,觉得是一个真爱着自己的文学长辈走了。

还有就是以贾平凹为代表的商洛作家群体对自己的影响。贾平凹先生是文坛公认的"劳模"。我们认识很早,大概在我十五六岁的时候,他老到镇安深入生活。我从镇安调到西安后,他家是我们常去的地方,那时见面会打个小牌。更多的,还是喝茶、聊天、谈文学,说各种有趣的故事。我写了戏,他也会来看。我们见他总在写,有时进去烟雾缭绕得人都看不清,作品层出不穷,这种激励作用是巨大的。他的名气够大了,真的是笔耕不辍,这让我们没有不继续写下去的理由。再就是陕西文坛有一批厉害的评论家,他们是托举作者的高手,我每每感到这些大手的温度与力道。

"小人物"使我们的题材世界豁然开朗。只要你愿意去发现,这个世界最不缺的就是"小人物"。陈彦的作品,多数在"为普通人立传"。

舒晋瑜： 为什么会钟情于戏剧创作？有什么契机吗？

陈　彦： 我最早是从写小说开始的，我们那一代人，大概都有文学梦。我十七岁在一个省级内刊上发了第一篇小说，叫《爆破》，还写了一些散文。当时县文化局的领导认为我能写，就交给我一个任务，说省上要搞"学校剧"评奖，我们好歹得给人家上交一个作品，让我无论如何写一个。催得急了，我就写了一个话剧，叫《她在他们中间》，一共九场。谁知，几个月后通知下来，我的剧获得省二等奖。我由此树起了戏剧创作的信心，两三年中，搬上舞台四五个大戏，戏剧创作逐渐成了职业。

舒晋瑜： 您在戏剧领域取得很高的成就。这些戏剧作品，比如《迟开的玫瑰》《大树西迁》《西京故事》都以"为普通人立传"为主旨。为什么选择小人物作为创作的素材和源头？

陈　彦： 首先是熟悉他们，其次是一种文学精神的昭示。我以为，无论文学，还是戏剧，都不能缺失悲悯与人道情怀，更不能缺失对混沌甚至幽暗生活的点亮。我始终认为，"大人物"的生命世界里，已经塞满了太多的好东西，我们应该把希望、美好与力量，赋予更多的小人物。也恰恰是这点，使我们的题材世界豁然开朗，几乎俯拾即是。只要你愿意去发现，这个世界最不缺的就是"小人物"。我看过很多遍《悲惨世界》，包括小说、电影、音乐剧，每每看到冉阿让偷了主教的灯台，警察追来时，主教反倒说这灯台是他赠送给冉阿让先生的，由此，几乎彻底改变了一个窃犯的一生的故事，我就似乎突然明白文学是要干什么了。冉阿让似乎也是可以装进"小人物"这个筐里的。

舒晋瑜： 顺子的生活其实很不顺。装台的时候，顺子是农民工的灵魂人物，但他在人面前谨小慎微，低三下四，他的生活艰辛、卑微甚至懦弱;可是另一方面,他敬业,有担当,善良又仗义。您是怎样理解顺子的?您认为他是弱者吗?

陈　彦: 我心中的顺子,是一个表面逆来顺受的人,其实内心并不懦弱。他所表现出的"不幸""不争",是面对强大生活场域的无奈转圜。因为,他既不能放弃,也不能做表面抗争,他不是可以无忧无虑地活着的人,他还撑持着一个散乱而又沉重的家,肩上还扛着一支一天不装台就活不下去的队伍。

该管的不该管的,都把他黏糊上了,并且还撒不了手。他做人就不能太硬,啥事就都不能"霸王硬上弓",他得讲方式方法,有时甚至还得上点"奴才相"。但我们不能对他要求过多,因为,他要双脚踩在大地上生活,我们无法要求他必须有一种所谓的现代人格与觉悟,这就是顺子,他没有读过老子庄子,但他身上却有着某些老庄的生存哲学与智慧。

舒晋瑜: 作品之所以给读者留下深刻的印象,在于人物的塑造,每一个都让人过目难忘。顺子的女儿菊花,丑陋、虚荣甚至残忍歹毒,尤其是杀狗一节,触目惊心。如此惨烈的描写,只是为了刻画人物吗?

陈　彦: 既是刻画人物,也是希望找到一种寓言和象征。我是希望通过这个人、这个事件,找到一种更普遍的社会生活对应。在我们的生活中,这种冷酷无情者可以说层出不穷。尤其是仇恨的表达方式,尽管千差万别,但骨子里就是这种丝毫看不到人性温度的残暴。杀狗的情节,本来我是写得有些节制的,后来有朋友说,这个地方是不是下笔太狠?我反倒加强了这一块,直写得连我自己也毛骨悚然才停笔。我是觉得,现实主义需要对这种司空见惯、见怪不怪的生命冷酷,给以强烈的凸显与敲击。生活中,有些很光鲜的人,其实内心很冷酷、很歹毒,尽管不是虐狗、杀狗,但所使出来的招数,并不比菊花来得更具人性。

舒晋瑜:故事发生在城乡接合部的西京,也反映了中国社会变革中存在的一些问题,以及农民工的生存困境。在原有的创作基础上驾驭这样的题材,是否游刃有余?

陈　彦:我一直关心着城市的这一块,我觉得要研究中国今天的社会问题,这里是内容最丰富的地方。此前,我写过舞台剧《西京故事》,搜集了很多素材,但由于舞台剧体量就那么大,必须在两个多小时解决问题,因此,大量素材和思考都浪费了。我就思考着要写一部还叫《西京故事》的小说,力争能把自己好多年对城乡二元结构中许多问题的思考,全面展示出来。我大概用了两年多时间,完成了这部长篇,后来别人改了电视剧。《装台》也可以说是对这种生活的继续,但又有本质区别。

从舞台剧转向小说创作,陈彦感觉自己如同突然到了一望无际的草原,恨不得让马长出八只蹄子飞奔。

舒晋瑜:《主角》应该是您用功最深的一部作品吧?

陈　彦:《主角》是几十年的积累,我想扎扎实实地写一部作品。过去的作品不像《主角》时间跨度这么大,裹挟着改革开放四十年来社会生活的方方面面。《主角》中主人公忆秦娥从乡村到城市,从国内到国外,无论从时间还是生活场景上,都有比较大的开合度。看似写舞台生活,更多的是想借这些,折射更为广阔的社会背景。

舒晋瑜:写您熟悉的生活,驾驭起来应该相对容易吧?

陈　彦:舞台剧的特点,需要引人入胜,要在有限的时间和空间内删繁就简。写小说时,我有意无意把戏剧的优长吸收进来了。外国很多作家,既是剧作家也是小说家。

每个人心中对小说的认知是不一样的,我认为小说首先要吸引读者阅读,不要为难读者,结构要讲究不为结构而结构,匠心以不见痕迹为美。

舒晋瑜:多数人认为,小说创作比影视剧创作更纯粹。

陈　彦:从本质上讲,编剧和小说创作无非是形式的不同而已。电视剧追求吸引眼球,小说也是要追求读者喜爱的;当然小说追求人性的深度,以及思想的深刻性,电视剧由于受众群的原因,在某些方面有所欠缺。虽然小说有小说的规律,剧作有剧作的规律,但其内在的互补性是不容忽视的。不能说小说家做影视剧就是降格以求。尤其是舞台剧创作,更是一种高度的浓缩,小说还是应该向舞台剧借鉴的。好的舞台剧,思考的深度和写作技巧,很多小说不一定能达到。同样,很多优秀小说的精神深度与广度,舞台剧也望尘莫及。因而我常鼓励年轻的编剧写一写小说,这两者绝对是互相滋养的。

舒晋瑜:您的小说情节紧张,故事性强,有画面感,看上去很容易被改编为影视剧。

陈　彦:首先人物形象要鲜活、饱满;二要可看、耐读;三是语言表达要准确,什么人说什么话,不要全是作者一个人的腔调。总之,得把生活立体起来,有序起来。小说有很多写法,比如乔伊斯的《尤利西斯》、普鲁斯特的《追忆似水年华》,好像写完故意撕碎又重新拼接到一起——当然也需要这样的探索,允许小说以各种样式并存,否则创作的丰富性就不存在了。但更多的恐怕还得老老实实讲好故事,让读者不要自责自己怎么这么不会阅读。每个人心中有自己的哈姆雷特，每个作家展示"哈姆雷特"的方式方法也是不一样的。

"主角"其实是有象征意义的，生活中有两种人，一种是搭台的，一种是唱戏的。

舒晋瑜：《主角》很重要的一个主旨是"传承"，无论是四位老艺人对忆秦娥，还是忆秦娥对养女。

陈　彦：中国几千年来传统文化的承接没有断裂，一定有代际传承的关系在里面。秦腔可考的历史也六百多年了。小说中，我在努力寻找这种传承形态。我曾见过一个老艺人，不识字，可他头脑中记着三百多本戏，他"说戏（现在叫导演）"的时候，一开口都是之乎者也。这三百多本戏里，承载着政治、经济、文化、宗教、哲学……他们对历史、对现在、对未来、对这一行当都有非常准确的判断。我试图在打捞这些文化最深层的东西。

《主角》中我写了秦八娃，他是生活在泥土里的剧作家，他可能也研究时尚、技巧、创新这些东西，可双脚始终没有离开土地。他创作的戏表面并不新颖，但是有生命力，就是因为精准地把握了民族文化血脉的深层流向。所以首先要解决的是地脉、地气问题。秦八娃是个了不起的民间知识分子。再比如忆秦娥，她一开始做主角是被动的，当她一次次退下来再走向主角这个战场时，肩上就有了一种自觉的承载和担当。当她年龄大了，舞台中心位置也被替代的时候，回到了童年放羊的山村，在大山里"跑场子"演出的舅舅告诉她：你的舞台还大得很，大山的皱褶里到处都是等着看戏的人。她好像再次明白了自己的存在价值，这个时候，忆秦娥是重新出发，是更成熟的出发，是由被动转向主动的出发。这也就是一种很自觉的文化负载了。

舒晋瑜：那么您的写作,是否也有一种从不自觉到自觉"承载"的过程?

陈　彦："主角"其实是有象征意义的。生活中有两种人,一种是搭台的,一种是唱戏、唱主角的。人世处处都见主角与配角的关系。今天说中国已越来越接近世界舞台的中心,不也常用"舞台"一词吗。我们应该以什么样的人生态度、人生修为去对待主角或配角,小说中有许多这样的注脚吧。首先主角也是人,是人就有了人性的深度与温度。活了半辈子,唯有人心、人性觉得是最难测度的了。有些事似乎看清了,可转眼发现你看到的什么都不是。写作从很大程度上讲,是力图辨析更多模糊而又复杂的人性。总的来说,我还是希望从人性到由人性沉淀的文化,去多开掘一些新的生命形态与形象。

舒晋瑜：小说中描写了很多细节,看完书仍然历历在目。这些细节,包括演员包头时的感受,您是怎么刻画的?

陈　彦：我曾在剧院当过二十几年院团长,看到的主演就是这种样貌。演出有时候是一场战争,尤其是演武戏的演员,非常苦,从舞台下来基本就是昏厥状态。这些细节是非常真实的。清代秦腔知名艺人魏长生的演出,曾引发过北京剧坛的"花雅之争",他就是进京演完《背娃进府》后死在后台了。谢幕的时候,是演员们用他坐的椅子把他抬出去的。

舒晋瑜：要把几十年的感受写出来,是否很难取舍?写作中您是一种怎样的状态?

陈　彦：六七年前我曾写过《花旦》,写了五万多字,感觉要写的东西太多,那些丰富的细节扑面而来,不知道怎么驾驭、取舍,于是停了。我把这种状态叫"只缘身在此山中"。《装台》完成后,评论家李敬泽先生鼓励我说,再写个角儿吧。这个时候我离开文艺团体已经三年了,突然觉得,远离后一些东西是看得清晰些了,我觉得是可以写好的时候了。

写起来非常顺。因为对好多戏太熟悉,有时甚至写得张冠李戴了还浑然不觉。真是有一种非常强烈的创作冲动。但我也在不断提醒自己,仅仅写成一个角儿、一群角儿是不够的,必须由"主角"和秦腔为切口,折射出更加广阔的社会大背景、大舞台,写得苍茫混沌一些更有意思。

舒晋瑜: 您怎么理解"混沌"?

陈　彦: 写作者的意识要清晰,但皴、擦、点、染要浑朴,尽量追求"一石三鸟"的效果。只要不是为谋生去写作,作者一定就有精神表达的需求,一定是在写作的故事背后有旨远的东西。

陈彦所创作的作品,基本都以陕西素材为主。他说,不烂熟于心的生活,是压榨不出所需要的精神玉液的。

舒晋瑜: 能否回顾一下自己的创作?

陈　彦: 作家一定要写自己最熟悉的生活,这是最重要的。首先阅读量要大,阅读的视野要开阔。编剧不能天天读剧本,小说家也不能天天只读小说。了解现代后现代,自己不一定要去明确追求那个,非弄成现代派不可。同样,熟悉历史传统,也不一定扎起辫子摇来摇去。得融汇,得努力去贯通一切。还有就是不要等到写作时才深入生活,肯定是之前做了充分准备才能操刀的。谁都有生活,把生活转换成艺术需要技巧、训练与磨砺。但一切的一切,还都是建立在生活基础上的,这个不扎实、不丰厚、不垂露欲滴,再多的技术也没用。

舒晋瑜: 对于未来的创作,您还有哪些规划?偏重戏剧创作还是小说创作?

陈　彦: 我初到新单位,工作比较忙,还无法进入创作,不过阅读量倒是在加大。无论出差还是公休日,我给自己的读书都在施压。好书是越读越多,有时甚至觉得坐飞机的时间短了些,怎么两小时连五十页都看不完。总之,还在为未来的创作做基础工作。还是会写很熟悉的生活。至于戏剧与小说,我从来都认为是互补的两个方面。什么题材适合写什么,就写什么。眼下可能对小说会偏重一些,才写上瘾嘛。

获奖作家访谈

李洱:敬重文学现实品格,期许知言行统一

李　洱　1966年生于河南济源。毕业于华东师范大学。曾任中国现代文学馆副馆长,现为北京大学中文系教授。著有长篇小说《花腔》《石榴树上结樱桃》《应物兄》等,并出版《李洱作品集》(八卷)。曾获第十届庄重文文学奖。多部作品被译介到海外。2019年,《应物兄》获第十届茅盾文学奖。

| 采访手记 |

在各种文学活动中总会遇见李洱。这当然也是他职责所在，因为他在中国现代文学馆工作。我对他的认识不断有所增加：机智幽默的谈话对象，各种场合应对自如，在国外影响越来越大，国外的贵宾来中国也要约见他……但是对他作品的印象，回望发现还停留在十几年前的《花腔》。

作家终归要拿作品说话。一边看他在各种舞台谈笑风生，一边暗自思忖甚至替他着急，有时候也难免作为话题抛出去，于是就有熟悉他的朋友回应："没准儿憋着一个大炮仗呢！"

这个"大炮仗"在2018年底点爆了，就是近百万字的《应物兄》。

《应物兄》在2019年一举拿下第十届茅盾文学奖等多项文学奖，这或许是近十年来李洱最扬眉吐气的一个年头。

其实，如果熟悉李洱的创作，会发现"慢"一直是他的特点：《花腔》写作时间用了三年，其实"与这本书相伴十年"。而在写作《花腔》的时候，李洱就已经写下了一些关于《应物兄》的笔记，只是当时这部预想中的小说还没有定下名字。

他的小说总是相互关联。没有《饶舌的哑巴》就没有《午后的诗学》，没有《午后的诗学》就没有《花腔》，没有《花腔》就没有《应物兄》。它们是衍生关系，一部小说的停滞之处，是另一部小说的开端。

当年的《花腔》便由正文和附本构成，有无数的解释，有无数的引文，解释中又有解释，引文中又有引文。就像从树上摘一片叶子，砍下一截树枝，它顺水漂流，然后又落地生根，长出新的叶子、新的树枝。《花腔》中关于葛任与儒家的关系已经有一些讨论，这些讨论延续到《应物兄》，成了《应物兄》的重要主题。

记得《花腔》完成的时候，李洱感谢主人公葛任，因为带给他反省的力量，并给他一种面对虚无的勇气。李洱在后记中说，希望在生命结束的那一天，家人能在自己的枕边放上一本《花腔》，"使葛任先生能听到我和他的对话，听到我最后的呼吸"。

现在《应物兄》来了。和葛任一样，"应物兄"在李洱生命中具有无可替代的重要意义。

《花腔》之后的第十三个年头,应物兄带着他额头上与生俱来的三条皱纹,和我们见面了。

舒晋瑜:《应物兄》的整体架构,一开始就确定了吗?在漫长的写作过程中,有没有调整过?

李　洱:总的架构,包括这种标题方式,包括故事走向,很早就定下来了。小的调整当然有很多,直到交稿的最后一刻还在调整。我写东西,不管是中短篇还是长篇,脑子里有个大致线索,对于第二天要写的东西,也会大致想一下,但却从来没有详细提纲。我比较忌讳想得太细,因为那样写的时候会失去新鲜感。但写的过程中,我习惯反复修改。

舒晋瑜:毫无疑问,应物兄是主角,有多重身份:济州大学著名教授、济州大学学术权威乔木先生的弟子兼乘龙快婿,济州大学筹备儒学研究院的负责人,还是济州大学欲引进的哈佛大学儒学泰斗程济世的联络人……几乎所有人物都与他有关。出场那么多人物,我觉得写得最成功的是应物兄;他的孤独,他的忧患意识,他的思想,他的善良,当然也有知识分子的软弱。在喧嚣纷乱却又生动可信的现实中,他营造了一个自己的世界,也有一套与世界和平相处的方式。有人说应物兄就是您,比如额头上的皱纹包括沐浴时洗衣的细节,和生活中的李洱比较吻合。我想知道的是,应物兄身上,寄托了您怎样的理想和期待?

李　洱:知、言、行,三者的统一,是我的一个期许。你知道,我们常说,知无不言、言无不尽,常说言行一致,常说言必信、行必果,但一个做事的人,要做到这一点,非常困难。我最近看费孝通的晚年谈话录,看到一句话,是他年近九十的时候说的,说他这一辈子遇到的所有人当中,言行一致的人,不超过十个。我顿时有一种大绝望。我看林默涵的自传,在自传的最后,他谈到一生的教训竟然是,他在很小的时候,父亲跟他说过,为人不要太老实,遇事不要说实话,他后悔自己没听老人言。要知道,这可以说是中国顶级知识分子的心声。看到这样的话,你怎能不有一种彻骨的悲哀?我想,这部小说用了很多篇幅,来讨论知、言、行的关系。具体到应物兄,我想,他活得确实不容易。但又有谁活得容易呢?都不容易。在我们的生活哲学中,在我们的民间智慧中,有一句话,叫"宁愿得罪君子也不得罪小人"。君子的道路为什么越走越难,就是这个原因。而我们的应物兄,就是个君子。当然,小说要处理的主题,比我说的这些要复杂得多。

舒晋瑜:儒学院在您写作之初还没有出现,但在您写作的过程中遍及世界。这种超前的预见,不会是偶然的巧合吧?还有一处巧合:书中提到的《孔子是条丧家狗》,您写作时李零的《丧家狗》还未出版,《应物兄》出版时,这本书已是旧有的出版物了。您和李零认识吗?

李　洱:写一部长篇小说,从准备到完成,需要很长时间。如果从冒出那个念头算起,时间就更长了。在写《花腔》的时候,我就已经写下了一些关于《应物兄》的笔记,当然那个时候,这部预想中的小说还没有定下题目。《花腔》中,关于葛任与儒家的关系,已经有一些讨论。葛任其实也是无家可归,无枝可栖,就像条丧家犬。鉴于儒学在中国文化传统中的特殊地位,我一直想写这样一部小说。所以,这不是巧合。如果我告诉你,我在三十年前的一部小说中,就描写了智能手机对人的影响,你是不是也要说,那是一种巧合?不,这只能说,写作者对文明发展的趋势,常常会有一种强烈的想象,或者说直觉。至于你所说的李零教授,我至今没有见过。这部书与李零教授没有一点关系。听到有人说,这部书对李零教授有影射,我真的感到无奈。

评论家阎晶明认为整部《应物兄》通篇具有这样的特点:人物是穿梭的,故事是推进的,悬念一环套一环,但整个场景又让人感觉是平面的。

舒晋瑜:您的小说布满关系之网,师生关系、男女关系……在写作的时候,是否有一张人物关系图?书里的人物,有些是和现实生活中人物能够对得上号的,真真假假,虚虚实实,而且还出现了众多我们熟悉的人物,您在写作中是否需要特别注意把握虚实结合的分寸和技巧?

李 洱:你说的那些人,当他们出现在小说中,他们就已经不是他们个人了,而是公共的文化符号。让虚构人物和他们生活在一起,只是为了增加小说的现实感,或者说营造非虚构的幻觉。有一个基本的事实,在大众传媒时代,人们对虚构作品的兴趣大为减弱。这时候,小说修辞学需要做出某种应对。用非虚构的方式写出虚构作品,是我这些年的一个探索方向,在《花腔》及一些中短篇小说中,我已用过多次。其实,小说修辞学的要义,就是直抵真实的幻觉。

舒晋瑜:小说中涉及的"事实",比如《纽约时报》曾在头版位置"刊登了一篇关于孔子的文章,题为《孔子的道德》",还有七百零九页注释中应物兄改定后的文字,"见于《从春秋到晚清:中国艺术生产史》第一百零八章"——我竟然真的去百度搜索验证。很想了解您为这部作品写作所付出的准备和艰辛,比如您是否阅读了海内外儒学家的主要著作?

李　洱:《纽约时报》的那篇文章是真的。海内外关于儒学的各种报道,以及儒学家的主要著作,确实看了不少,包括一些自传、对话录。倒不全是为了写这部小说,我对此本来就有兴趣。海内外儒学的对比分析,我在小说中借人物之口,从不同角度多次提到。有一点可能需要说明,至少到我回答你这个问题之前,就我视野所及,还没有一本名叫《从春秋到晚清:中国艺术生产史》的著作。不过,我相信,这本著作早晚会有人去写,或许现在已经有人着手了。

舒晋瑜:全书各节标题均选取正文开头的一个词语,为什么采取这样的方式?《论语》是这样的标题,《应物兄》要首先完成形式上的某种对传统的致敬吗?

李　洱:《诗经》也用这种标题方式,第一篇叫《关雎》。这种方式,意在让言行与万物得以自在流转,互相组合。作者的主体性暂时后撤,所谓虚己应物。你当然可以理解这是在向《论语》《诗经》致敬。对这部小说而言,我觉得这种方式是必要和妥当的。

舒晋瑜:小说中涉及大量经史子集知识。您曾用马尔克斯"小说有多长,它的注释就应该有多长"的说法来解释自己的写作?

李　洱:马尔克斯不仅是这么说的,也是这么做的。他写每部小说,都要做很多案头工作。他这么说,不是为了谦虚,实在是对写作这项工作的尊重,是他对这项工作的要求。效果如何,众人皆知。

舒晋瑜:小说没有回避社会中的不良现象和现实生活中所遭

遇的各种问题,也不回避文化发展中令人棘手的部分。但是写作的时候,有时候却是调侃的、反讽的、荒诞的。

李　洱: 我知道你这句话的潜台词。关于我与反讽的关系,已有论文问世,这里我不妨顺便多说两句。中国第一个反讽大师是鲁迅,最伟大的反讽艺术家也是鲁迅。鲁迅本人深受克尔凯郭尔的反讽观念的影响,《应物兄》对此也有讨论。在中国新文学史上,反讽就像一只狐狸,时常出没于各种文本。你在鲁迅绝大多数小说和杂文中,在老舍的《猫城记》、钱锺书的《围城》以及张天翼的小说中,都可以看到其身影。甚至在沈从文的很多小说中,你也可以感受到。反讽不同于幽默,它是一种看待世界的方式。反讽在很大程度上,是现代主义和后现代主义的一个标志,也是现实主义文学向现代主义文学转变的一个标志。它带毒,是草药的毒。一种可以称为反讽现实主义的方式,在一定程度上可以看成我处理现实和面对文学传统的方式。

舒晋瑜: 有一些描述感觉可有可无,比如《钢化玻璃》一章,应物兄远远看到一只狗对着一棵树撒尿,琢磨它撒尿抬的左腿还是右腿;比如六百八十七页对狗的揣测:"它在思考什么问题呢?……"比如在医院里看到一位截肢女孩,仅存的玉足趾甲上涂着的蔻丹……这些细致的描写,在小说中起到怎样的作用?

李　洱: 我曾经写过一个中篇就叫《玻璃》。"玻璃"在存在主义哲学中,是一个重要的"物"。萨特和加缪对此都有描述。比如萨特认为,诗人把词看成物,而不是符号。诗人应该穿过符号,就像穿过玻璃去追逐它所指的物。小说中本来有一段话,引用了加缪的话,后来删掉了,因为我不想让人对应物兄与存在主义的关系产生过分联想。对这部小说来说,写到一些看似无用的细节,是为了无限地逼近现实,包括那些看似微不足道的现实,包括那些心理现实。有一天我在飞机上看到,李安用一百二十帧方式拍电影,我觉得与《应物兄》的方式有点类似,就是无限地接近现实。还有,应物兄看到什么,都会站在对方的角度想问题。至于那只小狗,此时此刻,应物兄就在揣摩撒尿的小狗在想什么。至于截肢少女玉足趾甲上的蔻丹,是为了突出强烈的反差,一种残酷的反差。

小说中出现了很多80年代的标志性人物和事件,包括李泽厚《美的历程》等等,李洱说"我是80年代之子,它深刻地塑造了我"。

舒晋瑜:应物兄在劝费鸣加入儒学研究院的时候说,"80年代学术是种理想,90年代学术是个事业,21世纪学术就是一个饭碗"。希望了解您本人怎么看待学术自80年代以来的变化?

李　洱:那句话,只是应物兄站在费鸣的角度在劝费鸣,应物兄本人可能并不是那么看的。我本人的看法,可能比这个要复杂得多。有一点是肯定的,正是因为有了80年代,在很多方面,至少在精神层面,我们无法后退。

舒晋瑜:《朝闻道》一节中关于儒学对马克思主义的贡献有辩证的思考,对于知识分子为何会普遍接受马克思主义,小说中处处充满机锋和智慧的思辨,这对于当下有怎样的意义?

李　洱:一个显见的事实是,中国人比别人更多、更持久地与马克思主义保持着密切联系,即便他已经移民国外,即便他对马克思主义发出异样的声音。这跟儒家传统有很深的关系。从另外一面,怎么说呢,我记得小说中有一句话,马克思也可以看成儒家。小说中写到了很多辩论,也不时地有一些议论,这很正常。我说过,我希望小说充满对话。18世纪和19世纪的小说中,有很多议论。《安娜·卡列尼娜》的第一句话就是议论。德国作家的小说中,议论就更多了，以至于德国现代小说自成一派：教育小说。昆德拉的小说中，也有很多讨论。敢于而且能够在小说中讨论问题、发表观点，对我们来说，是必要的。

舒晋瑜：在《巴别》一节，双林院士拒绝在济大讲座，但校长葛宏道仍将海报贴出去。结果是，双林未到场，主办方只好播放相关视频。一些人认为双林院士的演讲都是大白话，最大的问题是"不思考"。这一节的讨论，您希望表达什么？

李　洱：那是人文学者的看法。在后面还有一节，那应该是在小说的第九十八节，我用较大的篇幅讨论了人文之思与科学之思的差异。有人说，科学并不思。科学不像人文那样思，是因为科学的活动方式决定了它不像人文那样思。这不是它的短处，而是它的长处。只有这样，才能保证科学以研究的方式进入对象内部并深居简出。科学的思是因对象的召唤而舍身投入，人文的思则是因物外的召唤而抽身离去。你提到的场景，发生在小说的开篇部分，这里只是埋了根线头。正如你知道的，更多的故事会在后面徐徐展开。

舒晋瑜：《譬如》一节中，济大在筹建儒学研究院上煞费苦心，但他们考虑更多的是如何在细节上恢复程济世记忆中的济州场景，而非学术。这一节的最后引用关于"觚不觚"的一段话，是否有您更深刻的暗示？

李　洱：我自己认为，"觚不觚"是孔子发出的最深重的浩叹。"觚不觚"三个字，可说的地方甚多，比如名实问题，甚至包括符号学的根本问题。所以，借小说中的那只"觚"，小说里有很多讨论。那节讨论，我修改了很长时间。程济世先生既然想落叶归根，当然很自然地想生活在童年的场景中，回到记忆的出发点、梦境的最深处。但时代变了,这也算是一种"觚不觚"吧。

李洱从其写作的开始就十分重视"话语生活"及其命运,他认定"话语生活是知识分子生活的重要形态,从来如此,只是现在表现得更加突出而已"。

舒晋瑜:小说中的性描写,直白又含蓄,新鲜又陌生。既有引经据典的解释,又有思想上隐秘的斗争和对无法战胜的欲望的妥协,既有风趣而略显粗俗的语言,又有抽象到不能理解的隐秘描写。您如何看待读者对性描写的不同看法?

李　洱:古今中外的小说,除了儿童小说,可能都会描写到性。四大名著里,哪个都有,《西游记》里都有。《红楼梦》中宝玉的故事甚至是以此展开的。《金瓶梅》里有更多的性。没有关于性的内容,《包法利夫人》《安娜·卡列尼娜》《复活》《红与黑》,都不能成立。福柯说,在当代生活中,性与一切有关,只与性无关。这是对当代人的刻骨嘲讽。但在小说叙事的意义上,性与一切有关,可能只与性无关,却是极有道理的。我的意思是说,写性其实不是为了性,而是为了塑造人物,揭示人的某种危机和困境,透露人的某种隐蔽的感觉。我注意到有些批评,不过,其中有几篇批评其实另有所图,很有心机。我没有说他们心机很深,是因为那几篇文字,一眼就能看出他们要搞什么鬼。这么说吧,与其说我是在写性,不如说他们在写性,他们无非是要以此博个眼球,招徕顾客。算了,不说也罢。

舒晋瑜:小说里处处是机锋,处处是伏笔,似乎每个章节每个句子后面都隐藏着您的忧思。但是,有多少读者能耐心去体会这其中的深意呢?如果体会不到,写作又有多大的意义呢?不知您在写作的时候,考虑过这些吗?

李　洱：我这次在法国、西班牙转了一圈，出乎我的预料，国外的很多读者，其中有些是学汉语的老外，他们都能很深入地理解这本书。有的人看得很细，有的人看了几遍，真的让你大为吃惊。这个事例可能进一步说明，不管是国内的读者还是国外的读者，他们比你想象的还敏锐、还认真。所以，永远不要低估读者。作者的任务，就是准确地写出你想写的。准确地表达，就是对读者的尊重。

舒晋瑜：作品出版后，褒贬不一。您如何看待这些不同的声音？

李　洱：只要是从文本出发，只要是认真讨论问题的，什么样的声音我都可以听进去。现代小说的一个重要标志，就是它是对话的产物。在写作方式上，它意味着你要在小说中设置各种对话渠道。在小说发表之后，它当然更应该欢迎对话。补充一句，事实上我把《红楼梦》看成中国第一部对话主义小说，里面的对话关系繁复得不得了。我知道你是想说，我怎么看待那些负面评论？其实，我可以说得再明白一点，只要不是恶意的、要置人于死地的文章，我都是可以接受的。我唯一不能接受的，是那种以道德为名，行不道德之实，故意寻章摘句、断章取义、哗众取宠，以告黑状的心态来面对文学的文章。你可能认为我不够大度。但你看过米沃什痛骂波伏瓦的文字吗？米沃什说，我从未见过波伏瓦，但我对她的反感与日俱增，即便她已死去，并迅速滑入她那个时代的历史注脚。为什么这么说呢？因为米沃什不能原谅她与萨特联手攻击加缪时表现出的下作，这是道德主义故事中的一幕：一对所谓的知识分子以政治正确的名义朝加缪吐唾沫。米沃什追问：是什么样的教条，导致了她的盲目？所以，晋瑜，与其说我反感他们，不如说我反感他们出于某种教条而导致的盲目，而且是比盲目更可怕的故意的盲目。

舒晋瑜：《应物兄》获得茅盾文学奖，是否是意料之中的事情？能否谈谈这部作品在您创作中的独特价值？

李　洱：你是职业记者，你应该比我清楚评奖过程。我在获奖感言的第一句话就提到，文学倾向于描述那些珍贵的时刻：它浓缩着深沉的情感，包含着勇气、责任和护佑，同时它也意味着某种险峻风光。《应物兄》能够获奖，就缘于评委对文学的勇气、责任和护佑。说到它的价值，我只能说，对我而言，它代表我目前所能达到的高度和深度。

多年之后，李洱还常常想起自己那篇寄出后杳无音信、未能发表的小说《中原》，就用书中主人公的名字做了笔名。

舒晋瑜：您的写作从什么时候开始？为什么给自己取了"李洱"的笔名？

李　洱：受父亲的影响，我很小就喜欢文学，但正儿八经开始写作，是从大学二年级开始的。用"李洱"这个笔名，已经到了90年代了。当时我写了一部中篇，叫《中原》。这部小说后来寄出去了，但没有收到回音，我也没有留下底稿。小说中有某种自传性质，里面有一个人叫李洱。我后来经常想起这部小说，就用书中主人公的名字做了笔名。当然，用这个笔名还有一个意思，我从小生长在一条河边，叫沁河，"洱"这个字，似乎可以说明我的童年记忆：每日听见水声。

舒晋瑜：您曾经说过除了博尔赫斯，很少受到别的拉美作家的影响。能否具体谈谈，你们之间是怎样的气息相近？

李　洱：我不记得自己这么说过。我早年很喜欢博尔赫斯，也喜欢马尔克斯,还有资深读者才会迷恋的胡安·鲁尔福。相对而言,早期我可能受博尔赫斯影响更大一点。坦率地说,直到现在,理解博尔赫斯的人并不多。博尔赫斯并不是一般中国读者眼中的博尔赫斯,比如他改良了西班牙语,他的小说与拉美现实也存在着极为紧张的关系。我后来的写作,与博尔赫斯关系不大。我早已走出了博尔赫斯。

舒晋瑜:在文学创作的道路上,对自己产生重大影响的人有哪些?

李　洱:处女作是我自己投给宗仁发的,当时他是《关东文学》的主编。他来华东师大的时候,我见到过他,不过当时我是学生,他对我应该没有什么印象。《关东文学》是地区级刊物,但当时在先锋文学的圈子里影响很大,是先锋批评家、诗人和小说家的聚集地。我发表的第一个中篇《导师死了》,是格非推荐给《收获》的程永新的,它原来应该属于短篇,将近两万字。程永新觉得有点意思,让我改。当时我已经离开上海了,又到上海改稿子。格非帮我找了个宿舍。每天下午5点钟左右,格非会过来,问我的进度。我们会坐下来讨论。他经常会提一些意见。他提意见向来很委婉,你得仔细听才能明白他到底是什么意思。程永新有时候晚上也会过来谈稿子。后来,改来改去,它就变成了五万多字的小说。小说最后定稿是在郑州完成的。90年代初期,我写了一篇小说叫《加歇医生》,给格非看。当时我住在格非家里看世界杯。格非把它寄给了《人民文学》。等我回到郑州,我在传达室看到《人民文学》的信封,用手一摸,很薄,不是退稿。我心头一颤。信中说,我是李敬泽,看了你的小说,准备发在第十一期,你不要再投寄别的刊物;若还有别的小说,也可寄我一阅。我哪里还有别的稿子啊,那些稿子都寄出去了,都没影了。我就又写了一个中篇《缝隙》寄了过去。

李敬泽又发了这篇小说,还约著名作家、当时的河南省作协主席田中禾先生写了一篇评论,在《人民文学》同期发出。所以,我觉得,任何一个作家的成长,都不仅是他个人的事。改稿的过程,与好编辑交往的过程,对作家最大的意义,一是让你找到自己,二是帮助你丰富自己。

舒晋瑜: 2001年出版《花腔》,2004年出版《石榴树上结樱桃》,2018年出版《应物兄》。这十几年间,您觉得自己的创作观念和追求发生了怎样的变化?

李　洱: 任何一部小说总是你在某个阶段思考的产物。任何一部作品,说到底都是你的经验的外化形式。这也是我写得比较少的原因吧。重复自己,是我最不情愿的事情。我的创作观念当然发生了很多变化。这种变化,还是让读者和批评家来说为好。

舒晋瑜: 您对目前的生活和创作状态满意吗?

李　洱: 太忙了,实在太忙了,而且越来越忙。我最大的愿望,是可以有足够的时间读书写作。

评委访谈

何向阳：获奖作品是由"高原"到"高峰"的有力见证

问：能否简要概括下第十届茅盾文学奖获奖作品整体特点？

何向阳：总体来看，思想精深、艺术精湛是一大共性。第一，现实题材的书写和现实主义的写作手法，在新时代还是呈现出巨大的魅力。第二，人物塑造在较为宏大的空间中表达得相对圆满。第三，现实主义的艺术表现形式获得了极大拓展。《人世间》与《主角》都写改革开放四十多年历史中人的奋斗、人的命运，对于时代的介入能力与人物的性格塑造，均表现出高超的艺术水准；《牵风记》写历史，更写历史中的人和人性，它着重写战争中的人物，人物的情操与境界之美令人肃然起敬，其现实主义的书写与浪漫主义的情怀结合得非常动人；而《北上》则在现实与历史之间呈现出复调的叙述方式，《应物兄》呈现了当下知识分子的生活状态与局部样貌，现实生活中的日常在小说中获得了细致的勾描。

从艺术上讲，无论是如《人世间》《主角》的现实主义书写，还是如《牵风记》反映战争人性的历史书写，或者如《北上》《应物兄》这样的主体作者介入力极强的实验文本，都为我们带来了丰富的阅读感知，这种丰富性也反映了作家对于现实生活的感受与把握的丰富性与复杂性。

问：您参加过几届茅奖评选？本届评选与往届相比有何特点？

何向阳:第六届茅盾文学奖评奖,我参与初评工作。初评工作是遴选推荐出一批作品提交给评委会。到了第七届,我记得还是初评和终评两个环节,我是评委。应该是从第八届开始,初评与终评两项工作合并,由一个评委会负责到底,这种评奖规则一直延续到现在。算上第六届的初评工作,我参加了五届茅奖的评奖工作。

第十届茅盾文学奖的评选正值新中国成立七十周年,具有特殊重要的意义。年初,我们修订了茅盾文学奖评奖条例,对评奖标准等作了修订和补充,同时在总结以往评奖改革经验的基础上,进一步完善了评奖规则和程序。

本届茅盾文学奖还有一个特点,就是作家结构比较合理。徐怀中生于1929年,1945年参加八路军,亲历过人民解放战争;梁晓声生于1949年,就知青文学最重要、最具代表性的作家之一;陈彦生于1963年,是来自陕西的著名剧作家和小说家;徐则臣生于1978年,是70后作家的代表性人物之一;李洱是60后作家的重要代表性人物。第十届茅盾文学奖,显示了老一代作家笔耕不辍、佳作不断,中青年作家逐渐成为文坛中坚的良好格局。

问:评选中有什么印象深刻的事情吗?有无争议较大的作品?

何向阳:评选过程同时也是评委们在评议会上充分交流的过程。对于一部作品的不同认识和理解是非常正常的事,针对一部作品发表不同的意见和看法也是各位评委在评选中所需承担的义务与责任。优秀的作品都是经得起考量的,大家的研讨评议有助于对一部作品的深入认识。我个人觉得在评委会上各抒己见,是非常好的一种现象,大家在对于作品的深入研读与切磋中加深了对于文学作品的进一步认识,而经过了这种碰撞与切磋所达到的共识,也是极为可贵的。每次评奖都是如此,这个世界上不可能存在毫无争议的优秀作品,优秀作品之所以优秀于时代,或在这一代读者的眼中是独特的,其原因必是因为它贡献了它作为文学的所为——对于时代的忠实记录,对于人物命运的深切关注,对于艺术方法的独特创新,对于文学与现实及与心灵关系的深入思考,对于人的精神情感的深刻挖掘。好的文学作品所提供给我们的永远是一个开放的文本,其开放性就在于它某种程度上具备了对于时代的某种"平均"看法的超越性,也在于它同时具备了对于时代艺术已看似提供的完备性的打破。这种创新,不是表层的唯新是用,而是有坚定的艺术信仰作为内核的。

问:参加评选茅奖,您是怎样的心态?作为当代文坛的优秀评论家,您很早就关注茅奖评选吧,您心目中的茅奖作品应具有怎样的品质?评选出来的历届作品,和您心中目标有差距吗?

何向阳:评奖工作的集中阅读其实是一个学习和了解当下长篇小说发展的一个过程。我很珍惜这个过程,它帮助我梳理文学与时代、与现实、与艺术的种种关系,这种关系不是凭空假想的,它是由一部部厚实的书所构成的。我曾在早年的一篇评论文字中表达过这样一种观点:作家是评论家的老师。是一代代作家给了评论家专业的眼光,而不是相反。评论家从作家那里学到的关于艺术的种种启发,绝对比评论家给予作家的建议要多得多。

关注茅盾文学奖由来已久。读《许茂和他的女儿们》《芙蓉镇》时我还是一个中学生,读路遥的《平凡的世界》时我是一名大学生,到了读《战争和人》《白鹿原》时,我已研究生毕业,而读《东藏记》时我已参加茅盾文学奖的初评了。可以说,作为一个从小热爱文学、学习文学、研究文学的人,茅盾文学奖的这些获奖作品在我的成长岁月里不断加深了我对于文学的认识。有许多作品在我捧读的时候还没有获奖,它们先是得到广大读者的喜爱,再经由专家的评选而介绍给更多的读者认识。

我心目中的获奖作品是思想性与艺术性俱为上乘的作品,首先,它的思想达到了这一时代所能达到的高度,它言说了一个时代的内在的东西,而且是以一种创新的艺术形式将它言说出来。从目前来看,历届茅盾文学奖的获奖作品是符合这个标准的。

问:无论作为评论家还是茅奖评委,长篇小说的阅读量一定是巨大的。快速准确地把握作品内核和关键,您有何诀窍?

何向阳:平时的阅读给这种集中时间的细读打下了基础。在进入集中评议之前,还有两个半月的阅读,这种阅读对于一个爱文学的人是一个相当享受的过程。所以量大不是问题。至于如何快速准确把握作品的内核,我认为没有什么捷径可选,读作品是与作家的对话过程,只要是一个人在其生活中一直养成了阅读的习惯并且从小至今都在阅读中度过的话,那么那种熟能生巧、那种意会于心,是自然会有帮助的。

问:您心目中最佳的十部茅奖作品是哪十部?

何向阳:我的回答只能是感性的,我可以讲讲作为一个文学读者就我个人的阅读习惯而言,还比较投缘的作品。它们肯定超过了十部,其中包括《芙蓉镇》《平凡的世界》《穆斯林的葬礼》《白鹿原》《尘埃落定》《长恨歌》《秦腔》《你在高原》《蛙》《这边风景》等等,限于篇幅,我不能一一列举。

(何向阳,茅奖第六届初评委,第七届、第八届、第九届、第十届终评委,中国作协创研部主任)

第十一届茅盾文学奖
（2019—2023）

评奖委员会名单

主　任：张宏森　**副主任：**李敬泽　陈　彦　阎晶明　邱华栋
委　员（按姓氏笔画排列）：

弋　舟　马　钧　邓　凯　古世仓　叶尔克西·库尔班拜克
丛治辰　刘　琼　刘大先　刘建东　刘笑伟　次仁罗布
许春樵　李　音　李　震　李一鸣　李晓君　李朝全
李蔚超　杨　辉　吴　俊　何　平　何　弘　何向阳
张　者　张　楚　张定浩　张晓琴　张浩文　张培忠
陆　梅　陈培浩　林丹娅　卓　今　罗　勇　岳　雯
金　瓯　金仁顺　胡友笋　胡性能　南飞雁　郜元宝
饶　翔　贺仲明　徐　琴　徐贵祥　郭　力　黄发有
黄德海　曹启文　韩松刚　韩春燕　鲁顺民　曾　攀
蔡家园　翟业军　颜同林　额尔敦哈达

纪律监察组名单

组　长：胡邦胜　**成　员：**张良举　纳　杨　高　会

评奖办公室名单

主　任：何向阳　**副主任：**李朝全　赵　宁

获奖篇目（以得票多少为序）

《雪山大地》　　　　杨志军　　作家出版社
《宝水》　　　　　　乔　叶　　北京十月文艺出版社
《本巴》　　　　　　刘亮程　　译林出版社
《千里江山图》　　　孙甘露　　上海文艺出版社
《回响》　　　　　　东　西　　人民文学出版社

获奖作家访谈

杨志军：用一生去膜拜雪山大地

  杨志军 1955年生于青海西宁。当过兵,上过大学,做过记者。主要作品有长篇小说《环湖崩溃》《海昨天退去》《大悲原》《藏獒》《伏藏》《西藏的战争》《海底隧道》《潮退无声》《无岸的海》《巴颜喀拉山的孩子》《三江源的扎西德勒》《最后的农民工》《你是我的狂想曲》等。曾获全国优秀儿童文学奖、"五个一工程"奖、中国出版政府奖、中华优秀出版物奖等奖项。部分作品被译介到国外。2023年,长篇小说《雪山大地》获第十一届茅盾文学奖。

| 采访手记 |

文学是杨志军生命的另一种形态，如果不写小说，不是生命会有缺失，而是会缺失生命。他的作品是与江河源头、草原大地息息相关的一条河，如同所有的河都要流向大海，他的小说也流向了青岛、流向了海洋。

1995年"荒原系列"七卷本出版时，杨志军曾被誉为"中国荒原作家第一人"；2015年，杨志军又投入"海洋·都市系列"的创作。从荒原到大海，杨志军真诚地写作，真实地表现生活，从道德探索升华到信仰探索，每一部都在试图探求新的精神高度，每一部作品又都是从零开始的写作。

理想主义是杨志军永不放弃的标志。从他的第一部中篇小说《大湖断裂》和第一部长篇小说《环湖崩溃》开始，到《藏獒》《伏藏》《西藏的战争》乃至系列儿童文学作品，都是不折不扣的理想主义的书写。2023年8月，杨志军获得茅奖的长篇小说《雪山大地》，和他另外两部作品《你是我的狂想曲》《最后的农民工》，更是被称为"理想主义三部曲"。

杨志军常说，文学依靠天性。天性和感觉是文学的两只翅膀，一个作家的内心世界越丰富越膨胀越强大，他的写作就越会持续不断地喷发。他把写作完全交给了感觉。是的，他写所有的作品都如此，不是在寻找好的表达方式，而是在寻找好的感觉。

"就好比不是你在攫取生活，而是生活在攫取你，让你成为它的一部分，再随着你的心愿流淌而出。"杨志军觉得，只要是用情感和时间积淀过的生活，就不会成为同质化的写作而被别人重复，或者你去重复别人。只有那种能够养育你的肉体、培植你的感情、健全你的思想、塑造你的人格、支撑你的日子、决定你的未来的生活，才是属于你的用之不竭的写作源泉，否则就只能是描摹别人的生活，别人的生活当然也可以描摹，但它会让一个作家失去独特性和创造性。

童年时杨志军最喜欢读的是《水浒》。他常常陶醉在行侠仗义的快乐中，幻想有一天可以拯救人的灵魂和堕落的世界。从青海到山东，他最大的希望就是找到江湖义气，最终，他在文学中完成了他的理想。

他用一滴水的能量和愿望，尽其所能地书写他所生活的都市和所拥有的海洋。

大学毕业后杨志军被分配到《青海日报》。中篇小说《大湖断裂》和长篇小说《环湖崩溃》意味着他走上了文学创作的道路。

舒晋瑜：您的大部分作品都是在描写荒原和表达藏地，除了生于斯长于斯，也更多的是因为您长年不断地行走和深入生活吧？所有的写作中，能看得出您是真正融入了脚下那片土地。

杨志军：比如我写《大湖断裂》，当时是三十六个农民在冬天的青海湖上打鱼，狂风把冰吹炸了，变成了汪洋上的浮冰，风把浮冰连同这三十六个农民吹到了湖心，很危险，浮冰随时会翻掉、碎裂。我跟着救援人员坐上直升机，想把遇险的人拉上来。但飞机旋起的风让浮冰摇晃不定，人都站不稳，怎么往上爬？浮冰上惊恐一片。我和另一个救援干部只好下到冰面上，稳定他们的情绪。这种采访，要冒死亡的危险。或者它已经不是单纯的采访，而是跟遇险的人同甘共苦。最后并不是直升机或外面的人救了他们，而是天气骤然变冷——零下四十摄氏度，冰面又冻起来了，他们就排着长队，小心翼翼地从湖心走了出来。

我在青海完成的《海昨天退去》，当时也是一个泵站一个泵站地采访，跟官兵们一起生活。所有的泵站都在海拔四千米以上，像唐古拉泵站在五千米左右。这些地方我都生活过，强烈的生命意识是青藏高原带给我最初的也最深刻的启示。

舒晋瑜：这种特殊经历，一定带来常人不会拥有的生命体验。
杨志军：高海拔和寒冷本身就是对生命的挑战，人与自然的关系、人在宇宙中的位置、道德在万物面前的缺失，人类对环境的破坏,很容易地成为我的常态化思考。我早期的作品都有一种强烈的为自然代言,为失衡的生态跪拜、哭泣、祈祷、呐喊的冲动。可是1985年前后,人们都在"解放思想",为现代化奋斗,未来只是一个工业化和电气化的蓝图,根本就没有环境的位置。直到二十多年以后,当高原的生态出现危机,青海湖因水位下降断裂为两个湖,有人说,杨志军的小说不仅是寓言更是预言。实际上对我来说,这预言几乎发自本能,一个喜欢自然,希望在山川地理中获取智慧的人,天天接触到的就是牲畜超载、草原退化、鼠害增多、沙漠进逼、冰川缩小、河流干枯等问题,并不高深,也不特异。

20世纪90年代,青海的经济和文化都很落后,人才的南下东去成了潮流,恰好青岛要办一张有关文艺的报纸,杨志军被"人才引进",成了青岛人。

舒晋瑜: 离开了青海,但是您一直在不断地回望,多次深入青藏高原腹地,完成了一系列与荒原有关的作品,出版了"荒原系列"七卷本,甚至被誉为"中国荒原作家第一人"。有评论认为,"荒原系列"说明,杨志军一开始投入文学,就忽视了社会生活的种种复杂性和人际关系的微妙表现,而直接把人投入到了自然秩序的生存体验中,投入到了一个作家对生命本身的讴歌和悲叹中。您是如何确立了荒原写作的方向并一直坚持下来的?

杨志军: 来青岛后,我年年回青海,隔几年去一次西藏,始终保持着对生活源头的兴趣和新鲜感。1995年当要出版文集时,我惊奇地发现几乎所有作品都在描写荒原,于是把"文集"改成了"荒原系列",当时发行量有十多万套。荒原是我经历最多、记忆最深、感情最浓的地方。当我试图把我的生活和情感变成文字时,我没有别的选择,它是我的唯一。不是我选择了荒原,是荒原选择了我。

舒晋瑜：关于青岛，您写过长篇小说《潮退无声》《无岸的海》《海底隧道》，中篇小说《齐王田横》《风中蓝调》《海上摇滚》等和一些短篇小说。《最后的农民工》以青岛为背景描写了农民工的群像生活、情感，还有他们所从事的行业。

杨志军：我1995年来青岛，迄今已有二十八年，我知青岛，青岛知我。青岛的发展史也是这部小说中人物的成长史，青岛是一座农民工用厚茧之手托起的城市，农民工的潮水般涌入，早在1897年青岛开始依托小渔村小商埠建造城市时，就已经发生了。而它的现代化进程，则完全依赖于农民工的第二次潮涌。

具体说到这部小说，首先是挑战自己，看一个异乡人对青岛熟悉到什么程度。其次是想让青岛成为文学的坐标。这当然不是一部作品就能完成的，好比我用"荒原系列"和"藏地系列"让青藏高原成为文学坐标一样，是一个漫长而表现多样的过程。尽管坎坎坷坷、跌跌撞撞，尽管我写得不好，也可能永远写不好，但命中注定我是来青岛写作的，也是来写青岛的。

舒晋瑜：您在青海生活四十年，1995年离开青海来到青岛，这两处地方，您愿意如何作比？

杨志军：如果说青海以及青藏高原是自己的父亲和母亲，那么青岛则是兄弟姊妹，都是亲人，一个令自己敬畏、崇拜、感恩，一个令自己怜爱、欢喜、友善。我对青岛的思考从我一踏上这片土地就开始了。《潮退无声》和《海底隧道》是我描写青岛的开始，我想发掘青岛历史和现实中那些最隐秘的故事，创造一个我自己的青岛。一个作家和一座城市的关系，应该是创造与被创造的关系，我创造青岛，同时青岛也在创造我。

在青藏高原我喜欢草原，在青岛我喜欢大海，我的写作从一开始就是大自然的养育,直到现在,自然也没有亏待过我。两地的文化有异有同,青藏高原是游牧文化加农耕文化,山东青岛是海洋文化加农耕文化。草原和海洋都是辽阔而博大的,一个是父系的,一个是母系的。它们同样对我进行着塑造,也对我的文学进行着塑造。所以在我的作品里,这三种文化都有充分的体现。一个作家的作品格调,说到底是由乳养他的文化和自然地理来决定的。

《最后的农民工》以青岛为背景描写农民工群体及个人的物质生活、情感状态、人生选择和理想,他希望用这本书唤起人们对农民工的关注。

舒晋瑜:您怎么理解农民工?创作《最后的农民工》的初衷是什么,为什么称之为"最后的"?

杨志军:农民工是一个普遍而复杂的社会群体,正是他们的存在,从根本上推动了当代中国几乎所有行业的发展,推动了从乡村中国到都市中国的转变,可以说,没有他们就没有中国所有城市的建设浪潮和经济浪潮。

"农民工"虽然并不是贬义词,但它所代表的历史含义和所指向的庞大而特殊的人群,很容易让人产生身份歧视,这对他们既不公正也不符合事实。农民工的群体中,见义勇为者有之,解囊相助者有之,知恩报德者有之,洁身自好者有之,"最后的农民工"也是最后的坚守,生活如此,我的作品必然也会如此。我观察他们,就是观察社会的所有演进,观察"人"的全部特点:那些奋进与挫败、得到与失去、高贵与卑贱、健全与残缺,在他们身上都有淋漓尽致的表现。他们既是浪潮本身,又是很容易被浪潮淹没甚至击碎的人,他们并不强大,一旦潮汐交替,连痕迹都不会留下。这就是为什么我要为他们写一部小说的理由之一。《最后的农民工》关注的不是事件本身,而是事件背后的幽曲,是人物背后的秘密,是心理和感情的走向在一座大都市里的起起落落。

舒晋瑜:《最后的农民工》中,您几乎给所有的形象划定了"雪白"与"反雪白"的界限,几乎让每个人物的终极走向都面临着财富的考验,也都获得了道德释放。他们都有原型吗?

杨志军:只要是人类社会,就一定是一个矛盾体。但有一点可以肯定,社会理想的基础一定是健全的道德精神,而不仅仅是丰富的物质。物质可以瞬间创造,精神却要长期修养。农民工走过了中国大地,走过了新时期以来的所有时光,他们留下了无数的高楼大厦和创业伟绩。但更重要的是,他们留下了默默无闻的奉献,留下了名不见经传的传说,留下了超越时代的"农民工精神",留下了理想之光和折射理想之光的作为,留下了常发财、马离农、罩子等一大批可以入诗入画入碑入史的人物,他们可歌可泣的精神才是最珍贵的社会记录。

长篇小说《你是我的狂想曲》讲述音乐天才、桥吊司机骆横等音乐人追寻梦想的故事。伴随不同音乐场景的转换,塑造了城市产业格局的形象纷至沓来。

舒晋瑜:您曾经写过以青岛为背景的《风中蓝调》,讲述一个音乐人的故事。为什么会想到用音乐讲述城市故事?您本人对音乐有什么研究?

杨志军:我喜欢所有的艺术,但相比之下,音乐显得更加亲切,在它陪伴我走到今天时,就已经不再是外在的点缀,而是身心内部的脉动。文学是作家精神的发散,既然你已经被音乐熏染,关于音乐的散发就成为一种必不可少的选择。我认为布鲁斯即"蓝调"营造了世界近现代音乐的氛围,奠定了流行音乐的基调,那种伤逝恋旧、去国怀乡、忧谗畏讥、感极而悲的情怀,恰好也代表了蔓延在青岛历史中那些多声部的社会情绪。

在我的小说里,我用大工业的盛衰荣夭冲淡了宁静与庄严,用海浪的咆哮消解了安详与典雅。我试图用生与死、爱与恨、善与恶、美与丑的冲撞和起落来增补我们在认知城市时的缺失,为此我的主人公写出了属于他们的歌,用来丰富人物的内心和故事的含义,以便让他们的所作所为、所思所想连接起整个城市高升低降的历史和现状。比如《从好望角到合恩角》《纺织女工》《钢水谣》等。

舒晋瑜:小说涉及了造船业、集装箱码头、轨道交通、钢铁厂等青岛的工业,但章节设置却采用音乐形式,这之间有什么关联吗?

杨志军:任何一种音乐形式都不可能象征并表达一座城市的全部。小说中涉及了几乎所有塑造过青岛的工业:造船业、集装箱码头、轨道交通、钢铁厂、纺织业等等,它们跟海洋融合在一起,形成了一种色彩斑斓而又独树一帜的景观,当所有的可视性艺术和文字都不能更加到位地完成对它的描绘时,音乐的描述便成为一种可能。我试图用一种音乐形式般配一种物体、一种情绪、一种思想,它们是那么丰富,音乐的形式自然也就丰富起来。

舒晋瑜:各个不同重要的工业基地,您都描写得非常细致准确。小说中,骆横的父亲不相信自己的偶像航海家会在远航中出事,他驾着三体帆船去寻找。骆横的理想就是用自己的音乐引导那些迷失的灵魂,拯救深陷罪恶的失足者,为此他几乎丧命——小说的人物性格似乎也暗含了一种无畏的精神?

杨志军:我用一首叙事诗来描述他寻找的过程和找到后环绕地球归来青岛的故事,然后又打碎放在了每一章的前面,以此来致敬包括失联的青岛航海家郭川在内的所有为梦想而归入天际的人。我想表达的是：一种超越生死的信念催动着生活，青岛不仅有物质主义的高楼大厦，还有一种跟音乐和一切艺术息息相关的精神。我把它称作海洋精神，它无畏而涌动，高亢而奋进，明知凶险在前，还要孤身前往，田横如此，航海家如此，骆横的父亲如此，带着遗传基因的音乐神童骆横更是如此。我把海洋精神和音乐精神合而为一，让他们成为活跃在青岛地理地貌之上的一种高质量的生命现象。

在生活中，杨志军是一个理想色彩浓重的浪漫主义者。骨子里、人格上都属于童年，有儿童的率真，也有儿童的纯粹。

舒晋瑜：《海底隧道》《巴颜喀拉山的孩子》《三江源的扎西德勒》……近年来您也开始了儿童文学的创作，是怎么想起来写儿童文学的？

杨志军：我的儿童文学写作从《藏獒》开始。当许多孩子捧着书，睁大无比清澈的眼睛让我签名时，我有点惶惑：为什么孩子们会喜欢我的书？之后我又写了《骆驼》和《海底隧道》，也都是事先没有刻意去为儿童写作，却变成了名副其实的儿童小说。突然意识到，也许我有一种童稚烂漫的天性，能像孩子一样理解事物，有一双天然澄莹的童眸，能够躲开所有的晦暗与复杂直抵单纯。只有写作儿童文学，你才会面对一双双清澈如水的眼睛，那里没有一丝杂质，没有让人猜度的阴影，没有狂风暴雨的痕迹，只有无条件的期待与信任，像灯一样照射着你。

舒晋瑜：如果说《巴颜喀拉山的孩子》是一次天真的写作，那么《三江源的扎西德勒》呢？里面的主人公小海，有您的童年身影吗？

杨志军：一个作家的思维和经历决定其一生的创作方向，我的情感认知和情怀取向都是从童年出发的。在《三江源的扎西德勒》中，有十八种动物先后登场，红嘴鸦阳阳是一个贯穿全局的角色。这是一种青藏高原特有的乌鸦，我小学时到农村去劳动，村里的哥哥见我痴迷动物，就给我抓回了一只，后来这只红嘴鸦就成了我的玩伴。从那时我就感受到了动物的智慧与情感。后来我还养过鸽子、猫、狗、松鼠、仓鼠、兔子，还有在城市里难得一见的斑头雁和藏獒。藏獒是父亲从草原上带回来的，只养了一两个月就给送回去了。十几年后，再见它时，藏獒一路朝我飞奔过来，在几乎快要碰到我的时候刹住了，喘着粗气看着我，那一幕让我现在想起来都很感动。我的善良是动物教给我的。一个孩子如果养过动物，在相处中他就无意间具备了一种责任和担当，懂得了生命和忠诚。

《雪山大地》全景式地展现了藏族牧民传统社会形态和生活样貌的变迁。诗性的语言形成独具个性的叙事风格，既真实呈现草原生活的严酷，又具有盎然的诗意。

舒晋瑜：《雪山大地》对您来说是一部不得不写的作品吗？

杨志军：写《雪山大地》有一种欲罢不能的感觉，就好比不是你在攫取生活，而是生活在攫取你，让你成为它的一部分，再随着你的心愿流淌而出。只要是用情感和时间积淀过的生活，就不会成为同质化的写作而被别人重复，或者你去重复别人。换一种说法，只有那种能够养育你的肉体、培植你的感情、健全你的思想、塑造你的人格、支撑你的精神、决定你的未来的生活，才是属于你的用之不竭的写作源泉，否则就只能是描摹别人的生活，别人的生活当然也可以描摹，但它会让一个作家失去独特性和创造性。

同时还应该看到，对生活的感悟能力和认知能力有时比生活本身更重要，因为如果你缺乏钻探的本领，就永远不知道自己坐拥一座水晶矿。一个人的精神富有跟物质条件没有任何关系，甚至相反，迷恋精神的人永远不会把自己的价值判断确定在地位、财产和人际的标杆上。写作需要仅属于你自己的生活，也需要属于全人类的感情和思想。《雪山大地》就是想通过我和我的父辈们的生活，让人们看到那些恒久不变的高海拔的冻土带上，有着怎样的温度和爱的氧气。我们展示人性的残酷并不是为了认同，而是为了丢弃；我们挖掘人性的美好却是为了让它永驻在"人"的本色里，一路生花，璀璨到底。

舒晋瑜：您的作品地域性非常明显，但《雪山大地》显然又拓宽了地域性，您如何看？

杨志军：地域的拓宽不仅在于空间，也在于时间。我出生在青海，在那里生活四十年，现在还是年年回去探亲。对我来说这片高海拔的山原已是真正意义上的故乡，它代表家族传承、土地滋养、风情融入、血脉联系、情感浸润、精神认同，代表生命长河的起源与归属。它让我们告别了过去生活中情感表达的简单之美，走向了复杂而茂盛的第二次建树，并在草原与城市、离开与回家、清醒与迷惘、拥有与失落、欢乐与痛苦的交替中，经历着从物貌到人心、从肉体到精神的变迁。而最大的变迁便是传统意义上的游牧民正在脱离数千年如一日的生存模式，加入了有固定居住地的新牧人或者新市民的行列。一种新的生活方式正从一个不断更新的环境中破土萌发，由此发生的思想观念和精神世界的今非昔比，会让我们看到人的变化是一切变化的根本。

"不知不觉就有了一种情怀：愿意为高原付出一切，即便以生命为代价也在所不惜。"

舒晋瑜：小说主要围绕一家人，写父母和诸多藏汉群众的关系，写到了与藏族同胞的交往和生死与共。您笔下的人物为中国文学的人物长廊增添了很多新鲜的人物，如父亲、母亲及角巴、桑杰、梅朵、才让、江洋、央金等等这些生活在高原上的藏族牧民，非常动人，给读者呈现出了父亲母亲与高原上的牧民父老乡亲们的骨肉相连、血脉相融、生死相依的情谊。很想了解您的创作状态，在写作的时候这些人物也首先感动了您吧？

杨志军：是的，能感动作家的，才能感动别人。我们的父辈都是西进的人，有的是个人志愿，有的是组织分配，有的是集体搬迁。来到高原后，几乎所有工作都是从零开始，就算你想扎根，也得自己找地方挖坑浇水。青藏高原地旷人稀，到处都是处女地，只要你为她做过一件事，她就会认为你是她的人，而你的回应便是：只要她为你提供过一夜的光亮、一冬的温暖、一餐的饱饭，你就会认为她给你的是家，是整个故乡。所以父辈们的故乡概念历来比较模糊，原籍和老家远远没有脚下的土地来得亲切，不知不觉就有了一种情怀：愿意为高原付出一切，即便以生命为代价也在所不惜。

再加上地旷人稀和高寒缺氧，促使这里的人对温情充满渴望。他们热爱交际，喜欢抱团，人跟人的关系异乎寻常地亲近，好像只有这样才能抵御生存的严酷，消解自然的荒凉和环境的落后带给人的种种窘迫。"人人相亲，物物和睦，处处温柔，爱爱相守，家国必忧，做人为首"的信念就像注入高海拔的氧气，终此一生都在父辈间氤氲缭绕。我的父亲就是带着这样的信念走向了草原牧区，目的地便是不断迁徙的帐房。他在那里学藏话，吃糌粑，记笔记，跟着牛羊翻越缓缓起伏的草山，发现牧人的生活单纯而寂寞，孤独成了所有物体的属性，包括牧草与微风、太阳与月亮。这样的生活持续了好多年，他住过的帐房在他的脑海里变成了星斗的分布,虽然稀疏,却熠亮无比,可以说黄河源有多长,他到过的草原就有多广。

舒晋瑜:《雪山大地》也写到了生态保护。主要场景选择在青藏高原,人和动物、人和自然的关系得到了淋漓尽致的表现,整个作品有很强的艺术表现力。这些年您一直在藏区跑,您如何看待生态保护?

杨志军:如果我要说地球之上冰川的退化和水流的干涸,仅仅是因为我们误杀了一只豹或者一匹狼,恐怕没有人相信,但事实的确如此。在地球生物的金字塔结构里,大面积的植物养育了食草动物,众多的食草动物又养育了食肉动物。正是塔尖上的食肉动物控制着食草动物的数量,而一定量的食草动物又给植物提供了繁茂的机会——它们和鸟类一起采食种子,排泄到更远的地方让其萌芽生长,扩大植物覆盖的面积,同时又给植物提供了接触粪便、吸收营养的机会,还会开出窗口和通道,让阳光照进郁闭的森林,促成新生弱小植物的发育壮大。而植被的繁茂又会带来水源涵养量的增加,让大地拥有更多的泉水、沼泽与河流,再让阳光蒸发而去,变成雨或雪,补充雪山的需要,遏制冰川的退化。我们有了丰盈的冰川、泉水、沼泽,源头就不会枯竭,就会带来长江、黄河、澜沧江的川流不息,也会持续拥有饮用和浇灌、发电和运输、文明和进步。

一种生命的存在依赖于其他生命,一个物种的发展取决于其他物种。如果我们承认人类是大自然的一部分,就必须承认所有物体之间都具有或隐或显的关联,没有一种生命可以独立存在,包括人类。相对而生,互为依靠,和平友善,尊重权利,是我们对待所有动物的基本态度。理想化的环境一定是人类、动物和植物共同营造的结果,而恶劣环境的出现基本都伴随着对植物和动物的毁灭。如果我们不保护动物，地球也将不保护我们，一个生物多样性的世界，是一切生命的需要。

舒晋瑜：您在《雪山大地》研讨会上表示，这是一部"感恩之作"，为什么这么说？您对青海是怎样的感情？

杨志军："感恩之作"是终审老师的评价，我非常认同。对我来说，"感恩"不是一个抽象而空泛的词语，是许许多多生活事件的促成，仅举一个例子：1977年，我去玉树杂多草原采访，县上的车把我拉到我想去的帐房后就走了，说好一个星期后来接，但是司机忘了。这是一片雪山环绕的草原，离县上很远，没有车，也不可能骑马回去，所以就安心住着。一个月里，家里的老妈妈教我打酥油、拾牛粪、捻毛线、骑马，完全把我看成了自家人，因为在牧人的习惯里，不是自家人，很多活是不能干的，家什也不能动，怕沾染外来的邪气。

后来高考临近，这是恢复高考后的第一次，父亲希望我参加，打电话给报社，报社打电话给州上，州上打电话给县上，县上问司机，司机这才想起来，赶紧开车来接我。这样我就又要回去了。走的时候，老妈妈不舍，想送我一样东西。藏族人给最亲的人送的最珍贵的礼物就是嘛呢，也就是六字真言。老妈妈说她这些年念了十万个嘛呢，她要把十万个嘛呢送给我，保佑我扎西德勒。念嘛呢就是每天摇着小经筒念"唵嘛呢叭咪吽"，一边念一边用念珠记数。今生的功德、来世的好运、所有的福气都凝聚在嘛呢上。老妈妈送我十万嘛呢，就是把她用一生的虔诚积累的全部福运都送给了我。这是何等无私的馈赠，是超越一切物质、根本没办法用金钱衡量的珍宝。我当时不知道怎么表示，扑通一声跪下说，我以后一定再来看你。

大学毕业后我回到报社继续当记者，又去了杂多草原，但是再也没有见到这位老妈妈,那是苍茫无际的澜沧江上游,牧人都是逐水草而居,一年之内要有好几次搬迁,我到哪里去寻找?但也许这就是我的宿命,让我明白我的"感恩"不是再次见到老妈妈,而是融化在血液里,浸润在写作中,一生都去膜拜雪山大地。

写小说是没有止境的,如果把它当成登山,那么这座山没有顶峰,写作者只能永远在山坡上。

舒晋瑜: 2023年8月11日,《雪山大地》被公布以最高票获得茅盾文学奖,您有什么感受?

杨志军:《雪山大地》获奖的消息传来时,我已从青岛来到了青海。我的计划有一大堆,主要是一如往年地走一走,看看相识的山川地貌,访访人文风情,最关注的当然还是其中的变化。这些年变化天天都在发生,如果我还想继续描写青藏高原——我的故乡厚土,就得随时发现这些变化,并尽量搞清楚它们的来龙去脉。

但是现在,一切停下了,我必须站在西宁的阳光下,看清楚我自己近四十年的文学历程到底有哪些是值得留恋的,有哪些是应该抛弃的,有哪些是还需要继续坚守的。

茅盾文学奖的到来,让我激动,让我感慨,又让我突然变得格外冷静。因为它是对我的一次总结、一次重新上路的激励、一次从麓底走向坡段的提升;它在我面前树起了一个新的标杆,这个高度被我一直仰望,现在却实实在在地出现了。

舒晋瑜: 您对这些荣誉既珍视,又淡然处之?

杨志军: 我理解的文学是这样的:当你把它当作马拉松赛跑时,它永远没有止境。当你希望继续攀登时,高峰就永远在前面,不会有真正的登顶,也不会有可以完全停歇的尽头。我喜欢一边审视自己一边走路,审视会让自己变得清醒,变得谦虚——说真的,在文学面前,在许多前辈和同辈作家、诗人成绩斐然的创作面前,任何一个作者都没有骄傲的资格,更何况是常常不满意自己的我呢。我一贯的做法是,在否定自己、纠正自己的过程中丰富自己、强调自己,所以每每都有从"零"开始的感觉。

我又要从"零"开始了,但这次大不一样,因为我有了茅盾文学奖的鞭策,有了一个获得新的尺度和标杆的机会,有了一种在新的起点上认知生活、发现生活、表现生活的可能。"路漫漫其修远兮,吾将上下而求索",依然是我的励志格言。

舒晋瑜: 写了这么多年,能否谈谈您心目中的好小说?

杨志军: 小说是一种精神产品,它包含的不仅仅是把一个故事讲得特别精彩,把一个人物写得特别饱满,同时应该也有很多建树,而且建树比批判更重要,因为你必须建树一种理想,建树一种尺度。精神的建树比批判的能力还要强大。小说不是技术活,而是一种攀登精神高峰的过程,这个过程是没有止境的。

舒晋瑜: 您对自己的未来创作有何规划?

杨志军: 文学是神奇的,你写的是自己独有的生活、独特的感受、独立的认知和表达,却有那么多人认同你,鼓励你,推动你,扶持你,愿意伴你一同前行。所以萦绕内心的情愫里,又多了一种感恩和敬意——感恩生活,感恩养育,感恩土地,感恩时代,感恩读者,同时还要感恩编者,感恩出版,感恩评委,感恩所有向我的文学伸出援手、给予厚爱的人们。如果没有他们,我将一无所成。

感恩和致敬往往是我写作的动力,有多少感恩就应该有多少作品——这是我对自己的希望。

获奖作家访谈

乔叶:永远保持诚实的写作态度

乔　叶　1972年生于河南省修武县。北京老舍文学院一级作家,北京市作家协会副主席。出版中篇小说《最慢的是活着》,长篇小说《认罪书》《藏珠记》《宝水》,散文集《深夜醒来》《走神》等。获鲁迅文学奖、人民文学奖、庄重文文学奖、华语文学传媒大奖、《北京文学》奖、郁达夫小说奖、杜甫文学奖等。多部作品被译介到俄罗斯、西班牙、意大利等国家。2023年,长篇小说《宝水》获第十一届茅盾文学奖。

| 采访手记 |

"作为小说家,一直有两个乔叶在争辩:那个乖巧的、知道我们是多么需要安慰的小说家,和那个凶悍的、立志发现人性和生活之本相的小说家。"多年前乔叶在鲁迅文学院学习的时候,评论家李敬泽就发现,这个看上去憨厚文静的姑娘,其实在文学上有执着而敏锐的眼光。

其实,这"两个乔叶"打早就存在着。不然,被父亲安排参加师范考试时,她怎么会故意在体育考试时掉了鞋子,希望被淘汰掉呢?表面憨实,内心倔强,却没能拗过命运的安排,还是考上了师范。也许恰恰因为师范毕业后安静甚至有些无聊的乡村教学,让乔叶有足够的时光挥洒自己的才情。

曾经,乔叶以一天两篇的速度写作那些或哲理或青春的美文,细腻清新,隽永智慧,对生命和人生的思辨及探索中,蕴藏着深刻的内省,成为各大期刊的宠儿,被概括为"《读者》体"。"写着写着,有一天,我问自己:你才不到三十岁,打算这么写一辈子吗?我忽然觉得这很可怕。"产生这种困惑的时候,乔叶已出版了一百多万字的散文。这时,她被调到了河南省文学院任专业作家,向小说转型,开始了创作上的突破。

她的心很小很尖,见到什么都想扎一下,一声叹息,一丝微笑,一句问候,一滴泪水,都是能够让她动容的风景,使她涌起一种对它们进行描绘和透析的渴望。正因为她的细腻,无论是散文还是小说,语言都一样绵密准确,都体现出精微的叙事能力和对当下生活的锐利分析。她对于生活的体贴使下笔即带有一种宽容与怜悯,单纯而不失对复杂经验的探索;热情,同时又保持清醒的反思。

如果说散文是漫天生长的草,那么小说就是深埋在地层的岩浆。2022年底,乔叶又完成了新长篇《宝水》。太行山深处的宝水村正在由传统型乡村转变为以文旅为特色的新型乡村,生机和活力重新焕发出来。几年前乔叶就曾说过,写作小说以来最为自我满意的是:从不恐惧去写什么,也从不恐惧写出来的是什么或者不是什么。她恐惧的只是怕写得对不起自己动笔的初心。写完《宝水》,她认为对得起自己动笔的初心。

1990年师范毕业,乔叶教书之余开始写作,1993年在《中国青年报》的副刊上发表散文《别同情我》,同年开始在《诗刊》发表诗歌。

舒晋瑜:你的第一部长篇是什么？为什么要转向小说？从散文到小说,文风的转化上有何困难？因为很多作家创作小说,是从短篇入手。

乔　叶:《我是真的热爱你》,是我的第一部长篇。我称之为"我和小说的初恋"。到文学院当专业作家之后,院里经常开业务会议,会议的内容主要就是研讨小说,听得越来越多,对小说的创作欲望也越来越强烈,又碰上了合适的契机,就动手写了这个长篇。当初写的时候,时任院长的李佩甫老师委婉地劝我从中短篇小说开始练笔,我没有听。但在创作过程中我就深感到了他说得多么有道理,于是在2004年我参加了鲁院高研班,开始进行中短篇小说的学习。同学中很多都是具有相当水准的小说家,大家经常在一起交流,从语言到结构到创作意识,每个层面的问题都会进行探讨,导师李敬泽先生还经常给我们上小课进行高屋建瓴的点拨,让我非常受益。从那以后,好像在小说方面就有些开窍了。

散文和小说是截然不同的两种文体,在其间从此至彼地转化当然会有障碍和困难。我有一个不太恰当的比喻:如果说散文是漫天生长的草,那么小说就是深埋在地层的煤或者岩浆。正式开始中短篇小说创作时,我非常害怕自己写的小说不像小说,也确实担心过散文的笔法会与小说的情节性相悖,以至于自己写的小说不像小说,所以就努力向自己心目中像小说的小说靠近,讲究故事啊,悬念啊,小小的机关设置等等,等到获得了普遍肯定之后,心态放松了许多,对这些倒是不那么刻意了。

舒晋瑜:对于你来说,小说创作和散文创作各是一种怎样的状态?

乔　叶:我觉得散文和小说是一个事物不同的棱面,如果说散文是阳光照耀着的树,那小说可能就是树背后拖出的长长的阴影,这是一种互补的关系,并不是说小说在撒谎,而散文才是真实的,散文和小说都是真实的。只是相对来说,我觉得小说的空间更大一些,给人的尺度更宽一些,小说是有翅膀的,可以任我把现实的面貌进行篡改,进行重组,带他们去飞翔。我觉得这更好玩。

"慢"指的是生活里的精神层面。因这慢,我们得以饱满和从容,我们得以丰饶和深沉,得以柔韧和慈悲。慢是人性的本质,是心灵的根系,是情感的样态。

舒晋瑜:我觉得《最慢的是活着》是你的转型之作,之后你的创作真正走向了成熟。对于这部获得鲁迅文学奖的作品,你如何作评?

乔　叶:《最慢的是活着》应该是我最有奖项缘和读者缘的小说了。这个小说先后获得了七个文学奖项,在读者中被口口相传的程度也最高。可以说是我最受关注的小说作品。但我不认为这是我的转型之作,而是我散文化小说中最具代表性的最成熟的作品。这个小说,在我心目中也有着非常特别的位置。因为就私密的情感脉络而言,这个小说最忠诚地描摹出了我和祖母之间的精神路径。

舒晋瑜：这部作品是怎么创作出来的？能否谈谈你的创作过程？

乔　叶：这是一篇我等待已久的小说。自我开始写作以来，我一直就想写写祖母，可是我发现自己写不了。她在世时，我写不了。她去世多年之后，我依旧写不了。无数次做梦梦到她，她栩栩如生地站在我的眼前，可我就是写不了。直至现在《最慢的是活着》这篇小说，仍不是我心中最想写出的那个她。对于她，我始终做不到手写我心。其中的缘故我心如明镜：固然是因为我的手拙，然而也是因为她是那么广大，那么深阔，远远超出了我短浅的心和狭隘的笔。当然，抛开她对我个人的情感意义不谈，我很清楚她是她那一代女人中最无奇最平凡的一个。岁月的风霜和历史的沧桑成就了她那一代女人的广大和深阔，但是对这广大和深阔，她们却是无意识的，也是不自知的。她们不可能知道自己以生命为器，酿成了怎样一坛醇酒。可是，也因此我才更心疼，更沉醉，更无法自拔。常常地，我就在她们的酒坛里浸泡着，眩晕着，难以醒来。

试着用散文去写她。然而不行。一五一十的散文只能让我在她的大地上行走，而她的小径是那么多，走着走着我就会迷路。幸好还有小说，感谢小说，小说显赫的想象特权赋予了我一双翅膀，让我能够在她的上空比较自由地翱翔。小说的空间感，自由感和宽阔感，能让我把这个材料处理得更舒服。照亮这个小说的思考，则是我本来仅局限于怀念自己的祖母，怀念她的情怀，是单线条的。起初我以为她跟我不同，所以想为她立传纪念。后来在思考中我忽然发现，我和她本质上没有什么不同。我以为的不同，其实本质上非常相近。那么一老一少之间，由异到同，生命长河血脉传承的深情，家国天下的厚重历史，很多东西都可以容纳其中。这个小说就这样一下子被照亮，之后就顺畅了起来。

《盖楼记》和《拆楼记》以毫不妥协的有力笔触,描绘出利益之下人与人、人与世界之间真实甚至是残酷的角力。

舒晋瑜: 无论《最慢的是活着》还是《拆楼记》,都是以"我"的第一人称叙述,总感觉阅读中还是有散文的感觉,而且《拆楼记》被归为非虚构作品,涉及一些尖锐的问题,写作时是如何把握的?能否举例?

乔 叶:《拆楼记》虽然涉及一些尖锐的问题,但我没有刻意把握什么。在写作过程中,我遵循的主要原则只有两个:一、将"非虚构"小说化,用小说化的技巧来优化我想传达出的那种真实感,使我想传达出的真实感能够以一种更集中更有趣也更富有细节和温度的方式来展现在读者面前;使读者能够看到在这样的事件中——这样很容易把具体的人心和人性遮蔽住的事件中——活生生的人心和人性。总之,就是想把小说这把利刃插进事件的骨缝中,在小角度尽力解剖巨牛的同时,也使得整个叙述效果更为趋真。二、尽量保持最诚实最素白的写作态度。

舒晋瑜: 愿意评价一下《拆楼记》对于你的意义吗?

乔 叶:《拆楼记》结尾部分有一句话,可以很准确地说明《拆楼记》的创作对我的意义:"有很多事情,我曾经以为我知道。但是,现在,我必须得承认:我并不知道。而我曾经以为的那些知道,其实使得我反而远离了那种真正的知道。"——再通俗一些解释:张庄事件之前的我,经常站着说话,因为站着说话不腰疼。而之后的我,会尽量不让自己站着说话,因为张庄事件让我知道了腰疼的滋味。

舒晋瑜: 你觉得自己的创作,主要面临哪些方面的挑战?

乔　叶：所谓的诱惑和冲击，不仅是多媒体时代，在任何时代，都是有的。至于挑战，我觉得最根本的挑战永远是在自己内部，有个词叫祸起萧墙，我认为最根本的挑战就是"战起萧墙"，是自己对自己的挑战。我觉得最关键的是要清楚自己到底想要的是什么，最想要的是什么。清楚了这个，所有的诱惑和冲击都不足为惧。如我，我知道自己想要的是：写出忠实于内心的、忠实于文学道德的，并在艺术上有不断可能性的小说，这就够了。

通过《认罪书》的书写，乔叶觉得对于历史题材的把握反倒有些望而生畏了："很多时候做事之前都是无知者无畏，做过之后才有所畏。"

舒晋瑜：看《藏珠记》，忍不住和《认罪书》比较。因为总觉得这个故事对你来说相对太容易了。《认罪书》却是你写得"最辛苦"的一次。可否先谈谈，回望你"最辛苦"的写作，是否达到了你期望的影响或评价？

乔　叶：事实往往证明，很多极端的表达到后来都要自打耳光，"最辛苦"也是如此。"最辛苦"只是当时的感觉，殊不知后面还有更辛苦的呢。如今早就不觉得《认罪书》很辛苦了，也许是好了伤疤忘了疼吧。

不仅是《认罪书》，我对所有的小说创作都没有什么影响或者评价上的期待，有的只是最基本的愿望：顺利发表和出版就好。这种心态有一个好处，就是其他随之而来的都是意外收获。批评和质疑的声音也一直都有，都很珍贵。

舒晋瑜：《认罪书》的主题有两方面，一是原罪与救赎，二是爱恨情仇。如何将二者无缝对接地糅合，对你来说是否也是一种挑战?

乔　叶:没错。原本只想写二,结果自己不满足,就扩展到一。两张皮要粘贴到一起,是很大的挑战,也让我深刻认识到自己的局限。但是已经写到了这个份儿上,总不能半途而废,无论如何要进行到底。粘贴的质量是水准问题,我能解决的就是态度问题。水准也许惨不忍睹,态度还算差强人意。

对于爱,为什么爱,怎么爱,小说中的体现是混沌的。乔叶说,对于爱,她只提供探讨,不提供答案。

舒晋瑜:《藏珠记》的构思和个别的细节,比如U盘在作品中的特殊意义——这和《来自星星的你》有些相似。这些相似,是不可避免的吗?

乔　叶:你这么一提醒我倒是想起来,刘震云的《我叫刘跃进》也是U盘的梗。我也毫不怀疑,U盘也会成为别人小说的梗。在我的意识里,这东西只是个合适的道具,没有什么特殊意义。所以既没想着拿来借用,也没想着刻意避免。

无论是道具还是故事架构或者是叙述角度,在诸多前仆后继的写作者笔下,各种元素必然是重复使用的,并不新鲜。正如2017年获诺奖的石黑一雄反复使用的第一人称"我"一样,我觉得这都不是问题。很多东西本身并没有生命,让它拥有生命的是具体的鲜活的作品。所以,说一千道一万,写出好作品才是最要紧的。

舒晋瑜:《藏珠记》着力描写爱情,腰封上打出"我爱你,爱死了"的宣传语。你的主旨,也是希望拷问当下爱的能力。但是,我不知道是自身阅读的感悟问题,还是其他原因,尽管你将"爱"置于生死之境,我却未能读出感动,相反,爱在小说中是一种小儿女的情趣,最终不是爱决定唐珠的生死,而是性——当读者与你的写作主旨偏离,你是否觉得遗憾?

乔　叶:我们是大差不差的同龄人,所以你的感悟很正常。不遗憾,很会心。

我猜想,这种感受也应该是中年读者的普遍感受。对于小说中的爱,我们其实是很难去信的。爱的最理想境界,就是无条件地全身心付出,这在现实中近乎神迹吧?作为写作者,我把自己代入成唐珠时,也说服不了自己去彻底地信,唐珠一直在计较自己对金泽的爱,一直不舍得全身心地付出,所以才会常常陷入自我质疑和自我鄙薄,所以也才会有恶人赵耀来以恶行推她完成这最后一步。

读者的阅读重心很有差别,就我接到的反馈来看,年轻的读者喜欢其中的甜美爱情,世故的读者津津乐道赵耀的"司机哲学",吃货读者喜欢"厨师课",最冷静最挑剔的专业读者如你,往往一眼就能找到作品的虚弱穴位。我也一直在等待这样的读者,被人按到酸痛处,也自有一种相知的快感。

舒晋瑜:阅读的时候我在想,这部小说的叙事对乔叶而言应该是毫不费力。是这样吗?除了大量的知识素材,驾驭起来是否相对容易?

乔　叶:这个问题,让我有点羞惭,觉得你似乎是在委婉地对我提出批评——因为这部小说对我来说没有叙事难度,所以对读者来说也没有阅读难度。我走了一条好走的路。

看起来仿佛如此,其实也不尽然。在这样一个小体量的作品里,想容纳尽量多的东西,需要把很多元素都安置合适。即使是知识素材,也得让素材贴着人物走,想要贴得痕迹淡些,也要反复斟酌——阅读者的毫不费力不等于写作者的毫不费力,尤其是我这样平凡的写作者。那些天才作家也许会写得省力而让读者读得费力？也许吧。

舒晋瑜：在《认罪书》中，就感觉你的写作稍稍用力过度。小说中太多文字游戏，有些地方过于雕琢。而在《藏珠记》中，似乎也存在这个问题，唐珠口中冒出的那些典故稍有造作，和她后面与金泽交往的表现，感觉不是一个人——是否要纠正一下我的感受？

乔　叶：《认罪书》的问题就是用力过度，《藏珠记》与之还有所区别。唐珠这个人，我是这么想象她的：她的叙述有典故很自然，因为这是她的千年积累。当她与金泽初识且无意于再见时，她就可以毫无顾忌地泼洒自己这种不同寻常的积累，但是，当她和金泽再度相遇并且交往日深，她就要隐藏这种积累，展现自己的平素日常，也就是很小女人的一面，这才是一个女人面对爱情的样子吧。所以小说中的人物就是你感受到的纠结或者分裂。综上所述，你的感受很准确，无需纠正。

舒晋瑜：听说当年你对《藏珠记》修改了五稿，直到改不动为止。你如何看待修改？《认罪书》也修改了多次，为什么会有这么大的定力耐心修改？

乔　叶：在小说创作尤其是长篇创作上，我的第一稿往往是非常感性的，自己都看不过眼，非常丑陋。但没办法，我需要这丑陋的第一稿，哪怕我最后要砸碎它，它对我也很重要，因为它意味着此路不通的可能性。然后就是第二稿，第三稿，可能还是此路不通。没关系，总有通的那一天。这种找路的过程，自有风景和乐趣，是写作中的糖果，喂养了我贫瘠的定力和耐心。

太行山深处的宝水村正在由传统型乡村转变为以文旅为特色的新型乡村，生机和活力重新焕发出来。

舒晋瑜：写《宝水》，你大概做了哪些准备工作？是否对乡村建设也有一个整体的梳理？跑了多少乡村？

乔　叶：准备很多，难以备述。简单地说就是素材准备，但细分下来其实有多个层面。这个小说写的是村庄的一年，是个横切面。怎么截取这个横切面，怎么去下这个刀子——庖丁解牛的刀子——我考虑了很久，翻来覆去地想。这个横切面，只要下了刀子，就必然什么都有。历史的、政治的、经济的、社会学的、人类学的、植物学的等等，乡村的复杂性必然携带着这些。因为是贴近于当下，所以也要特别关注近些年的相关信息，比如近些年乡建思路的变化，乡村妇女生活状况的变化等等。尽力去实地看，不过更便捷的途径还是收集资料。比如农村问题田野调查报告，民宿经营笔记，地方志，村庄志，老家政协文史工作委员会关于方言的书，20世纪六七十年代南太行修路的报道，都有所收集。贺雪峰、李昌平、温铁军这些学者的书和相关资料买了有好几箱子。还订阅了不少公众号，乡建的，乡建工作者的，支教大学生的都有。

趁着采风的机会，全国各地的村子我跑了不少，一二十个肯定是有的，没细数过。其实走马观花看的都进不到这个小说里，但我觉得确实也很有必要，就是因为能够养一股底气，看得越多越有底气。这会让我踏实，让我能确认宝水不是一个特殊的个例乡村，而是一个具有普遍意义的乡村。即便和那些发展相对迟滞的诸多乡村相比，它是一个发展得比较快的新乡村，但这个新乡村也是具有普遍意义的。跑村是了解基本面，泡村则是持续深入地跟踪关注几个村庄，只要有条件就去住一段，在不能去住的时候，还要和村民们保持长久的密切的联系，经常了解他们的动态信息。尽管如此，也不能说对乡建有整体梳理，只能说对近十年的乡建有一定程度的了解。

舒晋瑜：虽是主旋律作品，但是写得非常好读。创作过程中难度最大的是什么？

乔　叶：创作难度的类型有多种，写作前的资料准备和驻村体察，写作时的感性沉浸和理性自审，初稿完成后的大局调整和细部精修……还有在前辈的乡村叙事传统中如何确立自己的点，这都是难度。各有各的难度。可以说，纵也是难，横也是难，朝里是难，朝外也是难。还真是不好比出一个最大的。或者说，每一个都是最大的。因为克服不了这一个，可能就没办法往下进行。比如说，对这个题材的总体认识就很难。为什么说写当下难？因为这个当下的点正在跃动弹跳，难以捕捉，也因为很少有现成的创作经验可做参考，"灯下黑"就是这样。对这些难度，除了保持耐心去细细处理，我没有什么更好的办法。我真就是一个笨人，所谓的经验都是笨的经验。

> 宝水村的神经末梢连接着新时代乡村建设的生动图景，连接着当下中国的典型乡村样态，也连接着无数人心里的城乡接合部。

舒晋瑜：乡村题材的文学宝库太丰富了，是否可用"全新的中国乡村"概括《宝水》？

乔　叶：请千万不要用"全新"这样的词来界定《宝水》。它有新风尚和新特质，而这新也建立在旧的基础上。我在江南看到特别富裕的乡村，发现很有意思的是，这些富裕的乡村的宗祠都修得一家比一家好，宗祠的存在就是典型的旧，却能和新完美融合，而新旧的彼此映衬也让我觉得格外意味深长。小说里的人物也有新旧之说。评论家李林荣说《宝水》在塑造人物和环境方面最显著的成就不是塑造新人，而是写活了一些熟人和旧人在新的境遇中发生巨大变化的细节和过程。

我不崇拜新,也不崇拜旧。我在其中不会二元对立地站队。如果一定要站队,我只站其中精华的、美好的部分,无论新旧。

舒晋瑜:离开乡村二十多年再写《宝水》,你觉得这种距离感对创作是有益的吗?从河南调到北京多久了?能否谈谈你现在的工作和生活状态?

乔 叶:我写作长篇时的习惯是:既要沉浸其中,又要不断抽离。在这个意义上,必须要感谢北京。"故乡是离开才能拥有之地",忘记了这句话从何听到,却一直刻在了记忆中。自从工作调动到了北京,在地理意义上距离故乡越来越远之后,就更深地理解了这句话。人的心上如果长有眼睛的话,心上的眼睛如果也会老花的话,也许确实需要偶尔把故乡放到适当远的距离,才能够更清晰地聚焦它,更真切地看到它——在河南写《宝水》时一直在迷雾中,尽管基本东西都有,却不够清晰,在北京这两年里写着写着却突感清晰起来。如果没来北京,这部小说可能不是这个面貌。现在回头去想,北京和故乡有接近性,同时又有差异感,这个尺度还挺美妙的。

乡村正在发生着的巨变对于写作者而言,是一个具备无限可能性的文学富矿。在乡村的现场,乔叶的写作欲望总是被强烈地激发出来。

舒晋瑜:《宝水》获得了第十一届茅盾文学奖,这个消息真是令人鼓舞,毕竟连续三届茅奖都没有出现女作家了。获奖后你的感受如何?

乔 叶:先是惊喜,之后就是感谢。感谢亲人们和师友们,感谢北京十月文艺出版社,感谢亲爱的读者。而我特别想要感谢的,还有两个地理概念:感谢老家河南,感谢新家北京。《宝水》写的是河南的乡村故事,最基本的体验和感受都来源于河南。可以说,《宝水》的创作是从河南出发,走了七八年后,在北京抵达了我心目中比较理想的完成。北京三年的生活和工作对我的写作有着非常重要的提升和成长。如果说《宝水》里面的情感基因是河南,那么《宝水》背后的精神气场就是北京。

舒晋瑜:为了创作《宝水》,你深入生活,对新时代乡村进行了持续的跟踪体察。你怎么认识作家和时代的关系?

乔　叶:举个有意思的例子:4月12日《光明日报》发了我关于《宝水》的创作谈《精神原乡的返程》,这天的《光明日报》综合新闻版正好刊发了我修武老家的消息《河南修武:春回云台旅游旺》,和创作谈简直是遥相呼应的美好邂逅。新闻里的数据,云台山镇"发展民宿和家庭宾馆373家,民宿集聚程度在全省首屈一指"。这些人家里想来都有些《宝水》一般的故事,《宝水》的创作就源自这些人家的故事。这就是这个大时代的故事。

我一直认为,作家的写作必然在时代中。无论多么个人化的写作,也是这个时代的个人化写作。作家的写作必然会和时代场景时代情绪有关联。作家和时代,就是浪花和大海,庄稼和土地的关系。弱水三千,取一瓢饮,这一瓢水里也是时代的成分。在这个大时代里,我很幸运地取得了属于自己的《宝水》。所以,我由衷地感谢这个伟大的时代。从文本的源头到文学命运的变迁,大时代提供的丰富可能性让我这个写作者非常幸运地享受到了多重福利。而在以后的创作中,我也必得依赖生活和时代的"宝水"给予的滋养,获得继续成长的可能。

获奖作家访谈

刘亮程：书写有翅膀的文字

刘亮程 1962年生于新疆沙湾。现任新疆作家协会主席，被誉为"20世纪中国最后一位散文家"。著有诗集《晒晒黄沙梁的太阳》，散文集《一个人的村庄》《在新疆》，长篇小说《虚土》《凿空》《捎话》《本巴》，访谈随笔集《把地上的事往天上聊》等。曾获第六届鲁迅文学奖、第二届冯牧文学奖等奖项，有多篇散文收入全国中学、大学语文课本。2013年入驻新疆木垒，创建菜籽沟艺术家村落及木垒书院，任院长。2023年，长篇小说《本巴》获第十一届茅盾文学奖。

采访手记

小时候他放过羊。羊群永远是半步半步走,边吃草,边望天。看着看着,他成了羊群中的一只。

躺在草地上的时候,他便成了草;看云朵飘过天空,他便成了云。他放任自己像植物一样随意生长。偶一回头,他发现身后的草全开花了,一大片。好像谁说了一个笑话,把一滩草惹笑了……

后来,他当了十几年乡农机管理员,一年做两次报表,平常时候骑摩托车在田间地头转,指导农民种地,推广先进机械。就像他的散文集《一个人的村庄》里写的那个闲人,每天太阳升起前,他一个人站在村外,以自己的方式迎接太阳升起,每天黄昏独自目送日落。他认为此时此刻天地间最大的事情是太阳要落了,这么大的事情没有人管,那他就代表所有人目送日落。

更闲的时候,他写写诗,发表过几首。一直到三十岁,他才走出乡村,在一家报社做编辑,同时开始自己的散文写作。

即使走出了,也仍是在乡村的感觉,他几乎所有的文字都与他所生存过的乡村有关,对人类所生活的土地和一种状态进行深刻叙述。像是等待农作物缓慢地成长,他在乡村的岁月里以悠闲而缓慢的生活方式,熬出了独有的味道和情怀。1998年,《一个人的村庄》悄然走红,文坛似乎突然意识到他的存在,他甚至被誉为"20世纪中国最后一位散文家"和乡村哲学家。

随后,他先后完成《虚土》《凿空》。乡村生活不全是云淡风轻,但是刘亮程的笔下没有提及任何苦难。他把大地上的苦难消化了,从沉重的生活中抬起头,让破灭的梦得以重生,引领土地上笨重的生命朝天上仰望甚至飞翔。

这是刘亮程,他在书写有翅膀的文字。

刘亮程最早的创作是从诗歌开始的。他的第一首诗是《童年之梦》。他说，似乎从一个童年的梦里醒来就会写诗了。

舒晋瑜：您的写作是从什么时候开始的？

刘亮程：大概从小学作文开始吧。乡下上学很困难，有些村子没有学校，我上二年级时，要跑到六七公里外的村子上学，年龄太小跑不动，就想等几年，等长大了跑得动时再上。这样就等了两年，又跟着四年级上。上到初三，考了中专，学的是农业机械。我以前一直在乡下——沙湾县的一个乡下小农机管理站当农机管理员，三五个人管着乡里的拖拉机，到各村去指导农民播种、耕种，觉得这样活一生也没什么不好。

在农机站，我一个人生活，父母家离得也远，没什么事可干的时候，就写诗。写诗用不了多少时间，这是件无聊的事情，还好没把生活给耽误了。如果有人喊我去玩，那我肯定搁笔就走了——生活是活生生的生命，你很自然地生活，干想干的事，朝着你的梦想生活，我年轻时似乎快活时光好多，哪有时间写作，所以我三十岁之前都没写出啥东西。

我那时候生活的地方，地域辽阔而封闭，生活贫穷，大家都想离开，走向城市是唯一的目标，文学好像是一条道路，不太真实，但是可以去往前走。文学可以把我的好多梦想融入其中。但是真实地接触文学以后，就没有原始的欲望了。文学的生存变成内心的愿望——生在乡下的一个青年，有走出乡下的愿望，想生活得更好一些，但没有其他的渠道，他又认识几个字，就想通过文学这条道路，让自己有朝一日生活得更好一些。

舒晋瑜：最初走上文学之路是什么心态？

刘亮程：最初对文学的想法有功利性，想通过文学改变自己的生存环境。最后发现这是不可能的，而且也发现这种生存环境不需要改变，需要改变的是自己的内心。别人都这样生活，你也这样生活，但你的想法不一样，你的梦想跟他们不一样，尽管你坐在他们身边是一个不吭声的人，干不出让他们惊奇的事情，但你的想法跟他们不一样，你的想法常常让自己惊心动魄。

后来我辞职了，扔掉小职务，跑到城里。原因是我爱人对我的生活状态不满意，她让我闯荡世界去。我一想，人生就这样，在农机站，虽然没什么不好，也没什么好。后来我去新疆《工人时报》打工，当编辑。报社里的编辑都是大学生，我没有文凭。他们就说"工人时报"要办成"农民日报"了，来了个农民——好在我认识文学，后来他们觉得我这个农民还可以。写得像个东西时已经三十多岁了。我倒希望我的写作再晚一些，从五十岁或六十岁开始。一个人经过一生，然后坐下来写点东西，也是件很美好的事。现在的写作者都太年轻了，一部分是本身年轻，没经历多少事，就急于想告诉别人。另一部分是都写到老了，还不成熟。

舒晋瑜：早期的诗歌训练，对您后来的创作有怎样的影响？

刘亮程：诗歌让我到老都不会忘记幻想。

他的全部就在村庄里。"一个人一出世，他的全部未来便明明白白摆在村里，不可能活出另一种样子。"

舒晋瑜：回顾您的创作经历，诗歌、散文、小说，这是一个渐进的过程，还是自然的表达需求？

刘亮程： 应该是很自然的事。人类的文学创作也是先有诗歌，后散文随笔，小说是最后出现的，我身上演绎了人类的文学进程。

舒晋瑜： 您怎么评价2006年出版的第一部长篇《虚土》？它的文体既像散文又像小说。这似乎是从散文过渡到小说的写作者的共同特点。

刘亮程： 对我来说，《虚土》是一首长诗。它的整个思维和情绪都是诗歌式的。似乎是早年没有写完的一首诗，最后写成了长篇文章。写完后也没定义成小说，出版社把它作为长篇小说，可能是有市场考虑。我也没有反对——它不可能是散文，如果作为散文的话，虚构的东西太多了。文学失去虚构能力的时候，往往是作家找不到文字的力量，也有一些作家到下面采写一些真实的东西亮相给大家，但它不是文学。文学就是虚构，就是呈现作家虚构和想象的能力。

舒晋瑜：《虚土》《凿空》书名都有些意境，您的作品有什么共同的主题？

刘亮程："凿空"这个词最早出现在司马迁的《史记》中，张骞"凿空"西域，意为开通道路。后来演绎的另一层意思是荒诞不经，凭空虚构。现代人除了谈那段历史，再很少用它。我的这本小说最早起名《挖洞》，挖到一半我发现了"凿空"这个几乎荒废的词语。我为这个词写了一本书。或者说，我用一本书唤醒一个词——凿空，以及沉睡在这个词背后的故事。

舒晋瑜： 作品的哲思意味，对于在新疆的人生哲理的提炼，使您被誉为"乡村哲学家"，为什么有这样的风格？

刘亮程： 是新疆的给予吧。写《在新疆》时，我有了一个新疆人的感觉,新疆给我的东西太多:长相、口音、眼光、走路架势和语言方式等等。我的文字不可能没有它的影响。

舒晋瑜:《一个人的村庄》之后的《在新疆》,文笔和风格与前者有何不同?创作心态肯定也大有不同吧?

刘亮程:《在新疆》是《一个人的村庄》之后的散文结集,在这之后,我不再专心散文。一座村庄的重负卸在文字里。所以,《在新疆》更像散文,它就是走出村庄在天山南北的独自散步,闲散依旧,孤独依旧,缓慢依旧。有什么不同了呢?我倒真希望没什么不同。我希望自己不变化,像一棵老榆树活在路边,世界变来变去我还是老样子。

《凿空》被认为是描写中国式孤独的罕见的作品。刘亮程很喜欢这个评价,他早期的散文是"一个人的孤独",《凿空》是一个地方一个群体的孤独。

舒晋瑜:几乎是在写《虚土》的同时,您开始《凿空》的写作,并认为将是一部"真正意义上的长篇小说,读者从开篇第一句话就会认同它是小说"。可是实际上,这部作品仍然有散文的影子,感受鲜活,结构也相对零散。您觉得呢?

刘亮程:是这样。我太沉溺于对自然的叙事。让故事停下来,让速度慢下来,把笔墨放在看似不相干的事物上,实际上是一体的。耐心读《凿空》,你会发现我呈现的与主题不相干的细枝末节的描述,可能是最有意义的。写作中,我也会把主题忘记。《凿空》本来就是一部我没有设定明确目的的作品。我也不愿意让它明确地到达目的。我不想让文字跟着主题去赶路。

舒晋瑜: 这样做是否有些冒险?

刘亮程: 如果急慌慌去完成主题才是冒险。我让一些东西失去速度,留出了真意。村子旁边打出了石油,村里人老觉得村庄下面有动静,猜探头钻到身下了——我写出了土地的疼痛感。故事的走向是很焦灼地倾听声音,写瓦砾中还有钢筋,村里的闲人还能看出钢筋能卖钱。这个细节是被我们忽略的。我是在表达他们的生活状态,是社会建筑的最后收尾。城市中没用的东西,村民敲打出来卖几个钱。我们作为城市人,永远不知道瓦砾去哪里了,遭遇了什么命运。

舒晋瑜:《凿空》中,声音是非常独特的载体,通过聋子张金对声音的敏感回忆,构筑起了一个独特而神奇的村庄世界。"声音"在《凿空》中承担了特殊的功能,这在小说创作中是比较新鲜的。这么写是有什么缘由吧?

刘亮程: 我的作品中写声音的文字非常多。这可能是童年生活给予的,也是很自然的表达。每个作家只能用所长书写。在过去的写作中,我发挥了自己的听觉,在《凿空》中最集中地表达了听觉。在生活中我可能是一个聋子——听那些想听到的声音,回避不想听到的声音。所谓敏锐的听觉不是把所有的声音贯进耳朵,是在嘈杂的声音中把需要的声音辨析出来。城市中各种嘈杂的声音把人的听觉淹没了,在乡下,我们会在五六点钟就被鸡叫声唤醒,甚至能听到蚂蚁走路的声音,老鼠走进院子的声音,蜻蜓翅膀扇动的声音,尘土在空气中碰撞的声音……我们只知道听大声音,不知道听小声音。小声音才大得吓人。万物生长的声音,种子在发芽,苞谷在长穗,熟透的水果在坠落,千千万万的声音,我们的耳朵都失聪了。

从散文到小说,想象的尺度更大了。散文还受字数限制,自由的限度不及小说。散文往往把大故事做小,而小说是把小故事做大。"空"其实是把听觉想象发挥到了极致,把村庄所有的声音都捕捉到了。

刘亮程更赞同"自然主义文学"。文学不是一个生命简单的说明书,不是让事物变得清楚明白,而是让生命变得更加有感觉。

舒晋瑜:您愿意把自己的作品归为生态文学吗?

刘亮程:我到现在为止,对生态文学的概念和内涵不是太清楚。生态应该是更宽泛的东西,从山水延续下来的理念,核心是世界是万物的,作家应该有这样一种心态。文学不仅仅是人学,否则会非常狭隘,世间万物为人性服务,然后从人的角度发出一种声音。

我很赞同自然主义文学的说法,这在中国可以找到渊源,至少从庄子开始,山水诗、田园诗,甚至乡村文学,是有传统脉络的文学理念,我认为的自然文学,最核心的是自然本身。在我们以往的文学中,自然是作为喻体存在的,作者总是借助自然抒怀。在这样的书写过程中,自然不是它自己,一片草、一朵云都被赋予了使命,不是自然的本身而是比喻的工具。那么,自然文学应该把自然放在最自然的位置,让自然本身说话。我的文学,从《一个人的村庄》开始,也在朝着这样一个方向努力。至少在我的文字中,自然不是工具,当然这样的文字同样有象征意义,有寓言意义,但是必须是有生命的自然。

舒晋瑜:怎么理解?

刘亮程:法布尔的《昆虫记》是生态文学吗?我认为它不是文学,而是田野笔记,是科学考察笔记,是生命说明书。尽管法布尔的语言优美,自然观察细微科学,但它仍然不是文学。文学是什么?《昆虫记》观察结束的地方,文学才真正开始。《昆虫记》只是呈现了昆虫生活,眼光是科学眼光。所有科学眼光写出来的,是科学笔记,是把事物当成观察对象。

文学不是一个生命简单的说明书。文学不是让事物变得清楚明白,而是让生命变得更加有感觉。当法布尔让昆虫更加清楚时,文学让它不清楚,让它有神秘感,如果文学可以让事物变得一清二白,那是应用文。文学让生命的气息有温度,让生命的神秘感重新塑造出来。比如对待一棵草,通过观察的方式,了解这棵草,是哪年生,什么时候开花,什么时候枯萎,科学只能把植物呈现到这样一种程度。文学是有灵魂的写作,自然主义首先承认的是万物有灵,这是萨满教最基本的信仰,文学是人的灵魂与自然界的灵魂沟通的时候呈现出的表达方式。古人讲灵感,灵感不是人的,是他物的,与他物突然产生灵魂上的沟通,出现了美妙的碰撞,这是自然给我们的。所谓神通,就是我们跟自然界某一个神灵产生的沟通。

对一般的写作者来说,灵感是偶尔的,短暂的,求之不得的,对作家来说,灵感应该是常态的。庄子在写草木时,是草木在说话。作家所呈现的草木,肯定不同于自然科学的草木,它生活在天地间,有气味,有颜色,在风中有姿态、有声音,作家从草木上可以看到情感,可以看到生命的过程,可以感受到花草树木的全部。这是文学描写的草木。也就是说,在所有表达完结之后,文学表达才真正开始。

庄子追求天地合一,心境融入天地之间,与天地精神独往来,这是自然主义。后来我们的文学,太过于功利,我们的表达主题太明确了。文学有明确的表达主题的时候,文字成为工具,风景描写成为道具,都为主人公服务。这样的文学怎么能是自然主义文学。

舒晋瑜： 那您认为什么是自然主义文学呢？《瓦尔登湖》是吗？为什么我们无法抵达所谓和"万物有灵"的接触？

刘亮程：《瓦尔登湖》也太功利了，带着明确的目的观察描写。至于"万物有灵"，她是传统，被一代代艺术家继承。一个作家的基本信仰应该是"万物有灵"。这个世界是灵光闪闪的。尘土是睁开眼睛的，听风的时候，风是有眼睛的。

有两种东西阻碍了和"万物有灵"的接触，一是科学知识，我们用科学的手段分析、剖析一个生命，呈现简单的科学说明。当然不能认为它是错的，它是解释万物的方式之一。以人的本真和本性去接近事物，文学对事物的观察，更是历史悠久的。在文学家眼中，这个世界远比科学丰富得多。一开始的科学教育，障碍了我们进一步了解事物。许多孩子从教科书里，通过简单的科学说明了解自然界的草木，其实什么都不懂。自然远比科学给你的更丰富。科学教育妨碍了对自然的进一步了解。二是我们缺失了和自然表达的语言。《诗经》中建立了完整的语言系统，"关关雎鸠"既有鸟的名字，又有鸟的叫声，这样的语言系统，通过语言把叫声呈现出来，至少在《诗经》时代就存在了。《诗经》中有三百多种动植物，有形态，有颜色，有小动作，语言系统多么完备，现在写作中还有多少人能知道些动植物的名字？即使我们知道，也对这个名字非常陌生，缺少了对自然界最起码的尊重。你从《诗经》中会发现对动植物多么尊重啊，起一个美好的名字，呈现出来，我们知道古人是把自然放在心中。即使作为象征之用时，也是捧着用。

一方面是我们对自然的不熟悉，可能作家一写自然就会出现败笔。古典小说中总会出现大段的自然描写，我们的所有故事确实不再发生在自然中了，而是移到人类社会中；另一方面自然的界入变得非常尴尬,影响小说的速度,而现在阅读恰恰是在强调速度,读者也没有心境去欣赏自然。

舒晋瑜: 为什么您能做到?

刘亮程: 可能在我的心智中还保留着一种天真,和自然万物交流的门隙还没有彻底封死。我从小生活的环境,村庄比较遥远,能大片听到自然的声音。

刘亮程像《虚土》中那个孩子,所有人往老年走,他独自回头去过自己的童年。童年是我们的陌生人。《本巴》中写了一个活在童年不愿长大的孩子。

舒晋瑜:《本巴》是关于时间的童话史诗。其实,您的大部分作品,无论是《一个人的村庄》,还是后来的小说《虚土》《凿空》《捎话》,都与时间息息相关。为什么您对时间这么敏感?

刘亮程: 时间对我来说是具体的。每天早上,你可以看见太阳很费力地穿过树的影子,慢慢地升过你家院子,再从西边的泥巴墙落下。我可以在院子里看一棵树长好多年,人会慢慢变老,小孩慢慢长大,这些时刻提醒你时间的存在。从一开始,时间就是我创作的母题,你在城市中可以看到很多改变,我在乡下看到的是不变。不变中唯独时间在变,所以对时间印象很深。

在《本巴》中我更多地呈现时间空间化的特征,就是评论家们所说的时空一体化思维。在我80年代中期的诗歌中,就有这样的句子,《虚土》中的时间和《本巴》中的时间一样,都是辽阔的,类似荒野或大地,过去的或未来的,平摊在时间的每一年。我希望我的文字最终展现的是一张时间的脸。村庄就是这张时间之脸的表情。它缓慢而悠长,是我认识的时间的模样。

舒晋瑜：《本巴》写得欢快愉悦，而《虚土》写得困难——您觉得写作状态和作品成功与否，有关联吗？

刘亮程：《虚土》写得很困难。我通过《虚土》的写作创造出一种语言，可能让梦与醒连通。《虚土》写的是梦与醒之间的恍惚世界，这种世界用传统语言无法写作，传统语言只能写出清醒再进入梦幻，在《虚土》中，我用一个句子串起清醒和梦幻，自然而然。我在《虚土》中从语言上解决了一种飞越，写《本巴》时语言就已经成熟了，背靠蒙古族史诗《江格尔》建立起天真、宏大，是神话又是现实的想象世界，我的语言通过不断压缩和再造，获得更自由的状态。

舒晋瑜：一般作家是否很难达到这种状态？这样的作品对读者是否也提出了要求？

刘亮程：我的写作从诗歌起步，小说中的故事原型都是诗歌的意象，如果从现实主义的角度大概很难达到这种状态。唯一对读者的要求就是放慢阅读速度，读我的小说不能一目十行，需要慢一点，每个字、每个句子都是不可或缺的，不能一目十行跳着读。如果跳着读也可以，故事氛围会受到影响。理想的阅读本来就是慢阅读。对于读者来说，安静下来在每个句子中获得感受，也是更高境界的阅读。

刘亮程觉得自己成了说唱史诗的齐，他在史诗的尽头说起。史诗是浩瀚森林，他的小说需要穿过史诗的茂密诗句，在史诗语言的尽头说出自己的一句话。

舒晋瑜：作品的时间结构是多重嵌套的：现实世界的齐创造了

史诗,史诗本身即是齐创建的一场梦。这样的架构,是出于怎样的考虑?是否超出以往的创作难度?

刘亮程: 非常之难。整个《本巴》写的是一场场相互叠加的梦。在现实世界中,《江格尔》史诗是史诗创造者寄存在高原的一场梦,塑造史诗的是战无不胜的英雄,史诗本身就是英雄之梦。本巴世界是由东归途中一个孩子说唱出来的。这部小说一开头讲的就是一场梦,一场并不存在的梦。但是生活在史诗世界中的人们不知道自己生活在一场梦中,并不知道自己是被别人言说出来的。所有的人物都是活在故事中的人物,当小说经历了一个又一个的事件,最后故事中的人物觉醒,知道这场梦并不存在,小说叙述面临崩溃,但是故事中的人物更加卖力地活了下去。我发明了三场游戏,变成推动小说的叙述力量。一般的小说会努力用文字塑造与大家相似的世界,我让《本巴》告诉人们所有的故事都是虚构的,靠虚构完成让大家觉得可敬的小说。

《本巴》小说的开端借用了史诗的叙述模式,"当阿尔泰山还是小土丘,和布河还是小溪流的时候",这两句是创世史诗叙述法,第三句进入了我的叙述:"时间还有足够的时间让万物长大。"小说就朝着这样的方向叙述下去。

舒晋瑜:《本巴》中,梦是那些史诗人物多余出来的一种生活。史诗中的人物比齐更有能力,而能力是梦赋予的——梦在您的小说中被赋予了超能量?

刘亮程: 梦是另外一种生活。从我的《虚土》开始,我对梦的定义已经不是正常的理解,梦是另一场醒来。现实世界中,梦和醒各占据了人生的一半时间,梦的意义也是生命的一半意义。我既在梦中又在梦外看见自己。这正是写作的佳境。梦中黑暗的时间被照亮。旧去的时光又活过来。太阳重新照耀万物。那些坍塌、折叠的时间，未被感知的时间，被梦收拾回来。我的文字积蓄了足够的智慧和力量。与《江格尔》史诗的相遇是一个重要契机，史诗给了我巨大的梦空间。它是辽阔大地。我需要穿过《江格尔》浩瀚茂密的诗句，在史诗时间之外，创生出一部小说足够的时间。

舒晋瑜：《本巴》承续了浪漫主义传统，在梦和现实的交集中出现故事的高潮。创造本巴世界的部族面临现实中的灾难时，勇敢地承担起责任。本巴是天真的，同时也是富有力量的。您在创作中印象最深刻、最打动自己的是什么？

刘亮程：《本巴》是我在疫情期间用四十天时间写完的，但是这部小说的准备，可能长达十年。也是十多年前，我在新疆和布克赛尔蒙古自治县做文化工程，跟当地的蒙古族牧民交往，晚上听江格尔齐坐在草原上弹唱《江格尔》史诗。那样的夜晚，刮着轻风，那些轻风吹不动草，吹不动云朵，但是会把轻微的风声从远处带来，带到人居住的毡房中。

江格尔齐拿着简易的乐器开始说唱史诗。你看着那样的场景，会知道一部史诗为何可以传唱千年而不衰，为何有那么多的人喜欢。你想在那些古代的草原上，一个部族在无边的黑夜中是多么渺小，多么孤独，多么恐惧。他们创造出战无不胜的英雄，在黑夜中讲述一个文字中强大的英雄，使其成为民族的精神支撑。我也是在那样的倾听中感知到江格尔的智慧和力量。

刘亮程一直在提倡保护活态文化，比如提到驴和驴车就是一种活态文化和文物，他也在为实现这一目标做着各种努力。

舒晋瑜：作家冯骥才也致力于城市保护和民间文化遗产抢救，并且逐渐从文艺家转变为社会活动家，您觉得这些工作会影响到写作吗?

刘亮程:这些正是一个作家关注的。作家怀旧,爱旧,保护旧。那些在大地上再没地方安置的旧生活,被收藏在文学里。怀念是我们对世界的最后表达,一切都过去了,文学又重新开始。

舒晋瑜:很多作家在以自己的形式表达对于乡村文明逝去的担忧,而您似乎有更深的介入。

刘亮程:乡村文化或乡村文明也有它自己的命运,它在这个时代遭遇了这样一场命运,但我认为乡村文化远没有像那些人所说的已经破坏到某种程度。你到乡下走一走,会发现儒家建立的传统文化还在主宰着乡村,还没有一种现代文化完全取代乡村文化。现在的中国人在按什么生活?还是按以儒家文化为代表的中华乡村文化体系在生活,在生老病死。这个体系非常庞大。乡村衰败了,但是一代代进城的农民把乡村文化价值体系带到城里了。我们不要看到大片乡村被开发了,就认为乡村衰败了,文化不存在了。土墙、破房子与文化无关,人才是真正的载体,人可以带着乡村文化在城市生活。城市不能给它完整的文化体现。中国人到美国定居,依然是中国人,他把文化带去了。

不管你读不读古典文学,你的血液中都会有中国的传统文化基因。你生活的环境会教给你这些。文化是进入血液的,一代一代按照它的方式去生活。

舒晋瑜:您的作品,无论什么体裁,都与土地有关。因此有人称您是土地里"长"出的作家。对于脚下的这方土地,您怀有怎样的感情?

刘亮程:在土地上活久了,自己也活成它的一块土,已经不需要感情。

舒晋瑜：您五十岁时重返乡村,为什么？现在的木垒书院是什么情况？承担了哪些功能？

刘亮程：2014年,我在木垒哈萨克自治县英格堡乡菜籽沟村创建了艺术家村落,打造木垒书院。在这里种地、栽花、养狗、喂鸡、写作。刚入驻这里时,我提出一个口号:把文学和艺术的力量加入到村庄的万物生长中。如今,这个村庄已不同于以前,有很多民宿和农家乐,《诗经》、唐宋诗词中袅袅几千年的炊烟,还在这里延伸。

舒晋瑜：获得茅盾文学奖,您最想感谢的是什么？

刘亮程：在新疆这块地方生活写作,最大的滋养就是新疆多民族的文化生活。我在文联上班,各民族的同事都有,你可以听到不同语言。在那样的环境中,潜移默化地就知道了这块土地上文化的丰富性,还有人们生活的多样性,这对文学来说,就能获得许许多多的视角去表达去呈现这块土地。文学可能是最好的文化润疆产品,像《一个人的村庄》,从出版到现在近三十年,销售数千万册,它其实是把新疆的一个遥远村庄通过文字带到了其他地方,甚至翻译成了几种语言,带去了世界各地。《一个人的村庄》写的是新疆这块土地上农耕文化所结的一个硕果,它同样也可以去滋润人们的心灵。

获奖作家访谈

孙甘露:把对上海的爱隐藏在小说里

  孙甘露 1959年生于上海。中国作家协会主席团委员,上海市文学艺术界联合会副主席,上海市作家协会副主席,华东师范大学中国创意写作研究院院长,上海文史研究馆馆员。著有长篇小说《千里江山图》《呼吸》,中短篇小说集《时间玩偶》,文学评论与诗集《我又听到了郊区的声音:诗与思》,随笔集《时光硬币的两面》,访谈录《被折叠的时间》,纪录片《此地是他乡》等。2023年,长篇小说《千里江山图》获第十一届茅盾文学奖。

采访手记

他曾是1980年代先锋文学的主将。早在1986年,孙甘露就发表了《访问梦境》《我是少年酒坛子》和《信使之函》等作品确立了他"先锋派"代表作家的地位。然而1990年代后,孙甘露似乎把文学的重心放在了日常的文学活动,思南读书会、国际文学周……直到2022年,孙甘露才完成了新长篇《千里江山图》,此时距离他上一部长篇小说《呼吸》,已有二十五年。

书名借自北宋天才少年王希孟青绿山水画,似乎隐秘地透露出小说背后的大时代。为了心中的信仰和理想,一群青年人义无反顾地献出了年轻的生命。小说以中国共产党曲折艰难的历史进程为经,根植于真实的地理环境,讲述了一个关于明与暗、使命与阴谋、忠诚与背叛的惊险故事。孙甘露以他出色的小说家笔力,不动声色地复刻了一幅幅充满烟火气的生活场景,写出一场场曲折迂回、惊心动魄的生死较量。

写作《请女人猜谜》时,孙甘露还是在弄堂里送信的邮差。三十余年之后的《千里江山图》,或可视作为一场"猜谜",孙甘露说,他一直在试图猜透人在社会生活、家庭关系和感情世界的动荡中发生着怎样的心灵变迁。从《忆秦娥》到《呼吸》,我们被他引领着,穿过《访问梦境》,穿过无数记忆,被他的语言洪流裹挟着前行,进入一个广阔而丰饶的世界。从先锋小说到这部"海上红色新经典"《千里江山图》的创作历程,或许可以观照1980年代至新时代文学进程中,一个神秘却又必然的文学奇迹。

《上海文化》杂志副主编张定浩引用了美国诗人伊丽莎白的诗歌《地图》,阐述《千里江山图》最后附录中的信:"在这个城市生活过的人的地图,同时也是在这个城市爱过的人的地图。"

孙甘露把自己对这个城市的爱隐藏在小说里了。

卡夫卡曾一度是孙甘露迷恋的中心,从《访问梦境》到《呼吸》,孙甘露的写作活动发生了变化,他一直在黑暗中摸索,不为某个既定的目标写作。

舒晋瑜: 在《时光硬币的两面》中,您提到自己最初被卡夫卡的方式所吸引,能谈谈您在80年代对西方文学的接受和认识吗?

孙甘露: 按照卡罗尔·欧茨的观点,卡夫卡试图把灵魂的困惑的经历作为心理方面的、世俗的经历来描写。这也正是最初我试图做的,但我始终无力找到进入卡夫卡寓言世界的悲怆通道。从一个东方人的角度来看,这种"终极性的解脱的内心经历"似乎要单纯一些,更少精神上的纠缠(这种纠缠有时是宗教意义上的,有时则是文学的)。而卡夫卡过于独特,在我看来,他甚至不能为自己的感受在尘世中找到替换物。

舒晋瑜: 写作初期,也是有效仿的榜样吧?

孙甘露: 小说有两类值得永远仿效的方式,一是家族小说,如《红楼梦》《百年孤独》,另一是漫游小说(包括外部的和内心的漫游)如《堂吉诃德》《城堡》,就主题和结构而言,只有少数作品包含了这两个方面,如《圣经》。

大师们关于小说留下了众多教条,列举出来恐怕专业或非专业人员都会觉得乏味,它们被视为经典或者老生常谈,一般而言是不容置疑的。但大师通常是一些坏脾气的大孩子,他们往往信口开河,如果他们喝醉了酒,口出狂言,后人也没有什么办法。这也是所谓缺席的权利和不在场的悲剧,只是辛苦了学者,其余的人似听非听也完全可以的。因为大师们常常以皮兰德娄式的方法说话——两重性、反射、身份的改换、真实或假装的记忆丧失。过于认真的读者只能是一些倒霉蛋。

舒晋瑜：写了几十年,您有什么创作经验可供分享吗?

孙甘露：允许我使用一个笨拙的比喻,小说仿佛是一首渐慢曲,它以文本之外的某种速度逐渐沉静下来,融入美和忧伤之中,从而避开所谓需求。

舒晋瑜：您曾说过,如果要写一部自传的话,它的题目可能是《我在一辆自行车上面》。为什么,您是从哪年开始写作的?

孙甘露：当然,我不可能同时在所有的自行车上面。中学毕业后我进入邮政局谋生。那时候,我已经开始试着写作,小说、诗,还有戏剧作品。当我一个人待着的时候,我喜欢干这件事,它使我感到愉快,也使寂寞的时间流逝得更快些。那时候写下的小说和诗,大多被我在心情烦闷时毁弃了。我没有太强的职业意识,我只是一直隐隐约约地感到自己是个渐渐远离学校的男孩子,一大堆不切实际的幻想塞满了我的脑袋,我想做一个作家。最初就是这么想的。

不断的阅读和岁月的流逝逐渐改变了我的想法,尽管更执着于写作,但当作家的念头离我越来越远了。我感到内心生活和世俗生活是有可能并存的。写作是一种努力,也可能是一种退却,有时它两者兼而有之。我想不必通过写作而寻求什么报偿,写作本身就是报偿。

《千里江山图》从20世纪30年代的上海,打捞出隐秘而伟大的历史事件,用文学的方式去想象和呈现这一过程。

舒晋瑜：《千里江山图》里面的人物最后大部分牺牲在龙华，在某种程度上和《红岩》有些相似，如何避免成为《红岩》的仿作，您是如何考虑的？

孙甘露：在我的青少年时期，《红岩》以及据此拍摄的电影《烈火中永生》，赵丹、于蓝这些艺术家塑造的人物形象就已经是广为流传的，是一个无法忽视的存在。而《千里江山图》这部小说，也是基于革命先烈的事迹，其中龙华烈士的事迹更是重要的灵感来源。这段历史是如此之丰富，一部小说难以道其万一。

至于小说采取的叙述策略或者说是否借鉴了类型小说的形式，并非刻意为之。首先是小说背后的故事，已经是曲折复杂、惊心动魄的了。从中国的小说传统来看，《三国演义》在时局、策略、战事、计谋以及人物关系和形象塑造方面堪称典范，是写作者取之不尽的源泉。

舒晋瑜：谍战小说也好，类型小说也好，很容易被贴上通俗文学的标签，但是您在写作中很好地解决了这个问题。

孙甘露：谢谢您的肯定。正如我们所知，类型小说也有非常了不起的作家，勒卡雷、格雷厄姆·格林、阿加莎·克里斯蒂，还有改编得非常火的《谍影重重》，都具有典范性。这些作品其实是有广大读者面的，我觉得类型小说是一个非常好的载体。《千里江山图》从叙述方式角度看，可能暗合了这一点，并不是说我要写一部间谍小说，而是先有了故事内核；也并不是因为我要写一部间谍小说就要设计很多的"扣"，然后反复地解，实际上真实的历史故事本身就比小说还要紧张精彩。

如上提到的这些作家、作品表明通俗小说、类型小说写得好，同样可以成为非常高级的纯文学。以前隐约有一种观念，所谓纯文学偏向于实验小说、探索小说，回头来看，实际上所有的文学潮流或写作倾向，都跟时代背景紧密地结合在一起。就像《千里江山图》中的人物，有的人敏感，顺势而为，有的人则是糊里糊涂地被卷入，有的人可能是逆向而行。这就造成了一种冲突。

孙甘露不满足于只写人物的机智和勇敢，更追究谍战根源，写出了信仰之争。在他绘就的"千里江山图"里，融入了革命者的身姿和灵魂，融入了革命史的一路风雨。

舒晋瑜：小说的叙述充满张力，悬念迭出，步步惊心，让人放不下；关键是对每个人物都刻画得准确精细。陈千里、林石、凌汶、梁士超……塑造了一批丰富多样、各具特点的地下党群体形象。在塑造人物形象时，您是如何把握的？

孙甘露：美剧《合伙人》中讲美苏之间的间谍，其中有一个苏联间谍潜伏在美国的谍报机构，他其实是一个双重间谍。夜里起来上厕所，完了坐在那边抽烟，他就在想：我到底是哪一边的？有时候自己都糊涂了，但也意味着已经掩护得很深了。这一笔非常具有讽刺性。当然《千里江山图》的核心不在这里，它讲的是一种信仰的选择、理想的选择：人们到底是怎样看待他的信念和道路的？这才是最严峻的人性考验。

一个间谍通常有两种身份，一个秘密的身份，一个是公开的身份或掩护身份。有时候小说家也是双重身份。普鲁斯特说过，写作的自我不是生活中的那个自我，两个人既有重叠的部分，但又不一样。我觉得小说家有点像"间谍"，也是双重身份的人，具有双重视角。

20世纪二三十年代，涌现了那么多人、那么多思潮，这样一个大时代进入到写作，实际上是一个社会生活的切面：人物的个人遭遇、经历成长以及感情,都通过引述像背景一样被带出来了。所以,所有这些人物仿佛都生活在公共生活里面,同时又是一个秘密的生活。这一点非常刺激想象。

舒晋瑜:但是您的想象又是紧贴着现实,由一个个扎实的细节支撑起来。看得出来您做了非常充分的准备工作。

孙甘露:20世纪30年代初,党中央从上海转移到瑞金,这是历史上非常秘密又非常重要的一个行动,《千里江山图》的故事就是在这个背景下展开的。我采访了上海很多专家学者,从各方面尽量充分了解上海的历史和档案,包括龙华纪念馆也协助提供了大量的资料。

1949年新中国成立的时候,我父亲随部队南下到了上海,我母亲也是在那个年代过来的。我出生在上海,一直就在这里生活,我对上海有一个非常感性的、直观的了解和认识,书中写到的很多地点对我来说太熟悉了,比如书中主角陈千里的弟弟陈千元的住址,实际上就来自我当年读书的路线。还有苏州河堤与外白渡桥,鲁迅与冯雪峰、陈赓参加《前哨》杂志活动的水沫书店、辛垦书店,中山先生数次到访的戾虹园……小时候时常会路经的,占有材料是必然的,更关键的是怎么把经验和可能有的材料聚拢起来,使它变成小说的一个部分。这实际上经过了漫长的考虑。当然,我想说的是,小说不是材料的堆砌,也不是材料越多越好,奈保尔关于福楼拜《萨朗波》的讨论就是一个极好的例子。作家如何处理个人经历和手头的材料是需要非常谨慎的。它既关乎技艺更关乎对历史的态度。

舒晋瑜:整部作品从第二页开始出现过许多信,密信、口信、远方来信和最后一封没有署名的信。小说的情节绝大多数与信有关,小说中的人物绝大多数都担当着信使的角色。您曾经作为邮递员的职业生涯和《信使之函》之间,不能不令读者产生联想。那段工作经历对您来说有何意义?

孙甘露:个人的经历让我对上海这座城市有了不同面向的观察。每一个门洞进去,每一条弄堂进去。市中心有老式的别墅、公寓、西式里弄、石库门,当然也有新的公房、工人新村、简易的棚户,建筑也是混杂的。现在一个小区都是同一种建筑。上海以前从这条路可以穿到那条路,现在的小区都是用围墙围起来的。正如上面关于材料的讨论一样,一个作者如果不能深入地反省自己,那么你的经验可能就白费了。

评论家贺绍俊表示,《千里江山图》的成功就在于它的文学性。这种文学性来自孙甘露的先锋性,曾经挺立先锋文学潮头的孙甘露,没有磨失掉他的锐利。

舒晋瑜:评论家贺绍俊提出:小说的"文学性来自孙甘露的先锋性",您如何看待当年的先锋文学?李陀曾以《访问梦境》为例说明先锋一代作家在20世纪中国文学的两次"语言突破"。他既欣喜于先锋文学"内面"的新颖性,但也忧心于这一代作家如何进一步突破内面,走向蕴含着丰富以及丰富的痛苦的"他者",走向更为纷繁复杂的历史与现实。您以作品证明了多年之后的孙甘露,归来依然先锋。

孙甘露:感谢贺绍俊先生和李陀先生的勉励,"先锋文学"有其特定的内涵,广义地说,我愿意一直保有年轻时代的探索精神,也正是在这个意义上,我愿意一直像一个初学者那样。

舒晋瑜:先锋文学聚焦人的内心世界,《千里江山图》向外部世界转化,从当年的"梦境"走向"千里江山"。

孙甘露：我们不可能孤立地来谈论一部文学作品。我觉得一个环境、一个具体的城市,不管是什么年代发生什么历史事件,回望的时候要把它放在那个历史脉络里,也就是对历史的再审视。我更愿意把《千里江山图》近一百年的历史背景看作是一个整体,要放在鸦片战争以后的背景中来观察一座城市的变化、发展以及它所受到的影响,包括五四新文化运动、新文学、白话文等等。上海是中国电影的发祥地,还有早期的出版、报业、新闻业,还有大量的文学作品,很多作家在这里生活、写作,他们的精神生活、日常生活都受大时代和所处的城市的影响。

准备这部小说的日子里,我时常想到荷马,想到他的返乡之路和史诗,想到叶芝的那句话:"悲剧正是开始于荷马,而荷马就是一个瞎子。"时常也会想到布莱希特,他对情境和陌生化的思考。也会想到戏剧《哥本哈根》,想到历史上那些隐秘的时刻,人们怎样置身于几乎无法克服的黑暗之中。时常也会想到莎翁,那种认为讲述别人的故事才能更好地传达自己的意图的方法。间或会想到萨特,他笔下的戏剧,关于禁闭和思想对立的争论。想到卡尔维诺,他的一部关于年轻的游击队员被囚禁的小说。有时也想到康拉德的《黑暗的心》那逆流而上的灼烈的旅程。想到那些烈士如何看待百年以后有人尝试在上海的街道上重塑他们的身姿。想到无数艰难的时刻,比一部小说的写作更其艰难的时时刻刻。

从根本上说,百年来,这个风云际会的大时代,涌现了多少人,多少思潮,多少惊心动魄的故事。从这样一个角度切入写作,从这样伟大的历史事件切入写作,从这些风华绝代的人物切入写作,是作者的幸运。也正是在准备这部小说的日子里,我获得一个契机,重新认识近代中国的历史,重新认识中国文学的传统,重新认识外国文学的影响,重新认识到自己的局限性。

舒晋瑜:小说后面的两个附录和一封信。是谁写的这封信?您在心里有答案吗?

孙甘露:这封没有署名的信其实是可以署名的,比如设定他是小说中的某一个人。之所以没有署名,是想请读者自己去看。你可以把它当作书里的某个人对某个人写的,就是这部书里边的一部分;也可以把这封信看成是关于这部书的一封信,从外部来理解它。它说起来好像是秘密,但实际上对你说的话都是可以公开讲的,没有什么秘密。

问题是这些公开讲的话,并不一定就是字面上的意思。书里讲到当初的一些无政府主义者学习世界语,比如叶启年,都是有出处的。有些东西就像盲文的凸起,你要去摸的;或者像摩尔斯密码,需要翻译。所以,不是说你看到的就是那个东西,其实文本之下还有一个潜文本。就像间谍故事,出了这个门、进了那个门,就变成了另外一个人。

书中全部故事均围绕"千里江山图计划"展开。书中,地下党接头时有一句暗号是"你打开窗朝外面看",含义是这些人就是江山。以"千里江山图"命名特别行动,彰显出小说题材的人民性内涵。

舒晋瑜:《千里江山图》是宋代画家王希孟的一幅青绿山水画卷,被誉为中国十大传世名画之一。《千里江山图》这个书名,自然让读者想到那幅画,当您决定写一部反映革命年代中共地下党艰苦斗争的小说时,想到要以"千里江山图"作为小说的名字,是从这幅古代名画中找到了与所要讲述的革命故事之间精神上的共通性吗?

孙甘露：有朋友建议我以《千里江山图》为题创作一部小说。当时设想从绘画历史上的故事讲，这话是二十年前说的。之后这件事情一直在脑子里徘徊盘旋，甚至在想有朝一日有什么契机可以用这个名字做书名。从回望历史的角度来看，《千里江山图》不仅仅是一幅画，它也寄托了中国人的感情，对家国、民族、历史、个人，包括艺术，它是具有多重含义的名字，也有冥冥之中的召唤，艺术创作不是有清晰逻辑的，同时也有一些契机，或者说灵感，它是互相交互作用。

舒晋瑜：小说借着人物之口，似乎也是您本人真实状态："上海的马路他熟悉得像自己的手指。"无论《我是少年酒坛子》还是《千里江山图》，都是真实的街道路线贯穿到虚拟的空间。几十年来一直生活在上海，上海几乎是您写作的唯一对象，甚至把上海视作"爱人"？

孙甘露：上海是所有人的上海，每个人对它都有自己的角度。我一直打比方，就像你的爱人，她有一个大家都知道的名字，大家都这么称呼她，但是，也有一个只有你才会称呼的名字。作家写作，也是从这样的个人角度，或者你只能从这样一个角度，你不可能跳出你自己，变成另外的人。你来描述上海，讲述你的生活经验，表现你所理解或了解的上海，它才有了一个特殊的名字，就像你的爱人。

这句话还包含了另外一层意思，你对你生活在其中的城市的感情，每个人对故乡，对他成长、出生、伴随了很多生活记忆的地方的感情。写作活动实际上也是一个命名活动，不管你写的是乡村，还是你生活的城市，或者是历史故事，都是在进行一个命名活动。我们通常怎么定义一个人是哪里人，你是广州人、北京人、上海人，有很多可以描述的方式，比如你的出生地、你的户籍地，或者你的方言,你的生活经历,你在这里求学,在这里建立家庭,这些都是。但是还有一个在我看来最最重要的指标——你在这里埋葬过你的亲人。这是一个最根本性的,你对这座城市、这个地方的认同。在这个意义上你可以说,你是这个地方的人,因为有你的至亲埋葬在这里。

上海不是抽象的、死板的一个地方,它是很丰富的,同时有各种不同的区域,有不同的社会阶层,这实际上给写作带来很多可能性。

小说既是全知视角的叙述,同时又是受限视角的叙述,二者之间的关系怎么处理是小说在叙述上最困难的地方,也是最有乐趣的地方。孙甘露调动数十年的创作经验进行了大胆的文学创新。

舒晋瑜: 从早期先锋实验到《千里江山图》的精彩好看,您是控制叙事转化的?

孙甘露: 粗略地回望这本小说构思之初的各种设想,似乎是想寻找小说艺术的某种本质性的力量,来和它所想表达的主题的严肃性形成呼应;或者因其隐秘错综的人物关系在全知叙述和受限的视角间寻求平衡;由于故事所呈现的机密行动和社会环境、公共空间和私人感情的交互影响,我不得不思考勒卡雷式的侧写甚至计算机式的算法,并通过明确的延宕获致精确的路径。总之,试图以简约的方式回溯复杂性,或者套用詹姆斯·伍德的说法"学着以一种隐秘且反向的方式来阅读它们,逆着它们自己的纹理刷过去",这里"它们"既是历史素材也是结构作品的过程。

卢卡奇说:《荷马史诗》采用了"从中间开始"的方式,采用了"非结束性"结尾,其目的旨在形成组织结构,性质相异的材料带来的侵扰不会损害平衡性。其原因在于,在史诗中,一切皆有各自的生命,都会依据自身的整体意义,创造各自的适当"终点"和完整性。

舒晋瑜:《千里江山图》很有影视缘,现在改编情况如何?

孙甘露:这部小说前段时间SMG融媒体中心新闻主播制作的广播剧已经在喜马拉雅上线了,第一天播放量就几十万。上海评弹团团长高博文把小说分成上下两部分,在今年秋季推出长篇评弹《千里江山图》上半部。用评弹来讲上海故事我觉得非常恰切。明年即将上线的是电视剧《千里江山图》,是由新丽影视制作公司和腾讯视频、上海SMG上视影业联合制作的,已经进入选角阶段,我个人也非常期待。电影交由上海电影集团,话剧由上海话剧艺术中心筹备,这是目前关于《千里江山图》的改编情况。

孙甘露希望自己的书能唤起阅读和收藏的渴望,使人亲切地意识到与更广泛的世界的内在联系。

舒晋瑜:您在外国文学中汲取了很多营养,听说在小说之外,您还写诗,能谈谈您的语言吗?诗歌写作必然在一定程度上影响到语言的特质。王朔曾说过一句话,"孙甘露的书面语最纯粹",即使在这部大幅度的转型之作中,您仍然保留了作为先锋小说家在叙述语言上的某些独特之处。

孙甘露:真是很忐忑。诗歌写作不能说感性,它是一个不同的文体,可能涉及的是生活中或者思考中的不同面向。从我的阅读来看也存在着某种取向或巧合。李白、苏轼、雪莱、拜伦的诗篇,他们的音韵、语调和节奏,多年来一直在我的心里回旋。我爱读艾略特这样具有标识性的诗人,从感性层面来看,我更偏向于葡萄牙诗人费尔南多·佩索阿。阅读诗歌,就像调频收音机,没对准频道时,可以听到原来的声音,但伴随着电流声。

舒晋瑜:近年来您还出版文学评论与诗集《我又听到了郊区的声音:诗与思》和随笔集《时光硬币的两面》,这两本书互为映照,核心都指向重拾缓慢的优雅。

孙甘露:我祈望我的书能唤起阅读和收藏的渴望,使人亲切地意识到与更广泛的世界的内在联系,甚至在这个影像时代的某个缝隙里,令我们乐于看见自己有一个掩卷沉思的形象。

舒晋瑜:随笔集《比缓慢更缓慢》更是放大了这个动词。

孙甘露:我是个写作速度很缓慢的写作者,这是我自己的写作方式,对此我也无可奈何。对文体的探索在今天依然有着一种迫切的需要。对我来说这是最大的困惑,文学写作要找到那种真正能够将文学语言的能量充分释放出来的途径,这对写作是一种考验。在我生活中的相当一部分时间里,居住在上海这座城市的郊区。随着城市的扩展,我与那个所谓中心的距离变得越来越模糊了。郊区是我灵魂中的另一个词。一如加缪说的:"我又听到了郊区的声音。"

有一种东西是与生俱来的,那就是个人信念,它是历史与自然交互作用的产物,这是宿命或者说是一种智力练习。

我说过,如果我要写一部自传的话,它的题目可能是《我在一辆自行车上面》。《呼吸》《访问梦境》《信使之函》《请女人猜谜》《仿佛》《忆秦娥》《我是少年酒坛子》《夜晚的语言》《相同的另一把钥匙》……这些作品曾点缀着我的生活,一种松散慵懒的生活,与争分夺秒的外部世界格格不入。它们可以看作是我的精神日记或情感的标识,是写作之中的写作,或者说在两种写作间来回过渡,快和慢,犹如影片中黑白段落与彩色段落的互渗,意义就在这之间吧。

舒晋瑜：您好像很乐意用"缓慢"概括自己的创作？

孙甘露："南方，像一匹马。正以缓慢的树木和露珠加冕。"这是聂鲁达的诗句。它不仅提示我地域和范围的概念，还告诉我速度和节奏的关系。

就我个人而言，写作是内敛性的，敏感的，慵懒的，尖锐的，矛盾的，渴求性的。我寄希望于读者，但是，我不知道他们在哪里。这一切并不取决于写作的品质，但是却决定了作品的品质。写作是简单的，明晰的。但不是辩解式的。写作是对位的，复调的。但不是抽象的。它的简明和繁复都带有感官的特征，它是为神经末梢而存在的。

"每天阅读和写作，就像一个乐手每天读谱和练习，这个过程实际上也伴随着对技艺的思考。"孙甘露说，这是伴随一个写作者一生的功课。

舒晋瑜：《千里江山图》获得第十一届茅盾文学奖，您最想表达的是什么？

孙甘露：感谢评委的肯定和鼓励，能和这么多优秀作品一同参评，已经是莫大的荣幸。《千里江山图》的故事发生在九十年前、1933年的上海，那一年茅盾在上海出版了他的长篇小说《子夜》，允许我借此向这位前辈作家表示敬意吧。上海是一座伟大的城市，我们有幸在这里生活、工作，本身就是一种犒赏了。

从酝酿、构思、采访、查阅历史材料再到动手写作，《千里江山图》的创作过程实际上也是一个全新的学习过程，这个过程不仅是对这段特殊历史的学习，也是对文学创作、小说写作的重新学习，既是对历史的再认识,也是对文学创作的再认识。书中故事所发生的那个年代,以及从那时延续下来的中国现当代文学传统,通过这次写作,我对它们都重新进行了回溯。从冯雪峰、巴金、夏衍、柯灵、罗洛到王安忆,他们实际上也是在通过写作来回望历史。

我对上海这座城市的认识也因为写作而加深了。一百年来,这座城市中发生了各种事件,我在准备阶段了解和采访到的那个年代的故事,远比我写出来的要丰富精彩得多。我想如果有机会,我会再一次讲述这些故事,它们一直在我心中回旋,让我难以忘怀、难以平静。

舒晋瑜: 您觉得获奖会对自己的创作有什么影响吗?

孙甘露: 不管是从具体作品的写作来讲,还是从一般意义上的写作来讲,我都一直有一种初学者的心态,这种心态促使我不断地去尝试和探索。对不同年龄、不同阶段的写作者来讲,这是非常有益处的。学习是伴随我们一生的,不管是广义的学习,还是关于小说写作技艺的学习,我们每天阅读和写作,就像一个乐手每天读谱和练习,这个过程实际上也伴随着对技艺的思考。我觉得这是伴随一个写作者一生的功课。

获奖作家访谈

东西：向内写，发现丰富浩瀚的"回响"

  东　西　本名田代琳，1966年出生于广西天峨县，现为广西民族大学教授。主要作品有长篇小说《回响》《篡改的命》《后悔录》《耳光响亮》，中短篇小说《没有语言的生活》《我们的父亲》《你不知道她有多美》《私了》《天空划过一道白线》《飞来飞去》等。曾获鲁迅文学奖、华语文学传媒大奖、花城文学奖、人民文学奖、施耐庵文学奖、吴承恩长篇小说奖、《小说选刊》年度作品奖、百花文学奖等。作品被翻译为多国文字出版，多部作品被改编为影视剧。2023年，长篇小说《回响》获第十一届茅盾文学奖。

采访手记

作家东西给我的印象,向来都是散淡闲适、幽默轻松,可是读其作品,却如在暗夜的密林中穿梭,那些"呼啦啦喷涌"而出的"坚实的细节",使他的小说"全程紧绷,全程高能,构成了密不透风和高潮迭起的打击力"(韩少功语)。

这种感觉在《回响》中尤其突出。小说塑造了一位女警察冉咚咚,她以其敏感、细腻和多疑的缜密思维,一而再地破解案件的迷局、破解丈夫疑似出轨的迷局,同时也战胜巨大的心理压力,最终以超人的智慧和精神力量将凶手绳之以法;感情的迷局,答案却交给了读者。

"你还爱我吗?"冉咚咚再三追问丈夫慕达夫的这句话,看着让人既辛酸又心疼。这声音在四处充溢着多元且多变的情感复杂的时代,显得那么不合时宜,却因执着单纯而可爱。

说到底,这是一部披着侦探的外衣、探求真爱主题的作品。因为有扑朔迷离的案情,尤其让人手不释卷。本来就在创作上要求严苛的东西,在《回响》中给自己设置了超乎寻常的极限挑战。在这部主题深广、触及当代社会生活方方面面的新作中,东西严丝合缝地完成了凶杀案所有涉案人物链的各种心理较量和错综复杂的情感质疑,复式交叉的结构相互生发缠绕,每个人物的精神秘境逐一展示。爱或不爱,每个读者自有答案,东西的心里亦有一个寓意深长而令人向往的光明的昭示。因为他和主人公冉咚咚一样,是理想主义的卫道士;亦如小说中的慕达夫,无论世事或人性多么复杂,依然故我地坚守爱的底线。

作为东西的忠实读者,评论家张清华赞赏东西自觉地处理广泛、复杂、深刻命题的写作姿态。他用"推理其外、心理其内,伦理其表、哲理其实"来概括《回响》,认为在艺术上经得起严格挑剔。而最早评论东西小说的中国作协副主席李敬泽,以唐代诗人李冶的名诗《八至》诠释东西的《回响》。他甚至觉得,李冶的"至近至远东西,至深至浅清溪。至高至明日月,至亲至疏夫妻"冥冥之中是为千百年之后的作家东西而写,也是为东西的《回响》注解。因为《回响》这部作品,即是"至近至远"的东西写的"至亲至疏"的夫妻。

在中国作家中,东西的写作算不得快。这既是对有限素材的爱惜,是对读者选择和阅读的尊重,也是源自他内心的自信和自我超拔的要求。在长篇小说"快写""速产"的时代,东西以必要的缓慢和精准,逼近了命运的本相。

东西曾经用"呼吸"形容阅读的重要性。只要一有时间就会阅读,仿佛计算机软件自动升级。甚而不阅读就会全身不自在,似乎缺少了维生素。

舒晋瑜:能否谈谈您的创作经历?写作受谁的影响较多?

东　西:先是喜欢写作,然后就开始写,加入高校文学社,诗歌及小小说在文学社的报纸和当地报纸发表,毕业后在中学当教师,一边教书一边写作,短篇小说在省级刊物发表,后来调到报社副刊工作,继续写。1992年小说上了《花城》《收获》《作家》杂志,还用了"东西"这个笔名,被文学杂志的编辑们注意,开始有约稿信。1996年,中篇小说《没有语言的生活》发表于《收获》,被复刊后的《小说选刊》选刊;因此而获得首届鲁迅文学奖。这个小说获奖后,我又写了长篇小说《耳光响亮》,发表于《花城》。就这样,我由作者变成了作家。

受谁的影响较多?说不清楚,凡是我阅读过的作品,都会对我造成影响,哪怕是三流的作品也会影响我。我喜欢鲁迅的深刻,卡夫卡的荒诞,萨特和加缪的存在主义,福克纳的细密描写,新小说的独特,博尔赫斯的结构,马尔克斯的想象,美国垮掉一代的狂放不羁;喜欢欧美的某些电影,特别是电影的构思和细节。

舒晋瑜:您特别喜欢看国外的名著,能具体说说和他们是怎样的"交流"吗?具体到写作上,有什么样的影响?

东　西:爱看外国名著,是因为他们的小说不作假,还因为受文学前辈言论的影响,他们说学习外国写作不是近亲结婚,能生产健康的孩子。当然读他们的作品,最愉快的是找到共同的心理感受。我刚从河池借调到南宁的时候,晚上重读卡夫卡的小说,《变形记》里的格里高尔·萨姆沙变成甲虫之后,还在想怎么保住自己的工作,他想最好的办法就是跟经理说生病了。读到这里我就哑然失笑,因为那时我为了写作也经常迟到,第二天就像格里高尔那样跟主任说我生病了。至于写作受什么影响,我想这是个复杂的问题,任何人的写作都不可能只受某某人的影响,风吹草动、天气变化、父母老师的教诲,就是跟你对话都会影响到我的创作。读别人的书主要是借鉴他们的思维方法,学习他们认识世界的角度,体会他们细腻的情感,而创作则要从自己的体会出发。

舒晋瑜:您认为哪些作品对于掌握写作技术有所帮助——前提是写作有技法可循的话。

东 西:有专门谈写作技能的书,比如怎么样确定主题,怎么样描写风景,怎么样结构作品,怎么样优化语言等等,基本技能容易学,但脱颖而出的技能不能只靠几本书,十几本书。比如,我们读托尔斯泰的《安娜·卡列尼娜》,那也仅仅是学会了怎样写安娜·卡列尼娜,而学不会如何写《回响》里的女主人公冉咚咚。你得从许多小说中或者人生经验里学习写小说,得从好多诗歌中或人生感悟里学会写诗歌。别指望读完某些书你就能成作家,这不可能。

《耳光响亮》《目光愈拉愈长》《口哨远去》《戏看》《把嘴角挂在耳边》……东西的小说总是专注于对人的感觉器官的描写,他的这些作品指向同一个原点,那就是沟通的困难。

舒晋瑜:您曾把自己的四卷本分为城市版和乡村版,从乡村到城市的写作跨度,是有意为之还是顺其自然?

东　西：没有刻意去分，像短篇集就一本，不分城乡。只有中篇集要出两本，就分了一个城市版、一个乡村版。我的早期小说写乡村的较多，动用的都是童年生活资源，像《没有语言的生活》《目光愈拉愈长》等。后来随着自己进城，开始乡村小说和城市小说交叉写，城市小说写得相对多一些，像《我为什么没有小蜜》《猜到尽头》等。我的写作都是从内心出发，要表达一种思想，一种观念，然后再去找故事，再去找背景。我想小说不管背景在哪里，读者主要关心的还是作品的内核，这就是为什么一部美国小说也能打动我们的原因。世界上没有两片相同的树叶，却有相同的心理感受，无论你在城或者在乡。在60年代出生的这一拨作家中间，有的是纯城市的，有的是纯乡村的，而我是交叉的，也就是说我对中国的背景了解是垂直的，而不是平面的。

舒晋瑜：阅读的过程是轻松幽默的，却总是引发沉重的思考，这些在您的作品中基本都有所体现，然而明显地又有所不同，比如有些作品是压抑的，有些是宣泄式的痛快淋漓。您能解释一下自己所追求的风格吗？是什么造就了荒诞与夸张？

东　西：我作品的整体风格趋向荒诞、夸张和幽默，原因是我觉得这个世界本身就很荒诞。我一直处在底层，常常感觉到现实的力量很强大，所以看什么都是夸张的变形的，而且只有用幽默才能化解心理的不平衡，只有不停地嘲讽自己才能消解各种压力。就是今天这个社会，荒诞也没有消失，我曾在报上看到一则新闻，说一小偷入室盗窃，被房主追赶，小偷奔跑时心脏病发作猝死，于是小偷的父母向法院起诉，状告房主害了他们儿子的性命。

世界从来就没有不荒诞的时候，而且我认为荒诞小说逐渐将成为世界小说的主流。原因是传统小说已经被新闻和各种电视节目抢了饭碗："名人访谈"抢了小说的塑造人物；"谈话节目"抢了小说的心理描写;"真情讲述"抢了小说的煽情;"今日说法"抢了小说曲折的故事;电视画面抢了小说的风景描写。对于小说家来说,现在只有"荒诞"这一条路可走。几年前获得诺贝尔文学奖的英国剧作家哈罗德·品特就是一个典型的荒诞派。

《篡改的命》描写了乡下人的进城史,三代人的城市梦,东西以悲悯之心书写了一个底层命运的寓言,也找到了一条以荒谬书写庄重的文学通道。

舒晋瑜:《篡改的命》戏剧性特别强。情节曲折,但巧合也多,似乎有刻意设置的迹象。

东　西:过去戏剧性强,情节曲折是优点,现在变成缺点了,好像"反故事"是一件特别文学的事,现代主义和后现代主义流行之后,作家们就一窝蜂地开始了碎片化写作。但是,读者需要戏剧性和故事性,我们阅读的经典文学作品,故事性都很强,现在的网络写手们从来不回避故事,他们捡起上一辈作家们丢弃的武器,撒欢地写,获得亿万粉丝。套一句被过度引用的句式:"我们在阅读莎士比亚的时候,到底在阅读什么?"难道不是阅读他的戏剧性和故事性吗?存在主义文学大师萨特的小说《墙》,结尾就是巧合或者说偶然,但这种巧合和偶然非常震撼,新小说作家罗布·格里耶的电影剧本《去年在马里安巴》,故事的设置就很有戏剧性,但这种戏剧性让我惊呆了。戏剧性和故事性不可怕,关键看能不能恰当地使用。小说中汪槐和汪长尺父子的命运都被篡改,这种巧合是想说明改变的艰难,多少人在重复父辈的命运而改变无门。有时候我们只注意重复,却忽略了重复是因为什么。

舒晋瑜:阅读的过程始终很压抑。汪长尺进城打工,遇到了被拖欠工资、受伤、索赔不得、妻子小文"堕落"、被贬损被污辱等等难题，故事总是出人意料地朝着最坏的方向走。很想知道您写作的目的，是要把社会上种种矛盾和弊端全部浓缩在《篡改的命》中吗？写作的过程，是否也是一种饱受折磨的过程？

东　西：这个小说的主要任务是讲"篡改"，改什么？改命运。汪槐参加招工考试被人冒名顶替，然后把希望寄托在儿子汪长尺身上。汪长尺不管如何努力，都没法让自己的家庭变好，所以，他才决定把汪大志送给有钱人家，自己从此做个"影子父亲"。

所有的困难或者你说的社会弊端都是为这条主线服务的，也就是说如果汪长尺不艰难，他会送孩子吗？他是草根的一个代表，恰恰是一个走投无路的代表，这样一个代表，不幸叠加了诸多困难。但他最后一送，是带着希望的，因为他觉得这样做，至少可以保证他的下一代汪大志能够幸福。父亲没指望，我也没指望了，那么就指望下一代了。

为什么主人公冉咚咚问得最多的是"你爱不爱我"？因为今天爱的浓度被稀释了，爱被捆绑了很多东西。她希望维护爱情，所以在追问、在寻找，这一点在当下尤其珍贵。

舒晋瑜：既要有能力设置出有难度有魅力的谜题，更要提供有说服力的解谜过程。《回响》融合了心理和侦探两条线索，应该是您最具挑战性的写作吧？

东　西：之所以愿意接受挑战，是因为纯文学的阅读面临萎缩，我想尝试一下吸引更多的年轻读者。

一开始我计划只写感情线，但觉得单薄，于是想到了侦探这条线，这条线和感情线形成呼应后我才动笔。不过心理和推理方面的知识不够，写得很慢。我看了一些有关刑侦的、心理学方面的书,一边学习一边写作,写着写着,发现其实也没那么难,可以战胜。冉咚咚一边破案,一边追问感情,两条线索互相交织,心灵产生动荡。我对人物心理尝试挖掘,觉得心理就是现实生活的回响。

舒晋瑜:侦破是层层推进的,但着墨点在于探索嫌犯们的家庭影响、人物性格的形成,试图挖掘他们的作案动机、成因,是不是在某种程度上淡化了侦破的难度?比如找到吴文超时,以一句"据半山小区的居民反映"一带而过?

东　西:该用力的地方毫不节省力气,不该用力的地方一笔带过,这是我的写作要求。比如寻找吴文超的过程,就是写出花儿来也不是心灵的较量。当冉咚咚问他:夏冰清那么信任你,为什么出卖她？——这才是心灵的较量,这个地方要浓墨重彩地写。

至于怎么侦破,包括作案的手段等是智力游戏,类型化小说可能把重点放在这里;我要写的是这件事发生了,为什么发生,什么原因推着他们走到这一步。我的重点放在心灵纠结和人物的艰难选择上。

舒晋瑜:侦探只是外壳,实质上《回响》探求的是爱的主题。不论是冉咚咚和慕达夫、徐海涛和曾晓玲、卜之兰和刘青、易春阳和吴浅草,他们之间的爱,各有不同,却都那么纯粹。尤其是冉咚咚,再三地追问"你还爱我吗",其实是对爱的渴望。感觉这个年代还如此执着地追求真爱,简直是有些奢侈。但这样一个对爱要求完美的女人,最后和同事邵天伟产生了感情。

东　西:邵天伟像是冉咚咚身边晃动的Wi-Fi,信号强的时候会受到干扰,不强的时候就没有影响。冉咚咚对邵天伟的好感是在可控范围之内的,没有溢出边界。

冉咚咚在破案的过程中压力特别大,因为她工作中要不断产生对嫌犯的怀疑才有助于破案,但职业敏感带到婚姻中会是一种伤害,尽管这种伤害不是恶意。一个人很难做到对案件产生怀疑又要对疑似出轨的丈夫保持信任。冉咚咚要战胜的实际上是自己。可以预见,像她这么智慧的人,一定会找到真爱,而且真爱就在原来的地方等着她。

小说的最后给读者光明和希望,这是作家的使命,也是文学的力量。东西的写作始终有一种理想主义。

舒晋瑜:所以小说的名字《回响》,有着多重含义?

东　西:主人公的名字原来叫"冉冬冬"。确定了小说名字为《回响》之后,我改成了"冉咚咚"。标题《回响》是四个"口",强调声音,"咚咚"这两个字也是声音,甚至是回声。小说中第一次出现"回响"两字是结巴的刘青讲话的时候,也就是结巴说话也有回声——小说里暗藏着这些细节。在现实中看到的事情,在心理上产生什么样的反应,其实也是一种回响。这次我转为向内写,发现丰富的浩瀚的"回响"。

舒晋瑜:小说行文密布着各种心理学分析,如斯德哥尔摩综合征、沙赫特的情绪产生实验、荣格提出的集体无意识……心理和推理方面的各种知识如何完美地和人物契合,而不至于出现人物和知识脱节,肯定也要费一番心思吧?

东　西:我没有为知识而展览知识,二者是有机地结合。冉咚咚在追问疑犯的时候、在追问丈夫的时候,都用到了心理学的知识。人物本身有这样的知识,就不可避免地在小说里写到;慕达夫是文学系教授,谈爱情时肯定会用文学作品作为参照物,这也是自然而然的。

舒晋瑜：慕达夫的出现，其实承载着一种理想主义，维护着冉咚咚的理想。但是小说给出的信息足够扑朔迷离。一方面感觉他是理想的完美的丈夫，另一方面，又疑虑重重。按照他对于贝贞的拒绝（他说，我守住这道底线就守住冉咚咚的理想），他是没有出轨的；但是又无法解释贝贞出示的一系列证据……他和卜之兰之间到底是不是师生关系？他为什么一开始不对妻子说真话？只是为了要给冉咚咚提供她想要的答案吗？他守住冉咚咚的理想了吗？

东　西：慕达夫到底有没有出轨？这是一个心理学的测试。当我们不知道答案时就看读者心理上的投射，出轨的人会认为慕达夫出轨了，反之则认为他没有出轨。心理学告诉我们，你认为别人怎样，其实就是自己想怎样。从小说呈献的情况来看，我认为慕达夫守住了爱情底线。

冉咚咚是理想主义者。工作中她有使命感、正义感、责任感；生活中她渴望爱情是完美的、持久的。这就是她可爱的地方。只是在追求理想的过程中，有点偏执了。她不停地询问，不停地质疑，其实她是用另一种方式寻找爱，也是夫妻间的撒娇。慕达夫大部分是迁就、呵护、理解她，甚至担心她有心理上的疾病。经过考验的爱情和婚姻，才会真正稳固。

舒晋瑜：慕达夫的身份是学者兼评论家，感觉您写起来特别游刃有余，但凡有他出现的辩论都特别有趣，而且很有知识含量和信息量。他和作家之间的关系，包括他的评论作品，既有准确中肯，也有敷衍，似乎是当下某些评论家和作家的关系的真实写照？

东　西：本来我想把慕达夫写成作家，但我觉得作家没那么好，就把他的身份变成文学系教授了。我在塑造一位好的教授、好的评论家。慕达夫的知识很专业，他在处理感情纠纷时处理得很好,他看透了人性,是非常通达的人,知道怎么爱,也受得了委屈,有包容的胸怀。我们在生活中看到的渣男太多了,就会在文学作品里找一个理想的好男人。小说的最后还是有希望的,写作还是要看到光明,看到美好。我写的时候是有一种理想主义的。

评论家孟繁华认为《回响》以极端化的方式将人的情感和人性最深层的模糊样貌呈现出来,找到了潜藏在人性情感最深处和最神秘的开关,这也是所有作家最关心和一直在寻找的关键事物。

舒晋瑜:小说中的冉咚咚把爱分为三个阶段:口香糖期、鸡尾酒期、飞行模式期,这是不是您的总结?

东 西:是我根据自己的观察和思考创造的心理学名词,包括"守夜人心态"也是我创造的。我用今天流行的词汇概括情感。我们不能只写故事,没有概括力和思考力。我佩服的那些作家,既能写好故事,也能概括现实。

舒晋瑜:创新体现在方方面面。中国作协副主席李敬泽最早评论过您的小说,称赞您的语言是"刺在黑缎上的大花"。在《回响》中,除了刚才所说的创新,语言也是您一贯的特点,准确、生动,给我们带来新奇的陌生感。

东 西:我比较喜欢找贴切的陌生化的比喻来写。比如形容一个人勤奋,我会说他勤奋得就像一盏路灯;比如贝贞说"我的记忆就像母亲那样可靠"……一个句子看起来很简单,其实是作者长期观察思考的结果。

舒晋瑜:小说扣人心弦,也不乏感人的细节。比如冉咚咚把童年玩过的玩具枪交给慕达夫,让他朝她射击。他扣动扳机,她像中弹那样倒下,连续倒了十几次后她泪流满面。因为她想起父母为了逗她开心,从她五岁开始就假装阵亡,直到她十二岁玩腻了这个游戏。人世间不同的爱在小说里体现得非常充分,比如吴文超的母亲,是把儿子交给警察还是送他逃走的纠结,比如夏冰清的父母对她的爱,折射了社会各个层面的问题,独生子女的教育问题、婚姻家庭对子女的影响等等。《回响》的写作充满张力,带给读者的思考是多方面的。

东　西:小说中每一个有罪的人,在犯罪的时候都是以爱的名义实施不道德的行为,徐山川是为了维护原家庭,徐海涛为了给爱人买房,吴文超为了证明离开父母也能活得好,刘青为了赚钱投奔卜之兰,易春阳是为了理想的、幻想的爱——他们对自己有爱,对别人则冷漠无情,把凶案当成生意来做,但又是以爱的名义,都觉得"我没有责任",不要以为接过最后接力棒的人才有责任,其实,每一个接力过传递过恶的人都有责任,是大家共同推动事态发展到了那个地步。

父爱,母爱,恋人的爱,同事、朋友间的爱……各种爱在这里汇集形成爱的合奏,如果你联想丰富的话,会发现他们之间看似不相关,内里都是关联的。《回响》中的故事跟每个人切身相关,特别是情感这条线,每个有婚姻经历的人或多或少都曾产生过心理危机,会对照自己的生活在书里找一些答案,这样的写作就有点意思了。

舒晋瑜:中山大学文学系教授谢有顺认为您对人性的分析、探求、认知,以及对人性残存之希望的守护,在中国当代作家中不仅独树一帜,而且也是走得最深、最远的几个作家之一。

东　西:把人性写得越复杂,越证明我想单纯,我特别想简单,想一锤定音。并不是说自己是什么就写什么,作家喜欢写自己的反面,或者非自我,离自己越远的人物作家越感兴趣,就像演员愿意挑战离自己远的角色。如果一个写作者接纳了他不想接纳的,理解了他不想理解的,那可能才是真正的成熟。

舒晋瑜:《回响》既有侦探和推理,同时也富有文学性,场景描写很有诗意。您在写作中依然保持了对文学性的追求。

东　西:破案推进稍快,情感线推进缓慢。我想保留细腻的品质,《回响》有类型化写作的外衣,但并不是类型化的写作,我在纯文学和类型化写作之间做了嫁接,但我用劲的,还是传统文学、纯文学发力的地方。

三十二岁获得首届鲁奖,东西是当时最年轻的获奖作家。二十五年后,东西获得第十一届茅奖。《回响》中人物的种种内心秘密,和我们身处的大千世界息息相关。

舒晋瑜:获得鲁奖的《没有语言的生活》是在什么背景下创作出来的?

东　西:1995年,我二十九岁,有幸与余华、韩东、陈染等签约广东省作家协会青年文学院,当时余华已经名满天下了,韩东和陈染也非常有名,我跟他们混在一起压力挺大,于是就想能不能写一个自己的代表作。春节回家过年,听姐姐说了一个聋人的故事,觉得挺好的一个小说题材。春节后开写,写了两千多字便停下来自我评估,认为这么写下去成不了代表作。盲人有作家写过,哑人有作家写过,我再写一个聋人,能超越前面作家的作品吗?我在书房徘徊了一周,一天下午灵感突然降临,那就是:为什么不把盲人、聋人和哑人放在一个家庭里?这个念头一产生,我就知道它能成为我的代表作。

舒晋瑜:这种处理方式更能集中地表现您所要处理的主题?

东　西:这是一个前所未有的人物组合,这个组合能引起我的创作冲动。他们如何沟通?他们如何克服生活上的困难?他们如何恋爱?有的小说有了结构就有了主题,有的小说有了人物就有了内核,而《没有语言的生活》是有了人物的关系即有了一切。预感被证实,我看到评论家说:"他们的身体虽然残缺了,但精神却是健康的。"也有读者说:"这是一个关于沟通的主题。"还有人说:"其实就是我们的某种处境,即看不见听不到说不出。"

舒晋瑜:获得茅奖,您最想表达的是什么?

东　西:感谢评委们的支持!三十多年的写作经历,让我明白一个道理,那就是除了坚持还是坚持。每次写长篇小说写到最后,感觉拼的都是毅力。因此,我认为这次获奖是对我"坚持"及"毅力"的肯定。

1998年我的中篇小说《没有语言的生活》幸运地获得首届鲁迅文学奖,当时还年轻,并不觉得文学奖有那么重要,甚至觉得自己还可以写出更多的比获奖作品更好的作品。一晃二十五年过去,才发现突破自己并不容易,而要获得文学大奖何其难也。是的,写作并不是为了获奖,但获奖对写作一定有帮助,尤其是对像我这样不著名一根筋的作者帮助更大。

舒晋瑜:您怎么理解一根筋?

东　西:一根筋就是写作的执念,从决定吃写作这碗饭开始,我就常常提醒自己:你写的作品有意思吗?它是别的作品的重复吗?拜托,别只讲故事,能不能有点新意?这些问号一直伴随着我,一直伴随我在电脑键盘上敲击完《回响》的最后一个字——真的和我过去写的长篇小说不太一样,与别人的写作方法也不太一样。我毫不犹豫地向人物的内心深处写,在心灵里寻找折射后的现实、加工过的现实、变形的现实,努力寻找何以变形何以被这样加工何以被这样折射的原因,相信每个人对现实的加工就是他们的认知、人生态度甚至是他们的哲学。

这样的写作探试让我兴奋,让我想起20世纪八九十年代的阅读与写作。那时我们喜欢阅读有难度的文学作品,喜欢为那些哪怕贡献一点点新意的小说击掌。正因为拥有那样的经历,才有了《回响》对那些文学观念的呼应。

舒晋瑜:影响您写作的因素有哪些?

东 西:第一,我保持喜欢,因为喜欢这个职业,所以我不停地要用作品来证明我是作家,要不停地写下去,坚持下去;第二,我保持敏感,对现实和人性有及时的反映;第三,我仍然有表达的欲望,有组装汉语的爱好,保留着渴望作品发表和出版的原动力……既然有这些保留,心灵就会召唤,迫使我写下去。看到好的作品,我总希望自己也能写出好作品,希望去追赶甚至想超越。

负面的影响也有,那就是写作中会有各种干扰。当你写到生活能够混下去之后,就想"躺赢"。人都是趋利避害的,本能地就会选择不累的途径。写作中遇到翻不过去的坎,或者构思不够完美的时候,也会影响情绪。为什么我写得慢、写完一段总是反复看?那是因为遇到困难让自己产生了怀疑,产生了不自信。但是,战胜困难之后会有巨大的快乐,会有写作的幸福感。

舒晋瑜:您是怎样克服这种障碍的?

东 西:需要专心,专注才会有奇思妙想。每个作家都会面临不专注的问题,特别是具备了写作技能、年纪增长之后,会有构思的疲劳感。如果对自己没有更高的要求,写作是不会疲劳的,疲劳的是想超越自己。思考力、敏感力随着年龄的增长会退化。作家们都说,写作不仅需要智力还需要体力。遇到再大的困难,只要保持专注,一两天想不清楚,一个星期总会想清楚,一个星期想不清楚,一个月总能想清楚。关键是你如何才能做到,一个月甚至几年都对这个问题保持专注？我的办法是学会拒绝,尽可能地拒绝应酬、不必要的活动,把自己弄得孤独一点,被冷落一点,然后阅读、生活、思考。

评委访谈

阎晶明：中国文学未来可期

问：您曾担任第五届、第六届茅盾文学奖的初评委，从第七届茅盾文学奖开始，又连续担任了五届茅盾文学奖评委，连续七届参与茅盾文学奖，您有何深切的体会？

阎晶明：中国当代文学的格局中，长篇小说无疑是最受关注的文学门类。每年出版的作品数量，体量庞大，以万部左右为基本数据。读者的阅读量也大。同样一位作家，以长篇小说出现的独立作品，在发行量和阅读量上，往往超过其中短篇小说集。改编为其他艺术形式如电影电视剧，也是以长篇小说为最多。中国当代作家在题材、主题、艺术上的最新拓展与探索，最集中地体现在长篇小说创作上。这些因素相叠加，以长篇小说为评奖对象，得奖作品数量严格控制在五部以内的茅盾文学奖受人瞩目，就是非常正常和可以理解的了。

参与的过程中，我学习到了太多东西，尤其对长篇小说创作的观察以及评价，从众多前辈和同道身上得到许多教益。总体上，你能在阅读中想象作家创作时的状态，他的真实诉求，驱动力究竟何在。作家是否足够聪明以及是否太过聪明。他的创作抱负究竟有多大，最终的结果与初衷之间有怎样的距离。作家对当前创作的总体走向是否敏感，他的创作是否印合着甚至代表了其中的一些趋势性特征。在总体性的创作趋向中，一位作家的创作是否既体现出敏感和感应,同时又有自己的坚持和定力。一部创作的来源是怎样的,与其个人的生活经历、生命体验有着怎样的关联等等。

问:作为十一届茅盾文学奖评委会副主任,您觉得今年的评审有什么特点?

阎晶明:今年的申报中,共有二百三十八部作品参评。这些作品的作者来自全国各地各领域,可谓大江南北老中青齐聚。这些作品经过初步的专业推荐,它们的集合本身就是一次集中展示。当然,在体现社会要求、表达时代主题、展现艺术风采上,最终的获奖作品更具代表性。这些获奖作品,基本能够代表中国长篇小说创作的趋势,重要的一点就是融合。比如,现实主义小说和先锋小说长期处于此起彼伏、各走各路的状态。发展到今天,二者有一种融合的趋势。很多从前的先锋小说家,逐渐转向了现实主义创作的路径。中国作家正在既自觉地运用现实主义的创作方法,又自觉地在艺术上打开格局,也就是把先锋文学的诸多艺术元素、艺术手法融入其中。难得的是,这种并存和融合不断呈现在一个作家的同一部作品当中。以这次获奖的作品如《千里江山图》《本巴》为例,作家在处理重大主题与艺术个性,历史史诗与现代性转化方面,体现出很强的融合能力。

问:二百三十八部作品是否也有大概的趋向?能结合具体作品谈谈获奖作品各有哪些优长吗?

阎晶明:长篇小说创作的井喷状态远远超出预期。要从大量的作品里总结出值得关注的共同趋向,难度太大,不过,通过集中阅读,仍然能读出一些共同趋向和特征。近年来,小说家们突然集中强化地方性。在突出地方性的同时强调故乡感,即所谓"地方性",其实是作家本人的某种故乡情结;这种地方性没有使作品的格局变小了,而是更加自觉地在地方性中体现主题内容的时代性,以及艺术探索上的现代性。以地理名称作为小说名的作品集中推出。这些地理所指,有大也有小,有古也有今,有虚构也有实指。比如获奖作品《雪山大地》《宝水》《本巴》,参评作品中的《野望》《北流》《家山》《烟霞里》《凉州十八拍》《金墟》《白洋淀上》《仪凤之门》《河湾》《乌江引》等等。

当然,更重要的还是小说内部体现出的风格特点。杨志军的《雪山大地》浓墨重彩地反映了大半个世纪以来中国共产党人带领青海藏族人民艰苦奋斗、发奋图强,使青藏高原发生沧桑巨变的壮阔历史进程,同时体现了民族团结进步、铸牢中华民族共同体意识的思想与价值追求。小说成功塑造出父亲母亲形象,秉持初心使命,不计荣辱得失,数十年如一日,为民族地区人民走向富裕,走向现代化生活作出了可歌可泣的奉献牺牲。小说也写出了各族人民互敬互爱、生死相依、命运与共的亲密关系。在杨志军笔下,不论是藏獒还是马,都极富灵性,与人有着惊人的默契。《雪山大地》有着对自然的极致书写。雪域高原的美,很少如此高密度、诗意化地出现在同一部小说里。

乔叶的《宝水》是一部主题鲜明的作品,直接书写新时代乡村振兴。小说的地方性最突出表现在语言上,通过大量加入更具活力的方言俗语,来强化人物故事所属的地方性特指。这种方言俚语已经延伸至市、县,甚至村镇一级,大大激活了小说的动感。同时,小说对城乡之间的互动描写,也体现出鲜明的时代色彩。

孙甘露的《千里江山图》是硬核的革命历史题材作品,又是极具故事强度的长篇小说,同时其叙述格调还拥有新鲜的、充满活力的、让人着迷的先锋意味。小说呈现的画面感、戏剧性,错综复杂的人物关系,紧张刺激的敌我斗争,散布其间的城市地标和纷繁意象，都使这部主题鲜明、立场坚定的小说呈现出多重的迷人色彩。小说对上海等现代都市的描写，同样可见作家对城市地理的熟稔。

作家们在创作题材的选择上可谓丰富多彩。刘亮程的《本巴》是对民族史诗的现代性书写，既可见出深厚的历史底蕴，又能看到一个小说家丰沛的艺术才华。东西的《回响》则直接表现当代中国的社会生活，生活的表层下，又可见人性的隐秘复杂。一部看上去不无侦破情节的小说，却写出了人性深度，引人深思。

问：每一届的茅奖基本都是近四年中国文学创作的标杆，您认为整体上本届茅奖作品呈现出怎样的创作态势呢？

阎晶明：茅盾文学奖是助推中国当代长篇小说创作发展繁荣的重要途径和力量。茅盾文学奖最根本的目标，是希望通过优中选优的评奖，倡导作家创作更多无愧于时代和人民的大作品。这里的大作品，就应该是能够全景式反映一个时代生活面貌，体现出一个时代发展趋势，表达出一个时代人民的情感、观念变迁，体现一个时代的艺术风采的作品。要出大作品，这是一种呼唤，也是一种关切，更是作家艺术家的责任，我们需要更加努力。这次参评的作品中，多部作品体现出对历史长度、主题深度、艺术广度的自觉追求。这种自觉必将为更多更好的扛鼎之作的诞生打下坚实基础，未来更加可期。

(阎晶明，茅奖第五届、第六届初评委，第七届、第八届终评委，第九届、第十届、第十一届评委会副主任)